Paul LAUMONIER

Docteur ès Lettres
Maître de Conférences de Langue et Littérature françaises
à l'Université de Poitiers

LA

VIE DE PIERRE

DE RONSARD

ÉDITION CRITIQUE

AVEC

INTRODUCTION ET COMMENTAIRE

HISTORIQUE ET CRITIQUE

(2 GRAVURES HORS TEXTE)

Édition : BoD – Books on Demand, info@bod.fr
Impression : BoD – Books on Demand,
In de Tarpen 42, Norderstedt (Allemagne)
Impression à la demande
ISBN : 978-2-3225-4420-2
Dépôt légal : juillet 2024

À MA MÈRE,

*en témoignage
de profonde reconnaissance.*

TABLE DES MATIÈRES

INTRODUCTION

<u>DISCOURS DE LA VIE DE P. DE RONSARD, PAR CL. BINET</u>

Texte de 1586 et appareil critique

<u>COMMENTAIRE HISTORIQUE ET CRITIQUE</u>

INTRODUCTION

I

La biographie de Ronsard que Claude Binet nous a laissée a longtemps fait autorité. Comme elle était la seule qui fût écrite par un contemporain, un disciple, un familier du poète, et qui parût assez nourrie de faits, sans avoir, à beaucoup près, l'allure oratoire des panégyriques prononcés le jour des obsèques solennelles au collège de Boncourt, on crut pouvoir lui accorder un grand crédit ; et cela non seulement au XVIIe siècle, peu difficile en matière de tradition historique, non seulement au XVIIIe, où, malgré les progrès de l'esprit critique, on accepta généralement sur le compte de Ronsard — très délaissé — les connaissances traditionnelles, mais encore au XIXe, qui, plus curieux, étudia son œuvre avec un intérêt croissant.

Bien mieux, cette biographie, que Binet, en qualité d'exécuteur testamentaire de Ronsard, avait eu l'avantage de faire imprimer à la fin de l'édition *ne varietur* des œuvres du grand poète, profita largement de son regain de célébrité et de sa réhabilitation au siècle de la critique. Plus on s'occupa de Ronsard, plus on eut recours à son biographe. Non seulement les auteurs des nouvelles éditions des œuvres de Ronsard, choisies ou complètes, et les historiens de notre poésie « renaissante » s'inspirèrent tranquillement de cette biographie dans leurs notices et leurs études, mais, après plus de deux cents ans, elle revit le jour *in extenso* en 1836 par les soins de Cimber et Danjou dans les *Archives curieuses de l'Histoire de France*, et, avec « çà et là quelques coupures », en 1873 par les soins de Becq de Fouquières en tête de ses *Poésies choisies de Ronsard*. Sans notes critiques : Binet l'avait dit, cela suffisait.

Pourtant quelque défiance s'était manifestée dès le XVIIe siècle à l'égard de Binet biographe. C'est G. Colletet, qui, à ma connaissance, a le premier relevé une erreur flagrante de Binet[1]. Mais sa critique s'est bornée là : il a encore jugé bon de ne pas le suivre sur deux ou trois points, mais sans le dire, ni pourquoi[2]. Binet est celui de ses « originaux » auquel il a fait le plus d'emprunts en toute confiance, et très souvent des emprunts qui n'en méritaient aucune[3]. — P. Bayle a lu Binet avec plus de précaution et l'a cité avec plus de scepticisme. « Chimères », dit-il à propos des origines étrangères de la famille Ronsart ; « réflexions peu judicieuses, froide hyperbole de panégyriste, traits d'esprit qu'on appelle concetti au delà des monts », à propos des passages sur la naissance et le baptême du poète ; « la narration de Binet est toute remplie de fautes », ajoute-t-il. D'ailleurs il ne montre pas ces fautes, sauf celles du début que nous venons de rappeler, et une autre relative au temps que Ronsard fut page : « Binet se trompe grossièrement dans son calcul[4]... » L'abbé Joly n'est pas moins sévère. À propos de « la prétenduë satire de la Truelle crossée, faite, dit on, contre de Lorme par Ronsard », il écrit : « Je ne doute presque point que Binet, qui à entassé fautes sur fautes dans sa Vie de Ronsard, comme Bayle l'avouë, n'ait métamorphosé un simple sonnet en satire[5]. » — Sainte-Beuve à son tour : « Claude Binet, quoique ami et disciple de Ronsard, paraît assez inexactement informé des premières années de ce poète, et les dates qu'il donne me semblent souvent suspectes » ; et,

8

à propos d'un grave dissentiment qui, d'après Binet, serait survenu entre Ronsard et Du Bellay en 1549. et aurait abouti à une action en justice intentée par Ronsard, le fin critique déclarait encore : « Cette anecdote m'a toujours paru suspecte[6]. »

Malgré ces avertissements, ce n'est que tout à la fin du XIXe siècle qu'on s'avisa de contrôler et de rectifier Binet. C'est à M. Henri Chamard que revient l'honneur d'avoir attiré l'attention des ronsardisants sur les trois rédactions de la *Vie de Ronsard*. dont les variantes nombreuses et importantes sont la meilleure preuve du peu de crédit qu'elle mérite, étant inspirées par un zèle inopportun de panégyriste et de littérateur bien plus que par le souci de la vérité « J'avoue, écrivait-il en 1899, que je ne puis me défendre d'un certain scepticisme en ce qui touche cette querelle (celle de 1549 entre Ronsard et du Bellay) et le caractère qu'on lui prête, et mes doutes s'appuient des variations de Binet lui-même sur ce point. On cite toujours Binet d'après l'édition de 1597. Mais on oublie trop que cette édition fut précédée de deux autres, qui présentent avec elle de notables divergences. C'est en 1586, un an après la mort du grand homme, que Binet publia pour la première fois sa *Vie de Ronsard*. L'année suivante, lorsque parut, chez Gabriel Buon, la première édition posthume des œuvres du poète, Binet y joignit son *Discours*, mais non sans l'avoir profondément remanié. Dix ans plus tard enfin (1597), la *Vie de Ronsard* reparut, augmentée et corrigée d'une manière considérable, dans l'édition nouvelle que donna du Vendômois la veuve de Gabriel Buon. C'était cette fois la rédaction définitive, celle qu'on retrouve dans toutes les éditions subséquentes, et qui de nos jours continue de faire autorité. » Et, rapprochant les trois textes sur le point qui l'intéressait particulièrement, M. Chamard montrait que le récit de Binet, d'abord vraisemblable, avait été par deux fois tellement modifié dans le sens favorable à Ronsard qu'il était devenu invraisemblable et même faux[Z].

J'avais moi-même été frappé, dès le début de mes études sur la vie et l'œuvre de Ronsard, de l'indifférence, disons mieux, de l'ignorance de Binet en fait de chronologie, des lacunes de sa documentation, de son défaut de sens critique, du vague et de l'incohérence de ses assertions, du caractère faussement littéraire de sa narration. J'y trouvais trop d'enjolivements, pas assez d'arguments, trop de phrases, pas assez de faits. J'avais notamment remarqué que, dans la première partie de son opuscule, Binet s'était contenté de délayer l'élégie autobiographique de Ronsard à Remi Belleau, sans connaître sa date, ni sa primitive adresse au panégyriste Pierre Paschal, et sans se douter, par conséquent, des préoccupations d'immortalité qui l'avaient dictée au poète, lui faisant embellir, ou altérer d'autre façon, la pure vérité. Cette manière de biographie ne m'étonnait pas pour l'époque[8], mais je m'étonnais qu'on eût ajouté foi si aisément à la parole de Binet, disciple enthousiaste, ami fervent, voire même avocat de Ronsard, très prévenu en sa faveur et très insuffisamment informé, et que personne n'eût encore entrepris méthodiquement la critique de son témoignage. Les pages suggestives de M. Chamard sur les trois textes de la *Vie de Ronsard,* et deux autres observations du consciencieux historien de Du Bellay présentées en 1900[9] achevèrent de me convaincre de la nécessité de cette critique.

Telle est l'origine de la présente édition. Elle était décidée quand je publiai de 1901 à 1905 mes articles d'une part sur la *Jeunesse de Ronsard,* d'autre part sur la *Chronologie* et les *Variantes* de ses poésies, où le témoignage de son biographe est souvent complété ou contredit, parfois même récusé[10]. Qu'on me permette de rappeler seulement ce que j'écrivais en 1902 dans mon étude sur la *Cassandre de Ronsard* : « J'ai de sérieuses raisons de me défier quelque peu des assertions de Binet, ayant entrepris ici même la critique de la biographie qu'il a consacrée à Ronsard. Il ne fut lié que dans les dernières années avec le poète, et celui-ci ne lui a dédié aucune des pièces parues de son vivant ; il s'est trop vanté des confidences que lui aurait faites Ronsard et s'est trop « honoré de se frotter à sa robe quand il vivoit » pour qu'on lui accorde une entière confiance ; c'est d'ailleurs un panégyriste posthume, qui substitue trop souvent le roman et la rhétorique à l'histoire[11]. » Mais un travail plus important et de plus longue haleine sur l'œuvre lyrique de Ronsard m'empêcha de réaliser mon projet aussitôt que je l'eusse voulu. À la fin de 1905, je fus devancé par Mlle Hélène Evers, alors étudiante à l'université de Bryn Mawr (Philadelphie)[12].

Ce m'est un devoir fort agréable de rendre hommage au mérite de Mlle Evers, d'autant plus grand que ses conditions de travail étaient plus défavorables. Je sais quelles difficultés elle eut à vaincre, si loin de notre Bibliothèque Nationale, des trois textes de Binet et de la collection des éditions primitives de Ronsard, n'ayant à sa disposition que des sources d'information incomplète, que des moyens d'enquête restreints et imparfaits. Douée d'un jugement pénétrant, guidée par un excellent maître, M. Lucien Foulet, que des considérations analogues aux miennes, mais personnelles, avaient conduit à suspecter la véracité de Binet, elle a réussi à faire une œuvre intéressante et utile. Si, par les articles de revue que Mlle Evers a souvent cités, j'y ai contribué dans une certaine mesure, en revanche son édition m'a rendu des services réels, attirant mon attention sur des points que j'aurais peut-être négligés, confirmant mes raisons de douter, m'offrant enfin plus d'une occasion d'argumenter.

De la discussion naît parfois la lumière. C'est un des motifs qui m'ont déterminé à poursuivre mon projet d'édition. J'en expose plus loin quelques autres d'ordre purement technique. Je dirai seulement ici qu'une édition critique française était nécessaire après celle que Mlle Evers a rédigée en anglais ; qu'il fallait en faire disparaître des inexactitudes et des erreurs presque inévitables ; que les sources d'information et de rédaction de Binet devaient être complétées ; enfin que son texte même devait être éclairé par un commentaire historique abondant, que, pour bien des raisons, Mlle Evers ne pouvait songer à entreprendre.

1. ↑ V. ci après le Commentaire, p. 70, note sur les mots « *devant Pavie* ».
2. ↑ V. ci-après, p. 150, fin de la note sur l'hymne de l'*Hercule Chrestien* ; p. 156, note sur les *Dithyrambes* ; p. 162, note sur les *Sonnets pour Astrée*.
3. ↑ Notice sur *P. de Ronsard* éditée par Blanchemain en tête des *Œuvres inédites de Ronsard*, en 1855 pp. 19 et 20.
4. ↑ *Dict hist. et crit.*, article *Ronsard*. notes A, B, C, D.
5. ↑ *Remarques crit. sur le Dict. de Bayle*, article *Ronsard*.
6. ↑ *Tableau de la poés. fr. au XIXe s.*, édition courante in-12 de la Bibliothèque Charpentier, pp. 291, note, et 333.
7. ↑ *Rev. d'Hist. littér.* de janvier 1899, pp. 44 et suiv.

En réalité, la première rédaction de Binet parut trois mois environ après la mort de Ronsard, et la deuxième rédaction un an après cette mort. V. ci-après, pp. XXII à XXIV.

8. ↑ Cf. la *Vie de Charles IX* par Arnaud Sorbin (1574), les *Vies des plus anciens et celebres poëtes provençaux*, par Jean de Nostredame (1575), les *Elogia* de Papire Masson (celui de Dorat, 1588), et les *Gallorum doctrina illustrium elogia*, par Sc. de Sainte-Marthe (1598-1606).
9. ↑ *Joachim du Bellay*, p. 37. Cf. p. 498.
10. ↑ *Rev. de la Renaiss*, 1901 et 1902 ; *Rev. d'Hist.* litt., 1902 à 1905 ; *Rev. Universit.*, 15 févr. 1903 ; *Bull. de la Fac. Lett. de Poitiers*, juin 1903 ; *Annales Fléchoises*, 1903 et 1904 : *Rev. des Etudes Rabelaisiennes*, fin de 1903 ; *Rev. de la Renaiss.*, janv. 1904, supplément.
11. ↑ *Rev. de la Renaiss.*, oct. 1902. p. 82. Tirage à part, Rennes, F. Simon, 1903, p. 14.
12. ↑ *Critical edition of the Discours de la vie de Ronsard par Cl. Binet*. Voir ma Bibliographie.

II

Dans quelles conditions et dans quelles circonstances précises Claude Binet a-t-il composé le *Discours de la vie de Ronsard* ? Pour répondre à cette question, il faudrait d'abord être fixé sur la date où il fit la connaissance du poète et sur les relations qu'il eut avec lui. Il nous dit qu'il était encore « jeune d'ans et d'experience, n'ayant pas encore attainct l'âge de quinze ou seize ans », quand il alla voir Ronsard pour la première fois et lui présenta « les premices de sa Muse ». Mais il a oublié de nous apprendre l'essentiel, en quelle année et en quel mois il fit cette visite mémorable qui devait avoir une si grande influence sur sa carrière littéraire.

Pour moi, Claude Binet, de Beauvais, n'avait pas plus de vingt ans quand il publia son premier recueil de vers, les *Diverses Poësies*, en janvier 1573[1]. Il serait né en 1553. On sait en effet, par la *Statistique des cantons de l'Oise* (de Graves) et le *Dictionnaire des hommes illustres de l'Oise* (de Braisne), qu'il perdit son oncle Jean Binet en 1561. Cet oncle, jurisconsulte et poète, avait été son initiateur, sinon dans la science du droit, au moins dans l'art des vers. D'après deux strophes de Claude Binet, qu'on lit dans la *Deploration des miseres humaines sur la mort de maistre*

14

Jean Binet, celui-ci avait « planté les Lauriers sacrez » dans la « tendre poitrine » de son neveu, et ces lauriers y « verdirent » plus tard « de soucis et regretz », lorsque le neveu fut capable de comprendre et de pleurer dignement la perte qu'il avait faite en la personne de ce bon oncle[2]. Je ne crois pas téméraire d'en conclure qu'en 1561 Cl. Binet pouvait avoir de huit à neuf ans. Il aurait « déploré » la mort de son oncle seulement quelques années après, mettons dans sa seizième année au plus tôt, si c'est à cet âge, comme il le dit, qu'il alla montrer à Ronsard ses premiers vers.

Autres preuves. Outre cette « deploration », le recueil des *Diverses Poësies* contient un *Sonet sur les trespas de Mgr de Guise, de Martigues et de Brissac*[3], dont le premier est mort en février 1563, le second et le troisième en 1569, une *Complainte sur le trespas de J. Grevin*, mort en novembre 1570, une *Ode trionfale sur l'arrivée d'Elisabeth d'Autriche Royne de France* qui eut lieu au mois de mars 1571, une *Complainte sur le trespas de M. Claude Despence*, mort en 1571, une cinquantaine d'autres pièces, sonnets, odelettes, vœux, épigrammes, chant forestier, qui sont de dates indéterminables. Or Cl. Binet était très jeune quand il écrivit tous ces vers. Cela ressort de la dédicace même du volume « à messire René de Voier, Vicomte de Paulmy, Chevalier de l'ordre du Roy, et Gentilhomme ordinaire de sa Chambre ». J'ai osé, lui dit-il, accompagner les œuvres de La Peruse « d'un petit échantillon de mes compositions, afin que soubs la faveur de vostre nom, en aiant pour avant garde et fidelle escorte un La Peruse, il marchast plus asseurément en campaigne, auquel par votre noblesse et courtoisie vous excuserez s'il vous plaist la rudesse et peu de jugement, comme ne venant pas de quelque viel routier et rusé en cest art, acceptant cecy pour avantcoureur de quelque chose mieux tracée. » Le volume se termine par plusieurs pièces de ses amis en latin et en français, parmi lesquelles Antoine Le Fèvre, de Clermont en Beauvaisis, lui adresse ces distiques :

> *Si tua* jam *tenerae* laudantur *scripta juventae*,
> Grataque sunt doctis munera prima viris,
> Quid facies, Claudi, *fuerit cum grandior actas* !
> Quos quanta promes sedulitate modos !

En 1573, il publie une *Ode sur la naissance et triomphant baptesme de Marie-Isabel de Vallois, fille unique de France*[4]. En 1573 encore, l'*Adieu de la France au serenissime roy de Pologne augmenté de la responce et adieu du roy de Pologne à la France*[5]. En 1575, un nouvel opuscule, contenant, entre autres pièces, une « eglogue de chasse » intitulée *Adonis ou le Trespas du roy Charles IX*, et une « eglogue marine » intitulée *Les Daufins ou le Retour du roy* (Henri III)[6]. Et les amis de s'extasier toujours sur la précocité du talent de l'auteur : François de Belleforest accompagne l'*Adieu de la France* d'un éloge qui commence ainsi :

Binet, puisque Pallas, *au printemps de ton age,*
T'a departi sa grace . . . .

un autre poète, qui signe B. D. S., dit à propos des *Daufins* :

D'où vient, diront aucuns, qu'ainsi *des sa jeunesse*
Il receut ce bonheur et tant noble caresse
Du Dieu Cyllenien ? . . . .

Enfin nous savons d'une part que Cl. Binet « deceda dans un age peu avancé »[Z], d'autre part que, s'il vivait encore le 3 septembre 1599, il n'existait plus le 4 août 1600[8].

Je crois donc pouvoir affirmer qu'en janvier 1573, lors de la publication de son premier recueil de vers, Claude Binet n'avait pas plus de vingt ans.

Ceci posé, il devient plus facile de dater la première entrevue de Ronsard et de son biographe. Si l'on rapproche ce que le biographe en a dit des dates précédentes, elle aurait eu lieu aux environs de 1569. Il ne semble pas, remarquons-le, avoir gardé un souvenir très précis de l'âge qu'il avait lors de cette entrevue ; il dit vaguement qu'il n'avait pas encore « attainct l'age de quinze ou seize ans » ; et, dans l'incertitude, il s'est plutôt rajeuni, vraisemblablement. Cela nous permet de croire, avant toute autre considération, que la rencontre pourrait bien ne remonter qu'à 1570.

Or, Ronsard a passé les années 1568 et 1569 en son prieuré de St-Cosme, retenu par une longue maladie ; et ce n'est guère qu'après la paix de St-Germain entre catholiques et protestants (août 1570) qu'il revint à Paris. On le trouve en septembre à Conflans, chez Villeroy, et il est vraisemblable qu'il demeura à Paris toute la fin de l'année et une bonne partie de l'année suivante, non seulement parce qu'il élaborait alors une troisième édition collective de ses œuvres, mais parce qu'il eut à préparer de fin novembre 1570 à mars 1571, avec son maître Dorat et son secrétaire A. Jamin, la partie littéraire des fêtes auxquelles donnèrent lieu le récent mariage de Charles IX et d'Elisabeth d'Autriche, le sacre de la reine à Saint-Denis et les entrées solennelles des souverains dans leur ville capitale[9]. C'est, à mon avis, dans la deuxième moitié de 1570 que Ronsard reçut la visite du jeune Binet, lequel songeait aux fêtes qui devaient avoir lieu, au rôle officiel qu'y joueraient Ronsard et Dorat, poètes du roi, à la possibilité pour lui-même d'y participer sous l'égide de ces personnages et de faire son chemin comme poète de Cour, ce que nous voyons qu'il fut par ses premières publications de 1571 à 1575.

D'ailleurs tout porte à croire qu'il se fit d'abord présenter à Ronsard chez Dorat. Voici comment. Cl. Binet nous apprend qu'il devait à Dorat « une partie de ses estudes ». Ce n'est pas, comme on pourrait le croire, une allusion au collège de Coqueret, car Binet était encore au berceau quand Dorat cessa d'en être principal. Il a pu être son auditeur au Collège Royal vers 1966-67[10], ou bien les années suivantes à son domicile du faubourg St-Victor, où Dorat continua longtemps à enseigner avec éclat. Quoi qu'il en soit, je pense qu'en 1570 il était en relations suivies avec Dorat, comme ancien élève ou comme étudiant nouveau[11]. La maison de Dorat était très hospitalière et les jeunes gens qui se destinaient aux carrières libérales la fréquentaient avidement. Nous ne le savons pas seulement par le Maître[12], mais par l'un de ses hôtes, l'historien J.-A. de Thou. « J'allais souvent visiter Dorat, dit-il en substance dans ses Mémoires, précisément à l'année 1570, et c'est lui qui me fit connaître Ronsard : comme je me sentais des dispositions pour la poésie, je liai avec lui une amitié si étroite que dans l'édition de ses œuvres qu'il fit faire par Galland (celle de 1587) il me dédia son *Orphée* avec un éloge magnifique. Par le même moyen je connus J.-A. Baïf et R. Belleau, dont depuis je cultivai l'amitié avec un grand soin »[13]. Les choses ont dû se passer de la même façon pour Binet, qui avait à peu près le même âge que J. A. de Thou[14].

Binet alla donc voir Ronsard, qui l'accueillit bien et encouragea ses débuts poétiques. Mais leurs relations furent ce qu'elles devaient être entre un homme de 45 ans, arrivé à l'apogée de la gloire littéraire, et un jeune inconnu de 17 ans ; elles furent empreintes de bienveillance de la part de l'un, d'admiration respectueuse et discrète de la part de l'autre. Binet se lia plus facilement avec A. Jamin, le secrétaire du grand poète. C'est une impression qui se dégage très nettement du premier recueil de vers de Binet.

Les *Diverses Poësies* contiennent en effet un *Sonet pour Jean Dorat, à la Santé* ; deux épigrammes sur *La Vache de Myron descrite par les Grecs et depuis par P. de Ronsard*[15] ; un *Chant forestier ou Le Chasseur, au Seigneur Amadis Jamin.* Cette dernière pièce, très remarquable par un vif sentiment de la nature, est une sorte d'églogue, où Perrot (Ronsard), assis dans un antre des bords du Loir, gémit sur l'absence de Cassandre. Elle ne renferme d'ailleurs aucune indication précise sur les rapports de Ronsard et de Binet ; tout ce qu'on peut en inférer, si elle n'est pas une pure fantaisie, c'est que Jamin fit inviter Binet à une partie de chasse soit à Vendôme ou à la Possonnière en 1571, soit au prieuré de Croixval en 1572[16]. Elle est immédiatement suivie de la *Gayeté du Printemps*, que Binet dédie *A ses amis*, et, bien entendu, ces *amis*, qu'il invite à aller se distraire à la campagne de Charenton, ce n'est ni Ronsard, ni aucun poëte de la Pléiade, pas même A. Jamin ; ce sont de jeunes étudiants comme lui, De Piennes, Landri, Gaiette, De Lorme[17]. Il n'ose encore dédier aucune pièce directement à Ronsard ; il se contente de rendre hommage à son génie[18].

De son côté Ronsard, naturellement, n'adresse alors aucun vers à Binet : ce n'était pas à lui de commencer. Bien mieux, les recueils et les éditions collectives qu'il publia de 1571 à 1584 ne contiennent pas trace de ses relations avec ce nouveau disciple. Si l'on en croyait Blanchemain et

Marty-Laveaux, Ronsard aurait dédié à Binet son poème du *Rossignol* en 1573[19]. Il n'en est rien : ce poème, publié en 1569 sans dédicace au titre, était adressé à Girard, comme le prouvent les six derniers vers, et il ne changea pas de destinataire avant la première édition posthume[20]. Rien non plus à l'adresse de Binet dans les œuvres de Baïf[21], ni dans celles de Belleau, ni dans celles de Jodelle[22], ni même — ce qui est plus étonnant — dans celles de Jamin (1575).

Cependant Binet a écrit à l'occasion de la mort de Belleau (1577) une pièce en hendécasyllabes d'une importance capitale. Elle est dédiée à Ronsard, et c'est, à ma connaissance, la première qu'il lui ait dédiée. En voici le début et la fin, qui prouvent, même si l'on tient compte d'une certaine exagération juvénile, que Binet avait alors des relations amicales avec Ronsard et Belleau :

PETRO RONSARDO.

Ergo mortuus est meus poeta
Bellaeus tuus et meus poeta ?
Ronsarde, optime Galliae disertae,
Ille molliculus poeta totus,
Mellitusque magis, magisque tersus,
Quam mel, quamque suo artifex in alveo :
Seu per gaudia rusticationum
Mille et delicias juval jocari,
Seu lubet posita severitate
Tot bella oscula dissuaviari.

O bella, ut solida esse non potestis !
Bellus mortuus est meus poeta,
Ille candidulus bonusque amicus,
Quo nil candidius amiciusque.

. . . .

At Musae incolumem meum poetam
Ronsardum Aoniae arbitrum Camœnæ,
Mi servate diu, et suis amicis,
Ut qui Pleiadas antecellit unus,
His sit postumus et sibi superstes[23].

D'ailleurs Cl. Binet, de 1575 à 1579, dut se consacrer aux études de droit et au barreau plus encore qu'à la poésie. Il se fit recevoir avocat au Parlement de Paris, et c'est en cette qualité qu'on le retrouve aux Grands jours de Poitiers dans la deuxième moitié de 1579.

C'est de ce séjour à Poitiers que date vraiment pour Binet la notoriété. Introduit, à la suite des magistrats de la Cour parisienne, dans le salon de Mesdames Desroches mère et fille, prototype provincial de l'Hôtel de Rambouillet, il brilla en bon rang parmi les poètes qui chantèrent la puce aperçue un jour par E. Pasquier sur la gorge de Mlle Catherine[24]. C'est d'autre part à Poitiers que Binet publia les *epigrammata* attribués à Pétrone et à d'autres poètes légers, qui, avec un recueil antérieur de J. Scaliger, formèrent le noyau primitif de l'*Anthologie latine*[25].

Les années suivantes sont marquées par de nouvelles productions poétiques. En 1581 Binet collabore au

« tombeau » d'Odet de Turnèbe, à la prière d'E. Pasquier, qui le compte parmi les « lumières » du siècle[26] ; il écrit une pièce liminaire pour le recueil des vers de J. Courtin de Cissé[27] ; il publie un poème latin sur l'épidémie qui sévit alors à Paris[28]. À la fin de 1582 il collabore au « tombeau » du président Christophe de Thou, père de l'historien[29]. En 1584, il écrit un sonnet liminaire pour le dernier ouvrage d'André Thévet, cosmographe du roi[30]. Surtout en 1583 il publie un petit recueil intitulé *Les Plaisirs de la vie rustique et solitaire*, qui offre un réel intérêt littéraire et historique[31].

Non seulement cet opuscule a valu à Binet l'honneur d'être mentionné dans l'*Art poëtique* de Vauquelin parmi nos meilleurs poètes pastoraux[32], mais il montre que ses rapports avec Ronsard étaient alors intimes. On y trouve, en effet, deux pièces dédiées à Ronsard, qui ne laissent aucun doute à ce sujet :

1° Un sonnet, dont voici l'essentiel :

> Gentil oiseau divin, petit ange des bois,
> Rossignol, que ma main a sevré dans la cage,
>
> . . . .
>
> S'il est ainsi, mignon, que le premier tu sois
> Hautain sur tout oiseau variant son ramage.
> Va t'en trouver Ronsard, le premier de nostre aage,
> Ronsard, le rossignol du Parnasse François.
>
> . . . .

Ravy de ses douceurs, je desire luy faire
De mon cœur pur et net un aggreable don ;

2° Une idylle, intitulée *la Truite*, dont voici le début :

Entre les plus grans biens dont je veu rendre grace
Aux Muses et aux Dieux, celuy-là qui surpasse,
Et qui rend dessur tout mes esprits plus contens,
C'est d'avoir esté né en France de ton temps.
Ronsard, pare de France, ô la premiere source
Et de ceux qui à gré d'une honorable course
Ont part à ton honneur, et de ceux qui viendront
Pour en vain esparer tel honneur sur leur front... ;

après quoi Binet se félicite d'aimer mieux les plaisirs de la campagne que les vanités de la Cour, et se demande à qui il doit son goût de la simple nature :

C'est à toy, mon Ronsard, dont la divine grace
Des vers non imitable est en France un Parnasse :
Par toy mon jugement j'ay sceu rendre meilleur
Pour priser toute chose à sa juste valeur.

Vers la même époque Binet fréquente chez les magistrats Jean et Jacques de la Guesle, originaires d'Auvergne ; il y rencontre les avocats-poètes auvergnats Gilles Durant et Jean Bonnefons, les deux inséparables, qu'il avait connus au Palais dès 1579[33] ; il est choisi comme substitut au parquet par Jacques de la Guesle, qui avait succédé à son père dans la charge de Procureur général du roi en janvier 1583[34]. Il correspond avec E. Pasquier, qui le considère comme un homme de goût, capable de juger « les belles choses »[35] ; avec Sc. de Sainte-Marthe, qui le loue comme poète et comme avocat-substitut[36] ; avec M.-A. Muret, qui, de Rome, le charge d'être son intermédiaire auprès des éditeurs parisiens, et dans une lettre à Féd. Morel l'appelle « hominum pereruditus »[37]. De son côté, La Croix du Maine écrit de lui que c'est « un homme fort docte en Grec, Latin et François et bien versé en l'une et l'autre poësie », et, après avoir énuméré ses principales œuvres : « Il florit à Paris cette année 1584[38] ». Bref Binet a de nombreuses et brillantes relations à la fois dans le monde de la Magistrature et du Barreau et dans le monde des Lettres, comme le constate J. Velliard en 1586[39].

Il est donc vraisemblable et très probable que Binet, durant les trois dernières années de la vie de Ronsard, eut l'accès relativement facile auprès du grand poète, du moins quand celui ci venait de Croixval à Paris, et seulement jusqu'en juin 1585, date où il quitta Paris pour ne plus y revenir. Ronsard était alors l'hôte de Jean Galland, principal du collège de Boncourt, son meilleur ami, chez lequel il restait alité des mois entiers, aux prises avec la fièvre et la goutte[40]. C'est là, peut-être à son chevet, que Binet, à la faveur d'un procès dans lequel il semble avoir été son avocat, tout au moins son avocat-conseil, s'entretint avec lui de poésie, essaya de relever son moral en lui parlant de guérison ou d'immortalité, s'insinua dans ses bonnes grâces et gagna sa confiance, au point d'être choisi, avec Galland, comme exécuteur de ses dernières volontés d'écrivain. À preuve cette affirmation de Cl. Binet : « Sur ses derniers jours me faisant cet honneur de me communiquer familièrement tant les desseins de ses ouvrages, que les jugemens qu'il donnoit des escrivains du jourd'huy, il se plaignoit fort de certain stile dur et ferré qu'il voyoit s'authoriser parmy nous »[41] ; puis cette fin de l'*Hymne de Mercure*, que Ronsard lui dédia en retour des deux pièces signalées plus haut dans les *Plaisirs de la vie rustique* :

> Binet, soin d'Apollon, dont la vive eloquence
> Flate mon mal d'espoir, mon proces d'asseurance,
> Au lieu de tes beaux vers, du trafic de nostre art,
> Des honneurs de Mercure iey je te fay part[42]... ;

enfin ces hexamètres de Dorat qui datent de 1586 et parurent en tête de la première édition posthume des *Œuvres* de Ronsard :

> Virgilio fuerat qui par Ronsardus in omni
> Vita, morte parem sese praestaret ut illi.
> Fidos elegit Tuccam et Varum inter amicos,

> Te, Gallandi, et te, Binete, poëmata, quorum
> Commisit curae, ne corrumpenda perirent[43]...

Ronsard mourut en son prieuré de Saint-Cosme-lez-Tours le 25 décembre 1585. Galland, qui l'avait déjà vu très mal dans l'automne au prieuré de Croixval, alla recevoir le dernier soupir de son ami. Dès qu'il fut revenu de l'enterrement, avec les papiers et les recommandations suprêmes du poète, il décida de lui préparer au collège de Boncourt des obsèques solennelles qui seraient comme un hommage public à sa glorieuse mémoire. Binet apprit de la bouche même de Galland les dernières circonstances de la vie de Ronsard et prit connaissance des vers que celui-ci avait composés sur son lit d agonie en novembre et décembre précédents. Apprit-il à ce moment seulement la part qui lui revenait comme exécuteur testamentaire, ou Ronsard la lui avait-il fixée avant de quitter Paris ? On ne saurait le dire avec certitude, bien que trois passages nous portent à croire qu'il savait à quoi s'en tenir sur ce point avant que Ronsard quittât Paris (voir ci-après, pp. 40-41, 48, 50). En tout cas, il résolut aussitôt, d'accord avec Galland, de faire imprimer les *Derniers vers* de Ronsard, de recueillir les éléments de son *Tombeau*, et de « dresser les principaux points du cours de sa vie », de façon que le tout fût prêt à paraître le jour même des obsèques, pour lesquelles on arrêta la date du 24 février 1586[44].

C'est ce qu'il est assez facile d'établir en rapprochant les documents suivants : 1° un passage de l'*Eclogue* de Binet « représentée » à ces obsèques ; c'est lui-même qui parle, s'adressant à Thoinet (A. de Baïf) et à Philin (Philippe Desportes) :

> Si tost que sur ce bord arriva Gallantin,
> La moitié de Perrot, nous contant quel destin
> Avoit tranché ses jours, vous eussiez vu sur l'onde
> Mainte vague rouler tristement vagabonde[45]...

2° Une lettre de Binet à Scévole de Sainte-Marthe, le priant de collaborer au *Tombeau* de Ronsard : « Monsieur, l'amitié que j'ay receue de Monsieur de Ronsard et qu'il vous a departie lors qu'il vivoit... », datée de Paris 23 janvier 1586[46] ; 3° l'épître-préface des *Derniers vers*, adressée par Binet « à la noble et vertueuse compagnie qui a honoré les obseques de Monsieur de Ronsard, Prince des Poëtes François », le jour même de ces obsèques[47] ; 4° l'épître-dédicace de la *P. Ronsardi laudatio funebris*, composée par J. Velliard, professeur à Boncourt, sur l'ordre de Galland ; en voici le début et la fin : « Particula muneris ejus adest (Gymnasiarca sagacissime) quod ad calend. Februarii jamjam Turonihus reversus nobis detulisti. Utinam digna summi illius viri memoria, cujus nomine jussu tuo suscepta est, digna sempiterna vestra amicitia, digna hujus pompae celebritate quam supra multorum opinionem, totius Galliae applausu et admiratione paras... In multis autem (d'ailleurs sur beaucoup de points) breviorem me fecit Claudii Bineti tibi, omnibusqne melioris notae viris, intimi solertia et sedulitas : hujus enim industria et studio Gallici poetae vita, et in eumdcm Galliae totius elogia posteris in tuo nomine jamjam apparebunt. Vale, Lutetiae, in tuis aedibus Becodianis. 7 cal. Martii 1586[48]. »

Un tiers seulement de la triple publication projetée par Galland et Binet fut prêt le 24 février. Seuls les *Derniers vers* parurent ce jour-là et purent être distribués aux plus qualifiés des assistants[49]. Mais le *Tombeau* et la *Vie de Ronsard* étaient déjà en grande partie sous presse ou sur le marbre ; nous pouvons du moins le conjecturer d'après ce passage de la dédicace des *Derniers vers* : « Si la diligence des ouvriers l'eust permis, le papier tant honoré du beau nom de Ronsard eust tesmoigné son dueil, et accompagné voz regretz de la noire teinture des vers des plus choisis personages de notre France, que j'ay prié de ce devoir, et des principaux points du cours de sa vie que nous avons dressé, non pour illustrer sa memoire davantage, ains pour n'obscurcir la nostre, si nous faisions autrement. Mais le temps, maistre de noz actions, ne l'a sceu permettre pour ce jour. Seulement il nous a permis de vous presenter les derniers enfans de sa Muse, conceus au lict de la mort, et comme naissans de son tombeau. » Toutefois il est vraisemblable que le lendemain même des obsèques Binet retoucha la biographie qu'il avait écrite, mettant à profit quelques passages des oraisons funèbres prononcées devant lui par Du Perron et par les élèves de J. Velliard et de G. Critton, professeurs à Boncourt[50] ; et il est certain qu'il y inséra seulement alors le récit des obsèques, qui, cela va de soi, n'avait pu y trouver place plus tôt.

Du reste, Binet fut expéditif, et les « ouvriers » aussi. Ils le furent même trop. Les deux autres publications annoncées par lui le jour des obsèques parurent chez G. Buon avec une deuxième édition des *Derniers vers*, dès les premiers jours du mois de mars, très probablement avant le 14, car le privilège est encore celui qui avait servi pour l'édition de 1584 des *Œuvres de Ronsard* et pour l'édition princeps des *Derniers vers*, et nous savons d'autre part que Galland obtint en faveur de G. Buon un nouveau privilège, daté du 14 mars 1586, pour faire imprimer la première édition posthume des *Œuvres de Ronsard*[51]. La façon même dont l'opuscule se présente prouve la hâte avec laquelle on le publia. En voici le titre complet :

Discours || *de la vie de* || *Pierre de Ronsard,* || *Gentilhomme Vandomois,* || *Prince des Poëtes François,* || *avec* || *une Eclogue representée* || *en ses obseques, par Claude Binet.* || *Plus* || *les vers composez par* || *ledict Ronsard peu avant sa mort :* || *ensemble* || *son Tombeau recueilli* || *de plusieurs excellens personnages.* (Marque du libraire éditeur.) *A Paris,* || *Chez Gabriel Buon, au clos Bruneau, à l'image S. Claude.* || M. D. LXXXVI. || *Avec privilege du Roy.*

C'est un in-4° de 128 pages. Au verso du titre se trouve le portrait de Ronsard à l'âge de 27 ans, qui avait paru pour la première fois en tête de l'édition *princeps* des *Amours* (1552)[52] ; au-dessous de ce portrait le quatrain qui figurait déjà en tête de l'édition *princeps* de la *Franciade* (1572) :

Tel fut Ronsard autheur de cet ouvrage,
Tel fut son œil, sa bouche et son visage.
Portrait au vif de deux crayons divers,
Ici le corps, et l'esprit dans ses vers[53].

Ce quatrain, qui avait sa place tout indiquée en tête des *Derniers vers* publiés isolément le 24 février, était conservé ici bien mal à propos, son début ne s'appliquant qu'à la deuxième partie de l'opuscule, de beaucoup la plus courte et la moins importante. Le *Discours de la vie de Ronsard* occupe, en effet, les pp. 3 à 33. Les *Derniers vers* viennent à la suite, et n'occupent que les pp. 34 à 37 ; encore sont-ils diminués de deux pièces qui ont passé dans la biographie du poète[54]. Le reste de l'opuscule se compose tout entier de poésies écrites par ses amis et admirateurs, d'abord l'« eclogue meslée » de Binet intitulée *Perrot*, puis le *Tombeau* proprement dit.

À noter en outre que les pièces du *Tombeau* sont divisées elles-mêmes en deux parties, dont l'une, qui s'arrête à la page 112, contient sur cette page les *Fautes à corriger*, et l'autre, qui est intitulée *Autres vers sur le tombeau de Ronsard*, semble avoir été ajoutée en appendice après que l'opuscule était déjà complètement imprimé. Il y a même au début de cette sorte d'appendice une pagination adventice de deux feuillets qui ont encore été ajoutés au dernier moment, et qu'on a mis là parce que l'Extrait du privilège, qui clôt la page 128, était imprimé quand ils sont arrivés à l'atelier (ce sont les pages 112.1, 112.2, 112.3 et 112.4). — Une dernière remarque n'est pas moins probante. Binet, dans sa hâte de publier sa *Vie de Ronsard*, y laissa un nombre considérable de fautes d'impression, dont quelques-unes très graves. Il n'en releva que quatre dans la table des *errata*. Les autres disparurent à la deuxième édition.

La *Vie de Ronsard* reparut chez G. Buon, dans le 5e volume (tome X et dernier, pp. 107 à 157) de la première édition posthume des *Œuvres de P. de Ronsard*, dont le format est in-12. Cette fois elle est placée immédiatement après les *Derniers vers* de Ronsard, et immédiatement suivie de l'*Eclogue* de Cl. Binet et du *Tombeau* de Ronsard. Toute trace de table d'*errata* a disparu. Le privilège, dont l'extrait se trouve à la fin du volume, est daté du 14 mars 1586. L'achevé d'imprimer, qui suit ce privilège, est daté du 24 décembre 1586. Cette deuxième édition de la *Vie de Ronsard* est donc encore, comme la première, de l'année 1586, quoique les cinq volumes de l'édition des *Œuvres* dont elle fait partie portent le millésime 1587. Neuf mois seulement séparent l'une de l'autre, et dans ce court intervalle, Claude Binet, pourtant très occupé par ailleurs[55], a profondément transformé sa rédaction primitive, corrigeant les fautes d'impression et quelques erreurs de faits, allongeant et transposant plusieurs passages, surtout dans la dernière partie.

En 1597, lorsque J. Galland publia une nouvelle édition des *Œuvres de P. de Ronsard* chez la veuve de G. Buon, la *Vie de Ronsard* y reparut, à la même place, c'est-à-dire dans le 5e volume, au tome X et dernier, après les *Derniers vers*[56]. Même format, mêmes caractères d'imprimerie qu'en 1587 ; mais cette fois la *Vie de Ronsard* occupait les pages 109 à 179 ; elle avait vingt pages de plus qu'à la deuxième rédaction. — Binet avait été « pourvu gratuitement de la charge de Lieutenant général de la Sénéchaussée de Riom par la reine Elisabeth douairière de Charles IX »[57] ; son compatriote et ami Antoine Loisel, auquel on doit ce renseignement, ne dit pas à quelle date ; ce fut probablement en 1587, car Binet ne porte ce titre dans aucun des documents qui font mention de lui avant cette année-là, et d'autre part on le trouve, prenant la parole en cette qualité, aux États de Blois dans la deuxième moitié de 1588[58]. Il semble avoir dès lors abandonné le « culte des Muses », que ne favorisaient guère les troubles de la Ligue, et s'être consacré presque entièrement à sa fonction de président de tribunal, difficile en ce temps d'anarchie. Mais il resta fidèle au culte de Ronsard, la preuve en est dans la troisième rédaction de sa biographie, à laquelle il se remit dès avant l'assassinat de Henri III (1er août 1589), comme on peut le conjecturer d'après deux passages[59], et à laquelle il travaillait encore, un autre passage en témoigne, après le sacre de Henri IV (février 1594)[60]. Il apporta tous ses soins à embellir cette chapelle qu'il avait élevée sur la tombe du poète. Il laissa chaque chose à sa place ; mais il répandit de-ci de-là des grains d'encens et des fleurs ; il recueillit de nouvelles anecdotes et arrangea les anciennes à l'honneur de son héros ; il augmenta le nombre des citations, ajouta des détails de nature à justifier l'homme, à grandir l'écrivain, à défendre sa mémoire à la fois contre les haines religieuses et les critiques littéraires ; il écrivit enfin un préambule moral à la Tacite, digne entrée du pieux monument.

En somme, Binet s'est trouvé dans des conditions relativement favorables à la composition d'une bonne biographie de Ronsard. Il est vrai qu'il y avait entre eux une grande différence d'âge (environ 28 ans), et que Binet ne paraît pas avoir songé à cette biographie avant la mort de Ronsard. Mais ayant été reçu dans la familiarité du poète trois ou quatre ans avant sa mort, ayant eu des relations plus ou moins longues et suivies avec des hommes qui l'avaient connu intimement pendant de nombreuses années et qui survivaient, tels que Dorat son maître, A. de Baïf son condisciple et son émule, A. Jamin son page et secrétaire, J. Galland son hôte, dont les deux premiers furent les témoins de toute sa vie depuis sa vingtième année, le troisième celui de sa maturité, le quatrième celui de sa vieillesse — sans parler d'E. Pasquier, qui avait été « embrigadé » dès 1554 — Binet pouvait nous laisser un ouvrage utile et durable, malgré son admiration passionnée pour Ronsard. Malheureusement il n'a pas su s'y prendre : il a employé des moyens qui compromettent gravement l'autorité de son témoignage ; il eut trop le souci de sa propre gloire en glorifiant son grand homme, et il fit une œuvre d'avocat-poète, non d'historien.

1. ↑ À la suite de son édition des *Œuvres de J. de la Peruse*. La dédicace est datée du 1er janvier 1573 (Bibl. Nat., Rés. pYe 295).

34

J. de la Peruse mourut en 1554. Il n'a donc pas pu être son ami comme le dit Mlle Evers, *op. cit.*, p. 3. Le texte qu'elle cite fait allusion à l'amitié de René de Voier, comte de Paulmy, pour La Peruse.

2. ⊥ Ce thrène de Cl. Binet est au recueil des *Diverses Poësies*. Voici le passage : « Car soit qu'ardent le Digeste ou le Code | Te tinssent en leur sein, | Soit qu'Apollon aux gais bords de Terain | T'empeschât sur une Ode | Ou sur un vers d'une aigre douceur plein, | J'estoy l'objet de ta fureur divine | Et de tes vers sucrez, | Quand tu plantois les vers Lauriers sacrez | En ma tendre poitrine. | Qui verdit or de soucis et regretz »

3. ⊥ Martigues est mort au siège de St-Jean-d'Angély (fin de 1569) ; pour Brissac, on peut hésiter entre le maréchal Charles de Cossé-Brissac, mort en 1563, et son fils Timoléon, mort prématurément en avril 1569. Dans tous les cas, le sonnet n'a pu être écrit avant la fin de 1569.

4. ⊥ Paris, Dallier, in-8° de 11 pages (Bibl. Nat., Ye, 15539). Lyon, Rigaud, in-8° de 7 ff. (*Id.*, 8° Ye, pièce 5965).

   D'après La Croix du Maine, ce généthliaque fut imprimé à Paris chez Dallier dès 1572. La naissance de Marie-Elisabeth de Valois date du 27 octobre 1572.

5. ⊥ Paris, Galoudeau, in-8° de 18 ff. (Bibl. Nat., Lb[34], 40). Le gala des Tuileries donné en l'honneur des députés polonais qui venaient offrir à Henri d'Anjou la couronne de Pologne eut lieu à la fin d'août 1573. Henri d'Anjou ne franchit la frontière allemande que le 5 décembre. La pièce de Cl. Binet date donc de la deuxième moitié de l'année.

6. ⊥ *Merveilleuse rencontre sur les noms tournez du Roy et de la Royne (Présenté à leurs Majestez). Plus Adonis ou le Trespas du Roy Charles IX (Eglogue de chasse), A Messire Albert de Gondy, comte de Retz et mareschal de France. Les Daufins ou le retour du Roy (Eglogue Marine) avec le chant des Sereines qui est un Epithalame sur son mariage, A Monsieur Du Faur, seigneur de Pybrac. Par Cl. Binet Beauvaisin.* Paris, Féderic Morel. impr. ord. du Roy, 1575, in-4° de 40 pp. (Bibl. Nat., Rés. Z. Fontanieu 103 ou Recueil de Memoires, tome 103, Z 2284).

   P. Lacroix a écrit dans sa *Notice sur les Ballets et Mascarades de Cour* : « Quand Charles IX revint dans sa capitale (après le voyage de Bayonne), on honora son retour par plusieurs mascarades à l'Hôtel de Ville de Paris. *Claude Binet était l'auteur des vers qui se chantaient dans l'une,* J.-A. de Baïf avait composé les vers de l'autre, que récitaient des Nymphes. Ronsard fit aussi sa mascarade. » C'est une erreur qu'il importe de relever, car le retour de Charles IX à Paris après le voyage de

Bayonne remonte à 1566. P. Lacroix a confondu probablement avec le retour de Henri III, revenant de Pologne, qui fit son entrée à Paris après son sacre et son mariage en février 1575 ; c'est ce retour que Binet a chanté dans le recueil de 1575.

7. ↑ Antoine Loisel, *Mémoires des pays... de Beauvais et Beauvaisis*, Paris, 1617. Cf. la note de La Monnoye dans la *Biblioth.* de La Croix du Maine, article *Claude Binet*.

8. ↑ Il assistait le 3 septembre 1599 au baptême de sa fille Jeanne, dont le parrain était Jean de la Guesle. D'autre part, à la date du 4 août 1600, la ville de Riom expulsa du Palais royal (pour y loger le comte d'Auvergne) les enfants *de feu Claude Binet*, lequel y occupait les appartements de la reine mère en qualité de lieutenant général de la sénéchaussée.

Je dois la connaissance de ces faits à M. Gaston Varenne, professeur au Lycée de Beauvais, qui prépare depuis plusieurs années une monographie de Cl. Binet. C'est encore lui qui m'a signalé les citations précédentes, tendant à prouver que Binet n'avait pas plus de vingt ans en 1573. Je suis heureux de le remercier ici de son obligeance.

9. ↑ V. ma thèse sur *Ronsard*, pp. 231 à 238, et *Annales Fléchoises* de septembre 1906, pp. 261 et suiv. — Cf. Théod. Godefroy, *Ceremonial françois*, tome I, pp. 519 à 556 (il est question de Ronsard et Dorat à la p. 539, de Dorat encore à la p. 553) ; Blanchemain, éd de Ronsard, IV, 200 ; Marty-Laveaux, éd. de Ronsard, VI, 386, et *Notice*, CXXIII. Voir encore pour la récompense que leur valut cette participation aux fêtes, et pour la part de Jamin, Cimber et Danjou, *Archives curieuses*, 1ʳᵉ série, VIII, 369 ; *Œuvres* de Jamin, éd. de 1575, *in fine*.

10. ↑ Dorat y fut professeur de grec, à l'occasion professeur de latin (cf. Lambin. déd. du 6ᵉ livre de son *Lucrèce*), pendant onze ans, de 1556 à 1567. Il céda sa chaire en nov. 1567 à son gendre Nicolas Goulu (Marty-Lav., *Notice sur Dorat*, XXIII et XXVIII ; Abel Lefranc, *La Pléiade au Collège de France*, en tête de l'Annuaire du Coll. de Fr., 3ᵉ année, 1903, et dans l'*Amateur d'autographes* du 15 juillet 1903).

11. ↑ Je placerais volontiers en 1568-69 le séjour en Italie, dont Binet nous parle, durant lequel il aurait été auditeur de Petro Vettori à Florence et de Petro Angelio à Pise.

12. ↑ Marty-Lav.. *Notice sur Dorat*, XXVIII et XXXVII.

13. ↑ Collection Petitot, 1ʳᵉ série, tome XXXVII, p. 223.

14. ↑ J.-A. de Thou est né en 1553. Binet eut avec lui de bonnes relations, témoin la part qu'il a prise au *Tombeau* de Chr. de Thou. V. ci-après, p.

XVII. Toutefois J.-A. de Thou, énumérant dans ses Mémoires les auteurs du *Tombeau* de son père, ne nomme pas Binet, et en 1586 c'est à Galland, et non à Binet, qu'il adressa ses vers pour le *Tombeau* de Ronsard.

15. ↥ Voici la première : « Myron me façonna d'airain, | Un Ronsard me remit en vie : | De l'un je rens grace à la main, | Et de l'autre à la poësie. »

16. ↥ Ronsard, obligé d'abandonner son prieuré de Croixval en 1570 et 1571, n'en obtint la rétrocession que le 23 nov. 1571 (Froger, *Rons. eccl.*, pp. 40-41).

17. ↥ Le volume se termine par quelques pièces de ses amis en vers latins et en vers français, mais aucune d'elles n'est signée d'un poète de la Pléiade. Pourtant la dernière de ces pièces loue Binet pour ses *Epigrammes*, comme Ronsard pour ses *Odes*, Tyard et Du Bellay pour leurs *Sonnets*, Jodelle pour ses *Comédies* :

> Mais, ô Dieu ! pour ce point combien, combien tu pousses
> A railler doctement tes Muses aigre-douces
> (Mon Binet) et combien ton Epigramme court
> Se feroit mesme entendre à l'homme le plus sourd.

18. ↥ Sa complainte *Sur le trespas de J. Grevin* contient ce quatrain, qui, d'ailleurs, ne dut faire plaisir à Ronsard qu'à moitié :

> La gracieuse Olimpe et la belle Cassandre,
> L'une de mon Grevin, l'autre d'un grand Ronsard,
> Ne seront quant au nom reduites onc en cendre,
> En despit de l'effort du fauche-tout vieillard.

Outre les noms que j'ai mentionnés parmi les destinataires de ces poésies, je relève encore ceux de Louis Des Masures Tournisien (sur son Eneide), de François de Belleforest, de François d'Amboise Parisien (sur sa Clion), de Jean L'Huillier Parisien.

19. ↥ *Œuvres de Ronsard*, VI, 118 ; M.-L., *Ibid.*, V, 455.

20. ↥ Il s'agit, je crois, de Jean Girard, du Mans, sieur de Colombiers, « homme bien docte en grec et en latin », dit La Croix du Maine. Cf. H. Chardon, *Robert Garnier*, p. 125.

21. ↥ Les seuls vers de Baïf à Binet qui nous soient parvenus datent du *Tombeau* de Ronsard (1586). Bl. VIII, 240-41 ; M.-L., *Œuvres de* Baïf, V, 283.

22. ↥ Le sonnet à Cl. Binet, que Marty-Laveaux a édité comme étant de Jodelle (II, 334), ne me paraît pas du tout authentique : il fait allusion au

recueil de Binet de 1575, peut-être même à celui de 1583, tous deux postérieurs à la mort de Jodelle (juillet 1573).

23. ↑ *Petronii Arbitri Epigrammata...* (1579), page 30. Sur ce recueil, voir ci-après, p. XVII. note 1. Il est probable que cette pièce figurait déjà dans le *Tombeau* de R. Belleau, (Lutetiae, apud M. Patissonium, 1577, in 4°)

24. ↑ Sur cet épisode des Grands jours de Poitiers, voir E. Pasquier, *Lettres*, livre VI, n°s VII et VIII. Il nomme parmi les avocats parisiens, alors présents à Poitiers, qui prirent part à ce badinage poétique, l'avocat du roi, Barn. Brisson, puis René Chopin, Antoine Loisel, Jacques Mangot, Odet de Turnèbe, *et Binet*. Parmi les poètes « chante-puce » citons encore J. Scaliger, Nicolas Rapin, J. Courtin de Cissé, Scévole de Sainte-Marthe, qui était alors maire de Poitiers.

Le recueil intitulé *La Puce de Madame Desroches* parut en 1583, à Paris, chez Abel l'Angelier (préf. de septembre 1582) ; on le trouve dans les *Œuvres* complètes d'E. Pasquier (éd de 1723, tome II, col. 947) ; il a été réimprimé par D. Jouaust en 1868 et en 1872 (*Cabinet du Bibliophile*, n°s III et III *bis*) ; la seconde de ces réimpressions reproduit textuellement l'édition *princeps*. Claude Binet y figure pour six pièces latines et françaises.

25. ↑ *C Petronii Arbitri, itemque aliorum quorumdam veterum Epigrammata hactenus non edita, Cl. Binetus conquisivit et nunc primum publicavit.* Pictavii, ex officina Bochetorum fratrum, 1579, in-4° de 38 pp. (Bibl. Nat., Yc 922, et Rés. m Ye 656). Binet s'était servi d'un manuscrit de Beauvais, aujourd'hui perdu, et du Vossianus, qui avait déjà servi à J. Scaliger pour ses *Catalecta* parus à Lyon en 1573 (cf. la préface des *Poetae minores* de Baehrens, et surtout la préface de l'*Anthol. latine* de Riese, pp. XXXIII et XL).

La dédicace à Barnabé Brisson, avocat du roi, est datée de Poitiers, le x des Calendes de Novembre 1579. Les pp. 23 à 38 sont occupées par des pièces de vers latins de Binet adressées à Brisson, à Ant. Loisel, à E. Pasquier, à J. Dorat, à M.-A. Muret, à Ronsard, à Sainte-Marthe, à Petro Vettori, à Petro Angelio de Barga, à Jean Bonnefons (entre autres).

26. ↑ *Othonis Turnebi Tumulus* (Paris, 1582, in-8°). La mort prématurée d'Odet de Turnèbe est de février 1581. Pasquier écrivait peu après cet appel : « Heu vos advoco, lacrymosi adeste | Turnebi duo, Christiane, Drace, | Audeberte pater simulque fili, | Aureli, Bonefi, Vari, *Binete*, | Et quot lumina Gallicana nobis | Isto Pierides dedere seclo... » (*Œuvres*, tome II, col. 937).

27. ⊥ *Les Euvres poëtiques* de J. de Courtin de Cissé (Paris, Beys, 1581, p^t in-12). Une des *Odes* de Courtin est adressée à Binet sur la mort de Belleau.

28. ⊥ *Cl. Bineti... Ad Deum Opt. Max. oratio pestilentiae tempore.* Paris, M. Patisson, in-4° de 8 pp. (Bibl. Nat., Ye 1229). Cf. Marty-Laveaux. *Notice sur Dorat,* XXXVII.

29. ⊥ Chr. de Thou est mort le 1er nov. 1582. Son *Tumulus* parut chez M. Patisson en 1583, in-4°. Binet y figure avec un poème latin et un sonnet, pp. 110 à 113.

30. ⊥ Les *Vrais pourtraits et vies des Hommes illustres* (Bibl. Nat., G. 1493). Le sonnet de Binet figure parmi des pièces liminaires de Dorat, Baïf, R. Garnier, Sainte-Marthe.

31. ⊥ Plaquette de 31 ff., Paris, Ve Lucas Breyer, p^t in-12 (Bibl. Nat., Rés. Ye 1839). Ce recueil est ainsi composé : 1° deux pièces adressées au premier président Ach. de Harlay et au procureur général Jean de la Guesle ; 2° l'idylle (dédiée à Pibrac) des *Plaisirs de la vie rustique et solitaire,* qui donne son titre à la plaquette ; 3° des vers à Jacques et à Francois de la Guesle et à Hotman (secrétaire de la reine douairière, veuve de Charles IX) ; 4° un sonnet *A Pierre de Ronsard* : « Gentil oiseau divin... », et un autre *A Philippe Desportes* : « Quand j'entens les doux sons... » ; 5° l'idylle de la *Truite,* dédiée *A Pierre de Ronsard* : « Entre les plus grans biens.., » ; 6° le *Vœu d'un pescheur à Neptune* ; 7° des poésies latines ; 8° neuf pièces, dont six sonnets : 9° des vers latins et un sonnet d'amis de Binet.

32. ⊥ Livre III, vers 253. Edition G. Pellissier, p. 140. Binet y est cité avec Pibrac, dont le poème sur les *Plaisirs de la vie rustique* remonte à 1576 et reparut en 1583 également chez la Ve Lucas Breyer.

33. ⊥ Cf. la *Pancharis J. Bonefonii,* et les *Imitations du latin de Jean Bonnefons, avec autres Gayetez amoureuses de l'invention de l'autheur,* par G. Durant, s^r de la Bergerie. Paris, Abel l'Angelier, 1587, in-12 (le privil. est du 9 janvier) On trouve dans la *Pancharis* une pièce en distiques latins *Ad Cl. Binetum.* En outre, Durant adresse deux odes *A Cl. Binet* (une imitation et une invention), et Binet une pièce en hendécasyllabes latins *Ad Janum Bonefium,* qui avait paru pour la première fois en 1579 à la suite des *Petronii Epigrammata.*

34. ⊥ Cf. Blanchard, *Les Presidents au mortier du Parlement de Paris* (1647), p. 301, et la fin de l'épitre de Sainte-Marthe *Ad Cl. Binetum,* citée deux notes plus loin.

35. ↥ *Lettres* de Pasquier, livre VIII, lettre x. Il l'entretient de poésies qui furent écrites sur la *Main de Pasquier* aux Grands Jours de Troyes (1583). D'ailleurs Binet n'a pas collaboré à ce recueil, quoi qu'en dise l'abbé Goujet (*Bibl.*, tome XII, p. 257) ; l'*Apologie de la main* en prose est de Pasquier lui même.

36. ↥ *Poemata*, Paris, M. Patisson, 1587, p. 103. L'épître *Ad Claudium Binetum* commence ainsi :

> *Si quis amor, Claudi, tenuis cognoscere vatis*
> *Et genus et curas (paucis namque omnia pando)*
> *Accipe.*

Je détache de la fin les vers suivants, qui prouvent que Binet était au nombre des substituts du procureur général Jacques de la Guesle :

> *Tu quoque Cirrhaeis aluit quem Musa sub umbris*
> *Egregiosque inter jussit florere poetas.*
> *Non ideo molli torpes, Binete, veterno :*
> *Sed magni vice Guellaei, qui regia jura*
> *Cognitor atque rei servat communis honorem,*
> *Principis interea populique negotia curas.*

37. ↥ Cf les *Mélanges Graux*, pp. 398 à 400. Les lettres en question sont de 1583. D'autre part, Muret termine ainsi une lettre à Jacques Gillot, conseiller clerc au Parlement de Paris en juillet 1584 : « Saluta mihi Nicotium, si istic est, *et Binetum* et Morellum ceterosque communes amicos. » (*Id.* p. 402.) Muret a dû se lier d'amitié avec Binet du jour où celui-ci lui adressa un hommage poétique dans son édition des *Petronii Epigrammata* (1579).

38. ↥ *Bibliothèque*, art. *Cl. Binet*. Cet ouvrage fut publié en 1584.

39. ↥ Cf. ci-après, p. XXII, un texte de J. Velliard, d'après lequel Binet était lié avec tous les personnages du temps « omnibus melioris notae viris intimus ».

Les poésies latines de Binet lui ont valu l'honneur de figurer dans le recueil du savant Jean Gruther intitulé : *Delitiae poetarum Gallorum hujus superiorisque aevi illustrium*, Francfort, 1609, trois tomes in-16, publiés par Ranutius Gherus (anagr. de Janus Grutherus). Voyez le tome I, pp. 539 et suiv.

40. ↥ Cf Marty-Laveaux, *Notice sur Ronsard*, LXXXVI et suiv., XC et suiv.

41. ↥ Voir ci-après, p. 38, ligne 23, et p. 39, lignes 1 à 4.

42. ↑ Bl., V, 254. Cf. Marty-Lav., *Notice sur Ronsard*, xc. Il est possible que le procès auquel Ronsard fait ici allusion soit le même que celui qu'il eut dès 1568 avec le teinturier Fortin, son voisin de Saint-Cosme-lez-Tours, et pour lequel il écrivit alors au maire de Tours, à l'avocat Pierre du Lac et au procureur Julian Chauveau (Bl., VIII, 169 ; VI, 109 et 125). Il s'agit peut-être aussi d'un procès qu'il eut avec les religieux de Saint-Cosme concernant l'administration du prieuré, et dont il reste un acte daté du 21 novembre 1581 (communication de M. Ludovic Langlois, ancien notaire à Tours).

43. ↑ Bl., I, xviii. La collaboration de Galland et de Binet à la première édition posthume de Ronsard est abondamment prouvée. Outre ce texte de Dorat, voir trois passages de la *Vie de Ronsard* de Binet corroborés par les termes mêmes du privilège de cette édition ; les deux dédicaces de cette édition à Henri III, l'une en vers par Binet, l'autre en vers par Galland ; la fin du chapitre vi du livre VII des *Recherches de la Fr.* (qui était composé en 1586, car ce livre VII était alors le livre VI et Pasquier a écrit dès 1584 dans une lettre à La Croix du Maine qu'il avait dans ses tiroirs le manuscrit des livres III à VI) ; enfin ces lignes d'André du Chesne : « Ronsard adressa à Antoine Chasteigner une ode qui estoit la 30e de son troisième livre en l'édition de 1567, et la 19e (en réalité la 20e) en celle qui fut faite un peu avant le décès de Ronsard, portant pour inscription : « A Antoine Chasteigner de la Rochepozay. » Mais, depuis, Claude Binet mettant la main à ses œuvres, y changea en divers endroits, de façon que l'ode est demeurée privée et de son titre legitime et du ranc qu'elle tenoit entre les autres » (*Hist. généal. de la maison des Chasteigners*, Paris, Cramoisy, 1634, p. 291.)

Il ressort de tous ces documents rapprochés que la part de chacun fut déterminée. Binet remania le texte des œuvres « selon l'intention » de Ronsard, fit les suppressions et les additions, classa enfin le tout « suivant les memoires et advis » de Ronsard. Galland fut l'éditeur proprement dit, obtint le privilège, s'entendit avec le libraire G. Buon, surveilla l'impression et corrigea les épreuves (ceci probablement de concert avec Binet). Il n'est pas question de Binet dans les privilèges accordés à Galland, ni dans celui de mars 1586, ni dans celui de janvier 1597.

44. ↑ Si l'on en croyait une dédicace de l'*Or. fun.* de Ronsard par Du Perron, ce serait chez Desportes, et seulement le 18 février (il y a mars par inadvertance), que « le dessein de ces funerailles fut pris ». Ce texte adopté par Blanchemain (VIII, 180) et par Marty-Laveaux auquel il a fait

commettre deux erreurs (*Notice sur R.*, C et CI), fait partie d'une phrase ajoutée par Du Perron en 1611, après la mort de Desportes, et reproduite dans les éd. de Ronsard de 1617 et 1623. Non, ce n'est pas Desportes qui eut l'idée d'organiser la cérémonie funèbre du collège de Boncourt. C'est Galland qui l'eut, et cela dès le mois de janvier, comme le prouvent des textes de 1586 qui émanent de Binet (préf. de la 1re éd. des *Derniers vers*), de Velliard (dédic. de sa *Laudatio funebris*), de J.-A. de Thou (*Tombeau* de Ronsard, Bl., VIII, 243), de Galland lui-même (dédic. de l'édition posthume des *Œuvres de Ronsard*, Bl., I, XVI).

45. ↑ Cf le *Ronsard* de Blanchemain, VIII 228.

46. ↑ Cf. le *Ronsard* de Marty-Laveaux, *Notice*, CI : reproduite par Mlle Evers, *op. cit.*, Introd., p. 3.

47. ↑ *Ibid., Notice*, CII ; *ibid.*, Introd., p. 6.

48. ↑ 23 février, veille des obsèques. Ces dernières lignes, très importantes, nous montrent que Cl. Binet était lié assez intimement avec Jean Galland, et que c'est sous les auspices de Galland, peut-être même à son instigation (*in tuo nomine* qu'il entreprit et la biographie et le « tombeau » de Ronsard. La préface de l'édition princeps des *Derniers vers* n'est pas moins probante à cet égard : Binet et Galland y apparaissent comme agissant tout à fait de concert, et si Binet y dit en parlant de la collaboration au *Tombeau* : « ... les plus choisis personages de notre France, que j'ay prié de ce devoir », il ajoute : « les principaux points du cours de sa vie que *nous avons dressé... le temps seulement nous* a permis de vous présenter les derniers enfans de sa Muse... ». Une dernière preuve de leur entente : cette édition princeps des *Derniers vers*, préfacée par Binet, a pour épilogue une pièce de vers latins intitulée *Piis amici Ronsardi manibus* et signée Jo. Gallandius (cinq distiques qui reparurent dans le *Tombeau*).

49. ↑ Paris, G. Buon, in-4° de 7 ff. (Bibl. Mazarine, n° 10849).

50. ↑ V. ci-après mon Commentaire, p. 193, aux mots « *à sa memoire* » et « *de tous costez* ». Cf. pp. 53-54, 69, 73, 75-76, 83-84, 95, 96, 115, 183, 208, etc.

51. ↑ Il n'y a pas d'achevé d'imprimer. Quant au privilège, c'est encore celui du 7 décembre 1583. Si cet opuscule avait paru après le 14 mars 1586, nous pensons qu'il aurait été imprimé en vertu du privilège nouveau obtenu ce jour-là par Galland en faveur de Buon. Celui-ci, dira-t-on, pouvait se servir de l'ancien privilège (valable pour dix ans), même après en avoir obtenu un nouveau. Aussi présentons-nous notre hypothèse comme très vraisemblable, sans rien affirmer. Quoi qu'il en soit, tout

porte à croire que l'opuscule contenant la première rédaction de la *Vie de Ronsard* parut au plus tard à la fin de mars.

52. ↑ Mais la mention « Anno aetatis 27 » en a disparu. Voir ci-après la gravure hors texte.

53. ↑ D'après une note de La Monnaye (*Biblioth. fr*^se de La Croix du Maine, éd Rigoley de Juvigny, II, p. 359). ce quatrain est de René Belet, Angevin, qui a écrit dès 1569 un sonnet sur la *Franciade* paru au *Septiesme livre des Poëmes* et réimprimé parmi les liminaires de la *Franciade* en 1572 : *Quelle si docte main et quel papier si blanc.* Sur ce personnage, voir un article de C. Ballu dans la *Rev. de la Renaissance* de mars-juin 1909.

54. ↑ Ces deux pièces sont l'épitaphe écrite par Ronsard pour son propre tombeau : « Ronsard repose ici... », et l'épigramme à son âme : « Amelette Ronsardelette... » Les *Derniers vers* perdaient encore le prologue de Binet, qui n'avait plus sa raison d'être après le 24 février, et l'épilogue de Galland, qui passait dans le *Tombeau*.

55. ↑ C'est dans le même temps qu'il élabora 1re édition posthume des Œuvres de Ronsard, pour laquelle il composa une longue dédicace Au Roy de France et de Pologne, en vers alexandrins, placée immédiatement après le portrait de Henri III, en tête des pièces liminaires et bien avant la modeste dédicace en prose de J. Galland, qui précède directement le texte même de Ronsard. Dans sa dédicace, Binet fait apparaître et parler l'ombre de Ronsard, comme celui-ci avait fait apparaître et parler Du Bellay dans son élégie à Loys Des Masures. — Après la mort de Binet (1600), J. Galland supprima la pièce entière de son collaborateur, voulant peut-être se réserver aux yeux de la postérité l'avantage d'avoir été le seul exécuteur testamentaire.

En outre Binet publia en 1586, en collaboration avec Dorat, un livre curieux intitulé *Sibyllarum duodecim oracula... Les Oracles des douze Sibylles extraits d'un livre antique, mis en vers latins par Jean Dorat et en vers françois par Claude Binet* : avec les figures desdites Sibylles pourtraites au vif et tirées des vieux exemplaires par Jean Rabel. Paris, J. Rabel, M.D.LXXXVI In-folio de 19 ff. (Bibl. Nat., Rés. Yb, 60).

Enfin n'oublions pas que Claude Binet était alors l'un des substituts du Procureur général au Parlement de Paris, et que par suite il avait probablement du travail au Parquet (voir ci-dessus, p. XIX, note 2).

56. ↑ D'ailleurs la fin du volume se présente d'une façon différente. Après la *Vie de Ronsard* viennent les cinq distiques latins de J. Galland *Piis amici*

Ronsardi manibus, l'*Oraison funebre sur la mort de M. de Ronsard* par Du Perron, l'*Eclogue* de Binet et le *Tombeau*.

Nous ne parlons pas de l'édition lyonnaise de Th. Soubron de 1592. parce qu'elle reproduit intégralement le texte de 1587 en ce qui concerne la *Vie de Ronsard*, et qu'elle se fit à l'insu de Galland et de Binet.

57. ↑ Ant. Loisel, *Memoires de Beauvais et du Beauvaisis*, p. 221 ; cité par La Monnoye en note de l'article *Claude Binet* dans la *Bibliotheque* de La Croix du Maine.

58. ↑ *Harangue pour les Estats* (par C. Binet, lieutenant général d'Auvergne), 1588, in-8° de 14 pp. (Bibl. Nat., Lb^{34}, 531).

59. ↑ Voir ci-après, mon Commentaire, pp. 174 et 231, aux mots « *regnant* » et « *devins* ».

60. ↑ *Ibid.*, p. 48. ligne 17.

III

Quelles ont été les sources d'information de Binet biographe, et comment s'en est il servi ? On peut diviser en deux grands groupes les documents qu'il a utilisés : 1° les documents écrits ; 2° les documents oraux.

A. DOCUMENTS ÉCRITS. — Binet pensa tout d'abord à consulter les *Œuvres* de Ronsard, remplies de renseignements autobiographiques et simplement biographiques, ceux-ci dus à quelques amis du poète tels que Dorat, Muret, Belleau, L'Hospital. Mais il se contenta de les consulter dans l'édition la plus récente, l'in-folio de 1584 (on en trouvera les preuves dans mon Commentaire) [1], y ajoutant les manuscrits de certaines œuvres inédites dont il avait le dépôt. La première des pièces qui retinrent son attention fut l'*Elegie à R. Belleau,* où Ronsard parle de ses ancêtres, de sa naissance et des principaux événements de sa jeunesse jusqu'à l'entrée au collège de Coqueret ; il la fit passer entièrement dans sa prose. Un des poèmes adressés *A Charles de Lorraine* et un autre adressé *A Pierre L'Escot* lui fournirent quelques détails sur le court passage de Ronsard au collège de Navarre, et la résistance que rencontra chez son père sa naturelle « inclination aux Muses ». Une ode pindarique de Dorat, écrite dès 1549 à la louange de son brillant disciple et placée parmi les liminaires des *Œuvres*, plus trois passages des éditions collectives d'Ant. de Baïf (dédicace *Au Roy* et une pièce *Aus Poêtes Fransoês*) et de J. du Bellay (*Hymne de la Surdité*) lui permirent, ainsi que certains témoignages oraux dont nous parlons plus loin, de compléter le portrait de Ronsard écuyer et écolier.

Puis Binet mit très rapidement à profit — trop rapidement — toutes les pièces de Ronsard où il découvrit, ou crut découvrir, des indications sur ses faits et gestes aux environs de la vingt-cinquième année, ses maîtres et ses condisciples, ses débuts littéraires, ses adversaires et ses protecteurs à la Cour, les causes de l'opposition et les raisons de son succès final, — sans oublier les deux premières héroïnes de ses vers d'amour, Cassandre et Marie. J'énumère les principales dans l'ordre qu'il a suivi : l'*Épitaphe d'A. Turnebe*, l'*Élégie à J. de la Peruse*, le *Discours contre Fortune*, la préface des Odes *Au Roy Henri II*, l'ode pindarique *À J. du Bellay*, la préface posthume de la *Franciade*, l'*Élégie à Loys des Masures* (rapprochée de la 2e préface de l'*Olive* de Du Bellay), l'*Épithalame d'Ant. de Bourbon*, l'*Avant-entrée du roy Henri II* (retranchée par Ronsard), l'*Ode de la Paix* (datée ainsi que la pièce précédente). L'*Hymne triomphal sur le trespas de Marguerite de Valois* (texte primitif et texte remanié), un sonnet *À Pontus de Tyard*, la 2e ode *A Madame Marguerite*, les dédicaces des *Commentaires* de Muret et de Belleau sur les *Amours*, deux épîtres latines de L'Hospital, l'ode *À Michel de L'Hospital*, l'ode *À Melin de Saint-Gelais*. Deux pièces des *Odes* adressées à Henri II (la dédicace et la première du troisième livre), peut-être aussi trois sonnets des *Regrets* de Du Bellay, lui apprirent que le projet de la *Franciade* remontait au règne de Henri II ; les *Hymnes*, dont l'un porte aux nues Henri II, que dès ce règne Ronsard donna des preuves de ce qu'il pouvait dans le genre héroïque ; le poème *À Pierre L'Escot*, où Henri II est mis en scène, que dès ce règne Ronsard était honoré comme le chantre des gloires nationales ; enfin six épigrammes des *Poemata* de Du Bellay, que, sous ce règne encore, il avait reçu des Jeux floraux de Toulouse une Minerve d'argent, dont il fit présent à Henri II.

Sur le Ronsard du temps de Charles IX les documents abondaient dans les *Œuvres*. Pourtant Binet ne semble pas en avoir tiré grand parti, soit qu'il ait eu l'embarras du choix, soit plutôt qu'il n'ait pas pris le temps de les chercher ni su comment les classer. À peine fait-il une allusion aux *Discours* politiques, aux *Eclogues* et à la *Franciade* ; toutefois il mentionne les vers de Charles IX, « lesquelz se voyent encores imprimez parmi les œuvres de Ronsard », et les satires autorisées par ce roi, d'après un passage des *Estrennes à Henri III* ; il semble avoir noté dans les *Poëmes* quelques vers sur la fièvre maligne qui alita Ronsard une année entière, mais au lieu de les citer, il cite une pièce latine de l'abbé de Pimpont, qui n'offre aucun intérêt historique. Sur les relations de Charles IX et de Ronsard il s inspira encore de quelques lignes d'Arnaud Sorbin et de Papire Masson, biographes de ce roi.

Le Ronsard du temps de Henri III était sans doute mieux connu de Binet ; pourtant il ne s'y attarda pas. Trois passages des *Œuvres* confirmèrent ce qu'il savait des relations du roi et du poète, les deux premières pièces du *Bocage Royal* et la première *Élégie*, dédiées à Henri III ; mais il avait hâte d'arriver à la dernière année, sur laquelle il possédait des documents certains et précis : un opuscule qu'un faussaire avait attribué à Ronsard mourant, trois pièces manuscrites que Binet cite (l'*Hymne de Mercure*, un fragment inachevé adressé à Galland, une lettre également à l'adresse de Galland), et les *Derniers vers*, dont il reproduit deux pièces intégralement et résume les autres. Il abuse même des citations dans cette fin de la biographie proprement dite, mêlant aux vers de Ronsard trois de ses propres épigrammes et une de Dorat, qui n'offrent aucun intérêt historique et sont du pur remplissage.

Dans la dernière partie de son opuscule, Binet expose les opinions littéraires, les goûts domestiques, le caractère de Ronsard, et porte un jugement général sur l'homme et l'écrivain. L'épître *À Chr. de Choiseul* qu'il mentionne, des vers inédits qu'il cite sur les maladroits imitateurs du Maître, la préface posthume de la *Franciade* et les *Estrennes à Henri III* dont il s'inspire sans le dire, la dédicace des *Anacreontica* de J.-C. Scaliger qu'il reproduit intégralement, les odelettes sur la forêt de Gastine et la fontaine Bellerie, quelques sonnets à Charles IX et à son frère François d'Anjou, peut-être aussi certaines pièces des *Meslanges* de Jamin, l'ont aidé à tracer ce portrait intellectuel et moral de Ronsard.

Tels sont les principaux documents écrits que Binet a utilisés, ou qu'il semble avoir utilisés pour sa première rédaction. Sa méthode fut des plus rudimentaires : elle consista à paraphraser ou à délayer certaines pages de la dernière édition des *Œuvres* de Ronsard, à résumer au contraire certaines autres en quelques lignes avec citation à l'appui, à reproduire des vers inédits adressés à Galland ou à lui-même, et, comme ornements plus que pour preuves, des épitaphes extraites des *Derniers vers* ou sorties de son cru, enfin des pièces latines de quelques admirateurs du poète. Dorat, Pimpont, Scaliger, le tout sans la moindre critique des témoignages. Cette méthode fut également celle de la deuxième et de la troisième rédaction, avec une différence aggravante toutefois, que Mlle Evers a très bien vue : tandis que pour sa première rédaction Binet a d'ordinaire indiqué ses sources, ou emprunté aux œuvres de Ronsard seulement des faits et des idées, en leur donnant une expression nouvelle, au point qu'il est parfois difficile de prouver le plagiat, dans les deux autres rédactions il a copié parfois la forme aussi bien que le fond, sans en avertir le lecteur ; il a pillé surtout certaines pages en prose que Ronsard avait retranchées de ses œuvres depuis longtemps et que par suite on pouvait croire vouées à un éternel oubli.

Nous avons vu que Binet remania sa *Vie de Ronsard* dans le même temps qu'il élaborait la première édition posthume des *Œuvres*. Aussi, cette fois, n'est-ce plus l'in-folio de 1584 qu'il consulta ; il prit pour base de sa documentation l'édition même de Ronsard qu'il était chargé de mettre au point et que sa nouvelle rédaction devait accompagner. C'est ainsi qu'il fut amené à changer en *sept ans* les *cinq ans* que Ronsard avait affirmé avoir passés sous la discipline de Dorat dans toutes les éditions publiées de son vivant. On trouvera dans mon Commentaire d'autres preuves de ce fait que la deuxième rédaction de la *Vie de Ronsard* est fondée sur l'édition de 1587[2].

Binet ne se contenta pas de corriger son texte primitif ; il l'amplifia de documents dus à une étude plus attentive des *Œuvres* de Ronsard et des papiers manuscrits qu'il avait à sa disposition comme exécuteur testamentaire. Pour la jeunesse du poète il trouva dans le *Tombeau de Marguerite de France duchesse de Savoye* certains détails qui lui permirent de compléter ou de rectifier les renseignements qu'il avait puisés d'abord dans l'*Élégie à R. Belleau*[3] ; il profita également de la *Responce aux injures*[4], de la préface posthume de la *Franciade*[5] et du premier livre des *Amours*[6]. — Pour le Ronsard du règne de Charles IX, il mentionna les *Amours d'Eurymedon et de Callirée*, et ceux d'*Astrée* ; il parla pour la première fois d'Hélène de Surgères et des œuvres que Ronsard lui a consacrées[7] ; il remarqua que *Ronsard* s'était plaint « en plusieurs endroits » de n'avoir pas été récompensé selon son mérite[8]. — À propos de sa mort il ajouta un quatrain de Pibrac, à l'appui d'une considération morale qui n'a aucune valeur[9]. — Dans la dernière partie il introduisit la paraphrase de plusieurs passages de l'*Abbregé de l'Art poëtique* et de la préface posthume de la *Franciade*[10] et la copie presque textuelle de la deuxième préface, que Ronsard avait retranchée de son épopée dès 1578. Une épître en vers italiens de Speroni, trouvée dans les papiers de Ronsard, une lettre du poète sur la *Paedotrophia* de Sainte-Marthe, communiquée par Baïf, deux fragments inédits, l'un de la *Loy divine*, l'autre de l'*Hercule Tue-lion*, l'aidèrent à étoffer la fin de sa biographie.

La troisième rédaction montre de la part de Binet, en même temps qu'une connaissance plus approfondie, ou du moins plus étendue, des *Œuvres* de Ronsard, une tendance plus grande à les plagier. Cette fois la principale source écrite où il puisa fut la première édition des *Odes*. Il ne semble pas l'avoir connue lors des deux rédactions précédentes, ou s'il la connaissait, il n'en fit pas usage[11]. La consulta-t-il par fragments manuscrits, qu'il aurait découverts parmi les papiers de Ronsard, ou bien en son entier dans le volume de 1550, déjà très rare, qu'il aurait acquis ou que Dorat lui aurait communiqué entre la deuxième et la troisième rédaction ? J'incline à croire qu'il eut en mains le volume lui-même, car non seulement il a fait des emprunts aux préfaces de cette édition *princeps* supprimées dès 1553 et à une ode supprimée dès 1555 (l'ode à Dorat, dont il cite tout le début), mais encore au commentaire de I. M. P., supprimé en 1555 sans que Ronsard, ou je me trompe fort, en ait conservé le manuscrit[12]. Quoi qu'il en soit, onze passages sont amplifiés à l'aide de phrases ou d'incidentes littéralement copiées, sans référence aucune, dans les morceaux de prose qui accompagnaient primitivement les *Quatre premiers livres des Odes*[13].

Il a également utilisé, le plus souvent sans le dire, trois notes de Belleau au deuxième livre des *Amours*, l'une sur le lieu de naissance de Ronsard, les deux autres sur sa rencontre avec Marie du Pin (qui l'ont d'ailleurs mal inspiré)[14], quelques vers de l'*Hymne de Henri II* sur Ronsard page[15], de la *Bergerie* sur Dorat humaniste[16], de deux pièces du *Bocage royal*, l'une adressée à la Reine mère, l'autre au Cardinal de Lorraine[17], une strophe de l'*Ode à Calliope* (dont l'insertion a rendu le passage tout à fait incohérent)[18], quelques vers de l'*Elegie* prologue du deuxième livre des *Amours* et d'une *Elegie à Genevre*[19], un passage du *Chant pastoral à Mad. Marguerite*[20] : cela dans la première partie de son opuscule, pour les trente premières années du poète.

La deuxième et la troisième partie présentent des additions plus longues, fondées pour la plupart sur des documents écrits. Binet y utilise, au sujet de Ronsard et des protestants, deux ou trois pamphlets huguenots, deux passages de la *Responce aux injures* et vingt-deux vers des *Dithyrambes*, qu'il cite en les attribuant, de bonne foi ou non, à Bertrand Berger[21] ; puis, à propos des relations de Ronsard et de Charles IX, les *Stances* sur l'entrevue de Bayonne, le *Tombeau de Marguerite de France*, des vers qu'on attribuait à Virgile, placés à la fin des *Mascarades*, et quatre satires inédites dont deux certainement étaient ou avaient été sous ses yeux en manuscrit[22]. Il cite une strophe inédite que Ronsard aurait dictée à son lit de mort, deux distiques latins d'un inconnu et deux quatrains de Ronsard relatifs à la *Franciade* (les quatrains bien maladroitement)[23]. Il insère une phrase sur La Ramée, peut-être d'après le commentaire de la *Rhetorica* d'Omer Talon, une demi-page sur les substitutions de noms dans les œuvres de Ronsard, d'après un sonnet des *Amours* dédié d'abord à Grevin et une odelette inédite conservée dans les papiers du poète, cinq lignes sur la composition de la « Pleiade », d'après une *Epitre* en prose que Ronsard avait retranchée de ses œuvres en 1578[24]. Il cite le début du poème sur la *Loy divine,* qu'il n'avait pas osé publier sous Henri III, et le fragment de la *Militie françoise,* qui, pour grossir son opuscule, fut distrait des *Œuvres* où il avait paru en 1584 et 1587[25]. Il ajoute enfin une page sur Ronsard poète latin, d'après plusieurs passages des *Œuvres*, et sur Ronsard prosateur, d'après le manuscrit d'un de ses discours académiques[26].

Toutes ces additions de la troisième rédaction ont-elles amélioré le texte au point de vue historique ? Il s'en faut. Quelques-unes ont évidemment augmenté le nombre des faits concernant Ronsard et son œuvre ; mais la plupart sont d'ordre moral ou d'ordre purement littéraire. Sauf en deux endroits, Binet ne s'est guère soucié d'être plus exact que précédemment : non seulement on retrouve en 1597 celles des erreurs primitives qu'il avait conservées en 1587[27] et celles qu'il y avait alors ajoutées[28], mais il en commet de nouvelles, dont quelques-unes peuvent passer pour volontaires, car elles tendent à innocenter Ronsard, ou à dramatiser de simples affirmations antérieures sur les premières relations de Ronsard et de Du Bellay[29] ; et les citations qu'il insère ont pour but d'illustrer son texte bien plus que de confirmer son dire ; il va, tant il les aime, jusqu'à leur sacrifier la suite des idées. Le plus souvent ses additions lui servent à développer par amplification oratoire ce qu'il avançait tout bonnement dans les premières éditions : réflexions générales, rapprochements artificiels, comparaisons, métaphores, voilà ce qu'il cherche, afin de donner du relief à sa prose et c'est surtout au poète lui-même qu'il les emprunte, pour être plus sûr de leur qualité. Une préoccupation analogue lui a fait rehausser ses personnages : il insiste sur les brillantes alliances de la famille Ronsart, d'après un généalogiste qui semble peu digne de foi, sur la noblesse de Carnavalet, de Du Bellay, de Saint-Gelais, d'Hélène de Surgères, même de Jacques Desguez, le modeste aumônier du prieuré de Saint-Cosme[30] ; il grandit aussi Dorat, dont il fait un prophète, et A. de Baïf, qu'il présente comme l'inventeur des vers français mesurés à l'antique[31]. Et c'est encore en moraliste et en littérateur, non en historien, que Binet commence et termine sa *Vie de Ronsard* ; l'exorde sentencieux et fleuri qu'il adresse à son fils, la péroraison solennelle où il apostrophe l'illustre mort comme son père adoptif, sont très caractéristiques de sa manière, qui est d'ailleurs celle du temps[32].

Tels furent les principaux mobiles auxquels obéit Binet en remaniant son texte pour une troisième édition, au lieu de critiquer les témoignages, au lieu d'établir une bonne chronologie des pièces qu'il citait ou dont il s'inspirait furtivement. Mais il en est d'autres moins excusables encore, que va nous révéler l'étude de ses documents oraux.

B. DOCUMENTS ORAUX. — Il est à peu près certain que Binet a recueilli de la bouche même de Dorat, qu'il fréquentait familièrement et qui mourut seulement en novembre 1588, quelques renseignements sur ses plus anciennes relations avec Ronsard, d'abord au domicile de Lazare de Baïf, ensuite au collège de Coqueret. Il est probable aussi qu'Antoine de Baïf, mort seulement en 1589, fut appelé à confirmer, ou à rectifier, ou à compléter les souvenirs de son vieux professeur. De qui Binet aurait-il pu tenir, sinon d'eux ou de l'un d'eux, ce qu'il avance dans ses deux premières rédactions sur la beauté physique et la conversation attrayante de Ronsard jeune[33], sur la part qu'il prenait aux jeux du dauphin Henri, ses relations avec le seigneur Paul[34], ses compagnons d'étude après la mort de son père, son goût pour Eschyle (anecdote du *Prométhée*), pour Aristophane (anecdote du *Plutus*), pour Homère, Pindare et Lycophron, ses premiers essais poétiques, sa mésintelligence passagère avec Du Bellay ? Ce sont eux encore qui ont guidé Binet, cela n'est pas douteux, au sujet des premières publications de Ronsard et de sa querelle avec Saint-Gelais, car, réduit aux seuls documents écrits que nous avons énumérés, il n'aurait pu les dater, même approximativement et vaguement comme il l'a fait, la connaissance des éditions originales et celle de la chronologie en général lui étant restées presque totalement étrangères.

Il a lui-même laissé échapper le secret de ces sources orales ; l'aveu est précieux à retenir. Dans ses deux premières rédactions, le seigneur Paul, l'un des plus anciens initiateurs de Ronsard aux beautés de la poésie latine, est présenté uniquement comme Piémontais ; mais on lit dans la troisième : « … le seigneur Paul, Escossois ainsi que disent aucuns, Baïf m'a asseuré toutesfois qu'il estoit Piemontois… » Comme Du Perron est de ceux qui le disaient Écossais, et que cette opinion, conservée dans toutes les éditions de l'*Oraison funèbre de Ronsard,* avait été exprimée devant Binet et publiée dès février-mars 1586, comme d'autre part l'opinion contraire a été soutenue par Binet dès sa première rédaction, qui est de la même date, il est clair que le témoignage de Baïf remonte à ce moment-là.

Je ne crois pas non plus téméraire d'avancer que deux suppressions importantes de la deuxième rédaction sont dues à Baïf. Tout d'abord Binet avait fait intervenir Baïf dans la querelle Ronsard-Du Bellay : « … encore que Du Bellay de son costé eust opinion d'avoir esté picqué par luy (Ronsard), quand allant voir Ronsard et Baïf il trouva sur leur table un de ses livres que Baïf avoit apostillé en la marge, remarquant quelques vers et hemistiches, comme pris de Ronsard, pensant que c'eust esté luy qui eust faict telles annotations. » Tout ce passage, dû vraisemblablement à un récit de Dorat, disparut de la deuxième rédaction, sans que rien le remplaçât. Pour moi, comme pour M. Chamard[35], ce fut à la prière de Baïf, soit qu'il préférât ne pas figurer dans la querelle, soit que la mémoire de Dorat lui eût paru infidèle sur ce point. — D'autre part Binet avait recueilli soigneusement, sans doute encore de la bouche de Dorat, une anecdote très circonstanciée, relative à une partie de ballon, qui aurait eu lieu dans le pré aux clercs entre le roi Henri II et Mr de Laval, et où l'adresse de Ronsard, qui était du côté du roi, aurait assuré la victoire à celui-ci. Je ne vois que Baïf qui ait pu décider Binet, si friand d'anecdotes, à supprimer radicalement celle-ci de sa deuxième rédaction, comme controuvée par l'ancien principal de Coqueret, que ses souvenirs avaient trahi[36].

D'ailleurs les souvenirs de Baïf lui-même devaient être assez confus après quarante ans, et Binet aurait dû s'en servir avec beaucoup de précaution, ainsi que de ceux de Dorat. Non seulement il ne semble pas l'avoir fait, car il confond à plusieurs reprises Henri dauphin et le même Henri roi, mais il a parfois mal interprété, ou dénaturé après leur mort, ce qu'ils lui ont dit (par exemple sur la représentation du *Plutus*), de même qu'il a parfois mal interprété le texte même du poète (par ex. un passage de l'*Elegie à R. Belleau* sur Loys de Ronsart)[37]. Si des témoignages devaient être contrôlés et critiqués, c'étaient assurément les leurs.

Par contre, il a pu sans grand risque enregistrer tel quel celui de Jean Galland. Pour les derniers mois de la vie de Ronsard passés aux prieurés de Croixval et de Saint-Cosme, surtout pour les derniers jours que Binet raconte avec force détails précis, évidemment Galland fut sa grande source de renseignements. C'est lui qui raconta aux amis du poète tout ce qu'il avait entendu dire aux témoins de cette longue agonie et ce qu'il avait vu de ses propres yeux dans le Vendômois en novembre, à Tours en décembre 1585. Aussi l'information de Binet sur cette partie de la biographie peut-elle être considérée comme à peu près exacte, ainsi que le récit qu'il nous fait des obsèques solennelles, dont il a été le témoin oculaire et même un des acteurs les plus importants.

Entre la jeunesse et la mort de Ronsard il s'est écoulé quelque trente ans sur lesquels Dorat, Baïf et Galland ne semblent pas avoir beaucoup éclairé le biographe. Les additions du troisième texte, assez nombreuses pour cette période, ne peuvent guère venir de Dorat ou de Baïf, qui étaient morts quand il le revisa, ni de Galland, qui en réalité n'a bien connu que le Ronsard des dernières années. Restent Estienne Pasquier et Amadis Jamin.

Le premier, un des plus illustres survivants de la Brigade, avait écrit dans ses *Recherches*, à la date de 1586, au moins un chapitre sur Ronsard, qu'il conservait manuscrit avec les livres III à VI en attendant le moment opportun de les publier ; nous savons par lui-même qu'il les

« communiquait » volontiers « aux amis qui lui faisaient l'honneur de le visiter »[38]. On pourrait donc croire que Binet, qui était de ses amis, s'est amplement renseigné auprès de lui. Pourtant, si l'on compare la biographie de Binet avec les chapitres correspondants des *Recherches*, on s'aperçoit qu'il n'y a pas eu de communication. Il est vrai que Pasquier « ordonnait le silence » à ses visiteurs sur les dits manuscrits ; mais, cette considération mise à part, Binet ne pouvait-il pas faire parler Pasquier et ne pas se croire obligé au même silence sur ses renseignements oraux ? Je pense que Binet n'en eut même pas la possibilité, car tout paraît indiquer que ses relations avec Pasquier, très amicales jusqu'en 1585, s'arrêtèrent brusquement cette année-là ou la suivante, du fait même de Pasquier, qui aurait été mécontent de voir un confrère bien plus jeune que lui accaparer le poète en ses dernières années au point de devenir le dépositaire de ses papiers, le promoteur de son « tombeau », l'auteur de sa biographie, et se vanter à tout venant de relations avec Ronsard qui étaient bien plus récentes et moins familières que ne l'avaient été les siennes. Non seulement il n'y a pas trace de rapports intimes entre Pasquier et Binet après 1585, ni dans les *Lettres* ni ailleurs[39], mais le nom de Binet n'est même pas prononcé dans les *Recherches*, et on y trouve au contraire une allusion transparente à Binet vantard et « regratteur » de textes[40].

Quant à Jamin, bien qu'il vécût encore en 1592[41], il ne semble pas avoir beaucoup renseigné Binet (probablement pour une raison analogue à celle de Pasquier, car ses souvenirs devaient être abondants, en particulier sur les années où il fut le secrétaire de Ronsard, c'est-à-dire de 1565 à 1574 environ, et ce sont précisément les années sur lesquelles Binet est le plus à court d'arguments et passe le plus vite, du moins dans ses deux premières rédactions. On est d'abord porté à croire que Binet tenait directement de Jamin ce qu'il dit des séjours préférés de Ronsard, de son goût de la solitude et du jardinage ; mais les œuvres mêmes de Ronsard et de Jamin contenaient à ce sujet des documents assez complets pour que Binet pût s'en contenter ; et c'est ce qu'il paraît avoir fait[42]. Tout au plus peut-on penser que Binet a recueilli de la bouche de Jamin, pour sa troisième rédaction, l'anecdote sur Philibert Delorme fermant à Ronsard l'entrée des Tuileries, et celle du diamant offert au poète par la reine Élisabeth d'Angleterre[43].

Il est possible que, sur Ronsard et les huguenots, Binet ait consulté pour sa troisième rédaction Florent Chrestien, qui avait été l'un des adversaires de Ronsard au fort de la querelle, puis s'était réconcilié avec lui, et d'ailleurs était en bons termes avec Binet[44]. Ce qui me porte à le croire, c'est que, parlant des pamphlets écrits contre le poète et mentionnant le *Temple de Ronsard* qu'il attribue à Grevin, il ne dit pas un mot de la *Seconde responce* de F. de la Baronie, qui accompagnait le *Temple* et dont l'auteur est certainement Florent Chrestien.

En ce qui concerne Hélène de Surgères, il est vraisemblable que Binet ne s'est pas contenté de passer sous silence ce qui pouvait nuire à la réputation de cette « damoiselle ». Il y a tout lieu de penser que, cédant à ses sollicitations, il a inventé l'anecdote de Catherine de Médicis intervenant en personne pour que Ronsard chantât sur le mode pétrarquesque la noble Saintongeaise ; à moins que celle-ci ne soit elle-même l'auteur de cette histoire, que Binet, se fiant à sa parole, aurait enregistrée comme un fait historique, négligeant ici comme ailleurs la critique du témoignage. Quoi qu'il en soit, on sent que tout a été mis en œuvre pour sauvegarder l'honneur d'Hélène ; dans la première rédaction, rien sur elle ni sur les pièces qu'elle a inspirées à Ronsard ; dans la seconde, Binet en parle presque uniquement pour faire ressortir le caractère tout platonique de leurs relations ; dans la troisième, il insiste plus encore sur la pureté de ces relations et, dominé par cette préoccupation, il présente les *Sonnets pour Hélène* comme écrits « sur le commandement » de la reine mère, laquelle ne pouvait protester, et pour cause[45].

Sans aucun doute, Binet eut avec Hélène une ou plusieurs entrevues, ou a correspondu avec elle au sujet de Ronsard[46]. Cela justifie dans une certaine mesure, ou simplement explique la prétention qu'il avait d'être bien informé sur cet épisode de la vie de Ronsard — dont pourtant il n'avait rien dit primitivement, — prétention qui ressort surtout de trois notes très précises et fort instructives, où son contemporain, l'avocat Richelet, commentateur des *Sonnets pour Hélène,* nous le présente comme un homme dont la parole faisait autorité, « ayant sceu familierement l'intention du Poëte. » C'est Hélène qui avait renseigné Binet, au moins sur les détails que nous a transmis Richelet ; mais, pour donner plus de poids à son propre témoignage, il disait aux ronsardisants qui le questionnaient : Je tiens cela du poète en personne[47].

Je tiens cela du poète en personne, telle est l'affirmation qui revient plus de dix fois, comme un refrain, dans la *Vie de Ronsard,* et que l'on a malheureusement le droit de suspecter. C'est ce qu'il nous reste à montrer en terminant cette revue des principales sources orales de Binet.

Voici ce qu'on lit : 1º à propos des vers de Loys de Ronsart : « Et me souvient en avoir ouy reciter quelques-uns de nostre Ronsard… » (dans les trois textes) ;

2º à propos des poètes français que Ronsard lisait : « … et principalement, comme luy mesmes m'a maintesfois raconté, un Jean le Maire de Belges, un Romant de la Rose et les œuvres de Coquillart et de Clement Marot… » (dans les trois textes, sauf « de Coquillart et » qui a disparu du troisième) ;

3º à propos de Cassandre : « … amoureux seulement de ce beau nom, comme luy mesmes m'a dit maintefois, ce qu'il semble quasi vouloir donner à cognoistre en un Sonet qui commence : *Soit ce nom vray ou faux.* » (1ᵉʳ texte). — « … amoureux seulement de ce beau nom, ainsi que luy mesmes m'a dit autrefois, ce qu'il semble quasi vouloir donner à cognoistre par cette devise qu'il print alors, Ὡς ἴδον ὡς ἐμάνην et par un lieu en ses œuvres, où il dit : *Soit le nom faux ou vray.* » (2ᵉ texte). — « … resolut de la chanter, tant pour la beauté du suject que du nom, dont il fut épris aussi tost qu'il l'eut veuë, ainsi que par un instinct divinement inspiré : ce qu'il semble assez vouloir donner à cognoistre par ceste devise qu'il print alors Ὡς ἴδον ὡς ἐμάνην » (3ᵉ texte) ;

4º « Il souloit dire que ces courtisans envieux ressembloient aux mastins qui cherchent à mordre la pierre qu'ils ne peuvent digerer » (3ᵉ texte) ;

5º « Il m'a dit maintesfois, que plusieurs pieces de ses Amours et des Mascarades avoient esté forgées sur le commandement des Grans » (2ᵉ et 3ᵉ texte) ;

6º à propos d'Hélène « aimée chastement » par Ronsard : « Il me l'a tesmoigné souvent, et le monstre assez en ce Sonnet, *Tout ce qui est de sainct* » (2ᵉ texte ; phrase supprimée dans le 3ᵉ et remplacée par l'anecdote de la reine mère) ;

7º à propos de l'opuscule apocryphe sur la mort de Ronsard : « et me souvient qu'il me dit un jour à ce propos, au dernier voyage par luy fait à Paris, qu'il ne… » (les trois textes) ;

8º « Sur ses derniers jours me faisant cet honneur de me communiquer familierement tant les desseins de ses ouvrages, que les jugemens qu'il donnoit des escrivains du jourd'huy... Ô, disoit-il, que nous sommes bien tost à nostre barbarie... Puis me parlant de tels auteurs... Ils ont, me disoit-il... Mais parlant de quelques autres... il ne peut un jour se tenir qu'il ne me dictast sur le champ ces vers : *Bien souvent, mon Binet...* » (les trois textes) ;

9° « Il disoit ordinairement que tous ne devoient temerairement se mesler de la Poësie... » (les trois textes) ;

10° « Je ne celeray point pourtant que par la complainte d'un amy de Francus, mort,... il m'a dit avoir entendu un Prince qui estoit fort necessaire pour l'estat... » (3ᵉ texte) ;

11° « Il a changé l'addresse d'aucunes pieces de ses œuvres... par bonne raison, ainsi qu'il m'a raconté, et que nous voions au Sonet qui commence : *À Phebus, Patoüillet...* » (3ᵉ texte);

12° à propos des Satires : « Il m'en a monstré quelques-unes... mais je croy qu'elles seront perdues, d'autant que m'ayant recommandé et laissé ses œuvres corrigées de sa derniere main, pour y tenir l'ordre en l'impression, suivant ses memoires et advis, et desquels il s'est fié à moy, il me dit, quant aux Satyres, que l'on n'en verroit jamais... » (les trois textes)[48].

Ainsi Binet affirme ou laisse entendre qu'il a été directement renseigné par Ronsard dans des conversations familières, ou même confidentielles. Mais il a compté sans les curieux qui pourraient un jour comparer ses trois textes entre eux et les confronter avec les textes du poète. Or l'examen de ces textes, ainsi rapprochés les uns des autres et de leurs vraies sources, conduit à des constatations qui ne sont pas toujours à son avantage. Cinq de ces prétendues conversations ne sont que la transcription de faits ou d'opinions qui se trouvent imprimés dans les œuvres mêmes de Ronsard (les n°s 4, 5, 8, 9 et 10) ; quelques-unes reproduisent jusqu'aux expressions qui sont sorties de la plume du poète, parfois même la transcription est littérale[49].

Il y a plus : l'étude des variantes montre que certaines de ces confidences sont entièrement fictives. Prenons le n° 3. Non seulement Binet change dans sa deuxième rédaction « il m'a dit maintes fois » en « il m'a dit autrefois » ; non seulement ces derniers mots mêmes disparaissent de la troisième rédaction, mais encore cette troisième rédaction contredit nettement l'affirmation que précédemment Binet prétendait avoir reçue de la bouche de Ronsard. Évidemment, en dépit de cette prétention, Binet ne savait rien sur Cassandre quand Ronsard mourut, sauf ce qu'il pouvait recueillir dans les œuvres du poète, et son opinion n'est rien qu'une façon d'interpréter le vers qu'il cite. Dix ans plus tard, une connaissance plus intime du texte des *Amours* et de son Commentaire l'a conduit à changer d'opinion, mais cette fois encore il substitue simplement le sens de la devise grecque citée dès sa deuxième édition, à celui du vers cité dans la première, sans apporter de nouveaux arguments[50]. — On peut faire des remarques analogues sur le n° 6. La prétendue confidence relative aux sentiments de Ronsard pour Hélène, introduite dans la deuxième rédaction, disparaît dix ans plus tard, remplacée par une anecdote que Ronsard n'aurait pas manqué de raconter à Binet, si vraiment il l'avait entretenu de ce sujet, et si, en outre, l'anecdote était authentique. Il est clair qu'à la mort de Ronsard, Binet ne connaissait de ses rapports avec Hélène que ce que lui révélait l'œuvre de Ronsard.

On voit combien le témoignage de Binet est sujet à caution. Il s'est arrangé de façon à produire cette impression qu'il avait eu avec Ronsard des relations prolongées et intimes, qu'il était devenu son plus cher confident, et qu'il tenait du poète lui-même la plus grande partie des renseignements contenus dans sa biographie, — depuis le début tout rempli de détails empruntés à l'autobiographie de Ronsard, jusqu'à cette fin, dont l'intention n'est pas douteuse, où Binet affirme qu'il alla voir Ronsard dès sa seizième année, et insinue qu'il ne cessa depuis de le fréquenter et de recevoir de lui les plus flatteuses marques d'estime, au point de voir ses écrits « honorés de la gloire qui regorgeoit en luy » et sa personne « aimée » comme celle d'un « fils » adoptif. Nous avons vu plus haut ce qu'on peut raisonnablement en croire. Il y a eu, cela n'est pas douteux, à un moment donné, entre le poète et lui des rapports assez familiers, car si ces rapports n'avaient pas existé, Binet n'aurait pas osé les inventer dans des lettres dont les destinataires étaient des témoins attentifs de la vie de Ronsard[51], encore moins dans des documents rendus publics au lendemain même de la mort de Ronsard[52]. Il aurait craint d'être démenti publiquement et de perdre ainsi l'estime des honnêtes gens et la faveur des grands seigneurs, qui l'une et l'autre lui étaient utiles. Mais je crois que ces rapports familiers ne remontent guère au delà de 1583 et que Binet n'a pas hésité à en prolonger la durée dans le passé, à en exagérer le caractère intime, pour se faire valoir auprès de ses contemporains, se grandir aux yeux de la postérité, et donner à la biographie du poète les apparences d'une œuvre documentée aux meilleures sources.

S'il avait dit vrai, en effet, comment expliquer que son nom ne se rencontre pas une seule fois dans les vers de Ronsard avant la première édition posthume, et, d'autre part, que ses renseignements soient tirés principalement des œuvres imprimées du poète, même quand il prétend rapporter l'expression orale de sa pensée et de ses sentiments ? Ce qui est le plus déconcertant, c'est ce ton d'évidente satisfaction qu'il prend en songeant à la gloire qu'il ne manquera pas de retirer de ses relations avec le grand homme, le plaisir qu'il ressent à dire « comme il m'a dit maintes fois », même quand il rapporte une conversation supposée d'après un passage des *Œuvres*[53].

Est-ce à dire que ces conversations soient toutes et entièrement une invention de Binet ? Il serait très injuste de le penser. Évidemment l'autorité de son témoignage se trouve amoindrie par toutes ces considérations, et l'on peut se demander jusqu'à quel point il dit vrai même dans les passages 1, 2, 7, 11 et 12 ci-dessus reproduits. Toutefois il est bien possible que Ronsard ait répété en conversations ce qu'il avait écrit et publié, et d'autre part l'on peut expliquer dans une certaine mesure que Binet se soit cru obligé de recourir au texte écrit. N'ayant pas pris de notes au moment où Ronsard parlait, il a craint peut-être que sa mémoire ne fût infidèle et ne déformât la pensée du poète. Il eut alors l'idée de chercher dans les *Œuvres* les passages qui pour le sens se rapprochaient le plus de ce qu'il avait entendu, et il les nota tels quels, ou à peu près, avec une sorte de scrupule, comparable, toutes proportions gardées, à celui des ministres de la religion insérant dans leurs sermons des textes sacrés qu'ils développent. Si parfois sa conscience fut inquiète à ce sujet, il put la rassurer en considérant que ces textes de Ronsard, qu'il présentait comme des confidences personnelles, correspondaient à une réalité que son oreille avait perçue. S'il eut des remords véritables et obsédants, ce fut seulement à propos de Cassandre et d'Hélène, dont Ronsard ne lui avait probablement pas parlé : c'est ce qui expliquerait que lors de sa troisième rédaction, après dix ans de réflexion, il eût supprimé toute trace de confidence dans les passages qui les concernent ; il se récompensa d'ailleurs de ce sacrifice en insérant pour la première fois trois nouvelles bribes de conversation, réelles ou imaginaires, en tout cas fondées sur des textes[54].

En résumé, Binet s'est préoccupé d'écrire une biographie qui servît sa propre gloire en même temps que celle de Ronsard, et lui permît de passer à la postérité à la suite du grand homme, comme une simple barque dans le sillage d'un vaisseau de haut bord. Il a fait une biographie poétique, oratoire, anecdotique, bien plus qu'une biographie exacte. Les comparaisons, les antithèses, les périodes, ne manquent dans aucun des trois textes, non plus que les rapprochements forcés entre Ronsard et les poètes grecs, Orphée, Homère, Arion, et même avec Alexandre le Grand[55]. À ce point de vue, le troisième texte de la *Vie de Ronsard* ne marque pas un progrès sur les deux autres, au contraire : Binet en a poli la forme, plus qu'il n'en a précisé ou enrichi le fond. On y trouve, il est vrai, nombre d'additions, mais la plupart, extraites des préfaces de Ronsard ou recueillies par ouï-dire, sont des enrichissements de style bien plus que de faits. Il faut reconnaître, d'ailleurs, que la forme en est généralement plus correcte et plus claire que celle des rédactions précédentes. Mais cela est loin, très loin de suffire.

Les lacunes sont considérables et les erreurs nombreuses, quoique Binet ait été relativement bien placé, nous l'avons vu, pour connaître non seulement les grandes lignes, mais encore force détails de la vie de son cher Poète, même s'il ne fût pas entré en relations suivies avec lui dans les trois dernières années. Mlle Evers s'étonne que Binet n'ait pas été mieux informé[56]. La chose pourtant s'explique sans difficulté. La faute en est au biographe, évidemment ; mais c'est aussi la faute des circonstances. Je ne crois pas qu'il ait eu l'idée d'écrire cette biographie avant la fin de 1585, alors que Ronsard ne pouvait plus lui fournir aucun renseignement, étant à l'article de la mort ; peut-être même ne l'a-t-il eue qu'au début de janvier 1586, lorsque Galland fut revenu de Saint-Cosme-lez-Tours et lui eut raconté les derniers jours du poète. Ce récit fut vraisemblablement le noyau primitif, ou, si l'on préfère, le point de départ de la biographie. En réalité, Binet n'avait pas pris de notes sur la vie de Ronsard avant ce moment-là. Il fit appel à ses souvenirs ; il se remémora tant bien que mal certains faits, certaines paroles : « Et me souvient que… », dit-il à propos des conversations de Ronsard. Il n'était donc pas préparé pour ce travail, surtout pour l'exécuter en deux mois. — Quant aux contemporains qui pouvaient le renseigner, ou ils étaient vieux, comme Dorat et Baif, ou ils étaient silencieux, comme Pasquier et Jamin, ou ils avaient intérêt à farder ou à taire la vérité, comme Hélène de Surgères et Florent Chrestien.

Pour remédier à ces divers inconvénients il fallait consulter les *Œuvres* de Ronsard, et cela intégralement, judicieusement, prudemment. Binet eut bien l'idée de les consulter, mais son tort fut de recourir à peu près uniquement à la dernière édition collective, et ce fut encore de le faire sans discernement, faute de temps d'abord, pour sa première rédaction, faute de méthode critique ensuite, pour ses trois rédactions. Son premier soin, en admettant qu'il en eût eu le loisir, devait être d'établir la chronologie de toutes les pièces de Ronsard, et pour cette fin de relever le contenu de toutes ses éditions originales. Un pareil travail lui était matériellement impossible en deux mois, même en un an, mais il aurait pu sans doute le mener à bien en quelques années. Il ne s'en avisa même pas, ou, s'il s'en avisa, il n'en eut pas le courage. Ce premier travail fait il restait à extraire les innombrables renseignements autobiographiques contenus dans les œuvres de Ronsard, à fixer autant que possible la date de leur composition et à chercher les divers mobiles psychologiques et les circonstances historiques qui avaient pu les inspirer.

N'ayant pas suivi cette méthode, la seule qui fût rationnelle et féconde, Binet est resté nécessairement, par la crainte même de l'erreur, dans le vague et la confusion, presque d'un bout à l'autre, sauf quand il rappelle les derniers moments de Ronsard ; c'est aussi une des raisons qui lui ont fait commettre de graves erreurs et passer sous silence un très grand nombre de faits importants. Non seulement son insouciance de la chronologie dépasse toutes les bornes permises[57], mais son goût des anecdotes, plus ou moins légendaires ou romanesques, son souci de la fausse rhétorique, enfin sa double préoccupation de nous présenter un Ronsard idéal et un Binet très en faveur auprès du Maître, ont singulièrement nui à la valeur historique de son travail.

Loin de moi d'ailleurs la pensée que ce travail a été inutile ou est dénué d'intérêt. Il serait injuste de ne pas reconnaître les services qu'il a rendus : il nous a appris certains faits que nous aurions peut-être toujours ignorés ; il a éclairé certains points qui risquaient de rester dans l'ombre ; il a soulevé des questions, suggéré des réflexions, rendu possibles de meilleures biographies. Il offre encore aujourd'hui et conservera cet intérêt particulier qui s'attache aux documents psychologiques et sociaux : non seulement il nous fait connaître l'état d'esprit de Claude Binet biographe de Ronsard, et pénétrer, si je puis dire, un instant dans son âme de poète secondaire, *poeta minor*, épris, comme son maître, d'immortalité, mais encore il représente l'opinion de toute une catégorie de la société lettrée en France dans le dernier quart du XVIe siècle ; il reflète la manière de voir et de juger des ronsardisants qui appartenaient à la génération de Charles IX et de Henri III. Mlle Evers l'a déjà dit[58] : aux yeux de Du Bellay, de Baïf, de Jodelle, de Belleau, de Tyard, pour ne citer que les poètes les plus connus du temps de Henri II, Ronsard, bien que chef d'école, était un émule, un collaborateur, *primus inter pares* ; pour la génération suivante, surtout pour les talents de second ou de troisième ordre, il était le Maître, dont la parole faisait loi, dont les enseignements passaient pour des oracles. C'est sous ce jour que Binet nous l'a présenté : Ronsard « prince et père de nos poètes » fut à ses yeux une sorte de Dieu, à l'égard de qui aucun éloge ne parut excessif. Si l'on considère les choses de ce point de vue, même les erreurs de notre biographe sont intéressantes, car elles montrent, pour la plupart, combien la gloire de Ronsard eut vite fait de créer une légende autour de sa personne et d'éclipser la renommée des plus grands poètes contemporains.

1. ↑ Voir notamment pp. 59-6, aux mots « Remy Belleau ».
2. ↑ Voir pp. 60, 90, 98, 116, 126, 133 et *passim*.
3. ↑ V. ci-après. Commentaire, pp. 73, 74, 77-78.
4. ↑ V. ci-après, Commentaire, pp. 82, 120.

5. ↑ *Ibid.*, p. 89.

6. ↑ *Ibid.*, pp. 120-121, 122.

7. ↑ *Ibid.*, pp. 161 à 164.

8. ↑ *Ibid.*. p. 167.

9. ↑ *Ibid.*, p. 190.

10. ↑ *Ibid.*, p. 198-199, 201, 202, 204, 229, 230.

11. ↑ Rien ne le montre mieux que le passage où il parle des anagrammes faites sur le nom de Ronsard à l'exemple de Lycophron, et le passage qui suit immédiatement, où il parle des premières odes composées par Ronsard (v. ci-après, p. 14, lignes 28 et suiv., et Commentaire, p. 112.

12. ↑ On pourrait seulement objecter que s'il avait connu tout le volume il n'aurait pas manqué d'énumérer les pièces du premier *Bocage*, profitant de cette déclaration de la préface : « Il est certain que telle Ode (celle à J. Peletier) est imparfaite, pour n'estre mesurée ne propre à la lire, ainsi que l'Ode le requiert, comme sont encores douze, ou treze, que j'ai mises en mon *Bocage*, sous autre nom que d'Odes, pour cette même raison, servans de tesmoignage par ce vice à leur antiquité », au lieu de se contenter de cette phrase, dont le début est faux et la fin très vague : « La premiere ode qu'il fit fut la complainte de Glauque à Scylle et celle qu'il adresse à J. Peletier… : aussi ne sont-elles pas mesurées ni propres à la lyre ainsi que l'ode le requiert, non plus que quelques autres qu'il fit en ce mesme temps. » L'objection n'est pas sans valeur, mais elle ne me paraît pas péremptoire, étant donnée l'étourderie ou l'imprécision dont Binet a laissé tant de preuves ; je ne crois pas qu'il se soit jamais soucié de donner une liste exacte et complète des premiers essais lyriques de Ronsard, même le pouvant.

13. ↑ V. ci-après le Commentaire, pp. 82, 111, 112, 119, 124, 126, 131, 144, 197 et 231.

14. ↑ V. ci après le Commentaire, pp. 69, 129 et 130.

15. ↑ *Ibid.*, p. 82-83

16. ↑ *Ibid.*, p. 90.

17. ↑ *Ibid.*, pp. 119, 125 et 146.

18. ↑ *Ibid.*, p. 126-127.

19. ↑ *Ibid.*, p. 131.

20. ↑ *Ibid.*, p. 133.

21. ↑ *Ibid.*, pp. 151 à 156.

22. ↑ *Ibid.*, pp. 157-158, 164, 169 à 173.

23. ↑ V. ci-après le Commentaire, pp. 187, 205 et 206.

24. ↑ *Ibid.*, pp. 215 à 217 et p. 219.

25. ↑ V. ci-après le Commentaire, pp. 232 à 233.

26. ↑ *Ibid.*, pp. 234 et 235.

27. ↑ Par ex. Ronsard au camp d'Avignon tout de suite après le collège de Navarre ; Ronsard à la diète de Spire ; Ronsard apprenant en peu de temps l'anglais et l'allemand ; Ronsard en Piémont ; plus âgé que Baïf seulement de quatre ans ; Ronsard publiant les Amours avant les Odes ; Ronsard écrivant contre les protestants et récompensé de cette intervention sous le règne de François II ; Ronsard à la suite de Charles IX ; dédiant ses Eclogues à Charles IX.

28. ↑ Par ex. sur la première ode composée par Ronsard : sur le *Dialogue des langues* de Speroni.

29. ↑ Par ex. sur l'étymologie de la Possonnière ; sur Loys de Ronsart, maître d'hôtel de François Ier ; sur la naissance du poète *le jour* de la défaite de Pavie ; sur sa première rencontre avec Marie ; sur Charles d'Orléans, dont il fait le 2e fils de François Ier ; sur l'auteur des *Dithyrambes* et la composition des *Folastries* ; sur un quatrain liminaire de la *Franciade* ; sur les circonstances de la rencontre de Ronsard et Du Bellay, et celles de leur mésintelligence passagère.

Mlle Evers affirme inexactement que « la 3e édition ne contient pas de corrections, qui ne soient pas aussi dans la 2e », autrement dit que la 3e édition ne contient pas de corrections nouvelles. S'il s'agit de faits, Binet en a corrigé au moins deux, l'un avec raison d'après le *Tombeau de Marg. de France*, l'autre à tort d'après l'*Hymne de Henri II* (v. ci-après, Commentaire, pp. 74, 78 et 82, 83. S'il s'agit de corrections dans le style, elles sont assez nombreuses : Binet a fait disparaître à l'aide de synonymes des répétitions inutiles de mots (voir ci-après, p. 2, lignes 35 et 38, où *adonc* remplace *lors*, *region* remplace *païs*) ; en revanche il a introduit des répétitions inutiles, qu'il aurait pu facilement éviter (*ibid.*, p 12, lignes 38 et 41, les mots *bonnes* et *des lors* ; p. 19, lignes 42 et 44, le mot *ressembler*) ; il a supprimé des incidentes inutiles, qui ne faisaient qu'alourdir son texte (*ibid., p. 6, l. 29, faire son proffit de toutes* ; p. 7, l. 42, sur la fin de ses voyages*) ; ailleurs il a supprimé des *et* et des *qui* ; enfin il semble bien qu'il ait voulu éviter des tournures équivoques (*ibid.*, p. 3, l. 39, *de la Poësie, telle que le temps pouvoit porter* ; p. 16, l. 24, *ce qu'il semble quasi vouloir donner à cognoistre...* et la note des pp. 120-121 ; p. 19, lignes 34 et suiv., *de laquelle se lisent assez de sonnets*).

30. ↑ Voir ci après, pp. 3, lignes 25 et suiv. ; 11, l. 27 ; 15, l. 23 ; 17, l. 35 ; 26, l. 28 ; 34, l. 25 ; et le Commentaire, p. 65.

31. ↑ *Ibid.*, pp. 11, l. 38, et 12, l. 43. L'addition relative à Baïf lui fut peut-être suggérée par la fin d'une ode de Baïf qui sert d'épilogue à ses

Poëmes.

32. ↿ La responsabilité en revient partiellement à Tacite, auteur de la *Vie d'Agricola*, dont Binet a imité l'exorde et la péroraison, comme il s'est inspiré ailleurs de la *Vie de Virgile* de Donat.

Mlle Evers attribue cette addition de l'exorde à une cause toute différente. Binet, dit-elle, avait senti que l'astre de Ronsard pâlissait, que la nouvelle génération littéraire, tout en honorant la mémoire de Ronsard, ne le considérait plus que comme le plus fameux représentant d'un art suranné. « Le long préambule de la 3e édition est comme une excuse ou une justification d'appeler l'attention du public une fois de plus sur une histoire qui avait presque cessé d'avoir une signification » (*Op. cit.,* Introd., p. 25.) C'est prêter à Binet trop de clairvoyance, étant donné surtout qu'il ne vivait pas à la Cour, mais confiné dans sa fonction de magistrat provincial, et que Malherbe en 1597 ne s'était pas encore révélé comme un réformateur de la poétique ronsardienne. Pour moi, si Binet s'excuse ou se justifie de rééditer la *Vie de Ronsard*, c'est simplement parce qu'il imite Tacite, qui en avait fait autant au début du panégyrique de son beau-père.

33. ↿ Cf. Du Perron, *Or. fun.* (texte princeps) : « Car j'ay ouy raconter une infinité de fois à ceux qui l'ont cogneu en sa premiere jeunesse, que... » (Voir ci-après. Commentaire, pp. 83 et 84.)

34. ↿ Peut-être tenait-il ce dernier renseignement de Velliard (v. ci-après, Commentaire, p. 85), mais celui-ci le tenait d'Ant. de Baïf.

35. ↿ *Rev. d'Hist. litt.*, 1899, p. 45.

36. ↿ V. ci-après, p. 9.

37. ↿ V. ci après, Commentaire, pp. 62 et 102-103.

38. ↿ *Lettres*, liv. IX, lettre IX, À Monsieur de la Croix du Mans (éd. de 1723, tome II, col. 240).

39. ↿ Pasquier a répondu très sèchement à l'appel de Binet pour le « tombeau » de Ronsard ; on ne trouve dans l'édition *princeps* du *Tombeau*, et dans ses rééditions, que trois distiques latins de Pasquier, dont les deux premiers ont été écrits quatre ans avant la mort de Ronsard (d'après les *Recherches*, VII, chap. XI), et le troisième est simplement suivi de sa traduction française (cf. le *Ronsard* de Blanchemain, VIII, 252). De son côté Binet n'a pas nommé Pasquier en 1586 parmi les poètes estimés de Ronsard. Il ne l'a mentionné que dans la 2e et la 3e édition.

40. ↿ « J'entens qu'il y a quelqu'un (que je ne veux nommer qui veut regratter sur ses œuvres [c. à d. les œuvres de Ronsard] quand on les

réimprimera. S'il est ainsi, ô misérable condition de nostre Poëte ! d'estre maintenant exposé sous la jurisdiction de celuy qui s'estimoit bien honoré de se frotter à sa robe quand il vivoit. » (Fin du chap. VI du livre VII, qui était primitivement le livre VI et fut publié en 1596)

41. ↑ Toutes les biographies générales le font mourir « vers 1585 ». Son testament est pourtant daté du 15 mai 1591. D'après Charles Brunet, il mourut soit à la fin de 1592, soit au commencement de 1593. Cf. *Œuvres choisies d'A. Jamyn*, éd. Blanchemain (Paris, Willem, 1878, 2 vol.), Introduction.

42. ↑ Voir ci-après, notamment pp. 228 et 229.

43. ↑ Pour le cadeau de Marie Stuart, fait en 1583, Binet a pu le voir de ses propres yeux, comme il fut à même de voir au Louvre la plaque de marbre dont il a reproduit l'inscription dans son troisième texte. V. ci-après, p. 22, ligne 40, et p. 28, ligne 47.

44. ↑ V. ci-après, Commentaire, pp. 153 et 213. Le recueil des *Plaisirs de la vie rustique et solitaire*, 1583) se termine par un sonnet *À Monsieur Binet*, signé I. Chrestien P. — Dans une ode latine de Paulus Melissus de février 1586, Binet figure parmi les amis de Fl. Chrestien (Bl., VIII, 269).

45. ↑ Catherine de Médicis est morte en 1589. V. ci-après, pp. 25 et 26, et Commentaire, p. 163 et 164.

46. ↑ Rien n'est plus vraisemblable ; Galland est bien allé la voir au nom de Ronsard, d'après une lettre que possédait Colletet (v. ci-après, Commentaire, p. 166).

47. ↑ V. ci-après, Commentaire, p. 167.

48. ↑ Un peu plus loin (ci-après, p. 50, ligne 29), affirmation analogue dans le 2e et le 3e texte, à propos de la réédition des *Œuvres* « ... ainsi qu'il me l'avoit recommandé, inviolable ».

49. ↑ V. pour ces passages le Commentaire, pp. 131, 160, 197-198, 201-202, 207.

50. ↑ Ceci a été très bien observé par Mlle Evers ; et si, comme elle s'est plu à le dire, je fus amené en 1902 par diverses considérations à conclure que Binet savait peu de chose sur Cassandre, je ne puis mieux faire aujourd'hui que de reproduire son argumentation qui me paraît tout à fait probante.

51. ↑ Par ex. Scév. de Sainte-Marthe, sollicité de collaborer au « tombeau » de Ronsard — Galland, Dorat, Baïf, Jamin, Desportes, Pasquier, De Thou, l'auraient traité d'imposteur.

52. ↑ 1° La *Vie de Ronsard* ; 2° l'Eglogue intitulée *Perrot* ; 3° la dédicace de l'édition de 1587 au roi de France.

53. ↑ Cf. Mlle Evers, *op. cit.*, Introd., p. 19.

54. ↑ V. les n^{os}4, 10 et 11 du tableau présenté ci-dessus, p. XXXVII.
55. ↑ V. par ex. ci-après, pp. 2, 4, 6, 7, 30 (lignes 32 et 33), 36 (ligne 14), 38 (ligne 14).
56. ↑ *Op cit.,* Introd., pp. 18-19.
57. ↑ Il va jusqu'à faire du prince Henri un roi de France en 1543, et à placer les *Discours* politiques de Ronsard sous le règne de François II. — Il dit : « En même temps… », « Environ ce temps… », sans que ce temps ait été précédemment déterminé. V. ci-après, pp. 22 et 27.
58. ↑ *Op. cit.,* Introd., p. 25.

IV

Il me reste à donner quelques explications sur la méthode suivie dans cette réédition de la *Vie de Ronsard*. J'ai pris comme texte fondamental, ainsi que l'a fait Mlle Evers, et pour des raisons analogues, la rédaction primitive, celle qui parut en mars 1586. Elle ne vaut pas, à vrai dire, les deux suivantes en ce qui concerne l'abondance, les matières et la qualité de l'impression (je ne parle pas du sens critique : il fait défaut dans les trois rédactions). Mais elle leur est supérieure par ce seul fait que Binet n'a pas eu le temps de la gâter autant que les autres en cédant aux suggestions troublantes de l'admiration, de la reconnaissance, de l'ambition, de l'imagination et du faux goût. Ces causes d'erreur existaient bien déjà lors de la première rédaction, mais en deux mois elles firent moins de tort à la vérité qu'en un an, et *a fortiori* en dix ans.

Pour ce qui est de la disposition typographique des trois textes, je pense que Mlle Evers a eu tort de placer en second lieu le troisième et en troisième lieu le second. Malgré sa bonne intention de rapprocher le premier et le troisième texte pour mieux montrer le point de départ et le point d'arrivée de l'œuvre de Binet, les inconvénients de ce procédé sont très graves. 1° Cette disposition exige du lecteur un perpétuel effort pour se rappeler l'ordre adopté et ne pas confondre les variantes de 1597 avec celles de 1587. 2° Les variantes de 1587 étant répétées au bas de la page et éclipsées par celles de 1597, le lecteur peut croire à tout instant que l'édition de 1587 est insignifiante, ce qui serait très loin de la vérité. Cet inconvénient est surtout visible chaque fois que les additions de 1587 n'ayant pas été très sensiblement modifiées en 1597, Mlle Evers les reproduit *in extenso* dans les variantes de cette dernière date et se contente de déclarer au bas de la page : « Le texte est le même en 1587. » Rien ne peut fausser davantage l'opinion que le lecteur doit se faire de l'importance respective des trois éditions.

L'ordre qui s'imposait, croyons-nous, est l'ordre chronologique, car non seulement il n'offre pas ces inconvénients, mais il a l'avantage de mettre dans la lumière qu'elle mérite la première revision du texte primitif. Cet ordre n'empêche pas, d'ailleurs, de mesurer le chemin parcouru de la première à la troisième édition. Il permet au contraire de voir par quelle étape très importante Binet a passé de l'une à l'autre, et de mieux suivre l'évolution de sa pensée.

En outre, bien que Binet soit mort aux environs de 1600, je n'ai pas cru devoir négliger les variantes des éditions posthumes de la *Vie de Ronsard*, publiées à la fin des œuvres complètes du poète en 1604, 1609, (in-f° et in-12), 1617, 1623 et 1630. Elles reproduisent en principe le texte de 1597, qui est devenu pour ainsi dire classique par leur intermédiaire. Mais elles présentent de temps à autre des corrections intéressantes, parfois même des additions et des suppressions que j'ai toujours indiquées. Ces modifications de valeur critique sont dues soit à l'éditeur, Nicolas Buon, soit plus probablement à Jean Galland pour les deux premières, à Philippe Galland, à Claude Garnier ou à Robert III Estienne pour la troisième et la quatrième. La cinquième reprend le texte de 1609 in-12, du moins en principe. La plus correcte des cinq est incontestablement celle de 1623[1].

Quant aux sources de Binet provenant des *Œuvres* de Ronsard, au lieu de les indiquer au-dessous de l'appareil critique, j'ai cru préférable de les réserver pour le Commentaire placé à la fin du volume et de les grouper avec les autres sources en un tableau d'ensemble. Ce sont autant de documents qui aident à comprendre comment Binet a fait son opuscule. Les variantes, qui parfois sont très étendues, occupent seules le rez-de-chaussée des pages de texte, et je n'ai eu recours pour y renvoyer le lecteur qu'à une seule espèce de signe, le chiffre. J'ai marqué d'un astérisque tout mot ou passage qui est l'objet d'une note dans le Commentaire, lequel, en dehors de l'indication des sources, est surtout historique et critique[2]. Enfin, d'un bout à l'autre j'ai nettement séparé l'appareil critique du texte primitif : en aucun cas les additions de 1587 et de 1597, quelle que soit leur importance, ne sont venues prendre la place réservée au texte fondamental.

Une fois ce texte choisi, l'ordre et le nombre des variantes arrêtés, voici comment j'ai procédé pour les établir.

J'y ai respecté scrupuleusement la graphie sous les réserves suivantes :

1° J'ai substitué aux signes abréviatifs ~ et ⁹ les consonnes nasales et les finales en *us* qu'ils remplacent au XVIᵉ siècle[3].

2° J'ai remplacé les *i* et les *u* consonnes par le *j* et le *v* ; j'ai adopté pour l'*s* et pour l'*u* les formes actuelles.

3° J'ai rétabli l'accent grave sur *à* préposition et *où* adverbe de lieu ; je l'ai supprimé en revanche sur *a* verbe et sur *ou* conjonction d'alternative, car cette distinction existe couramment dans la deuxième moitié du XVIᵉ siècle, et l'on peut être certain que, là où cet accent manque ou bien est de trop, il y a une faute d'orthographe ou d'impression[4].

4° J'ai supprimé le point qui au XVIᵉ siècle suit souvent encore les chiffres romains ou arabes ; ce signe, reste de la graphie du moyen âge, était encore d'un usage courant à l'époque de Claude Binet ; mais il n'a plus aucune valeur d'expression[5], et, par conséquent, ne peut que dérouter le lecteur actuel, parfois même le tromper sur l'interprétation du texte ; d'ailleurs Binet, ou son imprimeur, est loin de l'employer régulièrement[6].

5° J'ai accentué toutes les finales en *ée*, qu'elles appartiennent à des substantifs, tels que Orphée, risée, contrée, ou à des participes féminins, tels que avouée, mesurée, enragée, de nombreux exemples des uns et des autres m'y autorisant.

6° J'ai mis des initiales majuscules aux titres des œuvres alléguées par Binet, et reproduit ces titres en italiques, du moins dans le texte fondamental.

7° J'ai corrigé les fautes d'impression évidentes du texte fondamental, *a*) d'après la table d'*errata*[Z] ; *b*) d'après la deuxième édition, qui à ce point de vue est comme une nouvelle *épreuve* de la première ; *c*), à son défaut, d'après la troisième édition ou les éditions posthumes. Même remarque pour les fautes d'impression indubitables qu'on trouve dans les variantes. Chaque fois j'ai averti le lecteur par l'appareil critique sauf pour quelques fautes évidentes de la 3e rédaction, telles que *deux* pour *d'eux*, *vay* pour *vray*, *navoir* pour *n'avoir*, *dattente* pour *d'attente*, sauf encore quand j'ai substitué aux initiales minuscules des majuscules couramment usitées au xvie siècle, et d'ailleurs autorisées par la 2e ou par la 3e édition (V. ci-après, p. XLVI).

8° Quand j'ai donné simultanément les variantes ou les additions de 1587 et de 1597, j'ai adopté l'orthographe et la ponctuation de 1587, sauf indication contraire. Même remarque pour le cas où je n'ai eu à signaler que les variantes ou les additions de 1597, qui ont été reproduites dans les éditions suivantes : j'ai adopté alors l'orthographe de 1597, sans tenir compte de celle des éditions suivantes.

Ainsi donc, à part ces réserves, j'ai respecté l'orthographe du texte fondamental, ainsi que celle des variantes et des additions, qui constituent, elles aussi, pour leur part, un texte primitif. Mais je n'ai pas cru devoir (sauf de rares exceptions intéressantes) signaler les variantes orthographiques que présentent la deuxième édition par rapport au texte fondamental, la troisième édition par rapport aux deux précédentes, les éditions posthumes par rapport aux éditions « anthumes ». C'eût été surcharger l'appareil critique sans aucun profit.

Les variantes orthographiques, en effet, du moins dans les textes de Claude Binet, n'offrent pas d'intérêt, ni à l'historien de la littérature, ni même au philologue. Ce qui importe dans ces textes, c'est avant tout la pensée de l'auteur, et jusque dans les nuances de l'expression ; ce n'est pas l'orthographe, car elle est relativement fixée en 1586 ; elle n'a pas eu le temps d'évoluer du mois de mars au mois de décembre de cette même année, et je ne vois pas de différence bien sensible à cet égard entre les deux premières éditions et la troisième, postérieure de dix ans, elle dépend enfin le plus souvent de la négligence ou de la fantaisie de l'imprimeur, quand elle s'écarte des habitudes généralement suivies alors. Dans ces conditions, les variantes orthographiques ne peuvent offrir de documents utiles.

En revanche la ponctuation présente un réel intérêt, et Mlle Evers eût été mieux inspirée, à mon avis, si elle avait porté de ce côté l'attention minutieuse qu'elle a accordée à la comparaison des trois premières graphies. Elle n'a pas reproduit les textes avec assez d'exactitude en ce qui concerne la ponctuation, laquelle me semble avoir une grande importance, soit qu'elle modifie tant soit peu le sens, soit qu'elle exprime certaines intentions de l'auteur, que nous n'avons jamais le droit de négliger, soit enfin qu'elle se conforme à l'usage du temps.

Par exemple, il est vrai que les textes de Binet contiennent beaucoup de virgules superflues, entre autres celles qui précèdent le mot *et* dans les énumérations. Mais ces virgules, qui d'ailleurs ne nuisent pas au sens, étaient d'un usage courant au XVIᵉ siècle ; elles avaient sans doute leur raison d'être, ne fût-ce qu'une valeur de diction, aux yeux des gens de l'époque ; cela suffit pour que nous les reproduisions. Même remarque pour la virgule après les mots qui annoncent une appellation ou un titre ; je l'ai conservée quand elle s'est présentée[8], bien que d'autres exemples m'eussent autorisé à la supprimer.

D'autre part, il n'y a pas de point et virgule dans les textes de Binet. Ce signe de ponctuation n'est pas seulement absent de sa prose, il est généralement inconnu au XVIᵉ siècle, qui emploie à sa place deux points. J'ai donc cru devoir, là encore, suivre l'usage du XVIᵉ siècle : j'ai conservé les deux points là où nous mettrions maintenant un point et virgule, et je n'ai employé en aucun cas le point et virgule.

De même Binet n'emploie jamais les guillemets, ni quand il cite un auteur ni quand il rapporte les paroles de Ronsard ou d'un autre. On n'en trouve dans aucun de ses trois textes. Cela ne lui est pas particulier ; les guillemets n'apparaissent guère au XVIe siècle que pour mettre en relief dans les vers une idée générale, sentence ou proverbe. J'ai donc suivi Binet et l'usage de son temps en laissant de côté les guillemets, d'autant plus volontiers que leur absence n'est pas du tout indispensable à l'intelligence du texte.

Les seules corrections que je me sois permises dans la ponctuation, sans avertir le lecteur, sont les suivantes : 1° j'ai rétabli les virgules dans les appositions ; 2° j'ai remplacé la virgule et le point par deux points, devant une citation ou des paroles rapportées. J'y étais autorisé par Binet lui-même, ou par son imprimeur, qui de temps en temps m'a donné l'exemple, semblant ne suivre dans ces deux cas aucune règle, aucun usage. — Si j'ai cru devoir corriger la ponctuation dans tout autre cas, c'est qu'elle m'a paru évidemment fautive, aussi bien pour le XVIe siècle que pour le XXe siècle, et nuisible à la clarté du sens. Je ne l'ai pas fait d'ailleurs arbitrairement, mais autant que possible d'après les corrections introduites par Binet lui-même dans sa deuxième et sa troisième édition, ou, à leur défaut, d'après l'une des éditions posthumes, et j'en ai toujours averti le lecteur[9]. J'ai, en outre usé de ces corrections avec la plus grande circonspection et n'ai rien changé dans les passages dont le sens est discutable, quitte à signaler dans le Commentaire la difficulté d'interprétation. Enfin, s'il m'est arrivé d'apporter un changement à la ponctuation, sans qu'il fût fondé sur l'une des éditions contemporaines de Binet ou posthumes, je l'ai signalé dans l'Appareil critique et, au besoin, justifié dans le Commentaire.

Des remarques analogues s'appliquent aux initiales majuscules des noms. Les gens du xvie siècle les prodiguaient jusqu'à l'abus, je le reconnais. Mais c'est surtout avant 1560 qu'ils en ont usé sans discrétion. À l'époque où Binet a écrit la *Vie de Ronsard*, l'emploi des initiales majuscules se justifie presque toujours ; au point que certaines initiales minuscules de son premier texte sont inexplicables autrement que par une faute d'impression, qui est en effet corrigée dès le second, et que, inversement, des majuscules inexplicables de son premier texte deviennent avec raison des minuscules dans le second et le troisième. J'ai donc, avec Binet, conservé l'initiale majuscule de mots tels que Roy, Dauphin, Duc, Cardinal, Abbé, Chevalier, Court. Eglise, Université, Poëte, Poësie, Lyre, Ode, Epithalame, Comédie, Hymne, Ballade, Lion, etc. — À cet égard, comme pour la ponctuation, il m'a paru bon de corriger le texte primitif d'après le second texte, et, à son défaut, d'après le troisième. Le plus souvent, d'ailleurs, la correction de 1587 m'a suffi, le second texte étant bien plus correct que le premier et n'ayant guère été amélioré par le troisième sur ce point particulier ; aussi n'ai-je pas cru devoir signaler ces sortes de correction ; elles eussent chargé l'appareil critique inutilement[10].

Bref, j'ai fait mon possible pour améliorer les trois textes de la *Vie de Ronsard*, tout en me conformant et à l'usage courant du xvie siècle et à l'intention probable de Claude Binet, afin de donner à mon édition les deux qualités principales qu'on est en droit d'exiger d'elle l'exactitude et la clarté.

Je me suis servi, pour les variantes et les additions, aussi bien que pour le texte fondamental, des exemplaires de la Bibliothèque Nationale. Elle en possède deux de l'édition *princeps*, l'un qui est relié à part, sous la cote Ln ^{27}, 17842, l'autre qui fait partie d'un recueil factice de « tombeaux » et d'oraisons funèbres, sous la cote Rés. mYc, 925[11]. Ces deux exemplaires sont identiques, sauf pour une ligne du dernier alinéa, qui présente deux variantes dans le second des exemplaires, l'une assez heureuse (un *au lieu de* quelque) et l'autre insignifiante (bien *au lieu de* biẽ), introduites très probablement par l'imprimeur en plein tirage[12].

L'exemplaire de la deuxième édition fait partie de la 1re édition posthume parisienne des *Œuvres de Ronsard* (t. X. p. 107) ; on le trouve à la Bibl. Nat. sous la cote Rés. pYe, 172.

L'exemplaire de la troisième édition fait partie de la 2e édition posthume parisienne des *Œuvres de Ronsard* (t. X, p. 109) ; on le trouve à la Bibl. Nat. sous la cote Rés. Ye, 1893-95, qui est celle des trois derniers tomes réunis dans le cinquième volume.

J'ai désigné dans l'Appareil critique et dans le Commentaire ces trois éditions contemporaines de Binet (1586, 1587, 1597) par les lettres *A, B, C.* Les éditions postérieures à la mort de Binet sont simplement désignées par leur millésime, 1604, 1609, 1617, 1623, 1630. Ces sigles précédent la variante ou l'addition.

Dans l'Appareil critique : 1° les crochets avec sigles introduisent une variante partielle dans une variante plus étendue. Ainsi *BC*... |*C*...]... signifie que, dans la leçon commune à la deuxième édition et à la troisième, *C* introduit une leçon partielle qui lui est propre.

2° Le tiret entre un sigle et le millésime d'une édition posthume, ou entre deux millésimes d'éditions posthumes, signifie que la variante est commune à ces éditions et à celles qui parurent dans l'intervalle. Ainsi [1609-1630 glorieuse] signifie qu'on lit le mot« glorieuse » dans les éditions de 1609 et de 1630 et dans les éditions intermédiaires de 1617 et 1623.

3° Les *italiques* sont réservées aux sigles, à toute remarque (en parenthèses ou non) concernant la lecture du texte, aux citations en vers de *B* et de *C* et aux variantes des citations en vers de *A*.

Toutes les lignes du texte et de l'appareil critique sont numérotées dans la marge de gauche pour faciliter les références du Commentaire ; les numéros placés entre crochets dans la marge de droite indiquent la pagination du texte fondamental, un trait vertical dans la ligne correspondante le début de la page dans ce texte.

En terminant, j'ai le devoir très agréable de remercier de leurs obligeantes communications et de leur précieux concours de sympathies les « seizièmistes » qui se sont intéressés à ce travail, notamment : MM. Henri Chamard, maître de conférences en Sorbonne, et Charles Comte, professeur au lycée Condorcet. À la liste des aimables correspondants que j'ai déjà nommés dans l'avant propos de mon ouvrage sur *Ronsard poète lyrique,* je suis heureux d'ajouter ici les noms de MM. Emile Picot, Frédéric Lachèvre, Léon Séché, Michel Brenet, V.-L. Bourrilly, Franck Delage, Pierre Dufay, Gaston Varenne, Louis Hogu, E. Thomas, L.-A. Hallopeau, P. Clément, P. Charbonnier, Constantin Bauër et Mathieu Augé. Je les prie tous de croire à ma cordiale gratitude.

PIERRE DE RONSARD

à l'âge de 27 ans[13]

1. ↑ Jean Galland est mort en janvier 1612. Son neveu, Philippe Galland, lui succéda comme principal du collège de Boncourt et exécuteur testamentaire de Ronsard. Claude Garnier a revu en entier l'édition des *Œuvres de Ronsard* de 1623 (lui-même le dit à la fin de son Commentaire sur les *Discours*), sauf toutefois les *Epitaphes*, le *Recueil des Œuvres retranchées* et le *Tombeau,* qui ont été corrigés au point de vue typographique par R. Estienne, de la famille des célèbres imprimeurs (Cf. le *Ronsard* de Blanchemain, VII, 7 ; VIII, 74 ; Fr. Lachèvre, *Bibliographie des recueils collectifs de poésies publiés de 1597 à 1700,* t. I. pp. 195, sur Claude Garnier, et 187, sur Robert III Estienne).

2. ↑ C'est à dessein que les notes philologiques ont été réduites au strict nécessaire. La langue de Binet n'a rien de remarquable ; il emploie un vocabulaire courant ; sa phrase seule a parfois besoin d'éclaircissements, étant lourde, enchevêtrée, équivoque.

3. ↑ D'ailleurs on trouve écrit indifféremment *hoͫe* et *homme* ; *Frãce* et *France* ; *nõ* et *non* ; *Rõsard* et *Ronsard* : *pl⁹* et *plus,* etc.

4. ↑ D'ailleurs, en dehors de ces deux cas et de certaines finales latines, l'accent grave n'est pas employé au xvie siècle. On écrit régulièrement *pere, siecle, premiere, pres, college, maniere, ils degenerent, la Grece.*

5. ↑ On le trouve aussi bien après des chiffres cardinaux qu'après des chiffres ordinaux.

6. ↑ Sur dix passages de la 1re rédaction qui contiennent des nombres en chiffres, un seul présente un point de cette nature « .... et l'an 1540. par son pere fut mis... » ; on en trouve deux dans la 2e rédaction, et onze dans la 3e.

7. ↑ Voir ce que j'ai dit de ces *errata* ci-dessus, p. xxiv.

8. ↑ Voir par. ex. p. 2, ligne 2 ; p. 23, ligne 10 ; p. 24, ligne 11 ; p. 36, ligne 9.

9. ↑ C'est ainsi qu'on trouvera dans l'appareil critique entre crochets quelques virgules nécessaires qui sont absentes des variantes ou des additions citées.

10. ↑ Il suffit de dire ici une fois pour toutes que j'ai mis, d'après la 2e ou la 3e édition, le plus souvent d'après l'une et l'autre à la fois, des initiales majuscules aux mots suivants : Seigneurie, Gentil-homme, Couronne, Chasteau (suivi d'un nom propre), Damoiselle, Madame, Monsieur (désignant des membres de la famille royale), l'Escurie du Roy, Imperiale. Diete, Capitaine, Majesté, Principal (de collège). Laurier,

Prieuré, Notaire, Messe, Benefices (ecclésiastiques), les Graces, la Parque, l'Aumosnier, les Religieux.

11. ↑ Il y est inséré entre le *Tombeau* de Jean Morel d'Embrun (1583) et la *Laudatio funebris* de Ronsard par G. Critton (1586).

12. ↑ Voir ci-après le Commentaire, p. 50, lignes 33 et 34 et p. 239. J'ai désigné par *A'* le 2ᵉ de ces exemplaires. Comme nous l'avons vu plus haut, le *Disc. de la vie de Ronsard* dans cette édition *princeps* est suivi du *Tombeau* de Ronsard ; mais le dernier feuillet de ce *Tombeau* manque dans l'exemplaire Rés. mYc, 925.

13. ↑ J'ai cru devoir remplacer ainsi le quatrain de l'édition de 1586, pour la raison exposée ci-dessus, p. XXIII.

DISCOURS DE LA VIE [3]

DE

PIERRE DE RONSARD

GENTIL-HOMME VANDOMOIS,

Par Claude Binet[1].

Pierre de Ronsard[2] est issu * d'une des nobles familles de France, de la maison des Ronsards, au païs de Vandomois, l'antiquité de laquelle est assez avoüée et remarquée des plus curieux, pour avoir tiré son origine des confins de la Hongrie, et de la Bulgarie, où le Danube voisine de plus pres le païs de Thrace, qui devoit aussi bien qu'à la Grece donner à la France le surjon[3] d'un second Orphée : auquel lieu[4] se trouve une Seigneurie appelée, le Marquisat de Ronsard, d'où sortit un puisné de cette maison, nommé Bauldouin[5], qui se voulant faire voye à l'honneur par les armes[6], assembla une compagnie de

Gentils hommes puisnez, ausquels il fit traverser toute la Hongrie[7] et l'Alemaigne, gaignant la Bourgongne pour venir en France, qui estoit lors le champ de vertu, et s'offrit au Roy Philippes de Valois, lors empesché en une grande guerre[8] contre les Anglois : lequel[9] l'employa en charges si honorables, et ausquelles il fit si bon service à la Couronne, qu'il eut occasion par les bienfaicts du Roy[10] d'oublier son païs, et bastir une nouvelle fortune en France, où il se maria au païs de Vandomois, païs fertile et agreable, tant pour la temperature[11], que pour la bonté du terroir. De là fit souche cette famille des Ronsards François[12], et continua en nobles et grandes alliances jusques à Loys de Ronsard, pere de Pierre, qui s'allia de la maison de Chaudriers[13], conjointe de proche alliance à celle du Bouchage, de la Trimoüille, et de Roüaux, desquelles sont sortis plusieurs grands Capi | taines, et illustres [4] Seigneurs, dont noz histoires Françoises à bon droit se glorifient[14], comme aussi de celle de Chaudriers qui fut[15] fort recommandée en son temps, pour le grand service[16] qu'elle fit à la France, ayant repris sur les Anglois la ville de la Rochelle, en remarque dequoy[17] y a une ruë qui se nomme encor au jourd'huy du nom de l'un de cette famille, qui en ce grand et remarquable exploict se montra le premier des plus vaillans[18] : ce que[19] je n'ay peu oublier, luy mesme le tesmoignant en l'Elegie xvi qu'il escrit à Remy Belleau[20]*. Loys de Ronsard[21] fut Chevalier de l'Ordre *, et Maistre d'hostel du Roy *, et pour la sagesse et fidelité qui estoit en luy, fut choisi[22] pour accompagner

Messieurs les enfans, François Dauphin de Viennois, et Henry Duc d'Orleans, en Espagne[23] pendant qu'ils y furent en hostages pour le Roy leur pere, d'où il les ramena, au grand contentement de la France *. Ce Loys avoit quelque cognoissance des lettres, et principalement de la Poësie, telle que le temps pouvoit porter : et faisoit aucunefois des vers assez heureusement *[24] : et me souvient[25] en avoir ouy reciter quelques uns à nostre Ronsard, son fils, qui monstroient que la Poësie vient principalement d'un instinct naturel, lequel avec un plus grand heur toutefois, comme un heritage[26], le fils a monstré avoir continué en luy, y ayant conjoint l'estude des lettres Grecques et Latines[27]. De ce mariage[28] de Loys et de Jeanne de Chaudrier[29]*, nasquit Pierre de Ronsard, au Chasteau de la Possonniere * en Vandomois, maison paternelle, l'an mil cinq cens xxiiii, que le Roy François fut pris devant Pavie, un Samedy sixiesme de Septembre[30]*. Et est à douter[31] si en mesme temps la France receut par cette prinse malheureuse[32] un plus grand dommage, ou un plus grand bien par cette naissance heureuse[33], à laquelle estoit advenu comme à d'autres de quelques grans esprits, d'estre remarquée d'une si memorable rencontre[34]*. Mais peu s'en falut que le jour de sa naissance ne fut aussi le jour de son enterrement : car[35] comme on le portoit baptizer du Chasteau de la Possonniere en l'Eglise du village de Cousture[36], celle qui le portoit, traversant un pré, le laissa tomber par mesgarde sur l'herbe et fleurs[37], qui le receurent plus doucement : | et eut encor[38] cet accident une autre rencontre, [5] qu'une Damoiselle[39] qui portoit un vaisseau plein d'eau de roses[40], pensant ayder à recueillir l'enfant, luy renversa sur le chef une partie de l'eauë de senteur : qui fut[41] un presage des bonnes odeurs, dont[42] il devoit remplir toute la France, des fleurs de ses escris[43]*. Il ne fut l'aisné[44] de sa maison, ains eut cinq freres naiz au paravant luy[45], dont les deux moururent au[46] berceau, trois autres avec nostre Ronsard resterent, dont l'aisné fut Claude de Ronsard, qui suivit les armes. Loys[47], qui estoit l'un des trois, fut Abbé de Tyron, et de Beau-lieu *. Quant à Pierre, son pere le fit instruire en sa maison de la Possonniere[48] aux premiers traits des lettres par un homme[49] qu'il y tint expres *, jusques à l'age de neuf ans, qu'il le fit amener à Paris, au college de Navarre[50], où estoit lors Charles Cardinal de Lorraine, qui le cognent, et l'aima pour ses vertus, pensant[51] son pere qu'il deust[52] continuer l'esperance qu'il avoit conceüe de luy, lors qu'avec une si grande vivacité d'esprit, il surpassoit tous ses freres à comprendre les premiers commencemens des lettres. Il n'avoit pas esté demy-an souz un regent nommé de Vailly[53], quand rebuté par la rudesse de ses maistres [54], comme ordinairement un beau naturel ne veut estre forcé, il commença à se degouster de l'estude des lettres * : dequoy[55] son pere adverty, le fit venir en Avignon, où pour lors estoit le Roy, sur les preparatifs d'une grande et puissante armée contre[56] l'Empereur Charles cinquiesme *, et le donna pour page à Charles Duc d'Orleans, le dediant aux armes *, où il continua[57] quelque temps fort agreable à son maistre, tant pour une beauté grande qui reluisoit en luy, que pour la bonne façon[58] qui en un age si tendre sembloit promettre quelque chose de plus grand[59] à l'advenir. Et de fait sur cette esperance, à fin de luy faire voir du païs, le Duc d'Orleans le donna à[60] Jacques de Stuart, Roy d'Escosse, qui estoit venu pour espouser Madame Marie de Lorraine[61], qui l'emmena en son païs *. En Escosse il demeura trente mois, et en Angleterre six, où[62] ayant appris la langue, en peu de temps, il acquit[63] si grande faveur[64], que peu s'en falut que la France ne perdist celuy qu'elle avoit nourry pour estre un jour la trompette de sa renommée *. Le bon instinct | toutefois de vray François le chatouilloit à toutes [6] heures de revenir en France * : ce qu'il fit[65] et se retira vers le Duc d'Orleans, son premier maistre[66], qui le retint en son Escurie[67], où il avoit pour compagnon et familier amy le seigneur de Carnavalet *. Mais comme le Duc d'Orleans eut pris garde que Ronsard en tous exercices estoit le mieux appris de ses pages, fust à danser, luitter, sauter, ou escrimer, fust à monter à cheval, et le manier, ou voltiger, ne voulant qu'un si beau naturel s'engourdist en paresse, il le depescha pour quelques affaires secretes en Flandres[68] et Zelande, avec charge expresse de passer jusques en Escosse * : ce qu'il fit, s'estant embarqué avec le sieur de Lassigny, Gentilhomme François *. Auquel voyage[69], pensant tirer en Escosse, le vaisseau auquel il estoit fut tellement, durant trois jours, pourmené par la tempeste, qu'il cuida sur la coste d'Angleterre estre brisé

97

contre un rocher, mal-heur[70] qui fut seulement differé, pour sauver principalement nostre futur Arion d'un tel naufrage : car le navire qui avoit eschappé tant de dangers, apres avoir laissé sa charge sur la rade d'Escosse, sans peril fit[71] naufrage au port, brisé et enfondré[72] avec tout le bagage, que le plus grand soin de sauver la vie laissa à la mercy des flots *. Retourné qu'il fut de ce voyage, ayant attaint l'âge de quinze à seize ans il sortit hors de page, et l'an 1540 par son pere fut mis[73] en la compagnie de Lazare de Baïf, grand personnage, et des plus doctes de ce temps là, lequel ayant ja esté employé en belles et grandes charges, alloit pour lors[74] Ambassadeur pour le Roy à Spire, ville Imperiale d'Alemaigne, où l'on devoit tenir une Diete[75]*. En ce voyage il commença à pratiquer avec jugement les meurs et façons estrangeres, à observer curieusement les choses plus remarquables, et faire son proffit de toutes[76]. Il apprit en peu de temps la langue Alemande, ayant l'esprit capable de toutes disciplines *, qu'il façonna beaucoup en la compaignie d'un si sçavant personnage, que les plus doctes d'Alemaigne recherchoient, non tant pour le rang qu'il tenoit, que pour sa doctrine singuliere. Apres ce voyage il en fit un autre en Piemont, avec ce grand Capitaine de Langey, pour faire service au Roy en la profession où le flot des affai | res du temps, et non l'inclination de [7] sa nature, le poussoit[77]*. S'estant puis apres retiré à la Court, il luy avint un mal-heur, s'il faut appeler de ce nom ce qui fut cause[78] d'un si grand bien. C'est que[79] pendant qu'il estoit en Alemaigne, il fut contraint de boire des vins tels qu'on les trouve, la plus grand part souffrez et mixtionnez : qui fut cause[80] avec les tourmentes de mer[81], les incommoditez des chemins, et autres peines de la guerre, qu'il avoit souffertes, que plusieurs humeurs grossieres luy monterent au cerveau, tellement qu'elles luy causerent une defluxion, et puis une fievre tierce[82] dont il devint sourdault, maladie qui luy a continué jusques à la mort *. Ainsi en advint à ce divin Homere[83]*, qui sur la fin de ses voyages, s'estant embarqué[84] avec le marinier Mentes[85], pour apprendre les diverses façons des peuples, et la nature des choses, ayant abordé[86] l'Isle d'Itaque eut un catherre[87] sur les yeux qui luy fit perdre la veüe estant arrivé à Colophone. Voila comment[88] deux grans Poëtes, par un presque semblable sort se virent privez de sens[89] fort nécessaires : Homere, les escrits duquel tout le monde devoit voir, et lire si soigneusement, de celuy de la veüe : et[90] Ronsard, dont la douce cadence des vers devoit[91] estre recueillie des plus delicates oreilles du monde, de celuy de l'ouye. J'appeleray toutefois ce malheur bien-heureux, qui fut cause que Ronsard, qui pour s'avancer pres des grans, par le chemin des courtisans, eut peut-estre perdu[92] son temps inutilement, changea de dessein et reprit les estudes laissées *, encor qu'il eust ja assez bonne part aux grâces du Roy Henry, nouvellement venu à la Couronne *, qui l'estimoit[93] entre tous les Gentils-hommes de sa Court, pour emporter le prix en tous les honestes exercices, esquels[94] » la noblesse de France estoit ordinairement addonnée. Ce que Dorat, son precepteur, et la source de tous noz Poëtes[95], a tesmoigné en l'Ode qu'il fit[96] à Ronsard, quand il dit de luy[97] :

> *O flos virum et [*](#)*
> *Decus olivi, aut illius*
> *Virilis quo oblinitur*[98]
> *Et artus terit*
> *Amiclaca pubes, | [8]*
> *Aut illius quod hilares*
> *Ferè Camœnae obolent.*

Et en suivant[99] :

> *Nam seu quis*[100]*[*](#) artem sinuosaque*
> *Corporis volumina velit,*
> *Quibus corpus aptè*
> *Vel in equum, vel de equo*
> *Volans micat in audacibus*
> *Pugnis, stupebit dicatum gravibus umbris*
> *Musarum, agilibus quoque*
> *Saltibus Martis expedisse membra.*

Outre que sa grace et sa beauté le rendoit agreable[101] à tout le monde, car il estoit d'une stature fort belle, Auguste et Martiale [*](#), avoit les membres forts et proportionnez, le visage noble[102], liberal et vrayment François, la barbe blondoyante, cheveux chastains, nez aquilin, les yeux pleins de douce gravité, et le front fort serein. Mais sur tout sa conversation estoit facile et attrayante. Ayant esté nourri avec la jeunesse du Roy[103]*, et presque de pareil age, il commençoit à estre fort estimé près de luy. Et de fait le Roy ne faisoit partie où Ronsard ne fust tousjours appelé de son costé[104] : entre autres[105], le Roy ayant fait partie pour jouer au balon au pré aux clercs, où il prenoit souvent plaisir, pour estre un exercice des plus beaux pour fortifier et degourdir la jeunesse, ne voulut qu'elle fust joüée sans Ronsard : le Roy[106] avec sa troupe estoit habillé de livrée blanche, et monsieur de Laval, chef de l'autre parti, de rouge : là, Ronsard, qui[107] tenoit le parti du Roy, fit si bien que sa Majesté disoit tout hault qu'il avoit esté cause du gain du prix obtenu en la victoire[108]. Or, quelque faveur qui le peust chatouiller, et qui semblast le semondre à une belle fortune, demeurant en la Court[109], considerant qu'il estoit malaisé avec le vice d'oreilles de s'y avancer, et y estre agreable[110], où l'entretien et discours sont plus necessaires que la vertu, et où il faut plustost estre muet que sourd, il pensa de transferer l'office des oreilles aux yeux[111] par la lecture des bons livres, et se mettre à l'estude à bon escient, comme au contraire Homere[112] s'estoit servi des oreilles pour la | veüe *. Et ce qui luy [9] augmenta ce desir fut[113] un Gentil-homme Piemontois[114] nommé le seigneur Paul, frere de madame Philippes, qui fut mere de Madame de Chastelleraut, lequel avoit esté page[115] avec Ronsard *, et ne laissoit de hanter l'Escurie du Roy., qui estoit lors une escole de tous honestes et vertueux exercices, comme aussi faisoit Ronsard, or que tous deux fussent sortis de page[116]. Ce Gentil-homme avoit fort bien estudié les Poëtes Latins, et mesmes, lors qu'il estoit page, avoit aussi souvent un Virgile en la main qu'une baguette, interpretant[117] aucunefois à Ronsard quelques beaux traits de ce grand Poëte, et Ronsard au contraire ayant tousjours en main quelque Poëte François[118], qu'il lisoit avec jugement, et principalement, comme luy mesmes m'a maintesfois raconté, un Jean le Maire de Belges, un Romant de la Rose[119] et les œuvres de Coquillart, et de Clement Marot *, lesquels[120] il a depuis appelé, comme on lit que Virgile disoit d'Ennie, les[121] immondices, dont il tiroit de belles limures d'or[122]*. Fust donc par la lecture de ces livres, fust par la hantise de ce docte Gentil-homme, qui luy donna entierement le goust de la Poësie, et le premier jetta en son esprit la semence de tant de beaux fruicts, qu'il a enfanté depuis[123] à l'honneur de nostre France, l'an[124] mil cinq cens XLIII[125] il fit trouver bon à son pere ce desir[126] de se remettre aux lettres, mais non en intention qu'il s'adonnast à la Poësie, luy defendant expressément de tenir aucun livre François *. Mais quoy ? un tel esprit[127] ne se pouvoit forcer d'autres loix que des siennes propres[128], joint que son pere mourut bien tost apres, à sçavoir le sixiesme jour de Juin 1544, en la ville de Paris, servant son quartier chez le Roy *. Ronsard donc voulant recompenser le temps perdu, ayant le plus souvent pour compagnon le sieur de Carnavalet *, se desroboit de l'Escurie du Roy, où il estoit logé[129] aux Tournelles *, pour passer l'eau et venir trouver

Jean Dorat[130], excellent personnage, et celuy que l'on peut dire la source de la fontaine qui a abbreuvé[131] tous noz Poëtes des eaux Pieriennes, et auquel je doy aussi une partie de mes estudes[132]* Dorat demeuroit lors vers l'Université[133], chez le seigneur Lazare de Baïf, Maistre des Requestes ordinaire[134] de | l'hostel du Roy, et [10] enseignoit les lettres Grecques à Jan Antoine de Baïf, son fils *, personnage aussi des plus doctes et des premiers compagnons de Ronsard, et maintenant le dernier[135] survivant à cette docte volée[136] de bons esprits, qui se fit paroitre en ce temps-là[137]. Depuis, Ronsard ayant sçeu que Dorat alloit demeurer au college de Cocqueret, dont on l'avoit fait Principal[138], ayant souz sa charge le jeune Baïf, il delibera de ne perdre une si belle occasion, et de se loger avec luy * ; car[139] ayant ja esté[140] comme charmé par Dorat du phyltre des bonnes lettres, il vit bien que pour sçavoir quelque chose, et principalement en la Poësie, il ne faloit seulement puiser l'eau és rivieres des Latins, mais recourir aux fonteines des Grecs. Il se fit compagnon de Jan Antoine de Baïf, et commença à bon escient par son emulation à estudier *. Vray est qu'il y avoit grande difference, car[141] Baïf estoit beaucoup plus avancé en l'une et l'autre langue, encor que Ronsard surpassast beaucoup Baïf d'age, l'un ayant vint ans[142] passez et l'autre n'en ayant que seize * : neantmoins[143] la diligence du maistre, l'infatigable travail de Ronsard, et la conference amiable de Baïf, qui à toutes heures luy desnoüoit les plus fascheux commencemens de la langue Grecque, comme

Ronsard en contr'eschange discouroit des moyens[144] qu'il sçavoit pour s'acheminer à la Poësie Françoyse, furent cause qu'en peu de temps il s'apperçeut d'un grand avancement[145]*. Et n'est à omettre en cet endroit que Dorat[146] par un artifice nouveau luy apprenoit la langue Latine par la Grecque[147]*. Nous[148] ne pouvons aussi oublier de quel desir et envie ces deux futurs ornemens de la France s'adonnoient à l'estude : car[149] Ronsard qui avoit demeuré en Court, accoustumé à veiller tard, estudioit jusques à deux heures apres minuit[150], et se couchant resveilloit Baïf, qui se levoit, et prenoit la chandelle, et ne laissoit refroidir la place *. En cette contention d'honneur il demeura cinq ans avec Dorat *, continuant tousjours l'estude des lettres Grecques et des autres bonnes sciences, pour lesquelles il fut aussi auditeur d'Adrian Turnebe, grand personnage certes, et tel que Ronsard a estimé | avoir esté par le Sonet qu'il fit en sa mort[151]*. [11] Il s'adonna deslors souvent à faire quelques Sonets et tels petits ouvrages, premiers essais d'un si brave ouvrier[152]*. Quand Dorat eut veu que son instinct se deceloit à ces petits echantillons, il luy predit qu'il seroit quelque jour l'Homere de France *, et pour le nourrir[153] de viande propre luy leut de plain vol le Promethée d'Æschyle, pour le mettre en plus haut goust d'une Poësie, qui n'avoit encor passé la mer de deçà, et en sa faveur traduisit cette Tragedie en François, laquelle si tost que Ronsard eut goustée : Et quoy[154], dit-il à Dorat, mon maistre, m'avez vous caché[155] si long temps ces richesses[156]* ? Ce fut ce qui l'incita[157] à tourner en

104

François le Plutus d'Aristophane, et le faire representer en public au college[158] de Cocqueret, qui fut la premiere Comedie Françoise joüee en France *. Baïf aussi comme luy y prit appetit[159], et à l'exemple de ces deux jeunes hommes plusieurs beaux espris se reveillerent * et vindrent boire en cette fonteine dorée, comme M. Antoine de Muret, qui avoit ja grand avancement en l'Eloquence Latine *, Lancelot Carles *, et quelques autres[160], qui tous ensemble à l'envy faisoient tous les jours[161] sortir des fruicts nouveaux, et non encore veus en nostre contrée[162]. Mais Ronsard qui n'avoit ny faute de cœur et d'ambition pour l'honneur, ny d'enthousiasme pour monstrer[163] que la Poësie estoit née avec luy en France, osa passer plus avant, et pria Dorat de luy ouvrir le chemin d'Homere, de Pindare, et de Lycophron. Il[164] ne vit pas si tost le passage ouvert qu'il se fist maistre de la plaine. Voyant[165] que nostre langue estoit povre[166], il tacha de l'enrichir de beaux epithetes, inventa mots nouveaux, renouvela les vieux, et traça le chemin[167] pour aller chercher des tresors en plus d'un lion, pour suppleer[168] à sa necessité *. Il essaya premierement à se fortifier[169] sur la Lyre d'Horace *, lequel tant s'en faut qu'en le lisant et pratiquant en nostre langue il le desbauchast d'oser quelque chose apres Pindare, que cela luy servit d'eguillon *. Il ne fault, disoit-il, que la crainte se loge en un bon cœur : qui luy fait place se rend indigne de ce qu'il pretend[170]*. Il commença donc alors à pourpenser de grans desseins, ayant fait provision de tout ce qui estoit necessaire pour met | tre nostre langue hors d'enfance : car [12] d'un costé[171] il avoit leu les auteurs Grecs et Latins avec tel menage *, qu'il ne se presentoit gueres sujet où il ne fist venir quelque excellent traict des anciens : d'ailleurs[172] il s'estoit estudié aux propres mots de nostre langue, ne dedaignant d'aller és boutiques des artisans, et de toutes sortes de mestiers[173], pour y apprendre leurs termes, et comme Homere faisoit voyageant par le monde, estant en tous ses voyages si curieux, que de prendre garde aux moindres choses pour en faire son profit, soit pour la consideration des naturelles, ou de celles que l'artifice des hommes rendoit dignes d'estre cogneües[174]*.

Environ[175] l'an mil cinq cens quarante neuf *, Joachim du Bellay, esprit noble, et bien nay, et qui avoit quelques bons commencemens en la Poësie Françoise, estant retourné de Poictiers, de l'estude des loix, auquel il avoit esté dedié *, changea beaucoup son stil, qui sentoit encor je ne sçay quoy de rance, et du vieux temps, par la hantise de Ronsard, et de Baïf[176]*. C'estoit à qui mieux mieux feroit, tantost sur le sujet d'amour, qui se monstra lors le plus ordinaire en nostre France, tantost sur quelque occasion que le temps presentoit[177] : comme Ronsard[178], qui ne pouvoit plus se tenir en ses bornes, fit premierement veoir le jour à un Epithalame[179] sur le mariage de Monsieur de Vendosme, qui espousa Madame Jeanne d'Albret, Royne de Navarre * : puis fit l'*Entrée du Roy*[180] qui fut suivie de l'*Hymne de la Paix*[181]*. Baïf aussi en mesme temps mit en lumiere le *Poëme de la Paix et le Ravissement d'Europe*[182]*. Puis Ronsard s'estant ressouvenu d'une belle fille qui avoit nom Cassandre *, qu'il eut seulement moyen de voir, d'aimer, et de laisser à mesme instant en un voyage qu'il fit à Bloys, à son retour d'Escosse *, il se delibera[183] de la chanter, comme Petrarque avoit faict la Laure[184], amoureux seulement de ce beau nom, comme luy mesmes m'a dit maintefois[185]*, ce qu'il semble quasi vouloir donner à cognoistre en

un Sonet qui commence :

> *Soit ce nom vray ou faux*[186]*.

Ainsi que le bruict couroit des *Amours de Cassandre*[187] et de quatre livres d'*Odes* *, que ja Ronsard promettoit à la façon d'Horace et à celle[188] de Pindare, comme ordinairement[189] les | bons esprits sont [13] jaloux les uns des autres, Du Bellay[190], qui avoit sur le mesme sujet d'amour chanté son Olive *, fit le fin, et sans mot dire[191], pensant prevenir la renommée de Ronsard, fit imprimer son *Recueil de Poësie*[192]* : ce qui engendra en Ronsard, si non une envie, à tout le moins un mescontentement[193] contre du Bellay, qui ne dura long temps : car[194] comme les esprits ambitieux de gloire facilement se courroucent[195], aussi promptement se reünissent-ils, les Muses ne pouvant estre seules, ains vivans toujours en compaignie[196] : encor que du Bellay de son costé eust opinion d'avoir esté picqué par luy, quand allant voir Ronsard et Baïf il trouva sur leur table un de ses livres que Baïf avoit apostillé en la marge, remarquant quelques vers et hemistiches, comme pris de Ronsard, pensant que ç'eust esté luy eust faict telles annotations[197]*. Mais apres qu'il eut faict imprimer ses *Amours*[198], et les quatre livres des *Odes*[199]*, à ceste naissante gloire de Ronsard s'opposa[200] un gros escadron de petits rimeurs de Court, qui pour faire une Balade, un Chant Royal[201], ou un Rondeau avec le refrain mal à propos, pensoient avoir seuls merité tous les Lauriers d'Apollon *. Le chef[202] de ceste bande, pource qu'il sçavoit quelque chose plus que les autres, et avoit acquis[203] beaucoup de credit envers les grans, et principalement aupres du Roy, osa bien se decouvrir : et[204] plus tost meu du cry de ces grenouilles courtisanes que de jugement[205], pensoit troubler l'eauë[206] Pegasine à cet Apollon nouveau, quand de mauvais cœur en plaine assemblée il blama au Roy[207] les œuvres de Ronsard *. Mais quoy ? un grand[208] Poëte comme cestuy-cy ne devoit pas avoir moins de Zoïles[209] qu'Homere et Virgile, puis qu'il devoit succeder à pareille loüange. Il a touché[210] luy-mesmes ceste querelle en l'Hymne triomphal qu'il fit[211] apres la mort de Madame Marguerite, Royne de Navarre, imprimé avec ses autres Epitaphes *, faicts par les trois sœurs Angloises, où se lisoit autrefois sur la fin :

> *Ecarte loin de mon chef*
> *Tout malheur et tout meschef.*
> *Preserve moi d'infamie*
> *De toute langue ennemie,* | [14]
> *Et de tout acte malin,*
> *Et fay que devant mon Prince*

Desormais plus ne me pince
La tenaille de Melin *.

Mais en faveur de S. Gelais[212] qui rechercha depuis son amitié, il changea ces vers[213]*. Ceux qui n'avoient occasion de le reprendre, s'ils n'accusoient[214] leur ignorance, avoient recours aux moqueries, faisans courir contre luy leurs Rondeaux et Dizains avec quelque froide poincte au dernier vers et n'y eust il rien de bon à tout le reste : mais[215] ces injures n'estoient dignes du courroux d'un tel Lyon[216]. Les autres, qui sembloient proceder avec plus de jugement, disoient que ses escrits estoient pleins de vanterie, d'obscurité et de nouveauté *, et le renvoioient bien loin avec ses Odes Pindariques, tournans le tout en risée[217]* : dont[218] est venu mesmes le proverbe, quand quelqu'un s'escoute parler et veut farder[219] et mignarder son langage, ou faire quelque chose de nouveau[220], de dire : Il veut Pindariser[221]*. Toutes lesquelles mesdisances il n'a point voulu celer luy mesmes en ses escrits, comme on peut voir au Sonet à Pontus de Tyard, qui commence :

Tyard, on me blasmoit à mon commencement,
Dequoy j'estois obscur,[222]*

et en un autre endroit au cinquiesme livre des *Odes*, en la deuxiesme à Madame Marguerite, Duchesse de Savoye, quand il dit[223] :

> *Mais que feray-je à ce vulgaire*
> *A qui jamais je n'ay sceu plaire,*
> *N'y ne plais, ny plaire[224]ne veux ?*

Et puis

> *L'un crie que trop je me vante.*
> *L'autre que le vers que je chante*
> *N'est point bien joinct ne maçonné *.*

Occasion pour laquelle[225], voyant que l'obscurité dont on le blasmoit venoit de l'ignorance de ceux qui lisoient ses œuvres, delibera[226] d'escrire en stile plus facile les *Amours de Marie *, qui estoit une fille d'Anjou, et laquelle il entend souvent | souz le nom du Pin de [15] Bourgueil[227]*, qu'il a vrayment aimée. Et afin[228] d'oster toute obscurité, M. Antoine de Muret, et Remy Belleau dresserent des annotations sur la premiere et seconde partie de ses *Amours *. Le mesme[229] Muret (outre ce que Ronsard en plusieurs endroicts defend luy mesme sa cause) en l'epistre qu'il rescrit à monsieur Fumée, avant son commentaire sur les *Amours,* respond à toutes ces calomnies *, lesquelles en fin ressemblerent[230] aux bouteilles que font les petits enfans, avec le savon, qui se crevent aussi tost qu'elles sont faictes, et ne laissent aucune marque d'avoir esté, n'estant autre chose que vent[231] : ou comme des nuës qui engendrées du broüillas d'une nuict, s'evanoüirent[232] aux rayons de ce Soleil[233], par le moyen du soutien qu'eut sa vertu des plus grands esprits de la France, et principalement de madicte Dame Marguerite[234], qui fut depuis Duchesse de Savoye * : laquelle[235], estant sçavante, fit changer d'opinion au Roy, qui au contraire gousta[236] tellement la beauté des œuvres de Ronsard, qu'il estima à grand honneur d'avoir un si bel esprit en son Royaume, et de là en avant le gratiffia[237] et d'honneurs, et de biens assez amplement, et de pension ordinaire *. Luy mesme en l'Ode deuxiesme du cinquiesme livre tesmoigne assez quel bon office luy fit madicte Dame Marguerite[238], escrivant qu'elle estoit

Seule en France
Et la colonne et l'esperance
Des Muses, la race des Dieux :

et plus bas[239] :

N'est-ce point toy docte Princesse
Ainçois ma mortelle Deesse
*Qui me donnas cœur de chanter * ?*

111

Messire Michel de l'Hospital, lors Chancelier de ladicte Dame de Savoye, et depuis de France *, entreprit[240] la defense de Ronsard, et de faict[241] composa une tresdocte Elegie[242] en son nom, où il respond à toutes les calomnies, laquelle n'est encores imprimée, et qui sera mise au front de ses œuvres, commençant :

Magnificis aulae cultoribus atque Poëtis *, | [16]

et une autre[243] que Ronsard mesme a inserée en ses *Hymnes*[244]*. En

recompense dequoy Ronsard luy envoya ceste belle Ode, où confirmant ce que je viens de dire[245], il faict dire par Jupiter aux Muses :

Suyvez donc ce guide icy
De qui la docte asseurance
Franches de peur[246]*vous fera,*
Et celuy qui defera
Les soldats de l'Ignorance[247]*.*

Cette brigade de muguets ignorans ne fut pas plustost desfaicte[248] par l'Egide de ceste Pallas de France[249]*, et par les vers et defense de ce grand Chancelier, que toute la France commença à embrasser un Ronsard, mesmes ses ennemis : entre autres Melin de S. Gelais[250], qui chanta une Palinodie *, et requit Ronsard d'amitié, laquelle Ronsard, comme il estoit d'un cœur fort noble et benin, ne refusa[251], ains au contraire la confirma par le sceau perdurable de ses vers, en l'Ode xxv du quatriesme livre[252], qui commence[253] :

> *Tousjours ne tempeste enragée*
> *Contre ses bors la mer Egée* *.

Sa gloire s'estant augmentée par les mesdisances de ses haineurs, et le cœur luy ayant enflé, il projetta en l'honneur du Roy Henry et de ses predecesseurs Roys, d'escrire la *Franciade* à l'imitation d'Homere et de Virgile, et la promit deslors, mais il n'en fit rien voir durant son regne *. Bien[254] fit il sortir ses *Hymnes* plains[255] de doctrine et de Majesté Poëtique, où il monstra[256] comme il avoit l'esprit et le style ploiable[257] à toutes sortes d'argumens * : Ce fut[258] ce qui le fit estimer encor d'avantage des grans, et principalement du Cardinal de Chastillon, qui favorisoit fort les hommes de lettres *, et du Cardinal de Lorraine[259], qui l'aima fort, et l'honora selon le merite de sa vertu * : il n'y avoit grand Seigneur en France qui ne tint à grande gloire d'estre en son amitié, dont ses œuvres font assez de foy[260]. Ce fut aussi ce qui incita[261] le sieur de Clany *, à qui le Roy Henry avoit commis la conduite de l'architecture de ses chasteaux, de faire engraver en demibosse[262] sur le hault du Louvre[263] une | Deesse en forme de Renommée, qui[264] embouche [17] une trompette[265]. Et comme un jour le Roy estant à table luy demandoit ce qu'il vouloit signifier, il luy respondit qu'il entendoit Ronsard par la figure, et par la trompette la force de ses vers, qui[266] poussoit son nom, et celuy de la France par tout le monde[267]*.

En mesme temps * il reçeut de Tolouze une gratification, non seulement liberale, mais qui temoignoit le bon esprit et jugement [268] de ceux qui l'offroient, et le merite de celuy qui la[269]recevoit. Chacun[270] sçait le pris proposé à Thoulouze aux Jeux Floraux [271] qui furent instituez par ceste noble Dame[272] Clemence Isore à celuy qui seroit trouvé avoir mieux faict des vers[273], lequel est gratifié de l'Eglantine[274]*. Mais[275] combien que ce prix ne se donnast qu'à ceux qui se presentoient, et qui avoient faict experience d'un gentil esprit en la Poësie sur le champ, toutefois[276] de la franche et pure liberalité du Parlement et peuple de Tholouze, entre lesquels monsieur de Pibrac[277] tenoit lors un des premiers rangs *, et par decret public, pour honorer la Muse immortelle de Ronsard[278], qu'ils appelerent par excellence, le Poëte François[279], estimant l'Eglantine trop petite pour un si grand Poëte, lui envoyerent une Minerve d'argent massif de grand pris et valeur * : laquelle[280] Ronsard ayant reçeuë, presenta au Roy[281], qui l'eut fort agreable, l'estimant d'avantage[282] qu'elle ne valoit, pour avoir servy de marque à la valeur infinie d'un tel personnage, loüant[283] aussi le faict des

Tholousains qui fort prudemment presentoient la Minerve[284] à celuy qui estoit le plus doüé de ses presens *. Ronsard[285] leur envoya en recompense l'*Hymne de l'Hercule Chrestien*[286]*.

Apres la mort du Roy Henry *, le Roy François deuxiesme, son fils, luy ayant succedé, les troubles commencerent à s'eslever en France, souz pretexte de Religion : qui donna[287] occasion à Ronsard de s'opposer à ceste nouvelle opinion, et armer les Muses au secours de la France, faisant voir le jour à ses remonstrances *, qui[288] eurent tant d'efficace pour combatre les ennemis de l'Eglise Catholique que le Roy et la Royne mere l'en gratifierent[289]*, comme aussi fit le Pape Pie cinquiesme, qui | l'en remercia par [18] lettres expresses[290]*

. Au reste les Muses, qui à cause des divisions entre les grans sembloient[291] avoir esté muettes, commencerent[292] à se reveiller souz Charles neufiesme, bon et vertueux Prince[293] pere des bons esprits, et des ars et sciences[294], lequel print Ronsard en telle amitié, admirant l'excellence de son divin esprit, qu'il luy commanda de le suivre, et de ne le point abandonner[295], luy faisant marquer logis et accommoder par tout où il alloit *, mesmement au voyage de Bayonne, où il le voulut avoir tousjours auprès de soy *. De ceste faveur[296] il reprit courage, et plus que jamais s'echaufa à la Poësie, et mit en effect les projects de la *Franciade*, dont il avoit dressé le dessein par argumens de quatorze livres que j'ay veus[297]*. Il luy en presenta quatre seulement, qu'il eut moyen d'achever pendant que la faveur et l'enthosiasme[298] durerent avec la vie d'un si genereux Roy *. Il luy presenta aussi, d'autant qu'il se plaisoit à la chasse[299] et aux plaisirs rusticques, ses *Eclogues* *, où il monstra[300] la fecondité de son esprit, luy estant aussi facile d'abaisser son stile comme il luy estoit aisé et quasi propre et naturel de le hausser[301]*.

Le Roy Charles, outre sa pension ordinaire, luy fit quelques dons liberalement * : vray est[302] qu'ils n'estoient excessifs, car il avoit si grand craincte de perdre son Ronsard, et que le trop de bien ne le rendist paresseux au mestier de la Muse, qu'il disoit ordinairement qu'un bon Poëte[303] ne se devoit non plus engresser que le bon cheval, et qu'il le falloit seulement entretenir et non assouvir[304]*. Il fut si familier avec le Roy Charles, que[305] le plus souvent il le faisoit venir pour deviser et discourir avec luy, l'incitoit à faire des vers, et à le venir trouver[306] par vers qu'il composoit, lesquels se voyent encores imprimez parmy les œuvres de Ronsard[307]* : et trouvoit[308] tellement bon ce qui venoit de sa part, que mesmes il luy permit d'escrire en Satyres, indifferemment[309] contre telles personnes qu'il sçauroit que le vice devoit[310] accuser, s'offrant mesmes à n'en estre exempt, s'il voyoit qu'il y eust chose à reprendre en luy[311]*.

Il luy donna[312] l'Abbaye de Bellozane *, et quelques Prieurez * : et environ[313] ce temps devint fort malade

116

d'une fièvre quarte | , dont [19] il pensa mourir[314], et qui neantmoins esbranla fort sa santé, le rendant depuis plus malade que sain *. Et fut[315] ceste année remarquable, en ce que tous les Lauriers, pallissades, et tendres abrisseaux[316], et la plus grand part des arbres moururent. Ce fut[317] ce qui donna occasion à monsieur de Pimpont * sur l'un et l'autre sujet de faire ces doctes vers[318] :

Parce metu, Ronsarde, Jovis teregia nondum[319]
Invidit nobis, nec cœli injuria totum
In Lauri grassata genus, populata decusque
Arboreum, nuper clades te poscit olympo,
Augurium nec me vanae docuere[320]*Camœnae,*
Sed laetum faustis retulerunt sortibus omen[321]*.*
Ista luit portenta suo vel funere Selva
Castra sequens, vel tu febri defunctus inerte
Monstra procurasti. At magnis vertentibus annis
Centum signa dabit duri praenuntia luctus,
Atque tui in cœlum reditus pater Augur Apollo,
Nempe tuo assurgens sese Lyra contrahet astro,
Delitiasque lues invadet Apollinis omnes,
Nec soli exitium Lauro tunc afferet aetas
Sed tota lachrymans cum gente Hyacinthus abibit
In nihilum, funesta sibique a stirpe Cupressus
Desinet ablata humanis superare sepulchris :
Nec post se alterna poterunt reparare salute,
Materiemve unquam redigent formamque capessent.
Fracta exul Cythara incompti Pastoris avena
Mulcebit pecus, Admetum Phœbusque requiret :

Insultans terraeque novo cœlum incremento
Gestiet, illa situ in squallorem decolor ibit.

Il ne fut pas moins estimé du Roy qui est à present, duquel les tant heureuses victoires avoient servy de sujet à sa Muse *, que du feu Roy Charles, car le Roy[322], comme il a le jugement tresgrand et admirable, estimant toutes choses à leur juste valeur, le reçeut, l'oüit[323], l'ayma et le gratifia tousjours volontiers *. Mais | d'autant [20] que depuis douze ans les gouttes fort douloureuses l'avoient assailly, tellement qu'à grand peine pouvoit il faire la court, sinon à son lict * : voila[324] pourquoy ceste honneste privauté[325] qui se doit acquerir et continuer par une hantise ordinaire ne fut telle que souz le Roy Charles, encores que son merite le recommandast assez, et le rendist tousjours present en la memoire de nostre bon et sage Roy[326]*. Il print telle amitié avec monsieur Galland, Principal du college de Boncourt, personnage de bon esprit, et digne d'une telle rencontre, que depuis dix ans, venant à Paris à diverses fois, il l'a tousjours choisy pour son hoste[327]*. Le dernier voyage qu'il y fit fut[328] au mois de Fevrier mil cinq cens quatre vingt-cinq, et y demeura jusques au treiziesme du mois de Juin ensuivant : durant lequel temps il ne bougea presque du lict, tourmenté de ses gouttes ordinaires *. Il[329] passoit neantmoins le temps à faire quelques fois des vers, et entre autres fit l'*Hymne de Mercure*, qu'il me donna, et où il descrit[330] son mal quand il commence ainsi ;

Encor il me restoit entre tant de malheurs
Que la vieillesse apporte, entre tant de douleurs
Dont la goutte m'assaut, pieds, jambes, et joincture,
De chanter ja vieillard les mestiers de Mercure *.

Il fit faire un coche pour s'en retourner en la compagnie dudict Galland, sans lequel il ne pouvoit vivre, l'appelant ordinairement sa seconde ame *, comme il declare assez en ce fragment qu'il n'a pu achever, prevenu de mort :

Galland ma seconde ame, Atrebatique race *,
Encor que noz ayeux aint[331]*emmuré la place*
De noz villes bien loing, la tienne pres d'Arras,
La mienne pres Vandosme, où le Loir de ses bras
Arrouse doucement noz collines vineuses.
Et noz champs fromentiers de vagues limoneuses,
Et la Lise les tiens, qui baignant ton Artois,
S'enfuit au sein du Rhin, la borne des Gaulois [332] *:*
Pour estre separé de villes et d'espaces, | [21]
Cela n'empesche point que les trois belles Graces,
L'honneur, et la vertu, n'ourdissent le lien
Qui serre de si pres mon cœur avec le tien.
Heureux qui peut trouver pour passer l'avanture
De ce monde, un amy de gentille nature
Comme tu es, Galland, en qui les cieux ont mis
Tout le parfaict requis aux plus parfaicts amis.
Ja mon soir s'enbrunit, et desja ma journée

Fuit vers son Occident à demy retournée,
La Parque ne me veult ny me peut secourir :
Encore ta carriere est bien longue à courir.
Ta vie est en sa course, et d'une forte haleine,
Et d'un pied vigoureux tu fais jallir[333]*l'areine*
Souz tes pas, aussi fort que quelque bon guerrier
Le sablon Ælean[334]*, pour le pris du Laurier* *

Il se fit mener à Croix-val, qui estoit sa demeure ordinaire, pour estre un lieu fort plaisant, et voisin de la forest de Gastine, et de la fonteine Bellerie, par luy tant celebrez *, et pour estre le pays de sa naissance : mais[335] comme il aimoit à changer, au mois de Juillet il se feit porter à son Prieuré de S. Cosme, y demeurant huict ou dix jours pour retourner à Croix-val, où il sejourna assez long temps. Le xxii du mois[336] d'Octobre il escrivit audit Galland[337], et le sujet de ses lettres estoit, qu'il estoit devenu fort foible et fort maigre[338] depuis quinze jours, qu'il craignoit que les feüilles d'Autonne ne le veissent tomber avec elles, que la volonté de Dieu fust faicte, et qu'aussi bien parmy tant de douleurs nerveuses, ne se pouvant soustenir, il n'estoit plus que *Iners terrae pondus* (ce sont ses mots) le priant[339] au reste de l'aller trouver, estimant sa presence luy estre un remede *.

Quelques jours apres, comme la douleur luy augmentoit, et que ses forces diminuoient, ne pouvant dormir pour l'indigestion et grandes douleurs[340] qu'il sentoit, il envoya querir avec un Notaire le Curé de Ternay, auquel il deposa le secret[341] de sa volonté *, ouit la Messe en grande devotion, et s'estant | faict habiller premierement, [22] receut la saincte communion[342], ne voulant tant à son aise recevoir celuy qui avoit tant enduré pour nous, regrettant la vie passée[343] et en prevoyant une meilleure. Ce fait, il se fit devestir et remettre au lict, disant : Me voila au lict attendant la mort, passage commun[344] d'une meilleure vie, quand il plaira à Dieu m'appeler, je suis tout prest de partir. Il renvoya le Notaire, luy disant qu'il n'y[345] avoit encor rien de pressé, et qu'il se portoit mieux, apres avoir mis toute sa fiance en Dieu. Le sieur Galland arriva le trentiesme d'Octobre à Montoire, en un de ses Benefices nommé Sainct Gilles[346], distant de lieüe et demie de Croix-val, où il s'estoit retiré pour la crainte de ceux de la nouvelle opinion, qui rompus du siege d'Angers, espars venoient fondre[347] en ce pays *. Il y sejourna six jours, y ayant solennisé la feste de Toussains. De là retourna à Croix-val le lendemain *, accompagné dudit Galland, auquel il fit escrire un Epigramme en forme d'inscription, parlant à son ame en cette sorte[348] :

Amelette Ronsardelette
Mignonnelette, doucelette,
Tres-chere hostesse de mon corps,
Tu descens là bas foiblelette[349],
Pasle, maigrelette, seulette.

Dans le froid royaume des mors :
Toutesfois simple, sans remors
De meurtre, poison, et rancune,
Mesprisant faveurs et tresors
Tant enviez par la commune[350]*.*
Passant, j'ay dit, suy ta fortune,
Ne trouble mon repos, je dors *.*

Luy disant : Je me suis souvenu d'un ancien Epigramme Latin, lequel pour passer temps je desirois rendre plus chrestiennement qu'il n'est[351]*. Mais[352] depuis il quitta tous passe-temps et ne medita plus que choses dignes d'une fin Chrestienne : car[353] ne pouvant dormir[354], il se plaignoit incessamment, et pour tromper son mal, prevoyant neantmoins sa mort prochaine, | medita l'Epitaphe[355] en [23] six vers pour graver sur son tombeau, qui est tel :

Ronsard repose icy, qui hardy dès enfance
Détourna d'Helicon les Muses en la France,
Suivant le son du luth, et les traits d'Apollon[356]*.*
Mais peu valut sa Muse encontre l'éguillon[357]
De la mort, qui cruelle en ce tombeau l'enserre[358] *:*
Son ame soit à Dieu, son corps soit à la terre *.*

Et semble que bien à propos il a fait luy-mesme son tombeau, se defiant de se pouvoir rencontrer autre personne qui luy peust bastir assez dignement[359] : ce qui m'a faict escrire de luy les vers qui suivent[360] :

> *Non, Ronsard n'est point mort, la Muse est immortelle,*
> *Ou si Ronsard est mort, c'est un Phœnix nouveau,*
> *Qui n'ayant son pareil soy-mesme renouvelle,*
> *Et survit à sa cendre, animant son tombeau.*

Or qu'il ait satisfait * à luy-mesme en ce que les autres attendent d'autruy, et que pour luy graver un digne tombeau il ne falust user que de ses propres vers, et prendre ce qu'il a dit de luy-mesme au premier discours à Genevre[361], quand il escrit :

> *Je suis Ronsard, et cela te suffise*[362]*.

toutefois plusieurs sçavans personnages de nostre temps, que j'ay prié[363] de ce devoir, luy ont gravé maint tombeau, non pour illustrer d'avantage sa gloire, mais pour n'obscurcir la nostre, si nous faisions autrement[364]*. De ma part[365] aussi je ne me suis peu contenir

que je ne luy aye fait cette petite inscription[366] :

> *Le fertil Vandomois naissance me donna,*
> *La Court de noz grans Roys[367]à mes vers s'estonna,*
> *La Touraine mes os dessus[368]ses fleurs assemble :* *
> *J'ay joint Pallas, Cypris, et les Muses ensemble.*

Les nuicts ensuivantes esquelles[369] il ne pouvoit dormir, quelques remedes qu'il eust eprouvé, ayant usé de pavot en diverses façons, tantost de la fueille crüe, puis cuite, tantost de la graine, et de l'huyle que l'on en tire[370]*, il continua à faire quelques Stances, et jusques à quatre Sonets, lesquels au matin il recitoit au sieur Galland, pour les escrire, ayant la memoire et | la vivacité de l'esprit si entieres [24] qu'elles ne sembloient se sentir de la foiblesse du corps[371]*. Le long du jour tous ses discours estoient pleins de belles et graves considerations, mesmes sur les affaires d'estat et du monde[372]. Comme il languissoit ainsi, sejournant encor quinze jours à Croix-val[373], il luy prit envie de se faire transporter à Tours en son Prieuré de S. Cosme[374]*, tant pour recouvrer plus facilement toutes ses commoditez, et subvenir[375] à sa maladie, que pour satisfaire à l'opinion qu'il avoit que le changement d'air luy apporteroit quelque secours[376]. Il n'eut pas esté huict jours en ce lieu que ses forces se diminuant à veüe d'œil, et se voyant et sentant mourir, il fit venir l'Aumosnier de S. Cosme, l'un de ses Religieux, âgé de LXXV ans *, lequel[377] apres plusieurs propos, luy ayant demandé de quelle[378] resolution il vouloit mourir, fort promptement et aigrement il luy respondit : N'ay-je point assez fait cognoitre ceans ma volonté, et le but de ma religion pour juger de ma vie[379], comme il faut que je meure ?[380]L'Aumosnier[381] luy dit lors, qu'il ne l'entendoit en ceste sorte, mais que ce qu'il luy avoit dit, estoit[382] pour sçavoir s'il vouloit ordonner quelque chose par forme de derniere volonté, et pour tirer de lui mesmes ceste resolution de bien mourir, qui[383] a grand efficace, quand elle nait en nous mesmes sans l'attendre d'autruy. Ronsard alors print la parole et luy dit : Je desire[384] donc que vous et voz confreres soyez tesmoins de mes dernieres actions[385]. Lesquels étant venus, il[386] commença à discourir de sa vie, monstrant avec grande repentance qu'il renonçoit à toutes les blandices de ce monde, s'esjoüissant[387] que par ses douleurs Dieu l'eust comme reveillé pour[388] n'oublier celuy qu'en prosperité nous oublions ordinairement : le remerciant de bon cœur[389] de ce qu'il luy avoit donné temps de se recognoistre, demandant pardon à chacun, disant à toute heure : Je n'ay aucune haine contre personne, ainsi me puisse chacun pardonner. Puis s'addressa à ses Religieux, les enhortant de bien vivre, et de vaquer soigneusement à leur devoir : que la mort[390] la plus douce estoit celle à qui la propre conscience n'apportoit aucun prejugé de crimes et meschancetez *. Ce fait, il pria[391] que l'un des Religieux celebrast devant luy, et apres il se | fit administrer [25] les Sacremens, attendant avec une grande constance et resolution, à laquelle il s'estoit de long temps preparé, que Dieu disposast de luy[392]. Le lendemain il composa les deux derniers Sonets, qu'il fit escrire par un de ses Religieux, entretenant son ame et l'incitant d'aller trouver Jesus-Christ, et de marcher par le chemin qu'il avoit frayé, finissant ses vers et sa vie heureusement par ces beaux mots de Jesus-Christ, et d'Esprit * : lequel[393] il rendit à Dieu, apres avoir esté visité des plus honestes familles de Tours *, desnué de toutes ses forces naturelles, mais plein de foy et de ferme resolution *, sur les deux heures de nuict, le Vendrcdy vint-septieme du mois de Decembre, mil cinq cens quatre vints et cinq[394]*. Et fut enterré en l'Eglise dudit S. Cosme * : qui m'a donné[395] occasion de luy dresser encor ce petit monument, en la langue de la despoüille[396] de laquelle il a tant enrichi * et fait triompher la nostre :

Κόσμος ἄκοσμος ἔην ὅτε κόσμιος ὁ Ῥώνσαρδος
   Κόσμον ἐκόσμησεν κόσμῳ ἑῶν ἐπέων[397].
Νῦν δὲ θανόντος ἔχει τόμβος Κοσμᾶ ἐνὶ νάῳ
   Ὀστέα, τῆς φήμης μνῆμα δὲ κόσμος ὅλος *.

126

Presque en un mesme temps sont aussi decedez aucuns des plus excellens hommes de nostre Europe[398], à sçavoir le Cardinal Sirlet *, Paul de Foix[399]*. Guy du Faur, sieur de Pybrac *, Charles Sigon *. M. Antoine de Muret *, et Pierre Victor *, et qui semblent, jaloux de nostre siècle, ou pluslost effrayez de noz malheurs, avoir voulu s'eclypser de nous pour nous laisser en tenebres[400]*. L'on a remarqué souvent des presages avoir devancé la mort des grans et illustres personnages, comme il est advenu en celle de Ronsard, car[401] un an auparavant son decez ne sçay quel Poëtastre, plus mal presageux[402] que les corbeaux et hiboux, fit imprimer un livret qu'il intituloit, les[403]*Epitaphes, mort et dernieres paroles de Pierre de Ronsard.* Cela fut veu et sceu de tout le monde, qui creut quelque temps que Ronsard estoit mort, non sans grand regret, encor que cette nouvelle fut decouverte aussi tost estre faulse, aussi bien que les vers[404] que ce corbeau vouloit attribuer à ce Cygne *. Quand on raconta cette nouvelle à Ronsard, il ne s'en fit que rire, s'esbahissant[405] toutefois comme | nostre siecle pouvoit porter des espris si miserables : [26] et me souvient qu'il medit[406] un jour à ce propos, au dernier voyage par luy fait à Paris[407], qu'il ne se faloit esbahir si ces esprits naiz en despit de Minerve[408] le faisoient mourir quand ils vouloient, veu que par leurs contagieux escris ils faisoient mourir la pureté de nostre langue, et de la Poësie. Cette mort feinte fut neantmoins estimée de mauvais augure, et voicy un Epigrame que Jan Dorat fit[409] quand

il sceut la verité :

> *Jam semel atque iterum tua mors, Ronsarde, per urbem*
> *Sed falsò vulgata, vel omnem terruit orbem.*
> *Sole bis extincto toti qui luxerat orbi :*
> *Et tanti mors ipsa foret, si vera fuisset[410],*
> *Ut tua tot lachrymis se senserit umbra requiri.*
> *Nunc magis atque magis te mortis gloria salvo[411]*
> *Laetitia cumulet, tua funera falsa[412], superstes*
> *Qui legis ipse tuum luctum, titulumque perennem,*
> *Qualis ab Aurato tumulo sculpetur inani.*
> *Unus tu Ronsardus eras, Graecis quod Homerus,*
> *Virgilius Latiis, Francis quod tota Poësis.*

La nouvelle de sa mort trop vraye apportée[413] par le sieur Galland, son singulier amy[414], fut d'autant plus regrettée *, que nous avions ja par la faulse nouvelle premiere gousté et apprehendé la perte que nous faisons[415] perdant un Ronsard, l'honneur de France[416], nous estans comme preparez[417] par ce faux bruit à le regretter à l'egal de la perte vrayment depuis advenue. Aussi ledit Galland[418], n'ayant enseveli l'amitié qu'il luy portoit souz un mesme tombeau, faisant ce que la France devoit faire, fit[419] dresser un magnifique appareil en la chapelle de Boncourt, qui fut tendue de tous costez de noir, avec les armes de la maison de Ronsard, où furent celebrées les funerailles[420] fort solenellement, le Lundi vingt-quatrieme de Fevrier, 1586 *. Le service, mis[421] en Musique nombrée, fut chanté[422] par l'eslite de tous les enfans des Muses, s'y estants trouvez ceux de la Musique du Roy *, qui y adjouta son commandement, et qui regretta[423] à bon escient le trepas d'un si grand personnage, ornement de son royaume. Je n'aurois jamais fait si je voulois descrire | par [27] le menu les Oraisons funebres, Eloges[424] et vers qui furent ce jour sacrez à sa memoire *, et combien de grans Seigneurs, avec monseigneur le Duc de Joyeuse et monseigneur le Cardinal son frere, ausquels Ronsard avoit cet honneur d'appartenir *, honorerent cette pompe funebre, accompagnez de la fleur des meilleurs espris de la France[425]. Apres[426] disner le sieur du Perron prononça l'Oraison funebre, avec si grande affluence[427] de peuple, que plusieurs Princes et grans Seigneurs furent contraints de s'en aller[428], pour n'avoir peu entrer[429]. Le desordre et confusion du peuple qui s'entrepressoit pour entendre, augmenta plustost l'honneur de son eloquence[430], et tesmoigna combien la gloire de Ronsard et sa perte estoit[431] grande, où il sembloit que le public et chacun en particulier eust interest y abordant[432] de tous costez *. A l'issue de l'Oraison funebre[433] fut representée une Eclogue par moy faite * pour fermer cet acte funebre. Voila la fin de celuy qui avoit donné commencement et accroissement à l'honneur de la langue et Poësie Françoise, et qui possible la ensevely avec soy sous mesme sepulture[434]*.

Il fut en toute sa vie autant curieux, et s'il faut ainsi dire, ambitieux du vray honneur[435] que la vertu nous apporte, comme épargnant de celuy d'autruy, n'ayant jamais offensé personne s'il n'estoit provoqué au paravant *. Vray est[436] qu'il s'est quelquefois courroucé contre ceux qui brouilloient le papier, et qui ne faisoient à son gré, comme on peut voir au second livre[437] des Poëmes, en celuy escrit à Christophle de Choiseul[438]*. Sur ses derniers jours me faisant cet honneur de me communiquer familierement tant les desseins de ses ouvrages, que les jugemens qu'il donnoit des escrivains du jourd'huy, il se plaignoit fort de certain stile dur et ferré qu'il voyoit s'authoriser parmy nous[439]. O, disoit-il, que nous sommes bien tost à nostre barbarie, que je plains nostre langue de voir si tost son Occident[440]*. Puis[441] me parlant de tels auteurs qui s'ampoullent et font sans chois Mercure de tout bois : Ils ont, me disoit-il, l'esprit plus turbulent que rassis, plus violent qu'aigu, lequel imite les torrens d'hyver, qui attrainent[442] des montaignes autant de boüe que de claire eaüe : voulant eviter le langage commun, ils | s'embarrassent de mois et manieres de parler dures, [28] fantastiques, et insolentes, lesquelles representent plustost des Chimeres, et venteuses impressions des nües qu'une venerable Majesté Virgilienne : car c'est autre chose d'estre grave et majestueux, et autre chose d'enfler son stile et le faire crever *. Pource, faisant[443] une parodie sur un vers

130

d'Homere, quand Andromache dit à son Hector, le voyant sortir hors la porte tout armé, Ta vaillance te perdra : Ainsi (disoit-il) le chaud[444] bouillon de la jeunesse de ces singes imitateurs, et l'impetuosité de leur esprit, conduit seulement de la facilité d'une nature depravée, sans artifice laborieux, perdront[445] leur naissante reputation *. Disant[446] au reste que quelques uns d'iceux eussent peu estre capables de la Poësie, et[447] d'estre mis au rang des bons Poëtes, s'ils eussent peu recevoir correction. Mais parlant de quelques autres, qui suivants cette bande prostituent les Muses, et les habillent et deguisent à leur mode, il ne peut un jour se tenir qu'il ne me dictast sur le champ ces vers :

> Bien souvent, mon Binet *, la troupe sacrilege
> Des filles de Cocyte * entre dans le college
> Des Muses, et vestant leurs habits empruntez
> Trompent les plus rusez de caquets eshontez,
> Qui rampent cautement, se coulent et se glissent
> Au cœur des auditeurs, qui effrayez pallissent
> Estonnez du murmure, et du jargon des vers :
> Et plus [448] ils sont bouffis, plus courent de travers,
> Et plus ils sont crevez de sens et de paroles,
> Plus ils sont admirez des troupes qui sont foles.
> Tels farouches esprits ont un coup de marteau
> Engravé de naissance au milieu du cerveau,

Empeschant de prevoir de quel saint artifice
On appaise les Seurs pour leur faire service.
Qui demandent des fleurs, et non pas des chardons,
Non des coups de canons, ains des petits fredons.

 Je les ay veu souvent courir parmi les ruës
Servir de passetemps à noz troupes menuës [449], | [29]
De ris et de joüet, ou bien sus [450] *un fumier*
Ils meurent à la fin, leur tombeau coustumier,
Et [451] *jureurs et vanteurs meurent à la taverne,*
Comme gens débauchez que la Lune gouverne *.

Il disoit ordinairement que tous ne devoient temerairement se meler de la Poësie : que[452] la prose estoit le langage des hommes, mais la Poësie estoit le langage des Dieux[453]* : et que les hommes n'en devoient estre les interpretes, s'ils n'estoient sacrez des leur naissance, et dediez à ce ministere[454]*.

Les Satyres qu'il avoit faites, et qu'il eust publiées, si nostre siecle eust esté plus paisible, ne taxoient personne qui ne l'eust merité, et c'estoit bien une de ses envies de peindre au vif les vices de nostre temps, pour corriger les uns, et espouvanter les autres de mal faire *. Il m'en a monstré quelques unes meslées à l'Horatienne *, mais je croy qu'elles seront perdues[455], d'autant que m'ayant recommandé et laissé ses œuvres corrigées de sa derniere main, pour y tenir l'ordre en l'impression, suivant ses memoires et advis, et desquels[456] il s'est fié à moy *, il me dit, quant aux Satyres, que l'on n'en verroit jamais que ce qu'on en avoit veu, nostre siecle n'estant digne[457] ny capable de correction[458]*.

Quant au jugement de ses œuvres[459], il le laissoit librement à un chacun, et deferoit à celuy des doctes, mais toutefois n'approuvoit le jugement d'aucuns, qui parlans de sa *Franciade*, avoient opinion qu'elle ne respondoit à ses autres œuvres. Car personne, disoit-il, ne sçauroit juger ainsi, qu'il n'accuse son ignorance[460].

Les hommes doctes aussi, et non seulement les nostres[461], mais les estrangers, et principalement les Italiens[462], l'ont estimé et loué infiniment *, et le plus docte d'entre eux[463], et le plus raisonnable censeur des Poëtes. Jules[464] Cesar Scaliger *, luy dedia ses Anacreontiques, comme au premier de tous les Poëtes[465], en ces termes :

Quo te carmine, qua prece,
Quo pingui Genium thure adeam tuum
Immensi sobolem aetheris,
Qui Musis[466]*animi prodigus imperas ?* |
[30]

133

O cantus decus aurei
Qui solus stupidis auribus immines.
O flexus veteres novo,
Quos fœlix superas, nectare condiens
Sublimis fidicem Lyrae,
Graiis pieta nolis Celtica temperans :
Qui solus scatebris tuis
Latè Pegaseos imbuis alveos :
Te solo magis ac magis
Implens Castalii consilium chori.
An frustra, an lepidus meus
Blandus suaviloquus dulcis Anacreon,
Ronsarde, ad liquidam chelin,
Hinc ausit niveis vectus oloribus,
Nunc primùm è tenebris pudens.
Sacrum stellifero ferre caput polo ?
Cujus luce frequens, pari
Illum luce tua flammeus obruis[467],
Mortes praeripiens truces,
In quoscumque tuus spiritus ingruit *.

Et ce jugement fut suivy de tout le monde[468], comme tesmoignent ses œuvres que l'on a leu, et lit on encores publicquement aux escolles frrançoises de Flandres, d'Angleterre et de Pologne, jusques à Danzich[469]*.

Les premiers Poëtes et escrivains qu'il a estimé[470] avoir commencé à bien escrire, ont esté Maurice Sceve, Hugues Salel[471], et Jacques Pelletier[472]. Quant aux autres, ils sont assez cogneus et remarquez en ses œuvres[473]. Il ayma et estima sur tous pour la grande doctrine, et pour avoir les mieux escrits, Pontus de Tyard *, apresent Evesque de Chaalons, Joachin du Bellay, Jean Ant. de Baïf, Remy Belleau, qu'il appeloit le peintre de nature *, Amadis Jamin, qu'il avoit nourry avec soy *, Robert Garnier, Poëte tragique *, Philippe des Portes, Abbé de Tyron, Florent Chrestien, Sçevole de Saincte Marthe[474]*, Jean Passerat, et J. D. Perron, et quelques autres dont le jugement est en ses œuvres[475]*. [31]

Sa conversation estoit fort facile avec ceux qu'il aymoit, mais il aymoit sur tout les hommes studieux, vertueux et de nette conscience, et qui estoient libres, ouverts, simples, et sans tromperie[476], comme aussi luymesme desiroit estre tel[477]* : pouvant dire hardiment que ses mœurs, comme aussi ses escrits[478], portoient tousjours je ne sçay quoy de noble au front, et en toutes ses actions on voyoit reluire[479] les effets d'un vray Gentil-homme François, au reste liberal et magnifique en la despence des biens qu'il avoit[480].

Il se plaisoit ordinairement ou à S. Cosme[481], lieu fort plaisant, et comme l'œil[482] de la Touraine, jardin de la France, ou à Bourgueil, à cause du deduict de la chasse, auquel il s'exerçoit volontiers[483], comme aussi à Croix-val, recherchant ores la solitude de la forest de Gastine, ores les rives du Loir, et la belle fonteine Bellerie[484]*, où bien souvent seul, mais tousjours en la compaignie des Muses, il s'egaroit pour rassembler les belles inventions, lesquelles[485] parmy le tumulte des villes et du peuple s'escartant çà et là[486] ne peuvent si bien se concevoir en nous *. Quand il estoit à Paris il se delectoit sur tout ou à Meudon, à cause des bois et de la riviere de Seine[487], ou à Gentilly, Hercueil, ou Vanves[488], pour l'agreable frescheur du ruisseau de Bievre, et des fonteines que les Muses ayment naturellement *. Il prenoit aussi singulier plaisir à jardiner, et sur tous lieux en sa maison[489] de S. Cosme, où Monsieur le Duc d'Anjou[490], qui le prisoit, l'aimoit, et admiroit, le fut voir[491] aprez avoir faict son entrée à Tours *. Il sçavoit beaucoup[492] de beaux secrets pour le jardinage, fust pour semer, planter, ou pour enter et greffer en toutes sortes, et souvent en presentoit des fruictz au Roy Charles, qui prenoit à gré tout ce qui venoit de luy *. Quand il se mettoit à l'estude il ne s'en retiroit aisément[493], et lors qu'il en sortoit, il estoit assez melancholique, et bien aise de rencontrer compagnie recreative : mais[494] lors qu'il composoit il ne vouloit estre importuné de personne, se faisant excuser librement, mesme à ses plus grans amis, s'il ne parloit à eux[495]*.

Aucuns ont trouvé la correction qu'il a faicte en ses œuvres, en quelques endroicts, moins agreable que ce qu'il avoit | premierement [32] conceu, comme il advient[496], principalement en la Poësie, que la premiere fureur est plus naïve, et que la lime trop de fois mise, en lieu d'eclaircir[497] et polir le fer, ne fait que l'user et le rendre plus rude[498]. Les doctes en jugeront[499]*. Quant à ses œuvres, elles sont tant pleines d'excellence[500] et de beautez, que nous les pouvons mieux entendre et admirer que les expliquer et imiter : et nostre Ronsard[501] a fait si bien son prouffit de la profonde science de toutes choses, pratiqué[502] si bien[503] les graces anciennes, et à icelles joint une telle fureur Poëtique, à luy seul propre, que depuis le siècle d'Auguste il ne s'est trouvé un naturel plus divin, plus hardi, plus Poëtique, et plus accompli que le sien *. Il n'y[504] a fleur ou Trope qu'il n'ait parsemé et si subtilement caché en ses escris, qu'il est à douter si en luy l'art surmonte la nature. Et[505] quant à l'art, il n'en doit rien aux anciens, et semble, ayant osté[506] de sa superfluité, qu'il ait adjouté beaucoup à son embellissement : car l'excellence et perfection de bien dire n'est pas[507] en l'abondance et meslange de toutes fleurs, mais au retranchement et au chois des plus belles. Et[508] tout ainsi qu'au cours de nostre vie il y a beaucoup de choses qui se presentent, desquelles peu nous plaisent, et moins encor nous engendrent admiration[509], aussi plusieurs considerations s'offrent en la conception du Poëte[510], dont il doit refuser la plus grand part, et recevoir celle qui plus raisonnablement et avec grand contention d'esprit luy vient à gré[511]. De tous les Poëtes qui ont esté jusques à present, les uns ont emporté l'honneur[512] pour le poëme Epique, et les autres pour le Lyrique, et ainsi des autres : mais faisant comparaison avec chacun Poëte particulier, il est au lieu de

137

tous, et entre tous, unique <u>*</u>. Qui n'admireroit son divin Genie, la grandeur et venerable Majesté de ses conceptions, comme il est floride, rond, reserré, pressé quand il veut, egal à son sujet, nombreux, elegant et poli, plein de propres epithetes, riche de mots et termes significatifs, agreable en comparaisons industrieuses, elabourées et recherchées <u>*</u>, et en toutes ces choses autant tousjours semblable à soymesmes comme en varieté d'inventions et d'argumens il est tousjours dissemblable et different[513] ? |33]

On trouva sur son nom d'assez heureuses rencontres, en Grec ΣΩΣ Ο ΤΕΡΗΑΝΔΡΟΣ, et en François, quelques[514] lettres perduës, *Rose de Pindare*, et d'autres que je laisse aux plus curieux[515]<u>*</u>.

Il avoit envie, si la santé et la Parque l'eussent permis, d'escrire la naissance du monde, et traicter dignement le subject des jours de sa creation, mais il nous en a laissé seulement le desir : bien a il commencé un Poëme de la *Loy divine* non achevé, addressé au Roy de Navarre, un autre discours plain de doctrine et de philosophie à monsieur des Portes, Abbé de Tyron, l'*Hymne de Mercure*, la *Luicte de Calaïs et d'Orfée* qu'il n'a peu achever, et quelques discours sur la Poësie faicts en prose, qu'il me donna, et lesquels depuis il retira pour recorriger : plus les prefaces en vers pour mettre au commencement de chaque diverse sorte de Poëmes qui sont en ses œuvres, et plusieurs autres pièces de luy non encore mises en lumiere, qui verront le jour en la derniere main de ses œuvres[516]. Il incitoit fort ceux qui l'alloient voir, et principalement les jeunes hommes qu'il jugeoit pouvoir quelque jour[517] promettre quelque fruict, à bien escrire[518], et plustost moins et mieux faire[519]*. J'estimeray tousjours ce jour bien heureux[520] quand jeune d'ans et d'experience, n'ayant encor attainct l'age de quinze ou seize ans, apres avoir savouré tant soit peu du miel de ses escrits, l'ayant esté voir, il ne reçeut pas seulement les premices de ma Muse, mais m'incita merveilleusement[521] à continuer, et l'aller voir[522] souvent, non chiche de me deceler beaucoup de particularitez, et m'ayant aymé et premier versé[523] l'inclination en la Poësie[524], si peu que j'en puis recongnoistre en moy, et depuis[525] honoré mes escrits de la gloire qui regorgeoit en luy[526]*. En recompense dequoy ayant reçeu de luy office de pere, comme un fils non ingrat, voulant aucunement recognoistre cette pieté d'une autre, j'ay faict ce vaisseau pour y enfermer ses cendres tant precieuses, que j'ay ramassées, et que je presente à la posterité, reliques d'un si grand personnage, et tesmoignage du devoir que la France et moy lui consacrons avec noz larmes perpetuelles[527].

1. ↑ *BC* La Vie de Pierre de Ronsard, Gentil-homme Vandomois, Par Claude Binet. *C ajoute* À François son Fils.
2. ↑ *C présente avant ces mots l'exorde que voici :*

C'estoit une coustume observée par les anciens de representer les beaux faits et vertueuses actions des hommes illustres de leur temps *, à fin que l'exemple vivant qui avoit instruit les bonnes mœurs, ou enrichy les sciences, ne pouvant tousjours durer, ny possible se renouveller venant à faillir, peut [*1604, 1617, 1623, 1630* peust | *1609* pust] aucunement revivre et servir de miroir à la posterité dans la polissure de leurs immortels escrits [*1609-1630* escrits immortels]. Mais comme ces grandes vertus estoient les fruits des premiers siecles, ainsi le monde s'envieillissant, comme une terre brehaigne et lasse de porter, les semences aussi degenerant en marse <u>*</u> et perverse nature, il ne faut point s'estonner, puisque par l'effort de la barbarie les plus belles et rares vertus ont defailly, si on a delaissé ce tant utile labeur <u>*</u> : advenant ordinairement qu'au mesme temps qu'elles paroissent, elles trouvent qui les prise et honore, comme toutes choses naissent avec leur aliment naturel, et finissent aussi de mesme <u>*</u>. Depuis, comme une terre reposée de longue-main, nostre France ayant repris ceste premiere vigueur, et produit de nostre temps tant d'excellents et rares esprits en toutes sortes d'arts et sciences, j'ay bien voulu renouveller ceste mode et choisir un Ronsard Prince et pere de nos Poëtes <u>*</u>, et celuy qui a le premier donné l'air de la perfection à l'eloquence Françoise[,] pour suject, et descrire sa vie, à fin que toy <u>*</u> et tes semblables soyez aiguillonnez à bien faire en la profession où serez appellez sous l'esperance d'une gloire solide, genereuse [*1609-1630* glorieuse] amorce des nobles esprits : car il est certain que quand on fait coustume de louër les belles actions, on est plus incité à les pratiquer et ensuivre, et au contraire lors qu'on ne fait cas de rendre loüanges à ceux qui les meritent, on fait bien peu de conte de faire choses loüables : Voila pourquoy ce discours ou meritera quelque loüange pour l'honneur de son suject, ou pour le moins quelque excuse, pour le desir que j'auray eu de restablir une bonne coustume, presque abolie et perduë <u>*</u>.

3. ↑ *C* l'origine
4. ↑ *AC* Orphée, auquel lieu
5. ↑ *C* appellée le Marquisat de Ronsard. Et l'etymologie de ce nom en monstre quelque chose, Rossard [*1609-1630* Ronsard] signifiant en la langue du païs comme qui diroit cœur chevaleureux : aussi les armes de ceste maison semblent l'exprimer, ayant pour tymbre un cheval, et dans l'escusson trois poissons, qu'on dit en la mesme langue se nommer Ross, c'est-à-dire chevaux, et se trouver dans le Danube <u>*</u>. De là pourroit avoir esté nommée la seigneurie de la Poissonniere <u>*</u>, maison paternelle de Ronsard. De ce Marquisat sortit un puisné nommé Baudoüin
6. ↑ *C* par la pointe des armes
7. ↑ *C* traverser la Hongrie
8. ↑ *C* adonc empesché en une forte guerre
9. ↑ *AC* les Anglois, lequel
10. ↑ *BC* du Roy qui se souvint de ses merites,
11. ↑ *C* où il trouva sortable party pour s'establir au païs de Vandomois, region fertile et agreable, tant pour la temperature du Ciel,

12. ↑ *C* ceste maison des Ronsards François, d'où sortirent plusieurs grands personnages, et entre autres un Julian, qui fut (à ce que l'on dit) Evesque du Mans * :

13. ↑ *C* Chandrier (*f. d'impr. reproduite dans les éd. suiv., y compris 1623*)

14. ↑ *BC* dont nos histoires Françoises et la France encor, à bon droit, se glorifient | *B pas de virgule après* droit].

15. ↑ *C* se glorifient. Quant à celle de Chandrier, elle fut

16. ↑ *C* pour le grand et signalé service [*1604, 1609, 1617, 1630* pour le regard et signalé service | *1623* pour le regard du signalé service]

17. ↑ *B* la Rochelle : en remarque dequoy | *C* la Rochelle : En remarque dequoy

18. ↑ *C* qui en ce grand et remarquable exploit s'estoit rendu chef de l'entreprise.

19. ↑ *AB* vaillans : Ce que | *C* de l'entreprise. Ce que

20. ↑ *B* en une Elegie à Remy Belleau. | *C* en l'Elegie à Remy Belleau. Et la noblesse de ceste maison est telle, que le sieur du Faur [*1609, 1617, 1623* du Faux | *1630* du Faur] Angevin nous a laissé en ses Memoires par longue deduction des Genealogies *, qu'elle attouchoit de pres par le moyen de la Trimoüille à ceste tresnoble maison de Craon, plus ancienne Baronnie d'Anjou, alliée des Comtes d'Anjou, et de laquelle sont descendus par l'alliance de l'Emperiere Mathilde les Roys d'Angleterre : de maniere qu'il mettoit en evidence que Ronsard estoit allié au seize ou dixseptiesme degré d'Elizabeth Royne d'Angleterre. Quoy qu'il en soit, toutes ces grandes maisons ne l'ignorent point et s'en glorifient.

21. ↑ *C* Loys de Ronsard son pere

22. ↑ *C* maistre d'Hostel du Roy François premier, qui pour la sagesse et fidelité qui estoit en luy fut choisi *

23. ↑ *C* pour accompagner François Dauphin de Viennois, et Henry Duc d'Orleans ses enfans en Espagne,

24. ↑ *A virgule après* porter *et après* heureusement

25. ↑ *C* Ce Loys avoit quelque cognoissance des lettres, et principalement de la Poësie, mesmes faisoit quelquefois des vers tels [*1604-1630* des vers, tels] toutefois que le temps pouvoit porter, et me souvient

26. ↑ *B* heritage, et droit successif,

27. ↑ *C* à nostre Ronsard, qui monstroient que la Poësie ne s'acquiert pas tant comme elle s'insinuë en nous d'un instinct naturel en naissant, lequel avec un plus grand heur toutesfois, ainsi qu'un heritage paternel [*1604-1630* paternel,] le fils a monstré avoir continué en luy par droit successif, y ayant le premier conjoinct l'estude des lettres Grecques et Latines, deux instrumens necessaires à la perfection de l'eloquence.

28. ↑ *BC* Du mariage

29. ↑ C Chandrier (*f. d'impr. reprod. dans les éd. suiv.*)

30. ↑ B la Poissonniere en Vandomois, maison paternelle, un samedy unziesme de Septembre l'an mil cinq cens XXIIII, auquel le Roy François fut pris devant Pavie. | C la Poissonniere au village de Cousture en la varenne du bas Vandosmois, situé sur le pied d'un coustau (*sic*) qui regarde la region Septentrionale *, un Samedy XI de Septembre l'an 1524. Auquel jour le Roy François premier fut prins devant Pavie *.

31. ↑ A Septembre, et est à douter | C Pavie. Et pourroit on douter

32. ↑ C ceste prinse mal-encontreuse

33. ↑ C ceste heureuse naissance :

34. ↑ C à d'autres de grands personnages, d'estre remarquée d'une si memorable rencontre. Ainsi que la naissance du grand Alexandre fut signalée et comme esclairée par l'embrasement du Temple de Diane en la ville d'Ephese.

35. ↑ A enterrement, car | B enterrement. Car

36. ↑ C de la Poissonniere en l'Eglise du lieu,

37. ↑ A *pas de virg. après* portoit, pré, fleurs | C le laissa tomber par mesgarde à terre, mais ce fut sur l'herbe et sur les fleurs,

38. ↑ A doucement, et eut encor

39. ↑ A rencontre qu'une damoiselle

40. ↑ C plein d'eau Rose (*sic, également dans les éd. suiv.*) et d'amas de diverses herbes et fleurs selon la coustume,

41. ↑ A l'eauë de senteur, qui fut | C l'eau de senteurs, qui fut

42. ↑ A odeurs dont

43. ↑ C remplir la France, des fleurs de ses doctes escrits.

44. ↑ A laisné (*même f. d'impr. deux lignes plus bas*)

45. ↑ BC auparavant luy

46. ↑ A aut

47. ↑ A les armes, Loys | C les armes : Loys

48. ↑ BC Poissonniere [*AB virgule après ce mot*]

49. ↑ BC par un precepteur

50. ↑ C le fit conduire à Paris au college Royal de Navarre

51. ↑ B ses vertus : pensant | C qui le cognut et l'aima déslors pour ses premieres vertus, pensant

52. ↑ A d'eust

53. ↑ C demy an sous la charge d'un de Vailly

54. ↑ BC precepteurs

55. ↑ A lettres : Dequoy | B lettres. Dequoy | C ne veut estre forcé par une rigueur pedantesque, il commença à se degouster de l'estude. Dequoy

56. ↑ AB armée, contre

57. ↥ *B* pour page à François fils aisné du Roy, le dediant aux armes : avec lequel il ne fut que trois jours qu'il mourut à Tournon. De là il fut donné à Charles Duc d'Orleans, où il continua | *C même var., avec une virg. après* armes *et cette addition* Charles Duc d'Orleans second fils du Roy <u>*</u>

58. ↥ *C* pour la bonne et auguste façon

59. ↥ *BC* quelque chose de bien grand

60. ↥ *C* le donna page à

61. ↥ *BC* Madeleine fille du Roy François

62. ↥ *B* en Angleterre six : où

63. ↥ *C* qui estoit venu espouser Madame Madeleine, fille du Roy François, qui l'emmena en son Royaume, où il demeura deux ans, et en Angleterre six mois : ayant appris la langue en peu de temps, il acquit [*C-1630 virgule après* six mois | *1617, 1623 deux points après* temps]

64. ↥ *B* si grande faveur pres de ce Prince, | *C* si grande faveur pres de ce Prince qui l'aimoit fort,

65. ↥ *AC* en France, ce qu'il fit,

66. ↥ *BC* son maistre,

67. ↥ *C* qui le retint page en son Escurie,

68. ↥ *C* pour quelques affaires en Flandres

69. ↥ *A* François, auquel voyage | *C* François : Auquel voyage

70. ↥ *BC* un rocher : malheur

71. ↥ *C, 1604, 1630* Escosse sans peril, fit | *1609, 1617, 1623* Escosse sans peril fit

72. ↥ *C* enfoncé

73. ↥ *B* Retourné qu'il fut de ce voyage, ayant attaint l'âge de quinze à seize ans il sortit hors de page, ayant esté audit Duc d'Orleans cinq ans, et l'an 1540 fut mis | *C* Retourné qu'il fut de ce voyage, ayant attaint seulement l'âge de quinze à seize ans, ayant esté au Duc d'Orleans cinq ans et jusques à son decez, et depuis à Henry qui fut depuis Roy <u>*</u> : l'an 1540 fut mis [*même var. dans les éd. suiv., avec virgule après* Roy].

74. ↥ *BC* alloit lors

75. ↥ *C* où se devoit tenir une Diete.

76. ↥ *C* En ce voyage, et sous un si grand personnage, bien que la jeunesse soit tousjours esloignée de toute studieuse occupation pour les plaisirs volontaires qui la maistrisent, si est-ce que dés son enfance ayant tousjours estimé l'estude des bonnes lettres, l'heureuse felicité de la vie, et sans laquelle on doit desesperer de pouvoir jamais attaindre au comble du parfait contentement <u>*</u>, il <u>1</u> commença à pratiquer avec jugement, outre l'exercice de la vertu, les mœurs et façons estrangeres, et à observer curieusement les choses plus remarquables.

On lit en réalité contentement : Il *et cette faute s'est encore aggravée dans les éd. suiv. qui donnent* contentement. Il | *1623* contentement ; Il

77. ↑ *ABC* nature le poussoit.
78. ↑ *ABC* de ce nom, ce qui fut cause
79. ↑ *C* d'un plus grand bien, c'est que
80. ↑ *A* mixtionnez, qui fut cause
81. ↑ *B* mixtionnez : Occasion, avec les tourmentes de mer | *C même var., avec un point apres* mixtionnez [*1604-1630* tourmens de mer]
82. ↑ *C* une defluxion, puis une fiévre tierce
83. ↑ *B* jusques à la mort, et qui a semblé avoir esté fatale à nos Poëtes, comme à du Bellay, à nostre Dorat et autres : ainsi que la perte de la veuë aux excellens Poëtes Grecs, Thamire, Tiresie, Stesichore, comme pareillement au divin Homere | *C même var., avec une virg. apr*ès autres, *deux points après* Stesichore, *et l'orthog.* Tyresie
84. ↑ *C* Homere, qui s'estant embarqué
85. ↑ *A* le marinier, Mentes
86. ↑ *C* apres avoir abordé
87. ↑ *BC* receut un catharre
88. ↑ *C* comme
89. ↑ *C* des sens
90. ↑ *A* Et
91. ↑ *C* et Ronsard, la douce cadence des vers duquel devoit
92. ↑ *C* eust (peut-estre) perdu
93. ↑ *C* Henry II nouvellement venu à la Couronne, duquel il avoit esté quelque temps page sous la charge du sieur de Granval : Car ce Prince l'estimoit
94. ↑ *C* ausquels
95. ↑ *BC* son precepteur, et le pere de tous nos Poëtes,
96. ↑ *AB* en l'Ode, qu'il fit
97. ↑ *C* quand il dit de luy en la premiere Antistrophe :
98. ↑ *A* oblivitur (*corrigé en* oblinitur *aux errata*)
99. ↑ *C* Puis tout ensuivant en l'Epode :
100. ↑ *C si quis*
101. ↑ *C* fort agreable (*on lit* rendoit *dans toutes les éditions*)
102. ↑ *A* le visage, noble
103. ↑ *C* Ayant pris sa nourriture avec la jeunesse du Roy
104. ↑ *A* appelé, de son costé | *BC* partie, soit [*C* fust] à la luite, soit [*C* fust] au balon, et autres exercices propres à degourdir et fortifier la jeunesse, où Ronsard ne fust toujours appellé de son costé.

105. ↑ *A* Entre autres

106. ↑ *A* Le Roy

107. ↑ *A* rouge. Là, Ronsard qui

108. ↑ *Tout ce passage, depuis* Entre autres, le Roy ayant fait *est supprimé dans B et les éd. suiv. Mais en 1623 il reparaît sous cette forme raccourcie* : Tesmoin lorsque le Roy fit partie au balon dans le pré aux Clercs, avec Monsieur de Longueville : où le Roy ne voulut jamais commencer le jeu qu'il n'y fust, et dit tout haut, apres avoir gaigné, que Ronsard en estoit la cause. | *1630 revient au texte de B-1617.*

109. ↑ *C* en Court

110. ↑ *C* et d'y estre agreable

111. ↑ C à celuy des yeux

112. ↑ *B* à bon escient : comme au contraire, par semblable necessité toutesfois, Homere | *C même var., sauf* à bon escient. Comme

113. ↑ *AB* ce desir, fut

114. ↑ *A* Escossois (*corrigé en* Piemontois *aux errata*)

115. ↑ *C* un Gentil-homme nommé le seigneur Paul, Escossois ainsi que disent aucuns, Baïf m'a assuré toutefois qu'il estoit Piemontois, lequel avoit esté page

116. ↑ *C supprime* or que tous deux fussent sortis de page

117. ↑ *C* avoit tousjours un Virgile en main, interpretant

118. ↑ *B* de ce grand Poëte, où il prit si grand appetit que depuis il ne fut jamais sans un Virgile, jusques à l'aprendre entierement par cœur **. Il ne laissoit toutesfois d'avoir tousjours en main quelque Poëte François | *C même var., avec cette addition* par cœur, tant peut servir la nourriture du premier laict qui laisse tousjours en nous une habitude de sa premiere qualité. Il ne laissoit...

119. ↑ *A* de la rose

120. ↑ *A* et lesquels

121. ↑ *A* Les

122. ↑ *B* de riches limures d'or. | *C* un Romant de la Rose, et les œuvres de Clement Marot, lesquelles il a depuis appellé, comme on lit que Virgile disoit de celles d'Ennie, les nettaieures dont il tiroit comme par une industrieuse laveure de riches limures d'or.

123. ↑ *C* qu'il a depuis produit

124. ↑ *A* France. L'an

125. ↑ *B* l'an mil cinq cens quarante trois | *C* l'an 1543

126. ↑ *C* le desir

127. ↑ *A* livre François, mais quoy, un tel esprit | *C* livre François, l'ayant cogneu presque des le berceau enclin au mestier des Muses. Mais quoy, un tel esprit

128. ↑ *B* un tel esprit qui dés sa naissance avoit receu cette scintille et fatale impression pour la Poësie qu'on ne peut destourner *, ne se pouvoit forcer d'autres loix que des siennes propres : | *C même var.*, mais scintille *est remplacé par* infusion, forcer *par* lier, *et le dernier mot est supprimé.*

129. ↑ *C* de Carnavalet, Gentil-homme Breton, et des mieux nourris, se desroboit de l'Escurie du Roy, pres de laquelle il estoit logé

130. ↑ *C* Jean Dorat, honeur du pays Limosin

131. ↑ *BC* la source qui a abbreuvé

132. ↑ *C* eauës Pieriennes, ou comme Ronsard a dit de luy, le premier qui a destoupé la fonteine des Muses par les outils des Grecs et le réveil des sciences mortes, auquel je doy aussi une bonne partie de mes estudes :

133. ↑ *C* lors au quartier de l'Université

134. ↑ *C* ordinaires

135. ↑ *BC* et maintenant un des derniers

136. ↑ *C* à ceste premiere et docte volée

137. ↑ *C* en ce temps là, et auquel est deu l'honeur des premiers vers François, mesurez à la mode des Grecs et François. [*1604-1630* des Grecs et Latins.] *

138. ↑ *C* que Dorat alloit establir une academie [*1609-1630* Academie] * au college de Cocqueret, duquel on lui avoit baillé le gouvernement,

139. ↑ *A* avec luy, car

140. ↑ *1604-1630* ayant esté

141. ↑ *B* difference : car

142. ↑ *BC* vingt ans

143. ↑ *A* seize : Neantmoins | *BC* seize. Neantmoins

144. ↑ *C* comme Ronsard, en contre eschange, luy apprenoit les moyens

145. ↑ *C* qu'en peu de temps il recompensa le temps perdu

146. ↑ *B* Et n'est à omettre que Dorat

147. ↑ *C* Et n'est à oublier que Dorat par un artifice nouveau luy apprenoit la langue Latine, sçavoir est, par la Grecque.

148. ↑ *A* par la Grecque : nous

149. ↑ *A* à l'estude, Car | *B* à l'estude. Car

150. ↑ *C* Ronsard qui avoit esté nourry jeune à la Cour, accoustumé à veiller tard [*1623, 1630 virgule après* tard] continuoit à l'estude jusques à deux et trois heures après minuict

151. ↑ *B* il demeura sept ans avec Dorat continuant tousjours l'estude des lettres Grecques et Latines, et de la Philosophie, et autres bonnes sciences, pour lesquelles il fut aussi auditeur d'Adrian Turnebe, Lecteur du Roy et l'honeur des lettres de son temps. | *C même var., avec cette fin de phrase* et l'honeur des bonnes lettres.

152. ⏶ *C* Il s'adonna deslors souvent à faire quelques petits poëmes, où paroissoit deslors je ne sçay quoy du magnanime charactere de son Virgile, premiers essais d'un si brave ouvrier.

153. ⏶ *C* l'Homère de France : car Dorat a eu tousjours je ne sçay quoy d'un divin Genie pour prevoir les choses à venir *, parole qu'il engrava [*1609-1630* qu'il s'engrava | fort avant en l'esprit : et pour le nourrir

154. ⏶ *A* eut goustée, et quoy | *B* eut goustée. Et quoy | *C* eut savouré : Et quoy

155. ⏶ *A pas de virgule après* maistre.

156. ⏶ *C* d'une poësie qui n'avoit encore passé les mers de deçà, qui pour tesmoignage du profit qu'il avoit fait, traduisit ceste Tragedie en François, l'effect de laquelle, si tost que Ronsard eut savouré : Et quoy, dit-il à Dorat, mon maistre, m'aviez vous caché si long temps ces richesses ?

157. ⏶ *B* l'incita encor | *C* l'incita encor, outre le conseil de son precepteur,

158. ⏶ *C* au Theatre

159. ⏶ *BC* comme luy y mit son envie

160. ⏶ *BC* Lancelot Carles, Remy Belleau * et quelques autres

161. ⏶ *BC* faisoient chacun jour

162. ⏶ *C* en nostre contrée. Pour ne demeurer ingrat de tant de biens, une des premieres Odes qu'il fit fut à la loüange de Dorat, et commençoit ainsi :

> *Puisse-je entonner un vers*
> *Qui raconte à l'Univers,*
> *Ton los porté sur son aile,*
> *Et combien je fus heureux*
> *Succer le laict savoureux*
> *De ta feconde mammelle :*
> *Sur ma langue doucement*
> *Tu mis au commencement*
> *Je ne sçay quelles merveilles,*
> *Que vulgaires je rendy,*
> *Et premier les espandy*
> *Dans les Françoises oreilles* *.

163. ⏶ *B* ny faute de cœur et de sang vigoureux, ni de genereuse ambition pour l'honneur, ny d'enthousiasme pour monstrer | *C* ny faute de cœur ny d'enthousiasme, pour monstrer

164. ⏶ *AC* Lycophron : il

165. ⏶ *C* de la campagne, voyant | *1604* de la campagne : voyant

166. ⏶ *BC* pauvre

167. ⏶ *BC* il tascha de la desfricher, et enrichir, inventant mots nouveaux, r'appellant et provignant les vieux, adoptant les estrangers, et la parant

[*C* la revestant] de propres Epithetes, et de mots heureusement composez [*C* composez à la façon des Grecs]. Brief il traça le chemin

168. ↑ *BC* et suppleer

169. ↑ *BC* à se rompre, façonner et fortifier

170. ↑ *A* en un bon cœur, qui luy fait place, se rend indigne de ce qu'il pretend. | *B* en un bon cœur, qui luy fait place, ou se rend indigne de ce qu'il pretend. Et la premiere Ode qu'il fit fut la complainte de Glauque à Scylle *. | *C remplace toute la phrase ainsi* que cela luy servit d'aiguillon pour l'entreprendre, estimant l'esprit François capable de toute perfection. Dequoy il vint si bien à chef, que les plus doctes jugerent que la Lyre Grecque-Latine estoit devenue Françoise. Ce que Jean Dorat, qui alors desnoüoit les plus envelopez passages de l'obscur Lycophron, et qui le premier par cest Autheur apprit à nos François la façon des Anagrames *, tesmoigna par les premiers qui furent faits du nom de Ronsard, dont l'un estoit, ROSE DE PINDARE *, et l'autre, ΣΩΣ Ο ΤΕΡΗΑΝΔΡΟΣ, les lettres surabondantes, dont les pareilles ont esté une fois employées, se reünissant ensemble par une licence permise ou excusable *. La premiere Ode qu'il fit fut la Complainte de Glauque à Scille, et celle qu'il adresse à Jacques Peletier sur l'argument des beautez qu'il voudroit en son amie * : aussi ne sont-elles point mesurées ny propres à la Lyre, ainsi que l'Ode le requiert, non plus que quelques autres qu'il fit en ce mesme temps *.

171. ↑ *A* d'enfance, car d'un costé | *C* de grands desseins pour mettre nostre langue hors d'enfance ayant faict provision de toutes matieres necessaires : car d'un costé

172. ↑ *AB* anciens. D'ailleurs | *C* qu'il ne se pouvoit presenter suject dont il n'eust remarqué quelque excellent trait des anciens : d'ailleurs

173. ↑ *B* des artisans, et de pratiquer toutes sortes de mestiers

174. ↑ *C transforme toute la phrase ainsi* d'ailleurs il avoit couru suffisamment la Philosophie en toutes ses parties, et pour l'elegance des paroles, il n'y avoit mot propre en nostre langue qu'il n'eust curieusement recherché, ne desdaignant d'aller aux boutiques des artisans, et pratiquer toutes sortes de mestiers pour apprendre leurs termes, prenant garde aux moindres choses, tant naturelles que celles où l'artifice des hommes se rend admirable, faisant son profit de toutes.

175. ↑ *AC pas d'alinéa*

176. ↑ *C* Environ ce temps qui estoit l'an mil cinq cens quarante neuf, ainsi qu'il retournoit d'un voyage de Poictiers à Paris, de fortune il se rencontra en une mesme hostellerie avec Joachim Du Bellay *, jeune Gentil-homme Angevin, et issu de ceste illustre et docte maison de Du Bellay, lequel en retournant aussi de Poictiers de l'estude des loix, où il

avoit esté dedié, comme ordinairement les bons esprits ne se peuvent celer non plus que la lumiere de Phœbus Apollon leur guide, ils se firent cognoistre l'un à l'autre, pour estre non seulement alliez de parentage, mais de mesme inclination aux Muses *, qui fut cause qu'ils acheverent le voyage ensemble : et depuis l'attira Ronsard à demeurer avec luy et Baïf, pour en cest heureux Triumvirat, et à la semonce les uns des autres, donner effect à l'ardent desir qu'ils avoient de reveiller la Poësie Françoise avant eux foible et languissante * : par la hantise desquels luy qui s'estoit plus adonné à la Poësie Latine qu'à la Françoise * changea beaucoup son stil, qui sentoit encor quelque chose de rance et du vieux temps.

177. ↑ C C'estoit à qui mieux mieux feroit, tantost sur le suject d'Amour, qui deslors quitta l'Italie pour voler en France, tantost (*on lit* France : tantost) sur quelque autre suject, que le temps leur presentoit :

178. ↑ A presentoit, comme Ronsard | B presentoit comme Ronsard | C presentoit : Comme Ronsard

179. ↑ C à l'Epithalame

180. ↑ A Navarre : Puis fit l'entrée du Roy

181. ↑ AB Hymne de la paix | C puis [fit] un Poëme sur l'entrée du Roy à Paris qu'il a suprimé, qui fut suivy de l'Hynne de la Paix

182. ↑ AB le Poëme de la paix et le ravissement d'Europe | C le Poëme de la Paix et le ravissement d'Europe.

183. ↑ A d'Escosse : Il se delibera | B qu'il fit à Blois, aiant lors attaint l'âge de vingt ans *, il se delibera

184. ↑ B sa Laure

185. ↑ A luy mesmes ma dit maintefois | B ainsi que luy mesmes m'a dit autrefois :

186. ↑ B à cognoistre par cette devise qu'il print alors, ΩΣ ΙΔΟΝ ΩΣ ΕΜΑΝΗΝ : et par un lieu en ses œuvres, où il dit :
> Soit le nom faux ou vray.

| C d'Europe. Depuis Ronsard s'estant enamouré d'une belle fille Blesienne qui avoit nom Cassandre, le vingt uniesme jour d'Avril * en un voyage qu'il fit à Blois où estoit la Cour, ayant lors attaint l'âge de vingt ans resolut de la chanter, tant pour la beauté du suject que du nom, dont il fut épris * aussi tost qu'il l'eut veuë, ainsi que par un instinct divinement inspiré : ce qu'il semble assez vouloir donner à cognoistre par ceste devise qu'il print alors ΩΣ ΙΔΟΝ ΩΣ ΕΜΑΝΗΝ | *1630* UT VIDI UT INSANII]. Aussi par ceste Cassandre Troyenne on dit qu'il representa mistiquement l'envie qu'il avoit de chanter l'origine de nos Rois issus des Troyens : suject dont il estoit deslors amoureux *.

187. ↑ *A* des amours de Cassandre
188. ↑ *B* et de celle
189. ↑ *B* Pindare : comme ordinairement | *C* à la façon de Pindare et d'Horace, comme le plus souvent
190. ↑ *AC* autres. Du Bellay
191. ↑ *B* son Olive, apres luy sans mot dire | *AB pas de virgule après* dire
192. ↑ *A* recueil de Poësie
193. ↑ *B* à tout le moins une petite jalousie
194. ↑ *A* long temps, car
195. ↑ *C* Du Bellay, qui avoit sur le mesme suject d'Amour chanté son Olive, apres luy voulut s'essayer aux Odes sur l'invention et crayon de celles de Ronsard, qu'il trouva moyen de tirer et de voir sans son sceu. Il (*on lit* sceu, il) en composa quelques unes, lesquelles avec quelques Sonets sans mot dire, pensant prevenir la renommée de Ronsard, il mit en lumiere sous le nom de Recueil de Poësie, qui engendra en Ronsard sinon une envie, à tout le moins une raisonnable jalousie contre du Bellay, jusques à intenter action contre luy pour le recouvrement de ses papiers, lesquels ayant retiré par droit, non seulement ils quitterent leur querelle, mais (*on lit* querelle. Mais) Ronsard ayant incité du Bellay à continuer ses Odes, redoublerent leur amitié, et jugerent que telles petites ambitions sont les plus douces et ordinaires pestes des cœurs genereux : et que comme les esprits jaloux de gloire facilement se courroucent
196. ↑ *C* ne pouvans demeurer seules, ains vivans tousjours de compagnie.
197. ↑ *BC suppriment toute cette phrase depuis* encor que du Bellay
198. ↑ *A* ses amours
199. ↑ *C* fait voir le jour à ses Amours, et à quatres (*sic*) livres d'Odes
200. ↑ *A* Ronsard, s'opposa
201. ↑ *C* qui pour avoir fait un petit Sonet petrarquisé, un Dizain
202. ↑ *A* d'Apollon : le chef
203. ↑ *B* pource qu'il sçavoit plus que les autres, et avoit acquis | *C* Le chef de ceste bande fut Melin ou Melusin Gentil-homme de la maison de Sainct Gelais, issu de celle de Lusignan en Poictou, tant celebre par les incroyables merveilles de la Fée Melusine, qui pour sçavoir plus que les autres, et avoir acquis
204. ↑ *A* se decouvrir, et
205. ↑ *B* que de son jugement | *C* que de son propre jugement
206. ↑ *A* leauë | *C* l'eau
207. ↑ *B* en pleine assemblée il calomnia devant le Roy | *C* en pleine assemblée devant le Roy il calomnia
208. ↑ *A* Mais quoy, un grant | *C* Mais quoy, un grand
209. ↑ *B* de Zoïles et de Cabiles | *C* de Zoïles et de Carbiles

210. ↑ *A* loüange : il a touché
211. ↑ *C* en l'Hynne qu'il fit
212. ↑ *C* Saint Gelais
213. ↑ *C* il ne changea pas seulement ces vers qui se lisent aujourd'huy autrement, mais l'honora de titres et loüanges non communes par ses escrits, tesmoignages de sa naturelle candeur, l'appellant le premier des mieux appris.
214. ↑ *A* s'il n'accusoient
215. ↑ *A* reste, mais
216. ↑ *B* Lion. | *C* avoient recours aux sornettes et mocqueries, lisans au Roy ses vers tronquez et les prononçants (*sic*) de mauvaise grace, mesmes les mots non communs, d'une ignorance et courtisane impudence *, et faisans courir contre luy leurs calomnieux et fades escrits. Tel fut jadis Bachilide à l'entour d'Hieron Roy de Sicile, tant noté par les vers de Pindare : Et tel encor fut l'envieux, sçavant toutefois, Callimaque, impatient qu'un autre flatast les oreilles de son Roy Ptolomée *. Mais ces injures n'estoient dignes du courroux d'un tel lyon, et pouvoit bien se vanter de la victoire, puis que ses ennemis, qui estoient tres-mal embastonnez, le combatoient si foiblement, et de coups qui ne faisoient sinon que couler sur le poly de sa gloire. Les autres
217. ↑ *C* avec ses Odes Pindariques, Strophes et Antistrophes, tournans toutes choses en risée
218. ↑ *AC* en risée, dont
219. ↑ *BC* quand quelqu'un veut farder
220. ↑ *C* son langage, ou escrire d'un stile obscur ou nouveau et non accoustumé, ou mesmes affecté,
221. ↑ *AB* de dire. Il veut Pindariser
222. ↑ *B*

> *Ma Muse estait blasmée à mon commencement*
> *D'apparoistre trop haute au simple populaire.*

| *C* comme on peut voir en l'une de ses Odes, où il dit ainsi :

> *Si dés mon enfance*
> *Le premier de France*
> *J'ay pindarisé :*
> *De telle entreprise*
> *Heureusement prise*
> *Je me voy prisé *.*

Aussi au Sonet à Pontus de Tyard, qui commence : (*suit la citation de B*)

223. ↑ B Et (*on lit aussi* Et *en* A) en un autre endroit au cinquiesme livre des Odes, en celle à Madame Marguerite, Duchesse de Savoye, où il dit : (*suit la citation de A*) | C Et en un autre endroit, (*suit la citation de AB*)

224. ↑ A N'y ne plais, n'y plaire

225. ↑ BC Raison pour laquelle

226. ↑ C voyant que la docte obscurité, dont on le blasmoit, venoit de l'ignorance de ceux qui lisoient ses œuvres, il delibera

227. ↑ C qui estoit une belle fille d'Anjou, et laquelle il entend souvent sous le nom du Pin de Bourgueil, parce que c'est le lieu où elle demeuroit et où il la vid premierement, s'estant trouve là avec un sien amy qui estoit Baïf *.

228. ↑ A aimée : Et afin | B aimée, et de laquelle * se lisent assez de Sonnets, que le peu d'artifice et la pure simplicité recommandent. Et afin | C Il l'a fort aimée après avoir fait l'amour à Cassandre dix ans, et icelle quitté | *1604* quittée] par quelque jalousie conceuë *. Quant aux Amours de Marie, il s'y trouve assez de Sonets, que le peu d'artifice et la pure simplicité à la Catullienne recommandent beaucoup *. Mais à fin

229. ↑ A Lemesme

230. ↑ B seconde partie de ses Amours. Toutes ces calomnies en fin ressemblerent | C seconde partie de ses Amours. Il souloit dire que ces courtisans envieux ressembloient aux mastins qui cherchent à mordre la pierre qu'ils ne peuvent digerer *. Toutes ces calomnies en fin ressemblerent

231. ↑ BC *suppriment* n'estant autre chose que vent

232. ↑ C Toutes ces calomnies en fin ressemblerent aux boüillettes que la violence d'une pluie fait boursoufler sur l'eau, qui se crevent aussi tost qu'elles sont engendrées, et ne laissent aucune marque d'avoir esté, ou comme des nuës qui enflées du broüillas [*1617, 1623* brouillars | *1630* de broüillars] d'une nuict, s'esvanoüirent [*1609-1630* s'esvanoüissent] *

233. ↑ A soleil (*toutes les éd. suiv. ont une majusc.*)

234. ↑ C et principalement de ceste unique Marguerite

235. ↑ AC Savoye, laquelle

236. ↑ C laquelle (comme Princesse tres-vertueuse et sçavante) fit changer d'opinion au Roy, qui depuis gousta

237. ↑ BC gratifia

238. ↑ BC luy fit cette Dame,

239. ↑ AB Dieux. Et plus bas

240. ↑ C

Qui me donnas cœur de chanter ?

Et en un autre endroit la regrettant :

> *Qui donnera le pris aux mieux disans,*
> *Et sauvera leurs vers des medisans * ?*

Ce grand Caton de nostre âge *, Michel de l'Hospital, lors Chancelier de ceste Dame, et depuis de France, entreprit aussi

241. ↥ *B* Ronsard : et de faict | *C* Ronsard. Et de fait
242. ↥ *C* fit une tresdocte Elegie Latine
243. ↥ *A* Poëtis. Et une autre
244. ↥ *B* où il respond à toutes les calomnies, laquelle j'ay pensé devoir estre mise au jour avec ses œuvres, aussi bien que le Poëme, que Ronsard mesme a inséré dans ses Hymnes. Le commencement de l'Elegie est tel :
    Magnificis aulae cultoribus atque Poëtis.

En recompense | *C même var., sauf* mise au jour aussi bien que le Poëme de luy mesme que Ronsard a voulu estre enchassé dans ses Hymnes.

245. ↥ *C* où confirmant ce que j'ay dit
246. ↥ *ABC* Franche de peur (*f. d'impr. évidente, corrigée seulement en 1623, refaite en 1630*)
247. ↥ *AB* de l'ignorance
248. ↥ *C* de muguetz ignorans qui avoient gaigné quelque credit plus par opinion que par raison, et qui ne faisoient trouver rien de bon aux Princes que ce qui leur plaisoit *, ne fut pas plustost defaite
249. ↥ *BC* ceste Pallas Françoise
250. ↥ *C* commença d'embrasser un Ronsard, mesmes ses ennemis, entre autres Melin de sainct Gelais
251. ↥ *C* laquelle comme il estoit d'un cœur fort noble et benin, il ne refusa pas,
252. ↥ *A virgule après* xxv
253. ↥ *BC* par le seau perdurable de ses vers, en ceste Ode, (*suit la cit. de A*)
254. ↥ *A* son regne : bien
255. ↥ *BC* pleins
256. ↥ *C* et le cœur luy ayant enflé, il resolut à l'honeur du Roy Henry et de ses devanciers Roys d'escrire la Franciade à l'imitation d'Homere et de Virgile, lesquels il se proposa pour patrons avec Apolloine Rhodien *, et la promit deslors et la commença, mais il n'en fit rien voir durant son regne, pour n'avoir esté recompensé comme il esperoit par ce Prince, dont l'inclination estoit plus aux armes qu'aux lettres et autres exercices de paix : ce qui fit desirer à nostre Ronsard le regne du grand Roy François I et d'estre venu de son temps *. Bien fit-il sortir alors ses Hynnes pleins de doctrine et de Majesté Poëtique en faveur de ceste brave Princesse Marguerite sœur du Roy, où il monstra

257. ↑ *On lit* ploiable *ou* ployable *au singulier dans toutes les éditions.*

258. ↑ *A* d'argumens : Ce fut

259. ↑ *C* et de Charles Cardinal de Lorraine

260. ↑ *C* en son amitié, et ses œuvres en font assez de foy.

261. ↑ *C* ce qui esmeut

262. ↑ *B* demi-bosse | *C* demy bosse

263. ↑ *BC* sur le hault de la face du Louvre

264. ↑ *C* une Deesse qui

265. ↑ *A* trompette, et comme | *C* une trompette, et regarde de front une autre deesse portant une couronne de lauriers [*1609-1630* laurier], et une palme en ses mains, avec cette inscription en table d'attente (*on lit* dattente) et marbre noir :

VIRTUTI REGIS IN-

VICTISSIMI.

266. ↑ *A* de ses vers qui

267. ↑ *C* ce qu'il vouloit signifier par cela [,] il luy respondit qu'il entendoit Ronsard par la premiere figure [,] et par la trompette la force de ses vers, et principalement de la Franciade qui pousseroit son nom et celuy de la France par tous les quartiers de l'univers.

268. ↑ *C* le bon jugement

269. ↑ *AB* le (*f. d'impr. évid.*)

270. ↑ *A* recevoit : chacun

271. ↑ *A* jeus floraux

272. ↑ *C* par ceste gentille Dame

273. ↑ *BC* en vers

274. ↑ *C* de l'Eglantine, le suivant du soucy, et le troisieme de la violette :

275. ↑ *A* Eglantine, mais

276. ↑ *C* de leur gentil esprit en la Poësie, toutefois

277. ↑ *BC* le sieur de Pibrac

278. ↑ *1604-1630* la Muse de Ronsard

279. ↑ *C* par excellence le Poëte François

280. ↑ *A* valeur, laquelle | *C* de grand prix, laquelle

281. ↑ *C* au Roy soubz le nom de Pallas, présent convenable à ses valeurs

282. ↑ *B* beaucoup d'avantage | *C* beaucoup davantage

283. ↑ *AB* personnage : loüant

284. ↑ *C* le fait de la Palladienne Thoulouse qui fort prudemment presentoit la Minerve

285. ↑ *A* de ses presens : Ronsard

286. ↑ *C* l'Hynne de l'Hercule Chrestien qu'il adressa à Odet Cardinal de Chastillon, lors ar[c]hevesque de Thoulouse, son Mœcene, et qui avoit

esté des premiers qui donna l'entrée à la reputation de sa Poësie en Cour
<u>*</u>.

287. <u>↑</u> *AC* Religion, qui donna

288. <u>↑</u> *A* remonstrances qui | *B* Remonstrances, qui

289. <u>↑</u> *C* qui furent jugées de tant d'efficace pour combatre les ennemys de la religion Catholique, que le Roy et la Royne sa mere l'en gratifierent

290. <u>↑</u> *C* expresses : ce qui fut cause que ceux de la nouvelle opinion commencerent à l'attaquer et dresserent un Poëme fort Satyrique et mordant contre luy, qu'ils nommoient le Temple de Ronsard, où en forme de tapisseries ils depeignoient sa vie <u>*</u> : ils (*on lit* vie, ils) firent aussi quelques responses à ses remonstrances où estoit ce tiltre, la Metamorphose de Ronsard <u>*</u>, dont les autheurs furent un A. Zamariel et B. de Montdieu ministres, le dernier desquels il designe assez par ces vers de la response qu'il luy fit, le comparant à Sisyphe,

> *Qui remonte et repousse aux enfers un rocher*
> *Dont tu as pris ton nom* <u>*</u>.

Ils le blasmoient entre autres choses d'avoir sacrifié un bouc à Jodelle au village d'Hercueil <u>*</u>, mais il respond asses luy mesme à ce chef d'accusation <u>*</u>, et voicy ce qui en est : Jodelle avoit fait representer devant le Roy la Tragedie de Cleopatre, qui eust tel applaudissement d'un chacun, que quelques jours apres, s'estant toute la brigade des Poëtes trouvée en ce village, pour passer le temps et s'esjouir aux jours licentieux de Caresme prenant <u>*</u>, il n'y eust aucun d'eux qui ne fist quelques vers à l'imitation des Bacchanales des anciens, il vint à propos de rencontrer un Bouc par les rües, qui leur donna occasion de follastrer sur ce suject, tant pour estre victime de Bacchus, que pour faire contenance de le presenter à Jodelle, et representer le loier de sa Tragoedie à la mode ancienne, à laquelle les Chrestiens mesmes, et principalement les Poëtes recourent par fois, non par creance aucune, mais par allusion permise : et ce qui en fit croire quelque chose furent les vers et folastries [*1604 et éd. suiv.* folastreries] de ces Poëtes qui furent mises au jour <u>*</u>, et mesmement les Dythirambes (*sic*) de Bertrand Berger Poëte dythirambique (*sic*) <u>*</u>, où se lisent ces vers :

> *Mais qui sont ces enthyrsez*
> *Herissez*
> *De cent fueilles de lierre,*
> *Qui font retentir la terre*
> *De leurs pieds et de la teste,*

A ce bouc font si grand feste,
Chantant tous autour de luy
Ceste Chanson bris'ennuy,
Iach Iach evoé,
Evoé Iach Iach.
Tout forcené à leur bruit je fremy
J'entrevois Baïf et Remy,
Colet, Janvier, et Vergesse, et le Comte,
Paschal, Muret, et Ronsard qui monte
Dessus le bouc qui de son gré
Marche à fin d'estre sacré
Aux pieds immortels de Jodelle,
Bouc le seul pris de sa gloire eternelle.
Pour avoir d'une voix hardie
Renouvellé la Tragedie,
Et desterré son honeur le plus beau,
Qui vermoulu gisoit soubs le tombeau *.

Tout cela ne fut qu'une feinte et mascarade *. Au reste...

291. ↑ *AB* entre les grans, sembloient | *C* entre les grands, effarouchées, sembloient

292. ↑ *A* muettes commencerent

293. ↑ *C* Prince, qui succeda à François son frere,

294. ↑ *BC suppriment* et des ars et sciences

295. ↑ *C* de le suivre par tout et ne le point abandonner,

296. ↑ *A* aupres de soy : de ceste faveur | *C* luy faisant marquer logis en sa maison, tesmoin le voiage de Bayonne en l'avantvenuë d'Elizabeth de France Royne d'Espaigne, où il le voulut avoir tousjours pres de luy : tesmoin aussi le voiage de Meaux où le Roy cuida estre pris par les ennemis, lequel il assista jusques dans Paris *. De ceste faveur

297. ↑ *A* que j'ay veus, il | *C* de 14 livres que j'ay veus, qu'il desiroit continuer jusques à 24, à l'imitation d'Homere ; il

298. ↑ *BC* enthousiasme

299. ↑ *C* genereux Prince. Il luy avoit aussi presenté, d'autant qu'il se plaisoit fort à la chasse

300. ↑ *B* Eclogues : où il monstra

301. ↑ *B* hausser. Il m'a dit maintesfois, que plusieurs pieces de ses Amours et des Mascarades avoient esté forgées sur le commandement des Grans *. Voila pourquoy personne n'ignore en faveur de qui il fit les Amours d'Eurimedon (*sic*) et de Callirée (*sic*) *, et ceux d'Astrée *. Quant à

Heleine de Surgeres, il s'est aidé de son nom, de ses vertus et de sa beauté pour embellir ses vers *, et luy a cette gentille Damoiselle servy de blanc, pour viser et non pour tirer ou attaindre, l'ayant aimée chastement, et principalement pour son gentil esprit en la Poësie et autres bonnes parties. Il me l'a tesmoigné souvent, et le monstre assez en ce Sonnet, *Tout ce qui est de sainct* *. Il luy consacra une Fonteine qui est en Vandomois, et qui encor aujourd'huy garde son nom *. Le Roy Charles...

C hausser. Il m'a dict maintefois qu'aucunes pieces de ses Amours et des Mascarades avoient esté forgées sur le commandement des grans, voulant dire qu'il avoit souvent forcé sa Minerve et n'y avoit pris grand plaisir, quelques autres en ayant remporté la recompense : c'est pourquoy il fit mettre au devant de ces ouvrages là les vers de Virgile, *Sic vos non vobis*, et les suivans *. On sçait assez en faveur de qui il fit les Amours de Callyrée (*sic*) [,] qui estoit une tresbelle dame de la Cour, de la noble maison d'Atry, surnommée *Aqua viva* : comme il l'exprime assez en ce Sonet qui commence, *La belle eau vive* * : et ceux d'Astrée qui fut aussi une fort belle dame de la Cour, dont le nom est assez embelly parle seul deguisement d'une voyele changée en la prochaine premiere.

Apres avoir chanté divers subjects il voulut finir et couronner ses œuvres par les Sonets d'Helene, les vertus, beautez, et rares perfections de laquelle furent le dernier et plus digne object de sa Muse, le dernier parce qu'il n'eust l'heur de la voir qu'en sa vieillesse, et le plus digne parce qu'il surpassa aussi bien que de qualité, de vertu, et de reputation les autres precedens sujectz de ses jeunes amours, lesquels on peut juger qu'il aima plus familierement, et non celuy-cy qu'il entreprit plus d'honorer et louer, que d'aimer et servir. Tesmoin le titre qu'il a donné à ses louanges [,] imitant en cela Petrarque *, lequel comme un jour en sa Poësie chaste et modeste on louait devant la Royne mere du Roy, sa Majesté l'excita à escrire de pareil stile, comme plus conforme à son âge, et à la gravité de son sçavoir : Et ayant, ce luy sembloit, par ce discours occasion de vouer sa Muse à un suject d'excellent merite, il print le conseil de la Royne pour permission, ou plustost commandement de s'addresser en si bon lieu, qui estoit une des filles de sa chambre, d'une tresancienne et tresnoble maison en Saintonge. Ayant continué en ceste volonté jusques à la fin, il finit quasi sa vie en la loüant *. Et par ce que par son gentil esprit elle luy avoit souvent fourny d'argument pour exercer sa plume, il consacra à sa memoire une fontaine en Vandosmois, et qui encor aujourd'huy garde son nom, pour abbreuver ceux qui veulent devenir Poëtes *. Le Roy Charles...

302. ↑ *AC* liberalement, vray est
303. ↑ *BC* vray est qu'il disoit ordinairement en gaussant, qu'il avoit peur de perdre son Ronsard, et que le trop de biens ne le rendist paresseux au mestier de la Muse, et qu'un bon Poëte
304. ↑ *BC* assouvir. Neantmoins il le gratifia tousjours fort liberalement [*1604-1623* fort librement], et eust fait s'il eust vescu : car il n'ignoroit pas que les Poëtes ont ne sçay [*C* je ne sçay] quelle sympathie avec la grandeur des Roys, et sont subjects à s'irriter *, et fort [*C supprime* et] sensibles aux disgraces, quand ils voyent la faveur ne respondre à leurs labeurs [*C* labeurs et merites], comme il s'en est plaint en plusieurs endroits *
305. ↑ *BC* avec ce bon Roy, que
306. ↑ *C* le venir trouver de Tours à Amboise
307. ↑ *B* parmy ses Œuvres | *C* se voyent imprimez parmy ses œuvres
308. ↑ *A* Ronsard, et trouvoit
309. ↑ *C* il lui permist ou plustost l'incita d'escrire des Satyres indifferemment
310. ↑ *BC* deust
311. ↑ *C* en luy, comme de fait il fit en la Satyre de la Dryade violée, où il reprenoit aigrement le Roy et ceux qui gouvernoient lors de l'alienation du Domaine, et d'avoir fait vendre la coupe de la forest de Gastine, laquelle il avoit consacrée aux Muses * : et en une autre qu'il appelloit la Truelle Crossée, blasmant le Roy de ce que les benefices se donnoient à des maçons, et autres plus viles personnes, où particulierement il taxe un de Lorme, Architecte des Tuilleries, qui avoit obtenu l'Abbaye de Livry, et duquel se trouve un livre non impertinent de l'Architecture *. Et ne sera hors de propos de remarquer icy la malveillance de cest Abbé, qui pour s'en venger fit un jour fermer l'entrée des Tuilleries à Ronsard, qui suivoit la Royne mere : mais Ronsard, qui estoit assez piquant et mordant quand il vouloit, à l'instant fit crayonner sur la porte, que le sieur de Sarlan luy fit aussi tost ouvrir, ces mots en lettres capitales, FORT. REVERENT. HABE. Au retour, la Royne voyant cest escrit, en presence de doctes hommes et de l'Abbé de Livry mesmes, voulut sçavoir que c'estoit et l'occasion, Ronsard en fut l'interprete, apres que de Lorme se fut plaint que cet escrit le taxoit : car Ronsard luy dist qu'il accordoit, que par une douce ironie il prit ceste inscription pour luy, la lisant en François *, mais qu'elle luy convenoit encor mieux la lisant en Latin, remarquant par icelle les premiers mots racourcis d'un Epigrame Latin d'Ausone, qui commence, *Fortunam reverenter habe*, et le renvoyant là

[*1604-1630 suppriment* et *et* là] pour apprendre à respecter sa premiere et vile fortune, et ne fermer la porte aux Muses *. La Royne aida Ronsard à se venger, car elle tença aigrement l'Abbé de Livry apres quelque risée, et dist tout haut, que les Tuilleries estoient dediées aux Muses. Il se trouve aussi une autre Satyre, où il touche vivement le mesme Roy et l'admoneste de son devoir, qui commence,

*Il me desplait de voir un si grand Roy de France *.*

Et une autre encor à luy, dont le commencement est,

Roy le meilleur des Rois *.

312. ↿ *C* Ce bon Prince luy donna
313. ↿ *AB* Prieurez, et environ
314. ↿ *C* devint Ronsard fort malade d'une fiévre quarte, dont il cuida mourir,
315. ↿ *A* que sain, et fut
316. ↿ *C* fut ceste année par un grand froid remarquable en ce que tous les lauriers et arbrisseaux, ornement des palissades,
317. ↿ *A* moururent, ce fut | *C* moururent : Ce fut
318. ↿ *C* au sieur de Pimpont sur l'un et l'autre suject de faire ces vers.
319. ↿ *A* non du (*corrigé en* nondum *aux errata*)
320. ↿ *C, 1604, 1617* vanae nec me vanae docuere | *1609, 1630* vanae nec me vana docuere | *1623* vanae nec me docuere
321. ↿ *A* omen, | *C* omen :
322. ↿ *B* Charles. Car le Roy
323. ↿ *A* loüit
324. ↿ *A* son lict : Voila
325. ↿ *C modifie ainsi tout ce passage depuis la cit. lat.* Il ne fut pas moins estimé du Roy Henry troisiesme à present regnant *, duquel les tant heureuses victoires avoyent servy de suject à sa Muse, que du feu Roy : mais non si familierement caressé : et s'en est plaint ouvertement, disant, plein d'humeur Françoise, qu'il vouloit que le Roy l'aimast, et pour preuve de l'amitié luy commandast, et en signe de bon service l'honorast et le gratifîast. Vray est que depuis douze ans les gouttes fort douloureuses l'avoient tellement assailly qu'il luy estoit presque impossible de faire [*1609-1630* suivre] la court : joint qu'il n'avoit oncques esté de son naturel courtisan importun, et ne se pouvoit contraindre pour trouver [*1604-1630* se trouver] aux heures des grands : Voila pourquoy ceste familiere privauté
326. ↿ *C* sage Roy. Il fut tant admiré par la Royne d'Angleterre, qui lisoit ordinairement ses escrits, qu'elle les voulut comme comparer à un diamant d'excellente valeur qu'elle luy envoya *. De mesmes aussi ceste belle Royne d'Escosse, toute prisonniere qu'elle estoit, laquelle ne se

pouvoit souler de lire ses vers sur tous autres, en recompense desquels et de ses louanges y parsemée [*1604-1630* parsemées], l'an 1583 elle luy fit present d'un buffet de deux mil escus qu'elle luy envoya par le sieur de Nau son Secretaire *, avec une inscription sur un vase qui estoit elabouré en forme de rocher, representant le Parnasse, et un Pegasse [*1604-1630* Pegase] au dessus. L'inscription portoit ces mots :

A RONSARD L'APOLLON DE LA
SOURCE DES MUSES *.

327. ↑ *C* Il contracta telle amitié avec le sieur Galland, chef et seigneur de l'Academie de Boncourt, docte personnage certes, digne de ce nom, et d'une telle rencontre, que depuis dix ans venant à Paris à diverses fois, il l'avoit tousjours choisi pour son hoste, aimant naturellement ce lieu pour le bel air et l'appellant le Parnasse de Paris *.

328. ↑ *AB* qu'il y fit, fut

329. ↑ *A* ordinaires, il passoit

330. ↑ *A* d'escrit

331. ↑ *B* aynt | *C* ayent | *1604-1630* ay'nt

332. ↑ *A un point après* Gaulois

333. ↑ *C* jaillir

334. ↑ *A* Aelean

335. ↑ *A* naissance : Mais | *B* naissance. Mais

336. ↑ *A* Le xxii, du mois

337. ↑ *C* au sieur Galland

338. ↑ *BC* fort foible et maigre

339. ↑ *B* il n'estoit plus qu'un inutile fardeau sur la terre le priant | *C même var., avec virgule apres* la terre

340. ↑ *C* douleurs d'estomac

341. ↑ *C* de Ternay, pour deposer le secret

342. ↑ *C* receut la Chrestienne Communion

343. ↑ *C* sa vie passée

344. ↑ *BC* la mort, terme et passage commun

345. ↑ *A* ny

346. ↑ *A* sainct Gilles | *B* S.Gilles

347. ↑ *C* d'Angers venoient fondre

348. ↑ *C* du sieur Galland, lequel il pria d'escrire un Epigramme qu'il avoit medité pour passer temps, imitant un ancien en ceste sorte

349. ↑ *C-1617, 1630* foiblette (*f. d'impr. évid.*) | *1623 rétablit la leçon de AB*

350. ↑ *A* Tant enviez, par la commune,

351. ↑ *C supprime la phrase* Luy disant... qu'il n'est.

352. ↑ *A* qu'il n'est, mais | *B* qu'il n'est : mais

160

353. ↑ *A* Chrestienne, car | *B* Chrestienne. Car

354. ↑ *BC* inquieté et ne pouvant dormir (inquiete *en B est une f. d'impr.*)

355. ↑ *C* il se plaignoit et dictoit incessamment, pour alentir ses douleurs, prevoyant sa mort prochaine : il fit escrire cest Epitaphe | *1604, 1617, 1630* il se plaignoit et dictoit incessamment pour alentir ses douleurs : prevoyant sa mort prochaine, il fit escrire cest Epitaphe (*leçon meilleure, renforcée en 1623 ainsi* douleurs. Prevoyant)

356. ↑ *AC virgule après* Apollon

357. ↑ *A* léguillon | *C* l'eguillon

358. ↑ *AC virgule après* l'enserre

359. ↑ *B* bien à propos il ait avancé, se doutant de l'ingratitude de nostre siecle, luy mesme son Tombeau, ou se desfiant, ce croy-je, qu'il se peust rencontrer autre personne qui luy bastist assez dignement | *C* bien à propos il ait avancé luy-mesmes son tombeau, se doutant de l'ingratitude de nostre siecle, ou se defiant, comme je croy, qu'il se peust rencontrer autre personne qui le luy bastist assez dignement

360. ↑ *C* les vers suivans

361. ↑ *C* ce qu'il a dit de luy en la premiere Elegie à Genevre

362. ↑ *La leçon de toutes les éditions y compris celle de 1623* et cela te suffise. Toutefois *est fautive, car elle laisse en suspens la phrase commencée par* Or qu'il ait satisfait

363. ↑ *BC* personnages, que j'ay prié

364. ↑ *C* non pour illustrer d'avantage sa gloire, mais pour n'obscurcir la leur d'un ingrat silence.

365. ↑ *A* autrement : De ma part

366. ↑ *C* ceste inscription

367. ↑ *BC La grandeur de nos Roys*

368. ↑ *Leçon de toutes les éd., y compris 1623. (V. notre Commentaire)*

369. ↑ *C* les nuicts suivantes, ausquelles

370. ↑ *BC* tantost de la fueille cruë en salade, puis cuite, tantost de la graine, et de l'huyle que l'on en tire, et de plusieurs autres remedes qu'on reserve aux extremitez

371. ↑ *BC* si entieres, qu'elles sembloient arguer de feinte l'extreme foiblesse de son corps.

372. ↑ *C* mesmes sur les troubles renaissans, et qui menaçoient nostre siecle de miseres nouvelles.

373. ↑ *A pas de virgule après* ainsi *ni après* Croix-val

374. ↑ *A* prieuré de S. Cosme | *C* Prieuré de Sainct Cosme en l'Isle

375. ↑ *C* survenir (*leç. faut. reprod. par les éd. suiv., y compris 1623*)

376. ↑ *C* secours : ce qu'il fit avec grand peine, ayant demeuré en chemin, et pour faire sept lieuës, trois jours entiers : pendant lequel temps il eut

deux foiblesses grandes *.

377. ↑ *B* auquel

378. ↑ *A* qu'elle

379. ↑ *B* ma religion, pour juger par ma vie

380. ↑ *A deux points après* meure | *C modifie toute la phrase ainsi* Il n'avoit pas esté huict jours en ce lieu, que ses forces se diminuant à veuë d'œil, les os luy perçant la peau, et se voyant et sentant mourir, il fit venir pour estre consolé l'un des Religieux nommé Jacques Desguez, âgé de LXXV [*1604-1630* aagé de soixante et quinze ans], Aumosnier de Sainct Cosme, et issu de noble maison (car ceste religion n'en reçoit d'autre sorte), auquel, ainsi qu'il luy eust demandé de quelle resolution il vouloit mourir, il respondit assez aigrement et promptement en ceste sorte : Qui vous fait dire cela, mon bon amy ? doutez vous de ma volonté ? je veux mourir en la Religion Catholique comme mes ayeux, bisayeux, trisayeux, et comme j'ay [*1609-1623* l'ay | *1630* je l'ay] tesmoigné assez par mes escrits.

381. ↑ *A* L'ausmonier

382. ↑ *C* qu'il ne l'entendoit en ceste façon, mais que ce qui luy en avoit dit, estoit [*1604-1630* ce qu'il luy en avoit dit, estoit]

383. ↑ *A* de bien mourir qui

384. ↑ *C* Ronsard alors luy dist, je desire

385. ↑ *A deux points après* actions

386. ↑ *B* Lesquels venus, il | *C* Alors il

387. ↑ *C* monde, qu'il estoit un tres-grand pecheur, s'esjoüissant

388. ↑ *C* reveillé d'un profond sommeil pour

389. ↑ *C* le remerciant infiniment

390. ↑ *AB* à leur devoir : Que la mort | *C* Puis s'adressant aux assistans, et les exhortant à bien vivre, et de vacquer soigneusement à leur devoir, leur dit, que la mort

391. ↑ *A* meschancetez : ce fait il pria

392. ↑ *C* Cela fait, le jour de la Nativité de nostre Seigneur il pria (*1609-1623* Seigneur, il pria) le Sous-prieur d'oüir sa confession, celebrer en sa chambre, et luy distribuer la Communion, qu'il receut d'une singuliere devotion, et plus grande qu'on n'eust attendu d'un personnage nourry parmy les desbauches irreligieuses d'une

393. ↑ *A* d'Esprit, lequel

394. ↑ *B* du mois de Decembre 1585. | *C modifie tout ce passage depuis* Le lendemain *ainsi* Et les derniers vers qu'il fit sont les deux derniers Sonets, par lesquels il entretient son ame, et l'incite d'aller trouver JESUS CHRIST, et de marcher par le chemin qu'il avoit frayé, finissant ses vers et sa vie heureusement par ces beaux mots de JESUS CHRIST et d'esprit,

lequel, semblable à celuy qui sommeille, il rendit à Dieu ayant les mains jointes au Ciel, et qui en tombant firent cognoistre aux assistans le moment de son trespas, qui fut sur les deux heures de nuict le Vendredy vingt septiesme de Decembre, mil cinq cens quatre vingts cinq, ayant vescu soixante et un an trois mois et seize jours :

395. ↑ *A* cinq : Et fut enterré en l'Eglise dudit S. Cosme, qui m'a donné | *C* Et fut mis en sepulture ainsi qu'il l'avoit desiré et ordonné au chœur de l'Eglise de S. Cosme. Ce qui m'a donné

396. ↑ *AB* monument en la langue, de la despoüille

397. ↑ *A virgule après* ἐπέων

398. ↑ *C* de l'Europe

399. ↑ *C* Paul de Foix, A. Ferrier *

400. ↑ *BC* et qui semblent, ennuyez de nostre siecle, ou plustost effrayez de nos futurs malheurs, avoir voulu s'eclipser de nous, pour nous laisser sans regret en nos regrets et tenebres. Ce que le mesme Sieur de Pybrac semble avoir preveu, lors qu'il dit :

> Quan tu verras que Dieu au ciel retire
>
> A coup à coup les hommes vertueux,
>
> Dy hardiment, l'orage impetueux
>
> Viendra bien tost esbranler cest Empire *.

C'est tout ainsi que celuy qui [*C* Faisant comme celuy qui] voyant que le feu voisin doit bien tost envahir sa maison, retire [*C* en retire] et sauve ses meubles plus precieux.

401. ↑ *B* de Ronsard. Car | *C* de Ronsard : car

402. ↑ *BC* un an auparavant son trespas, ne sçay quel Poëtastre, plus mal presagieux

403. ↑ *B* qu'il intituloit, Les | *C* dont le titre portoit, Les

404. ↑ *C* encor' que ceste nouvelle fust descouverte bien tost estre faulse, comme les vers

405. ↑ *A* que rire s'esbahissant

406. ↑ *BC* qu'il me dist

407. ↑ *C* au dernier voyage qu'il fit à Paris

408. ↑ *BC* esbahir, si ces esprits naiz en despit des Muses

409. ↑ *C* un Epigramme que Jean Dorat en fit

410. ↑ *AB pas de virgule après* foret | *C pas de virgule après* foret *ni après* fuisset

411. ↑ *A Salvo*

412. ↑ *1604-1617, 1630 omettent* funera | *1623 rétablit la leçon de ABC*

413. ↑ *C* trop vrayement asseurée

414. ↑ *BC suppriment* son singulier amy

415. ↑ *C* que ja nous nous estions par la fausse nouvelle premiere, non accoustumez, mais preparez pour apprehender la perte que nous faisions

416. ↑ *B* l'honneur et l'estonnement de la France, ainçois du monde | *C* l'honeur de la France, ainçois du monde,

417. ↑ *C* comme disposez

418. ↑ *C* le sieur Galland

419. ↑ *C* ce que la France devoit, fit

420. ↑ *B* Boncourt, là où furent celebrées les funerailles | *C* Boncourt, là où furent celebrées et imitées ses funerailles

421. ↑ *AC* Le service mis

422. ↑ *BC* nombrée, animé de toutes sortes d'instrumens, fut chanté

423. ↑ *A* qui y ajouterent son commandement et qui regretairent (*sic*) (*corrigé en* adjouta *et* regretta *aux errata*) | *B* du Roy, lequel y adjousta son commandement, et regreta | *C* du Roy suivant son commandement, et qui regretta

424. ↑ *BC* les Oraisons funebres, les Eloges

425. ↑ *A pas de virgule après* funebre | *C* de grans Seigneurs, avec ce genereux Prince Charles de Valois *, accompagné du Duc de Joyeuse et du Reverendissime Cardinal son frere, ausquels Ronsard appartenoit, honorerent ceste pompe funebre, à laquelle l'eslite de ce grand Senat de Paris * daigna bien assister, comme à un acte public, suivie de la fleur des meilleurs esprits de la France.

426. ↑ *A* de la France, apres

427. ↑ *B* avec tant d'eloquence et si grande affluence

428. ↑ *B* de s'en retourner

429. ↑ *C* Apres disner le sieur du Perron prononça l'Oraison Funebre avec tant d'eloquence, et pour laquelle ouyr l'affluence des auditeurs fut si grande que Monseigneur le Cardinal de Bourbon *, et plusieurs autres Princes et Seigneurs furent contraints de s'en retourner pour n'avoir peu forcer la presse.

430. ↑ *C* pour n'avoir peu forcer la presse. L'applaudissement des assistans en tres-grand nombre, et le regret de la troupe immense qui ne peut entrer, fit cognoistre l'effect merveilleux de son eloquence

431. ↑ *BC* et la perte en estoit

432. ↑ *BC* interest, y abordant

433. ↑ *BC suppriment* funebre

434. ↑ *C* sepulture, qui le premier de nos François osa tracer un sentier incogneu pour aller à l'immortalité, ayant guidé les autres au chemin d'un si honeste labeur *.

435. ↑ *C* Il fut en toute sa vie autant ambicieux de l'honeur vray

436. ↑ *A* au paravant : Vray est | *C* auparavant : vray est

437. ↑ *A* au 2 livre

438. ↑ *C* comme on peut voir au Poëme escrit à Christofle de Choiseul

439. ↑ *BC* il se plaignoit fort de ne sçay quelles façons d'escrire, et inventions fantastiques et melancholiques d'aucuns de ce temps, qu'il voyoit s'authoriser parmi nous, et qui ne se r'apportent non plus que les songes entrecoupez d'un frenetique, ou d'un fiévreux, duquel l'imagination est blessée *.

440. ↑ *BC* de voir en naissant son trespas

441. ↑ *A* Occident : puis | *C* trespas : puis

442. ↑ *1609, 1617, 1630* attaignent | *1623* atteignent

443. ↑ *A* crever : pource faisant | *BC* crever. Puis faisant

444. ↑ *A* te perdra, Ainsi le chaud | *C* te perdra, ainsi disoit-il le chaud

445. ↑ *BC* perdra

446. ↑ *A* reputation : disant | *B* reputation : Disant

447. ↑ *C* quelques uns d'iceux pouvoient estre capables de ce bel art, et

448. ↑ *C* Tant plus (*même var. au vers suivant*)

449. ↑ *AB* menues

450. ↑ *C* sur

451. ↑ *C* ou

452. ↑ *AC* Poësie, que

453. ↑ *1623 supprime* la prose estoit le langage des hommes, mais

454. ↑ *BC* à ce ministere. Il estoit ennemy mortel des Versificateurs [*C* des versificateurs dont les conceptions sont toutes ravalées], qui pensent avoir faict un grand chef d'œuvre, quand ils ont mis de la Prose en vers *. Car comme Michel-ange, [*C* Michel-Ange], peintre et sculpteur tres-excellent, diroit [*C* disoit] pour un secret en son art, que la parfaite peinture doit approcher de la sculpture, et la representer autant que l'art le permet, et au contraire que la sculpture doit du tout s'eloigner de la plate peinture : ainsi la prose peut bien exprimer les ornemens de Poësie, et les vestir modestement. Mais la Poësie doit estre toute relevée en bosses et fleurs apparoissantes, et fuyr du tout le stile plat et prosaïque, comme son contraire *. (*Vient ensuite l'alinéa* Les premiers Poëtes... *V. ci-après, p. 43*.)

455. ↑ *C* qu'elles sont fort esgarées

456. ↑ *B* suivant les memoires et advis, et desquels | *C* suyvant les memoires et advis desquels

457. ↑ *C* n'estant ny digne,

458. ↑ *BC transposent tout ce passage depuis* Les Satyres..., *et l'insèrent avant l'alinéa* Il avoit envie... (*V. ci-après, p. 47.*)

459. ↑ *ABC pas d'alinéa.*

460. ↥ *BC* Quant au jugement de ses ouvrages, il le laissoit librement à un chacun, et deferoit à celuy des doctes, et les exposoit [*C* des doctes, les exposant] en public à la façon d'Apelle, afin d'entendre le jugement et l'arrest d'un chacun, qu'aussi volontiers il recevoit comme il pensoit estre candidement prononcé : n'estant pas vice de s'amender, ains extreme malice de persister en son peché. Raison [*C* peché : raison] pour laquelle, tantost par un meilleur advis de soy-mesme, tantost par le conseil de ses plus doctes amis, il a changé, abregé, alongé beaucoup de lieux, et principalement de sa divine Franciade, et en [*C* et mesmes en] ceste derniere main ⁎, voulant tousjours tirer au but de perfection qu'on doit [*C* qui se doit] rechercher en la Poësie, pour acquerir de l'honneur ⁎, et non la mediocrité qui y est [*C* qui est] extreme vice ⁎.

Aussitôt après cette phrase C ajoute J'entends mediocrité humble et abjecte, et non celle que le judicieux Horace estime tant, qui se prent pour un stile moien et temperé, ny trop eslevé ny trop bas, conforme à son suject ⁎ qui est la perfection mesme, non encor' concedée des Dieux aux hommes ⁎. Il s'est toutefois trouvé des Zoïles qui ont bien osé attaquer sa Franciade, dont la seule imperfection est de ne l'avoir peu achever, pour le desir qu'il nous en a laissé par un si parfaict commencement : Et voicy ce que l'un d'eux en escrivit :

> *Dum juvenis Ronsardus ovans praeclara canebat,*
> *Concepta rapuit compila Franciade :*
> *Parturiit, Centaurus adest, vel inepta Chimera* (sic).
> *Qualiacumque ea sint, cauda caputve latet.*

Il ne s'esmeut pour cela beaucoup, mais respondit en ceste sorte :

> *Un lit ce livre pour apprendre.*
> *L'autre le lit comme envieux,*
> *Il est bien aisé de reprendre*
> *Mais malaisé de faire mieux* ⁎.

Et s'il ne l'a pas achevée ce n'a pas esté faulte de suject, mais faulte de noz Roys qui n'ont continué ceste genereuse faveur nourriciere des grands esprits. Il le tesmoigne en ces vers :

> *Si le Roy Charles eut vescu*
> *J'eusse achevé ce long ouvrage.*
> *Si tost que la mort l'eust vaincu,*
> *Sa mort me vainquit le courage* ⁎.

Mais par cet echantillon on peut prevoir quelle devoit estre la piece entiere *. Les beaux esprits s'exerceront à y cercher [*1604-1623* chercher] des sens allegoriques, et laisseray cela à ceux qui ont plus de loisir. Je ne celeray point pourtant que par la complainte d'un amy de Francus, mort, et par ses obseques, il m'a dit avoir entendu un Prince qui estoit fort necessaire pour l'estat pres du roy

461. ↑ C Les beautez de ses œuvres ne se cognoissent tout d'un coup, ny par tous. Mais en general les hommes doctes, et non seulement les nostres
462. ↑ *AC pas de virgule après* Italiens
463. ↑ *B et un des plus nobles et doctes d'entre eux | C* ont estimé et loué les ouvrages de Ronsard si hautement que l'un des plus nobles et doctes d'entre eux
464. ↑ *BC et le plus pres-regardant Censeur des Poëtes, ce grand Jules*
465. ↑ *AC pas de virgule après* Poëtes
466. ↑ *AB musis*
467. ↑ *A un point après* obruis
468. ↑ *BC*

In quoscumque tuus spiritus ingruit.

D'autres excellens personnages aussi, comme Pierre Victor, Pierre Barga *, et Speron Sperone *, l'ont tellement estimé, que les deux premiers m'ont dit, lorsque j'estois [*C* lorsque je poursuivois mes estudes] en Italie, que nostre langue par la divine Poesie de nostre Ronsard s'egaloit à la Grecque et Latine. Et quant à Sperone, c'est ce qui l'a esmeu au Dialogue des Langues, de tant estimer la nostre, et de faire un juste Poëme [*C* en langue Toscane] à la louange de Ronsard, qui [*C* de Ronsard, que j'ay trouvé parmy ses papiers, et qui] merite bien d'estre leu *. Et ce jugement a esté suivy de tout le monde *.

469. ↑ *BC transposent cet alinéa et l'insèrent avant celui qui commence par* Aucuns ont trouvé *la correction (v. ci-après, p. 45), mais C avec cette addition après* Danzich. Aussi le docte la Ramée en sa Rhetorique n'a peu trouver de plus beaux exemples pour son instruction de l'eloquence Françoise que dans les œuvres de Ronsard, qui luy en ont fourny à suffisance, comme Virgile à Quintilian *. Il a changé l'addresse d'aucunes pieces de ses œuvres, mais ce n'a pas esté par legereté ou inconstance d'amitié mais par bonne raison, ainsi qu'il m'a raconté, et que nous voions au Sonet qui commence :
A Phebus [,] Patoüillet,

qui s'addressoit premierement à Jaques Grevin medecin *, bel esprit certes, et l'honneur de nostre païs Reauvaisin, qui le meritoit bien, n'eust esté qu'ayant aydé à bastir le Temple de calomnie contre Ronsard en haine des Discours des miseres de nostre temps, il s'en rendit indigne, et de son amitié de laquelle il honoroit son gentil esprit : Sa vengeance ne fut autre toutesfois que de raier son nom de ses escrits.*

470. ↑ C Les premiers Poëtes qu'il a estimé
471. ↑ A Hugues, Salel (*f. d'impr. évidente*)
472. ↑ BC ont esté Maurice Sceve, Hugues Salel, Anthoine Heroet, Melin de S. Gelais, Jacques Pelletier, et Guillaume des Autels *.
473. ↑ BC Quant aux autres qui ont suivy plus heureusement, ils sont assez cogneus et remarquez par leurs œuvres.
474. ↑ A saincte Marthe
475. ↑ B Pontus de Tyard, Jean Ant. de Bayf, Joachin du Bellay, Estienne Jodelle, Remy Belleau, qu'il appelloit le peintre de nature, Estienne Pasquier *, Amadis Jamin, qu'il avoit nourry avec soy, Robert Garnier Poëte tragique, Philippes des Portes, Florent Chrestien, Scevole de Saincte-Marthe, Jehan Passerat, J. D. Perron Bertaud, et J. de la Peruse, et quelques autres, dont le jugement est en ses œuvres.

C Il aima et estima sur tous tant pour la grande doctrine et pour avoir le mieux escrit, que pour l'amitié à laquelle l'excellence de son sçavoir les avoit obligez, Jan Anthoine de Baïf, Joachin du Bellay, Pontus de Tyard, Estienne Jodelle, Remy Belleau qu'il appelloit le peintre de nature, la compagnie desquels avec luy et Dorat à l'imitation des sept excellens Poëtes Grecs qui florissoient presque d'un mesme temps il appella la Pleiade *, parce qu'ils estoient les premiers et plus excellens, par la diligence desquels la Poësie Françoise estoit montée au comble de tout honeur. Il mettoit aussi en cet honorable rang Estienne Pasquier, Olivier de Maigny, J. de la Peruse, Amadis Jamyn qu'il avoit nourry page, et fait instruire, Robert Garnier Poëte tragique, Florent Chrestien, Scevole de saincte Marthe, Jean Passerat et Philippes des Portes, J. D. Perron, et le poly Bertaud, lesquels ont si purement escrit qu'ils me font desesperer de voir jamais nostre langue en plus haute perfection. Il faisoit encore estat de quelques autres dont le jugement est en ses œuvres.

Aussitôt après cette phrase BC ajoutent Il avoit une liberté de juger des escrits de ceux de son temps, jointe à une candeur esloignée de toute jalousie (aussi estoit-il pardessus elle) ne retenant les loüanges de ceux ausquels elles estoient raisonablement deuës : tesmoin le jugement qu'il donna de la Pædotrophie de Scevole de sainte Marthe que Baïf luy avoit envoyé [*C* envoyée] *. Car en la response qu'il luy fit, voicy ce qu'il en dit : Bons Dieux quel livre m'avez vous donné [*C* envoyé] de la part du Seigneur de saincte Marthe ? [*1609-1623* !] Ce n'est pas un livre, ce sont les Muses mesmes : et s'il m'estoit permis d'y asseoir jugement, je jure nostre Helicon, que je le voudrois preferer à tous ceux de nostre temps, voire quand Bembe, Naugere, et le divin Fracastor * en devroient estre courroucez. Car adjoignant la splendeur du vers nombreux et sonoreux [*C* Car considerant comme il a joint la splendeur du vers nombreux et savoureux] à la belle et pure diction, la fable à l'histoire, et la Philosophie à la Medecine, je dy le siecle bien-heureux qui nous a produit un tel homme | *C* je ne me puis tenir de m'escrier, *Deus deus ille Menalca*, et de dire le siecle bien-heureux qui nous a produit un tel homme] *.

(*Suivent en BC les développements qui commencent par* Quant au jugement de ses ouvrages... *V. ci-dessus*, <u>p. 41, note 5</u>.)

476. ↥ *B* simples, et sans fiction et affetterie courtisane | *C* ouverts et simples, sans fiction et affetterie courtisane
477. ↥ *C* avoit tousjours desiré d'estre tel
478. ↥ *A pas de virgule après* escrits | *BC* ses mœurs, sa face et ses escrits
479. ↥ *BC* paroistre
480. ↥ *BC* des biens qu'il avoit. Il n'estoit ennemy d'aucun, et si aucuns se sont rendus ses ennemis, ils s'en sont donné le subject : mais sa naturelle douceur les en a faict repentir.
481. ↥ *BC* Sa demeure ordinaire estoit ou à Sainct Cosme
482. ↥ *C* l'œilet | *1604-1630* l'œillet
483. ↥ *C* volontiers, et où, pour cet exercice, il faisoit nourrir des chiens que le feu Roy Charles luy avoit donnez, ensemble un Faulcon et un Tiercelet d'autour :
484. ↥ *C* Bellerie, ou celle d'Helene,
485. ↥ *AC* inventions lesquelles
486. ↥ *B* peuple, s'ecartant çà et là, comme une semence esgarée, | *C* comme une semence esgarée de la matrice,
487. ↥ *BC* Quant il estoit à Paris, et qu'il vouloit s'esjouir avec ses amis, ou composer à requoy, il se delectoit ou à Meudon, tant à cause des bois que du plaisant regard de la riviere de Seine,
488. ↥ *B* Hercueil, et Vanves | *C* Hercueil, Sainct Clou, et Vanves
489. ↥ *A* lieux, en sa maison
490. ↥ *A* Danjou

491. ↑ *BC* le fut voir plusieurs fois.

492. ↑ *B* Il sçavoit, comme il n'ignoroit rien, beaucoup | *C* Il sçavoit assez (comme il n'ignoroit rien) beaucoup | *1609-1623 suppriment* assez

493. ↑ *1609-1623* il s'en retiroit aisément (*leçon faut. adoptée par Bl.* VIII, 51)

494. ↑ *A* recreative : Mais

495. ↑ *C supprime* s'il ne parloit à eux. *Mais à cet alinéa BC ajoutent celui-ci* La peinture et sculpture, comme aussi la Musique, luy estoient à singulier plaisir [*1609 in-fº,* et surtout celle du Sieur Mauduit,] ＊ : et principalement aimoit à chanter et à ouyr chanter ses vers, appellant la Musique sœur puisnée de la Poesie, et les Poetes et Musiciens enfans sacrez des Muses ; que sans la Musique la Poesie estoit presque sans grace, comme la Musique sans la melodie des vers, inanimée et sans vie ＊. (*Vient ensuite l'alinéa final* Il incitoit fort...)

496. ↑ *BC* comme il peut avenir [*C* advenir]

497. ↑ *A* declaircir | *B* d'esclaircir | *C* de esclaircir

498. ↑ *AB virgule après* rude | *C* et polir ne fait qu'user et corrompre la trempe.

499. ↑ *BC* les doctes [*C* Les doctes] qui verront sans passion ses dernieres conceptions en jugeront.

500. ↑ *BC* J'oseray bien prononcer toutesfois que ses œuvres en general sont tant pleins [*C* pleines] d'excellence

501. ↑ *A* imiter : Et nostre Ronsard

502. ↑ *A* pratique (*f. d'impr. évidente*)

503. ↑ *BC* si heureusement

504. ↑ *A* le sien, il ny

505. ↑ *A* nature : Et | *C* nature : et

506. ↑ *ABC* et semble ayant osté [*C* esté]

507. ↑ *C* ne gist pas

508. ↑ *A* des plus belles : Et | *B* au retranchement, chois et arrengement des plus belles. Et | *C* au retranchement des unes et aux choix et arrengement des plus belles. Et

509. ↑ *B* nous engendrent ce contentement qui meine en l'admiration : | *C* nous engendrent ce parfait contentement qui nous ravit en l'admiration.

510. ↑ *C* en la conception et phantasie du Poëte

511. ↑ *C* celles qui plus raisonnablement et avec grande contention d'esprit luy viennent à gré.

512. ↑ *C* ont remporté l'honeur

513. ↑ *A un point après* different. *BC remanient et augmentent cette fin d'alinéa ainsi* :

B unique. Qui n'admireroit son divin Genie, la grandeur et venerable Majesté de ses conceptions, la variété de ses entrelassemens Poetiques, dont il enrichit comme de franges et passemens ses divins ouvrages : la facilité inimitable de ses vers : comme il est floride, rond, reserré, pressé quand il veut, egal à son suject, d'un vers nombreux et sonoreux *, elegant et poly, d'un stile hautain, non errené ny trainant à terre ou effeminé : comme il est aggreable en comparaisons industrieuses et nayves, elabouré en vives descriptions, et en toutes ces choses autant tousjours semblable à soy-mesmes, comme en variété d'inventions et d'argumens il est tousjours dissemblable et different ? Ainsi que l'ingenieuse Abeille, il s'est servi si dextrement des fleurs des meilleurs escrivains, qu'il en a rendu le miel tout sien *.

C unique. Prenez garde à son eloquence diversiffiée de toutes varietez et qui entierement imite la nature mere de toutes choses, qui n'a esté estimée belle par les anciens que pour estre inconstante et variable en ses perfections *, comme une Musique parfaite en son armonie de plusieurs et divers tons, et accors. Pouvant appeller le corps de ses œuvres un petit monde accomply de toutes parties belles en leur diversité, tant il imite le monde naturel : Car comme cettuy-cy d'un costé se montre fertile et luxuriant en riches moissons, esgaié de belles et ver-florissantes prairies, que mille ruisseaux et fonteines resjoüissent de leurs courses argentines, puis environné de cette grande mer bruiante qui rehausse et releve son embellissement : d'autre costé vous la voiez hispide et chevelue de tant de bocages et hautes forestz, sterile en landes et bruieres, seiche en tant de païs sablonneux, et deserte en tant de rochers et pierreuses montagnes, ce qui rend ce Tout parfait [*on lit* Tout-parfait | en sa variété, ainsi devons nous admirer le divin Genie de sa Poësie *, la grandeur et venerable majesté de ses conceptions, la variété de ses entrelassemens Poëtiques dont il enrichit comme de franges et passemens ses divins ouvrages, la facilité inimitable [*on lit* immitable] de ses vers, comme là il est floride et copieux, par fois aride et raboteux, icy rond, reserré, et pressé quand il veut, d'un vers nombreux et savoureux, elegant et poly, d'un stile hautain, non errené ny trainant à terre ou effeminé : agreable en comparaisons industrieuses et naïves, elabouré en vives descriptions, et en toutes ces choses autant tousjours egal à son sujet, et à soy-mesmes, comme en varieté d'inventions et d'argumans il est tousjours dissemblable et different, representant toutes les Muses ensemble qui ont toutes diverse et differente face, en laquelle neantmoins on recognoist que elles sont sœurs et filles de Jupiter et Mnemosine (*sic*). Ainsi que l'ingenieuse abbeille, il s'est servi si dextrement des fleurs des meilleurs escrivains qu'il en a rendu le miel tout sien.

(*Vient ensuite l'alinéa qui commence par* Les Satyres qu'il avoit faites..... *V. ci-dessus,* p. 40.)

514. ↑ *A* François quelques
515. ↑ *C développe cette phrase en la transposant plus haut,* p. 14, note 3.
516. ↑ *BC développent cet alinéa ainsi :*

Il avoit envie, si la santé et la Parque l'eussent permis, d'escrire plusieurs œuvres Chrestiennes, et traiter ingenieusement et dignement la naissance du monde : mais il nous en a laissé seulement le desir : bien a-il [*C* avoit il] commencé un Poëme de la Loy divine non achevé, dont en voicy l'eschantillon [*C* non achevé, qu'il voüoit à Henry à present roy de France et de Navarre, avec presage de grande promesse, qui n'est encore manifeste qu'au Ciel, et combien que les Poëtes ayent esté appellez des anciens Vates et devins *, en voicy l'eschantillon :

> Mon Prince, illustre sang de la race Bourbonne,
> A qui le Ciel promet de porter la couronne
> Que ton grand Saint Loys porta dessus le front,
> Si la chasse, la guerre, et les conseils qui font
> Le nom d'un Cappitaine apres la mort revivre
> N'amusent ton esprit, embrasse moy ce livre.
> Et ne refuse point d'acquerir le bon-heur
> Que ton humble subject celebre à ton honneur.] *
> Tu ne liras icy les amours insensées
> Des mondains tourmentez de frivoles pensées,
> Mais d'un peuple qui tremble effraié de la loy
> Que Dieu pere eternel escrivit de son doy.
>   Un rocher s'eslevoit au milieu d'une plaine
> Effroiable d'horreur et d'une vaste areine,
> Hault rocher deserté dont le sommet pointu
> De l'orage des vents estait tousjours batu :
> Une effroiable peur comme un rampart l'emmure
> D'un torrent esbordé [*C* debordé], dont le rauque murmure
> Bouillonnant effroyoit les voisins à l'entour [*C* d'alentour].

Des Sangliers et des Cerfs agreable [C l'agreable] sejour.
Le Ciel pour ce jour là serenoit la montaigne.
Le vent estoit muet, muette la campaigne,
Quand l'horreur solitaire et l'effroy d'un tel lieu
Plus que les grands Palais fut agreable à Dieu,
Pour assembler son peuple et le tenir en crainte,
Et luy bailler le frein d'une douce contrainte.
Pour ce Moyse il appelle, et luy a dit ainsi
Lui resveillant l'esprit : Marche mon cher soucy,
Grimpe au sommet du mont et atten que je vienne.
Fay que mon peuple en presse au pied du mont se tienne,
De teste, de visage et d'espaules espes,
Attendant de ma loy le mandement expres.
Le Prophete obeit, il monta sur la roche,
Et plein de majesté de son maistre il s'approche. *

Qui montre assez, avec autres semblables pieces en ses œuvres, qu'il n'avoit

faute de volonté ny de moyens pour loger les Muses en nos temples *. Il avoit aussi desseigné trois livres * de la Militie Françoise qu'il adressoit au Roy, dont

le commencement est vers la fin des Poëmes *. [C au Roy, dont voicy le fragment :

Je chante par quel art la France peut remettre
Les armes en honneur, vueilles le moy permettre,
Neufvaine qui d'Olympe habite les sommetz.
Accomplissant par moy l'œuvre que je prometz.
Mars quitte moy le sein de Cypris ton amie,
Repousse de tes yeux la jeunesse endormie,
Desveloppe ton bras languissant à l'entour
De son col qui l'enerve empoisonné d'Amour.
Vien le dos tout chargé du fais de ta cuirasse,
*Pren la hache en la main tel que te veit * la Thrace*
Retournant tout sanglant du meurtre des Geans
Foudroyez à les piedz par les champs Phlegreans.
*Et toy, prince Henry, * des armes la merveille,*
Apres le soing public preste moy ton oreille,

Inspire moy l'audace, eschauffe moy la peur,
Et metz avecques moy la main à ce labeur]

Pareillement un Poëme intitulé l'Hercule Tu-lion [*C* intitulé Hercule Tu'lion] <u>*</u>, non achevé, qu'il avoit ainsi commencé :

Tu peux te garantir du Soleil qui nous brusle
(Dit le fort Iocaste <u></u> au magnanime Hercule)*
Dessous ceste umbre assis, s'il te plaist nous conter
Comme ta force peut <u></u> le Lion surmonter,*
Qui prenoit en Nemée et logis et pasture,
Et dont la peau te sert encore de vesture.
Car à voir tes sourcils, tes cheveux mal-peignez.
Tes bras pelus, nerveux, et tes yeux renfrongnez.
Nul homme sinon toy n'eust sceu parfaire l'œuvre,
Puis ta dure massue assez le nous descœuvre.
Il n'avoit achevé, quand dix bœufs du Soleil, <u></u>*
Effroyez de la peau du Lion non-pareil
Qu'Hercule avoit au dos, le choquant l'irriterent,
Et l'ire de son fiel agassant despiterent.

[*C* En sa premiere jeunesse il s'estoit addonné à la Muse latine, et de fait nous avons veu quelques vers latins de sa façon assez passables, comme ceux qu'il addresse au Cardinal de Lorraine, et à Charles Evesque du Mans et Cardinal de Ramboüillet, et les Epigrammes contre quelques ministres, et le Tombeau du Roy Charles IX, mais qui monstrent par quelque contrainte forcée, ou qu'il n'y estoit point entierement né, ou qu'il ne s'y plaisoit pas, aussi n'en avoit-il continué l'exercice, pour escrire en nostre langue <u>*</u>.

Quant à l'oraison continuë <u>*</u>, il ne disoit pas des mieux en propos communs, ou plustost se plaisoit en une dedaigneuse nonchalance, laquelle il mettoit au compte de sa liberté. Que s'il avoit à discourir, en presence ou par commandement des grands avec quelque appareil, il disoit des mieux : tesmoin le docte discours qu'il fit sur le suject des vertus actives<u>*</u>, qui se voit encores entre les mains des curieux et qu'il accompagna d'une genereuse et pareille action <u>*</u>, par le commandement, et en presence du Roy Henry III, lors que ce prince voulut dresser l'Academie de son Palais, et fit choix des plus doctes hommes de son roiaume, pour aprendre à moindre peine les bonnes lettres par leurs rares discours, enrichis des plus belles choses qu'on peust rechercher sur un suject, et qu'ils debvoient faire chacun à leur tour. Du nombre desquels furent choisis des premiers avec Ronsard le sieur de Pybrac, qui estoit autheur de ceste entreprise, et Doron Maistre des Requestes, Tyard Evesque de Chalons, Baïf, Desportes Abbé de Tyron, et le docte

517. ↑ *A'* un jour
518. ↑ *AA'* quelque fruict à bien escrire ⁎
519. ↑ *BC* les jeunes hommes qu'il jugeoit par un gentil naturel promettre quelque fruict en la Poësie, à bien escrire, et plustost à moins et mieux faire : car les vers se doivent peser et non conter [*C* compter], et ressemblent au Diamant, qui estant de belle eau et d'excellente grandeur [*C* au Diamant parangon qui estant de belle eau et rendant un bel esclat], seul vaut mieux qu'une centaine de moyens.
520. ↑ *BC* Je marqueray tousjours ce jour d'un craion bien-heureux
521. ↑ *BC* mais m'incita courageusement
522. ↑ *B* à continuer et l'aller voir | *C* à continuer, et le visiter
523. ↑ *A met une virg. après* chiche *et n'accentue pas* versé
524. ↑ *BC* non chiche de me deceler beaucoup de ses [*1609-1630* ces] divins et misterieux secrets, avec lesquels le premier il m'eschaufa l'inclination en la Poësie
525. ↑ *A* s'y peu que j'en puis recognoistre en moy. Et depuis
526. ↑ *BC* si peu que, parmy la severité de nos loix ⁎, j'en puis recognoistre en moy, et depuis honora mes escrits de la gloire qui regorgeoit en luy, engageant mon affection en son amitié par l'eternel lien de ses Lauriers.
527. ↑ *C* En recompense de quoy. Belle et genereuse ame, ayant receu de toy office et faveur de pere, puisse-tu au ciel en toute douceur et en paix tranquillement reposer ⁎, recevant en gré, comme d'un fils non ingrat qui veut aucunement recognoistre la paternelle pieté d'une autre, ce fraile vaisseau que j'ay fait pour y enfermer tes cendres tant precieuses, par moy ramassées, et que je presente à la posterité, reliques de tant de richesses fondues en toy seul, et suffisant tesmoignage des regrets que la France et moy te consacrons avec nez larmes perpetuelles.

BC se terminent par ces mots Fin de la Vie de P. de Ronsard.

COMMENTAIRE HISTORIQUE ET CRITIQUE

Page 1, ligne 1. — <u>est issu</u>. Binet a emprunté les vingt premières lignes à l'Elégie autobiographique de Ronsard, *Je veux, mon cher Belleau,* adressée primitivement (dans le *Bocage* de 1554) à Pierre Paschal, lequel avait demandé au poète des documents pour étoffer et orner l'éloge qu'il avait promis de lui consacrer. (Voir Marty-Laveaux, *Notice sur Ronsard*, pp. II à V, et ma thèse sur *Ronsard poète lyrique*, pp. 125 à 127). Voici le passage de R. qui a passé dans la prose de Binet :

> Or quant à mon ancestre il a tiré sa race
> D'où le glacé Danube est voisin de la Thrace.
> Plus bas que la Hongrie, en une froide part,
> Est un Seigneur nommé le Marquis de Ronsart,
> Riche d'or et de gens, de villes et de terre.
> Un de ses fils puisnez ardant de voir la guerre,
> Un camp d'autres puisnez assembla hazardeux,
> Et quittant son pays, faict Capitaine d'eux
> Traversa la Hongrie et la basse Allemaigne,
> Traversa la Bourgogne et la grasse Champaigne,

Et hardy vint servir Philippes de Valois,
Qui pour lors avoit guerre encontre les Anglois.
Il s'employa si bien au service de France,
Que le Roy lui donna des biens à suffisance
Sur les rives du Loir : puis du tout oubliant
Freres, pere et pays, François se mariant
Engendra les ayeux dont est sorti le pere
Par qui premier je vy ceste belle lumiere.

    (Texte de 1584, consulté par Binet, cf. ci-après, p. 60.)

On remarquera que Ronsard ne donne aucun nom à ce cadet de fortune qui émigra de Hongrie en France ; il ne nomme pas non plus Orphée, laissant ce soin à ses panégyristes. — Même silence sur ces deux points dans Du Perron, qui, du reste, tout en délayant les vers de Ronsard, fait sortir ses ancêtres paternels « de la Moravie, province située entre la Pologne et la Hongrie » (*Oraison fun.*, 1586 et éd. suiv.). — J. Velliard ne parle pas des origines étrangères de Ronsard ; il se contente de dire qu'il est issu de très nobles ancêtres paternels établis depuis longtemps dans la région fertile et illustre du Vendômois. — En revanche G. Critton paraphrase d'un bout à l'autre les vers de Ronsard, avec cette variante que le capitaine venu au service de Philippe VI était le fils *aîné* d'un *Comte* de Ronsard, *qui habitait la Thrace,* et il ajoute : « Ab hoc genus traxit is quo rectè gloriari potest Thracia se nostris hominibus Gallicum Orpheum ut olim Graecis suum dedisse. » (*Laudatio fun.*, p. 4). C'est là, peut-être, que

Binet a pris le rapprochement de Ronsard et d'Orphée (qu'on trouve d'ailleurs au début de l'*Hymne de France*, Bl., V, 283). Mais où a-t-il pris que le capitaine venu au service de Philippe VI s'appelait Baudouin ?

L'authenticité de cette origine paternelle de Ronsard est très suspecte et a été fort contestée. Bayle, après avoir cité le témoignage de Binet, ajoute : « Je croi que nous pouvons mettre tout cela au nombre de tant de chimères, que la plupart des Maisons nobles racontent de leurs premiers fondateurs. Elles aiment passionnément à se dire issues des pays les plus éloignez et de quelque cadet de noble race, brave avanturier dont les beaux exploits meritèrent cent récompenses du Prince qu'il vint servir. S'il n'y avoit que trois ou quatre familles qui contassent de telles choses, on n'aurait pas tant de panchant à s'en moquer. Au reste l'Auteur que je cite n'a fait que traduire en prose ce que Ronsard avoit raconté de son extraction dans l'une de ses Elegies. Du Perron fit ce même Conte, mais au lieu de la Bulgarie, il mit la Moravie. » (*Dictionn.*, article Ronsard, note A)

Il est certain que les généalogies dressées au XVIe siècle étaient le plus souvent fantaisistes. Le Laboureur en a fait une juste critique à propos de Fr. de La Rochefoucauld, de Fr d'Agoult, de René de Sanzay, et de quelques autres (*Add. aux Mém. de Castelnau*, I, 767-68 ; II, 471 et 515 de l'éd. de Bruxelles). Il a écrit notamment au sujet de la généalogie des Sanzay, publiée en 1560 et admirée précisément de Ronsard (cf. Bl., III, 389) : « En ce temps là on n'avoit point la méthode de dresser des *Généalogies* sur les Titres ; on se contentoit de traditions et de contes de vieilles pour suppléer au défaut de la mémoire ; à peine savoit-on son grand père par les règles, et au dessus de cela on recevoit pour veritable tout ce qu'il plaisoit à certains faux antiquaires et veritables visionnaires tels que Jean le Maire de Belges, l'auteur du roman du Chevalier du Cygne, composé en faveur de la Maison de Cleves, Forcatel jurisconsulte, auteur du Montmorency Gaulois, frere Etienne de Lusignan, grand imposteur, et Jean le Feron, lequel je n'accuserai que de legere créance, et qui presta son nom comme Roy d'armes à plusieurs généalogies faites à plaisir. » (II, 296.)

Au XIXᵉ siècle nombre de biographes ont admis, à la suite de Sainte-Beuve, l'origine bas-danubienne de Ronsard. On a même accepté comme une vérité incontestable l'existence du Baudouin de Ronsart, dont le prénom n'apparaît que dans Binet (copié par Colletet) et pourrait bien être de son invention. Blanchemain enfin a cru, sur la foi d'un écrivain roumain, que cet ancêtre était un *bano* hongrois, du nom de *Marucini*, qui en se fixant en France aurait traduit littéralement son titre et son nom de famille, changeant *bano* en marquis et Marucini (Ronces ou Roncière) en Ronsart (A. Ubicini, Introd. aux *Chants popul. de la Roumanie* recueillis par Alexandri, Paris, Dentu, 1855 ; Bl., IV, 297, et VIII, 2).

Mais la critique de Bayle a été vigoureusement reprise en 1874 par un numismate d'Orléans, A. Chabouillet : « On paraît disposé, dit-il, à adopter trop complaisamment l'opinion purement légendaire qui veut que Ronsard soit issu d'une noble et ancienne famille de la Moravie, de la Hongrie ou de la Roumanie… C'est Ronsard lui-même qui a accrédité cette légende en la consignant dans ses vers, où il établit qu'il descend d'un seigneur nommé le *marquis de Ronsard*. Je n'accuse pas le poète d'avoir inventé cette légende ; il se peut qu'il l'ait trouvée établie et enracinée dans sa famille ; mais il y avait partout de ces légendes, et la critique moderne ne les accueille généralement qu'à bonnes enseignes, lesquelles manquent ici. » Après avoir rappelé les affirmations des premiers biographes de notre poète, il ajoute : « Mais où donc Ronsard, Duperron et Binet ont-ils pris tout cela ? M. de Rochambeau dit à la vérité qu'on voit ce Baudouin « figurer dans les actes de 1328 à 1340 » ; quels actes, où sont-ils et que disent-ils ? S'ils existent encore il aurait fallu les citer avec les indications précises exigées par la critique » (L. Froger dit en 1884 qu'il n'a retrouvé aucune trace de ces actes, *Nouv. Recherches*, p. 91). « La critique, ajoute Chabouillet, n'a-t-elle pas négligé jusqu'à présent de s'enquérir sérieusement de ce qu'il pourrait y avoir de fondé dans le roman versifié de Ronsard ? » et, après de judicieuses remarques sur les armoiries de sa famille, augmentées par Rochambeau d'une « Couronne de marquis » imaginaire : « J'espère que les amis de Ronsard me pardonneront de le croire plus poète que gentilhomme ; mais évidemment il s'est fait illusion sur l'antiquité de sa noblesse, et j'avoue que je ne crois pas du tout au *marquis de Ronsard* contemporain de Philippe de

Valois. » (*Notice sur une médaille inéd. de Rons.*, dans les Mém. de la Soc. arch. de l'Orléanais, tome XV ; tirage à part, pp. 14-19.)

À la fin du xixe siècle, les biographes de Ronsard, gagnés par le doute, ont gardé pour la plupart une sage réserve sur la question de ses origines hongroises. « Rien, dit l'un d'eux, ne paraît moins certain que cette glorieuse descendance » (M. Lanusse, *Chefs-d'œuvre poét. de Marot, Ronsard*, etc, p. 63). — Quant aux titres de noblesse de ses ascendants paternels, j'ai moi-même essayé de montrer qu'ils étaient loin d'avoir l'importance que le poète et Cl. Binet leur ont donnée (*Rev. de la Renaiss.*, 1901, p. 99). Son père fut peut-être le premier *chevalier* de la famille ; son grand-père et ses arrière grands-pères étaient de simples *écuyers*. Lors du recensement de la noblesse authentique ordonné par Louis XIV vers 1667, les Ronsard furent exclus des listes provisoires ; c'est seulement après la protestation de l'un d'entre eux, et un procès, qu'ils furent réinscrits au nombre des « gentilshommes de la generalité d'Orléans » (cf. Froger, *Nouv. Rech. sur la famille de Ronsard*, dans la Rev. arch. du Maine, 1884, surtout le Tableau généalogique et les Pièces justificatives, pp. 224-240).

En 1902, G. Deschamps disait avec raison au sujet de la page du poète transposée par Binet : « Dans ces vers à panache, qui font songer à Don César de Bazan, Ronsard, tombant dans un travers auquel V. Hugo n'a pas échappé, s'attribue gratuitement une ascendance fantaisiste ; ainsi le grand poète romantique, issu d'une famille d'honnêtes artisans, donnait pour ancêtre à sa lignée un capitaine des gardes de la Cour de Lorraine (anobli au XVIe siècle)... » Et, après avoir rappelé les lignes de Binet — historien suspect autant que disciple enthousiaste — comme le témoignage d'une légende adulatrice formée dans l'entourage du poète : « Dans ce texte, continuait-il, une phrase ajoutée donne l'explication de la si lointaine origine attribuée au chef de la Pléiade : Binet nous avoue la préoccupation que Ronsard avait de se rapprocher de toutes manières du pays où vécut Orphée. » (*Rev. des Cours et Conférences*, 20 mars 1902, p. 51.)

Enfin M. Henri Longnon a écrit pour sa thèse de l'École des Chartes (janv. 1904) un premier chapitre intitulé : « La légende du marquis de Ronsard ; sa fausseté », — et un deuxième chapitre sur les ancêtres du poète, où il prouve que le nom de Ronsard remonte au XIe siècle. J'ignore les arguments qu'il a fait valoir, les « positions » de la thèse ayant été seules imprimées ; mais L. Froger a publié, depuis, un document qui ne peut que les confirmer, constatant en 1293 l'existence dans le Vendômois d'un Olivier de la Poçonniere, écuyer, marié à Jehanne Tiercelin (*Annales Fléch.* de septembre 1904). Tout me porte à croire que ce personnage est un des ancêtres paternels du poète, car : à parfois ils étaient ainsi désignés simplement du nom de leur fief principal (cf. une relation des obsèques de Guill. du Bellay, où figure M. de la Possonniere, qui n'est autre que Loys de Ronsart, *Rev. de la Province du Maine* de juillet 1901, p. 212) ; 2° l'un d'eux, au xve siècle, a également porté le prénom d'Olivier ; 3° Claude de Ronsart, le frère du poète, a également épousé une Tiercelin.

Comme le dit L. Froger : Parole de poète n'a jamais été parole d'évangile. C'est ce que Binet aurait dû ne pas oublier. (V. encore Hallopeau, *Annales Fléch.* de déc. 1904, p. 313, note 2 ; de septembre 1905, p. 93 ; le *Bas-Vendomois*, 1905, pp. 79, 91 et 96).

Un adversaire des origines bas-danubiennes de Ronsard, non moins résolu que les précédents, vient de se faire connaître en la personne de M. Jean Martellière, de Vendôme ; ses arguments ne sont pas nouveaux, mais sa façon de les présenter est assurément nouvelle (*Annales Fléch.* de mai-juin 1909, *Les Origines des Ronssart*).

P. 1, l. 10. — *leur temps*. Ce début rappelle celui de la *Vie d'Agricola* de Tacite : « Clarorum virorum facta moresque posteris tradere antiquitus usitatum... » ; et un passage de la lettre de Pline le Jeune sur la mort du poète Martial (III, 21) : « Fuit moris antiqui.. »

P. 1, l. 17. — *marse nature* = nature languissante, flasque, flétrie, corrompue (du latin *marcidus*). Le Dictionnaire de Godefroy ne cite qu'un exemple de cet adjectif, emprunté au *Pelerinage d'Amour*.

P. 1, l. 19. — *utile labeur*. Cf. Pline le Jeune, *loc. cit.* : « nostris vero temporibus, ut alia speciosa et egregia, ita hoc in primis exolevit. »

P 1, l. 21. — *de mesme*. Cf. Tacite, *loc. cit.* : « adeo virtutes iisdem temporibus optime aestimantur quibus facillime gignuntur. » Pline le J., *loc cit.* : « Nam postquam desiimus facere laudanda, laudari quoque ineptum putamus. »

P. 1. l. 24. — *Prince et pere de nos Poëtes*. Ronsard reçut le premier de ces titres de très bonne heure, peu de temps après la publication de son premier recueil d'*Odes* (janv.-févr. 1550). V. les *Odes du Gave* du poète Gascon B. du Poey, 1550 (d'après la Thèse fr. de M. Lanusse, p. 142) ; une ode latine de Muret « Ad P. Ronsardum Gallicorum poctarum facile principem », parue dans les *Juvenilia* (déc 1552) ; un sonnet de J. de La Peruse « A. P. de Ronsard, prince des poëtes François », paru en 1553 à la fin de la 2e éd. du *Cinquiesme livre des Odes* de Ronsard ; les *Œuvres poëtiques* de Maclou de la Haye, 1553 ; la *Poësie* de Le Caron, 1554. Lambin appelle aussi Ronsard « Poctarum Gallicorum princeps » en 1553 (*Rev. d'Hist. litt.* 1906, pp. 497-98). Quant au titre de « père » des poètes, il était couramment décerné à Ronsard par ses nombreux disciples : ainsi Du Perron appelle Ronsard non seulement son père spirituel (*Oraison fun.*, éd. princeps, pp. 8 et 9), mais encore « le pere commun des Muses et de la Poësie » (*Ibid.*, p. 15). Ronsard lui-même avait dit avec raison aux poètes protestants en 1563 : « Vous estes tous issus de ma Muse et de moy... » (*Response aux injures...*, vers 1025 et suiv., Bl., VII, 128.)

P. 1, l. 26. — *à fin que toy*. Binet s'adresse à son fils.

P. 1, l. 34. — *abolie et perdue*. Cf. Tacite, *op. cit.*, chap. III, fin : « Hic interim liber, honori Agricolae soceri mei destinatus, professione pietatis aut laudatus erit aut excusatus. » — Il est certain que Binet s'est inspiré de Tacite pour l'ensemble de son exorde ; même annonce d'un panégyrique, même ton sentencieux, mêmes précautions oratoires, mêmes expressions parfois. — Quant à la comparaison du monde moral avec la terre tour à tour féconde et stérile (2e et 3e phrases), c'est un lieu commun qui est déjà dans Pindare : « Les anciennes vertus ne viennent que par intervalles renouveler la vigueur chez les générations des hommes : la noire terre ne donne pas toujours des fruits ; on ne voit pas l'arbre apporter à chaque révolution des ans une égale richesse de fleurs embaumées ; la nature veut du repos. « (*Ném.*, XI, vers 37 et suiv.). On la trouve au moins deux fois dans Ronsard : 1° *Elegie à Chr. de Choiseul* (publiée en 1556) : « Mais ainsi que la terre a la semence enclose | Des bleds un an entier, et l'autre an se repose... | Ainsi la France mere a produit pour un temps | Comme une terre grasse une moisson d'enfans | Gentils, doctes, bien naiz, puis ell' s'est reposée, | ... Maintenant à son tour fertile elle commence | A s'enfler tout le sein d'une belle semence... » (Bl., VI, 202 ; la comparaison tient 18 vers) ; 2° *Elegie au sieur Barthel. del Bene* (publ. en 1587) : « Comme on voit par saisons les ventres des campagnes, | Fertiles maintenant et maintenant brehagnes, | Porter l'un apres l'autre et fourment et buissons | Et tousjours à plein sein ne jaunir de moissons : | Ainsi les bons esprits ne font

185

toujours demeure, | Fertils, en un païs, mais changent d'heure en heure, | Soit en se reposant, soit en portant du fruit ». (Bl., IV, 356).

Il se peut que Binet ait pris cette comparaison à Ronsard. Mais il en a fait une application, très différente, à l'Antiquité, aux siècles inféconds du Moyen-Age et à la Renaissance française, qui rappelle plutôt ces lignes de J. Peletier : « Le Temps s'est si fort dementi que toutes les professions liberales, qui avoyent si bien faict prosperer, ont quasi esté mises à nonchaloir et à néant par toutes nations, tout un grand espace jusques à nostre aage : lequel, si affection ne me transporte, est assez fort pour combattre avecques les passés. Et me semble que le Temps a faict ainsi que la terre labourable ; laquelle, apres s'estre reposée à son plaisir, apporte une foison de biens autant et plus grande qu'elle ne fit oncques. Quel temps s'est-il jamais trouvé plus florissant en Philosophie, Poësie, Peinture, Architecture et inventions nouvelles de toutes choses necessaires à la vie des hommes, que le nostre ? » (*Arithmétique*, 1549 ; proème du 1er livre.)

P. 2, l. 30. — *le Danube*. Cette étymologie du nom de Ronsard (primitivement Rossart, Roussart, puis Ronssart et Ronsart) est très contestable. Il est vrai que *ross* signifie en allemand cheval de bataille ; il se peut aussi, comme, l'ont répété Rochambeau et Blanchemain d'après Binet, qu'il y ait dans le Danube des poissons appelés *ross* ; mais il est certain d'autre part que le mot *roussin* signifiant cheval de bataille est un vieux mot français, qui existait encore dans ce sens au XVIᵉ siècle (cf. Decrue, *la Cour de France et la Société au XVIᵉ siècle*, p. 140) ; et que le Loir abonde en *rosses*, petits « vifs » du genre gardon, qui sont excellents pour la pêche du brochet. Aussi un Armorial manuscrit de 1608, conservé à la Biblio. d'Angers, donne-t-il comme *angevines* les armoiries de la famille Ronsart, qui se prétendait d'origine étrangère. V. à ce sujet l'abbé Simon, *Hist. de Vendôme*, III, p. 499, note ; A. Dupré et de Passac, Mss. de la Biblio. de Blois, le *Vendômois*, p. 239 ; Laumonier, *Genèse du nom de Ronsard* (*Annales Fléchoises* de mai 1903).

Je cite seulement pour mémoire l'opinion de La Monnoye, qui après avoir prouvé, par un vers des *Neniae* de Salmon Macrin, qu'on prononçait encore Roussart en 1550, ajoute : « On sait par tradition que Ronsard était rousseau, et c'est apparemment parce que la plupart de ceux de cette famille naissaient roux, qu'ils eurent le nom de Roussart qu'on a depuis prononcé Ronsard. » (*Jugemens des Savans*, IV, p. 456, note.)

Le blason de Ronsart « d'azur à trois Ross d'argent rangés en fasces », se voit partout dans le Bas-Vendômois, non seulement à l'intérieur et à l'extérieur de la Possonniére, mais dans l'église et sur le clocher de Couture, et dans les communes voisines où ils avaient des fiefs, notamment à la Chapelle-Gaugain : « Nous retrouvons bien là, dit L. A. Hallopeau, ces orgueilleux seigneurs, qui prétendaient tenir leurs terres des rois de France et même être alliés à la famille royale. Ils ont fait tailler leur blason dans la pierre aussi haut qu'ils ont pu le monter ; depuis quatre siècles les *trois Ross rangés en fasces* dominent le val du Tusson comme la plaine de Couture, au nord et au sud, vers orient et vers occident ». (*Le Bas-Vendomois*, p. 203.)[1].

P. 2, l. 30. — *Poissonnière*. Binet se trompe sur l'étymologie de ce nom. La vraie orthog. est *Possonniere* ; il l'avait d'ailleurs adoptée dans sa 1re rédaction (cf. ci-dessus p. 3, l. 19). Amadis Jamin dit avec raison dans une ode *Au sieur de la Possonniere* :

> La Possonniere de posson
> Se surnomme, non du poisson
> Qui des Ronsards nomme la race.
>   (Œuv. poét., éd. de 1575, Meslanges, f° 230 v°.)

On appelait « possonnieres » les endroits où se mesuraient les liquides à l'aide du *poçon* ou *posson*, terme qui s'est corrompu en *poinçon, ponson, poisson*. Pour désigner le domaine des Ronsart à Couture, on écrivait au xve et au xvie siècle la *Possonniere*, et c'est aussi l'orthog. adoptée le plus souvent dans les actes notariés, ou ayant un caractère officiel quelconque, du xviie et du xviiie siècle. Cependant c'est l'orthog. *Poissonnière* qui a prévalu, non seulement chez les habitants du Bas-Vendomois, mais encore dans les travaux d'érudits, tels que l'abbé Simon, l'historien de Vendôme, et les deux derniers éditeurs de Ronsard,

Blanchemain et Marty-Laveaux, d'après l'opinion généralement répandue que ce nom vient des poissons qui figurent dans les armes des Ronsart. Cette confusion, qui s'explique aisément, fut faite dès le XVIᵉ siècle, comme on le voit par la 2ᵉ et la 3ᵉ rédaction de Binet. Le poète lui-même semble avoir partagé l'opinion vulgaire, car il écrit dans une lettre à son ami Passerat en 1566 : « Je m'en iray demain aux Trois Poissons boire à vos bonnes graces. » (Bl., VIII, 169 ; M. L., VI, 481.) — Sur cette question, voir Chabouillet, *Notice sur une méd. inéd. de Ronsard,* p. 20 ; Froger, *Nouv. rech. sur la fam. de R.,* passim ; Laumonier, *Annales Fléchoises* de mai 1903, pp. 257 et suiv. ; Hallopeau, le *Bas-Vendomois,* pp. 59 et suiv.)

P. 2, l. 41. — *du Mans*. Nous n'avons pas trouvé la moindre mention de ce Julian Ronsart, évêque du Mans, ni dans Rochambeau (*op. cit.*), ni dans Froger (*op. cit.*), ni dans Hallopeau (*op. cit.*) Nous l'avons vainement cherché dans la liste des évêques du Mans, *Gallia Christiana,* tome XIV, p. 339 ; Mas-Latrie, *Trésor de Chronol.,* col. 1433.

Binet a peut-être confondu avec Jehan Ronsart, oncle du poète. Il était curé de Bessé-sur-Braye, chanoine du Mans, vicaire général de l'évêque-cardinal du Mans, Louis de Bourbon. Il mourut en 1535 et fut inhumé dans une des chapelles de la cathédrale, celle de Saint-Nicolas (Froger, *Nouv. Rech. sur la famille de R.,* pp. 98 et 99.) V. ci-après, p. 70, au mot « *expres* ».

P. 3, l. 4. — *à Remi Belleau*. On voit que Binet n'a pas consulté cette pièce autobiographique dans l'édition

189

originale, le *Bocage* de 1554, où elle était dédiée à Pierre Paschal, et qu'il a ignoré par conséquent pour quelle fin Ronsard l'avait écrite. Il ne s'est pas douté un instant qu'elle était primitivement destinée à documenter un *panégyrique* promis par Paschal à Ronsard, et que pour la circonstance le poète avait très probablement enjolivé la vérité. Aussi a-t-il accepté sans critique les renseignements qu'elle contient.

C'est en 1560 que Ronsard remplaça Paschal par Belleau dans l'adresse de cette autobiographie, mais elle figurait alors au premier livre des *Poëmes*, n° XX, sans porter le nom particulier d'élégie. En 1567, 1571 et 1573, où les *Elegies* forment avec les *Eclogues* une section à part divisée en plusieurs livres, elle est classée la quatrième élégie du livre IV. En 1578, où les *Elegies* forment pour la première fois avec quelques *Discours* une série continue, elle a le n° XXIX des Elégies. C'EST EN 1584 SEULEMENT QU'ELLE EST L'ELEGIE XVI. Nous en concluons que Binet pour sa première rédaction s'est servi de la dernière édition collective publiée du vivant de Ronsard, l'in-folio de 1584. — Pour les rédactions de 1587 et de 1597, il s'est servi de la première édition posthume, à laquelle il avait collaboré, et où l'autobiographie adressée à Belleau n'est plus l'Elégie XVI, mais l'Elégie XXI.

Voici les vers qui ont passé dans la prose de Binet :

Du costé maternel j'ay tiré mon lignage
De ceux de la Trimouille, et de ceux du Bouchage,

190

Et de ceux des Roüaux, et de ceux des Chaudriers
Qui furent en leurs temps si glorieux guerriers,
Que leur noble vertu que Mars rend éternelle
Reprint sur les Anglois les murs de la Rochelle,
Où l'un fut si vaillant qu'encores aujourd'huy
Une rue à son los porte le nom de luy.

(Texte de 1584. Cf. éd. M-L., IV, 96.)

Sur les alliances contractées par les ancêtres paternels de Ronsard, notamment par son père, et sur les armoiries sculptées et peintes au manoir de la Possonniere qui en témoignent, voir Rochambeau, *op. cit.*, chap. I et II ; Froger, *Nouv. Rech.*, *passim* et *Tableau généalog.* ; surtout Hallopeau, articles des *Ann. Fléch.* de 1905, tome V, pp. 1, 90, 189, articles recueillis dans son ouvrage sur le *Bas-Vendômois* en 1906, pp. 74 à 92 et planche de la p. 176, dont nous détachons seulement ces lignes de conclusion : « De l'étude de ces armoiries résulte un fait incontestable : c'est l'orgueil inouï des seigneurs de la Possonniere, qui, avides d'alliances avec les plus illustres familles, n'hésitent pas à s'attribuer des parentés fort discutables. Vers 1515, Loys fait sculpter sur sa cheminée les armes de Jeanne de Vendosmois, par lesquelles les Ronsart prétendaient tenir à la maison de Bourbon et aux anciens comtes de Vendôme ; il cherche encore à se rattacher aux barons de Maillé et peut-être aussi aux barons de Craon. »

Le poëte en particulier était très fier de ses ascendants et de leurs attaches plus ou moins directes avec les plus nobles familles : ce sentiment éclate non seulement dans l'*Elegie à*

P. Paschal, mais dans l'ode pindarique *A J. du Bellay* (épode IV) et dans l'ode *Au fleuve du Loir* (av. dern. stro.) ; le caractère aristocratique de sa Muse vient en partie de là. Voir ma *Jeunesse de Ronsard*, où j'ai le premier signalé l'existence des armes de sa mère Jeanne Chaudrier, au manoir de la Possonnière. (*Rev. de la Renaiss.*, févr. 1901, pp. 105-106.)

P. 3, l. 5. — *de l'Ordre*. Sur ce personnage, voir A. de Rochambeau, *Famille de Ronsart*, 1868, éd. elzévirienne, pp. 22-33 ; Louis Froger, *Nouv. Rech. sur la famille de Ronsard* dans la *Revue histor. et arch. du Maine*, 1884, 1er semestre, pp. 102 et suiv. ; et ma *Jeunesse de Ronsard* dans la *Rev. de la Renaissance*, 1901, pp. 99 et suiv. — Il est surtout connu par son protégé, le rhétoriqueur poitevin J. Bouchet (Epître liminaire des *Triumphes de la noble et amoureuse dame*, reproduite par Marty-Lav., *Notice sur Ronsard*, cx ; *Epitres familieres*, 96, 97, 126 de l'éd. de 1545 ; *Epitaphe de Loys de Roussart*, reproduite par Blanchemain, au tome VIII, p. 13, de son édition de Ronsard). — Il fut fait chevalier de l'ordre de Saint-Michel par Louis XII, car il a ce titre dès 1504 (Rochambeau. *op. cit.*, p. 23). D'après Bouchet (Epître limin. des *Triumphes*), il l'aurait reçu en récompense des services rendus à la prise de Milan et d'Alexandrie, lorsque Ludov. Sforza fut fait prisonnier, c'est-à-dire en 1500.

P. 3, l. 6. — *du Roy*. Il s'agit non pas de François Ier comme l'a écrit Binet en 1597, mais de celui de ses fils qui devint roi sous le nom de Henri II. Il suffit, pour s'en convaincre, de se reporter à l'Elégie autobiographique dont Binet s'est servi en 1586. Voici ce qu'écrivait Ronsard dans cette *Elégie* à la date de 1554 et ce qu'on lisait encore dans l'in-folio de 1584, consulté par Binet :

> Mon pere fut toujours en son vivant icy
> Maistre d'hostel du Roy et le suivit aussy
> Tant qu'il fut prisonnier pour son pere en Espagne.

Ce roi qui « fut prisonnier pour son pere en Espagne », et que L. de Ronsart suivit durant sa captivité, ne peut être un autre que Henri II ; seulement, lorsqu'il remplaça son père dans les prisons d'Espagne, de 1526 à 1530, il n'était encore que le tout jeune prince Henri, duc d'Orléans. Ronsard a voulu dire en 1554 : « Mon père fut maître d'hôtel du prince qui est aujourd'hui notre roi. » (Notons qu'il s'adressait alors à Paschal, « historiographe du Roy ».) Après la mort de Henri II, il aurait dû changer son texte pour éviter toute équivoque ; il ne s'en avisa que pour l'édition posthume (1587), dont voici la variante :

> Mon pere de Henry gouverna la maison,
> Fils du grand Roy François, quand il fut en prison
> Servant de seur ostage à son pere en Espagne.

Du Perron a bien vu, même avant l'apparition de cette

variante, que le roi dont parle Ronsard dans les éd. publiées de son vivant est Henri II et non François Ier ; mais il eut tort de croire que L. de Ronsart « fut maistre d'hostel du Roy Henry second *à son avènement à la couronne* ». (*Or. fun.*, tous les textes, 1586-1618.)

Non, L. de Ronsart ne fut « maistre d'hostel » que des deux fils aînés de François Ier, le dauphin François et le duc Henri d'Orléans. Bouchet le dit expressément à deux reprises (Epître limin des *Triumphes*, et *Epitaphe de L. de R.*). D'après un document retrouvé par A. Dupré et cité par Rochambeau (*op. cit.*, p. 24), il était « maistre d'hostel des princes » dès mars 1522. D'après un autre document publié par M. Lhuillier dans le *Bulletin histor. et philol. du comité des travaux histor.* (1889, p. 213), il était inscrit en 1535 comme 4e maître d'hôtel dans « l'Etat de la maison des princes » pour une somme de 800 livres. Or, comme l'aîné de ces princes est mort en 1536 et que le cadet n'est arrivé au trône qu'en 1547. *trois ans après la mort de L. de Ronsart*, celui-ci en réalité n'a jamais été « maistre d'hostel » d'aucun roi. Enfin, si L. de Ronsart avait eu cette qualité, on peut être certain que Bouchet la lui aurait donnée au moins une fois, surtout en tête de l'*Epitaphe* qu'il lui consacra en 1544. Or, en toutes circonstances il l'a simplement qualifié de « maistre d'hostel de Monsieur le Dauphin », même en tête de l'*Epitaphe*.

Binet, cela est visible, a mal interprété le texte de Ronsard dès 1586. Il a aggravé son contresens en 1597 par son addition, du *Roy François premier*, addition d'autant moins excusable que le texte de l'éd. posthume devait alors, et dès 1587, lui ouvrir les yeux. Par malheur, tous les biographes de Ronsard, jusqu'à Marty-Lav. inclusivement, ont ajouté foi au témoignage de Binet. L'un d'eux, Colletet, reproduit sans contrôle à la fois le témoignage de Du Perron et celui de Binet, et il ajoute une troisième erreur, qu'ils n'ont pas commise, en disant que « les enfans de France » accompagnés par L. de Ronsart en Espagne furent François et *Charles* duc d'Orléans (*op. cit.*, p. 22). L'abbé Simon a également suivi à la fois Binet et Du Perron (*Hist. de Vendôme*, III, p. 500). — Blanchemain (VIII, pp. 2 et 13) et Rochambeau (*op. cit.*, 31) se sont appuyés pour donner raison à Binet sur cette autre affirmation de lui : L. de R. « mourut en 1544 servant son quartier chez le Roy » (V. ci-dessus, p. 10). Mais si L. de R. mourut « en servant son quartier chez le Roy », ce n'est pas en qualité de « maistre d'hostel de François Ier » : c'est qu'il faisait partie des « cent mansionnaires », ou gardes du corps royaux, ainsi que nous l'apprend encore Bouchet dans l'Epître limin. des *Triumphes* et l'*Epitaphe* déjà citées.

P. 3, l. 10. — *de la France*. D'après Bouchet (Epître limin. des *Triumphes*, et *Epitaphe de L. de R.*), le séjour de Loys de Ronsart en Espagne a duré 4 ans et demi « environ ». Il a duré exactement 4 ans, 3 mois et quelques jours, les deux princes otages ayant franchi la Bidassoa le 17 mars 1526. et l'ayant repassée le 1er juillet 1530. (Champollion-Figeac, *Captivité de Franç. Ier*, Introd., LXIII ;

Mignet, *Rival. de Fr. Ier et de Charles Quint*, II, pp. 188 et 461 de l'éd. de 1886.)

On pourrait croire d'après Binet que Loys de Ronsart eut seul, et par une confiance toute spéciale, la mission de veiller aux deux princes otages. En réalité, dix gentilhommes composant leur « maison » étaient chargés de cette mission, entre autres René de Cossé-Brissac, gouverneur du Dauphin. Loys de Ronsart était du nombre, en qualité de maistre d'hôtel des princes. — Ce n'est pas François Ier qui les choisit, mais la reine-mère, Louise de Savoie, qui, pendant l'absence de François Ier, était Régente du royaume.

On possède deux lettres écrites par Loys de Ronsart pendant son séjour en Espagne. La première est datée de Villepende (Villalpando) le 27 octobre [1529], et adressée au gouverneur du Dauphin, René de Cossé-Brissac, qui à cette date était déjà de retour en France (relâché après la paix de Cambrai, août 1529). Elle a été publiée pour la première fois dans le *Bulletin Histor. et monumental de l'Anjou*, 4e année, 1856, p. 49, mais de façon inexacte. Lemarchand en a donné une transcription meilleure dans la *Rev. de l'Anjou et du Maine*, art. cit., p. 106-107 ; mais elle a échappé à Rochambeau, Blanchemain et Marty-Laveaux. La Biblio. d'Angers en possède l'autographe, qui provient du chartrier de Brissac par l'intermédiaire du cabinet Toussaint Gille (Mss. 1137, n° 9). Je remercie M. Louis Hogu, un jeune savant angevin, qui m'a collationné la copie de Lemarchand sur l'original, de son obligeante communication à ce sujet.

La deuxième lettre est datée de Pedrace (Pedrazza), le 15 janvier [1530], et adressée à Monsieur le Grand Maistre de la maison du Roi, Anne de Montmorency ; elle a été publiée par Génin, *Lettres de Marg. d'Angoulême*, Appendice, I, p. 470 ; par Blanchemain, *Œuvres de Ronsard*, VIII, 175 ; par Rochambeau, *op. cit.*, p. 27, et par Marty-Laveaux, *Notice sur Ronsard*, CIX. (Cf. Bibl. Nat. Mss fr., n° 3037, f° 96).

Sur la joie causée par le retour des princes, avec lesquels arriva en France la nouvelle reine, Eléonore d'Autriche, sœur de Charles-Quint, voir Cl. Marot, *Chant de joye au retour de Messeigneurs les enfans* (éd. Jannet, II, 91), et Mignet, *op. cit.*, chap. final.

P. 3, l. 12. — _heureusement_. On sait par J. Bouchet (*Epit. cit.*) le rôle de protecteur des écrivains que Loys de Ronsart jouait à la Cour. C'est ainsi qu'il se chargea de présenter à Eléonore d'Autriche les *Triumphes de la noble dame*, et à François Ier le *Jugement poetic de l'honneur feminin*, et obtint de celui-ci l'entrée gratuite d'une des filles de Bouchet au monastère de Sainte-Croix de Poitiers, faveur insigne dont le remercie avec chaleur le rhétoriqueur poitevin. — On sait aussi l'influence littéraire qu'il eut sur Bouchet, auquel il révéla, entre autres secrets

Du tant noble art de doulce rhétorique,

la valeur esthétique de deux règles de versification, celle de l'élision obligatoire de la coupe féminine (quadrature synalephée) et celle de l'alternance des rimes mascul. et fémin. dans les vers à rimes plates (Cf. *ma Jeunesse de Rons.*, févr. 1901, p. 102, et ma thèse sur *Ronsard p. lyr.*, pp. 765 et suiv.). — On sait enfin qu'il composa durant sa captivité deux traités en vers, qui, malgré les instances de Bouchet, sont restés inédits :

> Quant au blason des armes et divis
> (Dont j'ay parlé voire escrit mon advis)
> Vous en scavez autant que feit onc homme,
> Et en avez fait ung recueil et somme
> Puys peu de temps, et ung autre traicté
> Ouquel avez tresamplement traicté
> Comme on se doit es maisons des grans princes
> Entretenir par regnes et provinces.

Le deuxième sujet est clair : il s'agissait des devoirs des officiers de la couronne. Mais le premier l'est moins. Faut-il penser avec Goujet (*Bibl fr.*, XI, 290), Rochambeau (*op. cit.*, 33), L. Froger (*Prem. poés. de Rons.*, 8, et *Nouv. Rech.*, 105), que c'était un traité sur le blason, et comprendre par *armes* et *divis* les armoiries et devises des familles nobles ? Ou bien faut-il comprendre « le blason et divis (pour devis) des armes », dans le sens de « description et discussion sur les armes de guerre » ? On peut hésiter, mais j'adopterais volontiers le second sens, étant donné que Bouchet parle dans les vers précédents des exploits militaires de Loys de Ronsart et que le mot *blason* signifie *description* dans la première moitié du xvie siècle. Qui sait d'ailleurs si notre poète ne s'est pas inspiré du manuscrit de son père quand il écrivit en 1554 précisément le « blason » des *Armes* (Bl., VI, 39), et lorsqu'il entreprit un poème didactique, sur la *Militie*, dont un fragment fut publié en 1584 (v. ci-dessus, p. 49) ?

P. 3, l. 18. — *de Chaudrier*. Jeanne Chaudrier était originaire de l'Anjou, comme en fait foi ce passage de G. Critton, parlant du père et de la mère du poète : « Parentem utrumque nobili loco natum sortitus est, sed paterni generis origo, quòd peregrina, obscurior, materna Andegavensis clarior fuit. » (*Laudatio fun.*, p. 4.)

Fille aînée de Jean Chaudrier, chevalier, s^r de Serrière (ou Cirières) et de Noirterre, et de Joachine de Beaumont, elle était par sa mère la petite-nièce de Joachim Rouault, maréchal de France sous Louis XI. D'après des pièces communiquées à la Soc archéol. de Nantes en 1873, elle aurait été orpheline de bonne heure et se serait laissé enlever de chez sa grand'mère par Jacques de Fontbernier, s^r de la Rivière en Poitou, qui, après l'avoir gardée trois mois, refusa de l'épouser. Mariée à Guy des Roches, sieur de la Basme (ou Basne), elle devint veuve et épousa en secondes noces Loys de Ronsart, par contrat du 2 févr. 1514

(Blanchemain, *Poëtes et Amoureuses*, p. 41, note ; L. Proger, Tableau généal. publié dans les *Nouv. Rech*, p. 224 ; H. Longnon, Posit. de la thèse de l'Ecole des Chartes, ch. IV, le *Roman de la mère de Ronsard* ; Hallopeau, *Ann. Fléch.*, 1905, tome VI, p. 189).

Bien que Ronsard ne nous ait jamais parlé de sa mère (car ce n'est pas d'elle qu'il est question dans l'élégie *Vous qui passez*, Bl., VI, 326), on peut penser quelle vivait encore en 1540, d'après ces vers de l'*Ode à Marie Stuart* (BL, II, 481) :

> Si loin de mon pays, de freres et *de mere*,
> J'ay dans le vostre usé trois ans de mon enfance...

Elle est mentionnée dans l'acte de tonsure du poète, qui est daté du 6 mars 1542 (anc. st.), mais on ne peut pas en conclure qu'elle vivait encore à cette date.

La leçon *Chaudrier*, qu'on lit à partir de *C* ici et plus haut, et qui me paraît fautive, est préférée à la leçon *Chaudrier* par Desmaizeaux dans les *Remarques* placées en Appendice du *Dictionn*. de Bayle, éd. de 1730, tome IV, p. 695.

P. 3, l. 19 — <u>*Possonniere*</u>. C'est la vraie orthog. de ce nom (voir ci-dessus, <u>p. 59</u>). Binet l'a observée partout en *A* ; mais il écrit *Poissonniere* partout en *BC*.

P. 3, l. 26. — *des Genealogies*. Il s'agit de Paschal Robin, sieur du Faux (1539-1593), auteur d'un grand nombre de poésies et d'éloges en prose, dont la plupart sont perdus. Il a signé P. R. D. F. quelques

STATUES TOMBALES DE LOYS DE RONSART ET DE JEANNE DE CHAUDRIER

(Conservées dans une armoire de la sacristie de l'église de Couture, Loir-et-Cher).

On aperçoit la *cotte de mailles* du vieux chevalier autour du cou, au biceps et un peu au-dessus des *genouillères*. Ses mains recouvertes du *gantelet* sont jointes pour la prière ; la visière de son *casque à plumet* est écartée de façon à laisser voir la barbe et les moustaches retroussées. Le nez a été brisé, les jambes manquent. En s'approchant de très près, on distingue sur la tunique, entre le tour du cou et la pointe des mains, les *trois poissons*, armes des Ronsart de la Possonnière.

La mère du poète est également représentée dans l'attitude de la prière. Sa figure, presque aussi maltraitée que celle de son mari, laisse voir cependant encore d'agréables traits et une douce expression. Elle porte le costume élégant de l'époque, la petite *coeffe*, les longues manches et une robe serrée à la taille ; une *cordelière*, dont les extrémités à glands tombent jusqu'aux pieds le long des larges et libres plis de la robe, est nouée assez bas pour dessiner l'abdomen. Les avant-bras sont recouverts de *manches ouvragées et bouillonnées*.

Les têtes reposent sur des coussins. Ces statues, remarquables par la souplesse des lignes et le fini des détails, offrent un curieux spécimen de sculpture de la Renaissance française. (Cf. A. de Rochambeau, album qui accompagne son ouvrage *La Famille de Ronsart* ; Blanchemain, t. VIII. p. 13, note ; L. Froger, *Revue archéol.*

du Maine, 1884, 1er semestre, p. 111, note ; J.-J. Jusserand, *Ronsard and his Vendômois*, Revue du « Nineteenth Century », n° d'avril 1897, p. 602.) poésies liminaires pour des livres d'amis, tels que les Angevins Le Masle et Le Loyer. On trouve l'énumération de ses œuvres dans Celestin Port (*Dictionn. hist. de M. et L.*, III). La Croix du Maine, qui le connaissait « fort familièrement », lui a consacré en 1584 un article dont nous extrayons ces lignes : « Il a écrit l'Histoire et chronique du pays et Duché d'Anjou, ensemble un Recueil des Genealogies des plus illustres maisons dudit pays, et autres voisines d'Anjou. Ce livre n'est encore imprimé. Il a écrit un petit Discours servant comme d'avant-coureur d'icelle Histoire, dans lequel il traite de l'excellence et antiquité d'Anjou, et des Princes qui y ont commandé, et en sont sortis, imprimé à Paris chez Emman. Richard, l'an 1582. » (*Biblioth.*, II, 218). Le *Brief Discours gentil et proufitable sur l'excellence et antiquité du pays d'Anjou* (Bibl. Nat., LK², 116), n'a que 18 pages et ne contient pas un mot sur Ronsard. D'ailleurs, comme le dit La Croix du Maine, ce n'est qu'un prologue, qui annonce une histoire complète de l'Anjou et la dédie au sire de Brie, seigneur de Serrant. Il n'y est question que des maisons royales qui tirent leur origine de la maison d'Anjou. Quant à l'Histoire d'Anjou elle-même, que les contemporains ont vantée, elle est restée vraisemblablement inédite, car on lit dans un ms. autographe de Bruneau de Tartifume, historien angevin du XVIIe siècle : « Paschal Robin, homme savant en toutes sortes de sciences, a voulu entreprendre l'histoire d'Anjou qu'il nommoit déjà son Angiade... La mort en le prévenant a privé l'Anjou de ce bonheur. Il y en a qui ont mis les mains sur ses mémoires qu'ils retiennent comme ensepvelis, semblables à l'avaricieux qui ayme mieux mourir sur son tresor que de le communiquer à ceux qui l'employroient mieux que luy... » (Bibl. d'Angers. Ms. 870, pp. 449-50). D'autre part G. Colletet, qui était un collectionneur passionné de livres rares, se contente de dire dans sa *Vie de R.* : « Mais je laisse à Claude Binet, à Paschal du Faux, Angevin, et à tous nos généalogistes à justifier, par les temps et par les diverses alliances, la splendeur de la maison de nostre Ronsard. » Il est visible qu'il n'a pas pu consulter les Généalogies auxquelles Binet fait allusion.

Le témoignage de Binet repose donc sur la lecture d'un ms. de Robin du Faux, peut-être même sur un simple ouï-dire, et c'est ce témoignage que certains biographes ont pris au sérieux (Rochambeau, *op. cit.,* p. 14) ; l'un d'eux, Blanchemain, mettant sur le compte du poète l'affirmation de Binet, a osé écrire que « Ronsard se prétendait allié au 16e ou 17e degré d'Elisabeth, reine d'Angleterre » (éd. de Ronsard, VIII, 4, note), et un troisième, renchérissant, que « Ronsard aimait à soutenir avec une naïveté orgueilleuse, dont on s'est moqué, qu'il était au 16e ou 17e degré le parent de la reine Elisabeth » (Bizos, *Ronsard,* p. 8). Les œuvres du poète, tout orgueilleux qu'il fût, ne contiennent pas la moindre trace de cette prétention. Il me semble que, si elle avait pu se justifier, il n'aurait pas manqué de l'indiquer dans son autobiographie, ou dans les pages en prose et en vers qu'il adressa en 1565 à la reine Elisabeth, à son favori Dudley et à son secrétaire Cecille (Voir ma thèse sur *Ronsard p. lyr.*, pp. 214 et 215).

P. 3, l. 34. — *fut choisi*. Cette leçon, reproduite dans les éd. suiv., semble fautive, car c'est L. de Ronsart et non pas François Ier qui fut choisi. De deux choses l'une : ou bien la seule bonne leçon est celle de *AB* ; ou bien il faut donner au *qui* de *C* la valeur de *et lui* (c'est-à-dire L. de Ronsart) ; non seulement cette deuxième interprétation est possible, mais elle est très vraisemblable. (Cf. ci-après, p. 102, aux mots « *ces richesses* »).

P. 4, l. 1. — *sixiesme de Septembre*. Binet n'a trouvé cette date dans aucune des éditions où a paru l'Elégie autobiographique de Ronsard. Tous les textes portent, de 1554 à 1584 inclusivement :

> L'an que le Roy François fut pris devant Pavie,
> Le jour d'un Samedy, Dieu me presta la vie
> L'onziesme de Septembre.

Binet n'a d'ailleurs consulté pour sa première rédaction que l'in-f° de 1584 (cf. ci-dessus, p. 60). On doit donc voir simplement dans *A* une faute d'impression ; l'imprimeur aura lu VIe au lieu de XIe sur le manuscrit de Binet, qui corrigea cette erreur dès la rédaction de *B*.

La date de la naissance de Ronsard a été très controversée et l'est encore. Voir Du Perron, *Or. fun.* ; Colletet, *Vie de Rons.* ; Moreri, *Dict.*, art. Ronsard, fin ; Bayle, *Dictionnaire*, art. Ronsard, et *Remarques crit.* qui sont à la fin de ce *Dictionn.* dans l'éd. de 1730 ; Joly, *Remarques critiques sur le Dictionn. de Bayle* (1752, p. 695) ; Stoetzer, *Etude sur Rons.* ; Nouël, *Bull. de la Soc. arch. du Vendômois* de janv. 1886 ; Marty-Lav., *Notice sur Rons.* — D'abord à quelle année remonte-t-elle ? Du Perron disait déjà en 1586 : « Quant à ce qui est du temps de sa naissance, il y en a diverses opinions : les uns pensent qu'il soit né l'an cinq cens vingt deux, et qu'estant decedé sur la fin de l'année dernière, il soit mort en son an climacterique : chose que l'on a remarqué estre arrivée à une infinité de grands personnages, qui ont esté par le passé. Les autres s'arrestent à ce qu'il en a escrit luy mesme, ayant signalé l'année de sa nativité par la prise du Roy François, comme ordinairement il se rencontre de ces accidens notables à la naissance des hommes illustres et des grands personnages. » Si, laissant de côté avec Binet la première de ces opinions qui n'est fondée que sur un antique préjugé, on s'arrête à la seconde, première difficulté. La bataille de Pavie, en effet, est du 25 févr. 1524 d'après l'ancienne manière de dater, du 25 févr. 1525 d'après la nouvelle ; Ronsard a-t-il compté d'après l'anc. st. ou le n. st. ? A-t-il voulu dire qu'il était né le 11 sept. 1524 ou le 11 sept. 1525 ? S'il a consulté des pièces officielles, il est plus que probable qu'il a adopté l'ancien style, d'après lequel elles étaient datées. Toutefois l'abbé Goujet adopte sans hésitation la date du nouveau style (*Biblioth.*, XII, p. 194).

Veut-on corroborer cette date par d'autres textes de Ronsard ? Nouvelle difficulté, car ils sont contradictoires. Dans son autobiographie, il dit qu'il avait à peine seize ans quand il partit pour l'Allemagne avec Lazare de Baïf (fin de mai 1540, v. ci-après, p. 77). Dans deux sonnets sur sa rencontre avec Cassandre (avril 1545), il dit qu'il allait alors « sur ses vingt ans », mais dans un autre qu'il allait « sur ses vingt et un ans » (Bl., I, 65 ; 162 ; M-L., I, 82) ; ailleurs : « A vingt ans je choisis une belle maitresse » (Bl., VII, 127). Le portrait de Rons. qui parut en tête des *Amours* de sept. 1552 est accompagné de cette mention : « Anno aetatis 27. » Dans une ode qui parut en 1556, mais peut avoir été composée avant sept. 1555, il dit qu'il n'a que trente ans (Bl. II, 483). Dans sa *Rép. aux injures*, qui est de mars 1563, il se dit dans sa 37e année (Bl., VII, 105), et dans sa *Complainte à la Royne mere*, qui est de la même année, il accuse 37 ans passés (Bl., III, 371). Dans une *Elegie au roy Charles IX* qui fut composée en novembre 1565, il se donne 40 ans (Bl., III, 317). Enfin dans une *Rép. à Charles IX*, il accuse 22 ans de plus que ce roi, lequel est né le 27 juin 1550 (Bl., III, 259). — D'après ces textes il se fait naître en 1524, en 1525, en 1526 et même en 1528. Il y a des chances pour qu'il se soit le plus souvent rajeuni et que la vérité se trouve dans son autobiographie, où il écrit :

> Sans te tromper ne moi (var. de 1554) ⎱ je   dirai
> Mon Belleau sans mentir (var. de ⎰ verité

1560)

Et de l'an et du jour de ma nativité.

Ensuite, quel est au juste le jour de sa naissance ? Becq de Fouquières (*Poés. choisies de Rons.*, p. xiv, note), déclare le problème insoluble, l'indication donnée par Ronsard ne correspondant pas à l'*Art de vérif. les dates*, d'après lequel le 11 septembre 1524 était un dimanche, et le 11 septembre 1525 un lundi. — Pour H. Longnon, Ronsard est né le 2 septembre 1525, qui était bien un samedi (Positions de thèse de l'Ec. des Chartes, 1904, p. 82). Mais dans ce cas on devrait admettre que Ronsard est resté toute sa vie dans l'ignorance de son jour natal, ce qui est peu vraisemblable, ou bien qu'il s'est vieilli d'une année en plusieurs endroits de ses œuvres, ce qui l'est encore moins. Certes la conjecture est intéressante, le poète ayant pu confondre dans la lecture de son « livre de raison » le chiffre romain II avec le chiffre arabe 11 (Brunetière, *Hist. de la Litt. fr. classique*, tome I, p. 327).

Toutefois, jusqu'à plus ample information, je pense qu'il faut s'en tenir à la date traditionnelle, celle que Binet a adoptée. En effet, Ronsard a pu avoir une légère défaillance de mémoire pour le quantième ou le jour de la semaine, lorsqu'il rédigea en 1554, à 30 ans, son autobiographie poétique. Ensuite (et ce serait une preuve curieuse des exigences de notre versification) de deux choses l'une : ou il est né le samedi, auquel cas il ne pouvait écrire sans faire un vers faux « le dixiesme de Septembre » ; ou il est né le dimanche, auquel cas il ne pouvait écrire sans faire un vers faux « le jour d'un Dimanche ». Il a ingénieusement tranché la difficulté en laissant penser qu'il fit son apparition sur le coup de minuit.

p. 4, l. 6. — *rencontre*. C'est pousser vraiment loin le système des compensations. Bayle critique avec raison ces « reflexions peu judicieuses », qu'on retrouve chez De Thou. « Voilà, dit-il, une belle compensation et la France bien dédommagée de la prison de son Roi !... Cette pensée de Cl. Binet ne pourrait estre soufferte que dans quelque poésie de panégyriste ; encore y auroit-elle besoin d'indulgence, et n'éviteroit jamais la censure d'hyperbole froide parmi les gens de goût. Ce fut sans doute ce qui obligea Duperron à ne la point faire paraître dans l'*Or. fun. de P. de Ronsard*. Que dira-t-on donc quand on la verra en prose dans une Histoire, je veux dire dans la *Vie de Ronsard* ? Mais que dira-t-on de M. de Thou, ce grave, ce vénérable magistrat qui a débité fort sérieusement la même pensée dans une Histoire générale qui est un chef-d'œuvre : « Natus erat (Ronsardus) eodem, quo infeliciter a nostris ad Ticinum pugnatum est, anno, ut ipse in elegia ad Remigium Bellaqueum seribit : quasi Deus jacturam nominis Gallici eo praelio factam, et secutum ex illo veluti nostrarum rerum interitum, tanti viri ortu compensare voluerit. » (*Dict.*, *loc. cit.*, note B. Cf. *Aug. Thuani Histor. lib.* LXXXIII, p. 321 de l'éd. de Londres, 1733, et *Rem. crit. sur le Dict. de Bayle*, 1752, art. Ronsard)

P. 4, l. 16. — *ses escris*. La source de cette légende est ce passage de l'autobiographie :

. . . . . . et presque je me vy
Tout aussi tost que né de la Parque ravy.

Les poètes aiment ces antithèses, et ce vers fait songer involontairement à ceux où V. Hugo rappelle qu'il vint au monde

Si débile, qu'il fut, ainsi qu'une chimère,
Abandonné de tous, excepté de sa mère,
Et que son cou ployé comme un faible roseau
Fit faire en même temps sa bière et son berceau.
(Feuilles d'Automne)

Il est vraisemblable qu'une chute a failli coûter la vie au petit Pierre de Ronsard le jour de son baptême. Mais cet accident est devenu pour Binet un indice de gloire future et un prétexte à phraséologie. Il a été visiblement préoccupé d'imiter ce passage de la *Vita Virgilii* attribuée à Donat : « Ferunt infantem, ut fuit editus, nec vagisse, et adeo miti vultu fuisse, ut haud dubiam spem prosperioris geniturae jam tum indicaret. Et accessit aliud praesagium... » (§ I.)

Bayle raille avec raison « ces traits d'esprit ». Voilà, dit-il, « ce qu'on appelle *concetti* au delà des Alpes. M. Le Pays ne manqua pas de rimer sur cette pensée lorsqu'il fit l'histoire de la Muse de Ronsard » ; et il cite la prose et les vers de Le Pays (*Dict., loc. cit.,* note C). Binet a-t-il créé cette légende ou l'a-t-il simplement recueillie toute formée ? En tout cas les habitants de Couture la racontent encore avec des variantes, et indiquent le pré à *Bouju* comme lieu de la chute (Voir ma *Jeunesse de Rons., Rev. de la Renaiss.,* févr. 1901, p. 107 ; Hallopeau, *Ann. Fléch.* de nov. 1905, p. 182, et le *Bas-Vendômois,* p. 94).

P. 4, l. 20. — <u>*Beau-lieu*</u>. Du Perron dit de son côté que le poète avait eu « cinq freres aisnez » et qu' « il en restoit encore trois » quand il vint au monde. La source commune des deux biographes est ce passage de l'autobiographie :

> Je ne fus le premier des enfans de mon pere,
> Cinq davant ma naissance en enfanta ma mere :
> Deux sont morts au berceau, aux trois vivans en rien
> Semblable je ne suis ny de mœurs ny de bien.

On remarquera : 1° que les trois textes ne mentionnent que six enfants, dont quatre survivants, alors que L. Froger en compte sept, dont cinq survivants, en se fondant sur le *Tableau généal.* de la Biblioth. Nation. qu'il a publié (*Nouv. Rech.,* p. 110 et 224) ; 2° que Binet et Du Perron ont substitué le mot *freres* au mot *enfans,* que le poète avait employé plus exactement, puisqu'il avait une sœur aînée, Louise, fille d'honneur de la reine Eléonore en 1531, et mariée en 1532 à François de Crévent.

D'autre part ce que dit Binet de deux frères du poète, Claude et Loys, vient de ces lignes de J. Velliard : « Mihi jam primùm occurrit altitudo animi Claudii Ronsardi maximi natu, quo artis militaris nemo scientior fuit. Hic enim è ludo atque è pueritiae disciplina, bellis maximis ac acerrimis hostibus ad exercitum profectus est, extrema pueritia propter armorum peritiam ascitus est in regiam cohortem, in qua Martis officina tam strenuè se gessit, ut in primis Regi esset praesidio, suis honori, sibi utilitati, et ornamento patriae. Etiam mihi obversatur ante oculos singularis Lodoici Ronsardi Lodoici filii pietas, humanitas, pari comitate condita gravitas, qui... duabus opimis Abbatiis ornatus fuit a rege Carolo, Tyrone apud Unellos, et Belloco apud Cænomanos... » (*Laud. fun.* I, ff. 3-4). Or Velliard et Binet ont commis là une erreur, et sont les seuls à l'avoir commise au XVIᵉ siècle. L'aîné, l'héritier de la Possonnière, fut bien Claude, qui suivit comme son père la carrière militaire, lui succéda parmi les cent « mansionnaires royaux », devint chevalier en 1555 et mourut en 1556. Mais ils ont confondu Loys avec Charles, lequel fut en effet abbé de Tiron en 1564 et de Beaulieu en 1575 ; il n'y a jamais eu de Loys de Ronsard, abbé de Tiron, et le poète n'a pas eu de frère du nom de Loys. La confusion vient probablement de ce que le fils aîné de Claude de Ronsart (par conséquent le neveu du poète), qui fut un catholique farouche et mourut vers 1578, s'appelait Loys. (Cf. Froger, *Rev. hist. du Maine*, tome XV, 1884, *art. cit.*, pp. 110-118 ; *Ann. Fléch.* de mars 1906, *Notes sur la famille de Ronsard*, p. 86.)

P. 4, l. 25. — *Septentrionale*. Pour cette addition, Binet s'est inspiré d'une note de R. Belleau : « Cousture est un village assis *en la Varenne du Bas-Vandomois,* où nasquit le poète, au pied d'un coustau tourné vers le Septentrion, en un lieu qui de présent est nommé la Possonniere, chasteau appartenant aux aisnez de la maison de Ronsard (*Amours,* second livre, commentaire de la *Quenouille* ; Bl., I, 220, note 6).

P. 4, 1. 27. — *devant Pavie*. Erreur flagrante, la bataille de Pavie ayant eu lieu le 24 févr. 1525 (n. st.). D'où vient-elle ? Du Perron avait seulement relevé ce fait incontestable que le jour des obsèques de Ronsard coïncidait avec le jour anniversaire de la bataille de Pavie : « Là où nous pouvons encore remarquer en passant que la prise du Roy François devant Pavie qui est l'accident duquel il (Ronsard) a voulu illustrer l'année de sa nativité, se rencontre justement en un mesme jour que cestuy-cy, auquel nous celebrons la memoire de sa mort, qui est la feste S. Mathias. » (*Or. fun.,* texte de 1586). Mais les deux panégyristes latins étaient allés plus loin. G. Critton avait joint à ses éloges fun. une pièce de vers *De die exsequiarum qui Ronsardo natalis et fatalis fuit.* J. Velliard avait fait aussi du 24 février le jour anniversaire de la naissance du poète : « Quàm praeclarè divinus hic Poeta extremum actum egerit paucis accipite : qui hoc sexto Cal. Mart. divinitus a caelo delapsus erat, idem sexto Cal. Jan. hinc illuc assumptus beatorum numerum auxit, quàm sanctè et religiosè, indicio erunt ejusdem oloris voces... » (*Laud. fun.,* II, *in fine*). Peut-être faut-il voir là l'origine de l'erreur de Binet ; il a cédé comme eux au plaisir de faire un rapprochement plus ou moins spirituel, sans souci de l'exactitude historique ; mais sa fantaisie a dépassé la leur.

Colletet l'a relevée le premier en ces termes : « Je sçay bien que la reflexion qu'il faict là-dessus est exacte, lorsqu'il dict que l'on pouvoit doubter si en mesme temps la France par la captivité malheureuse de ce grand prince eust un plus grand dommage, ou un plus grand bien par l'heureuse naissance de ce grand poëte. Mais, pour faire valoir un bon mot, il n'est point à propos de tomber dans des contradictions ny de choquer la vérité de l'histoire, et sa pensée après tout n'eust pas laissé de subsister, quand il eust rapporté seulement à l'année ce qu'il voulut trop ponctuellement rapporter au jour ». (*Vie de Rons.*, p. 19) Bayle écrit de son côté, après avoir cité le passage de De Thou (v. ci-dessus, p. 68, l. 6 et suiv.) : « Remarquez que M. de Thou ne met pas à un même jour la naissance de ce poète et la bataille de Pavie ; il ne les met qu'à la même année. Mais Cl. Binet ne trouvant point là un assez beau jeu, ni assez de merveilleux, assure que ces deux choses arrivèrent le même jour. » (*Dictionn.*, *loc. cit.*, note B.)

P. 5, l. 1. — *expres*. Ronsard n'a jamais parlé de ce précepteur privé. Binet est le seul à le mentionner au XVIᵉ siècle. Son seul témoignage a guidé tous les biographes postérieurs, entre autres Colletet, qui donne au dit précepteur le banal qualificatif de « savant ». En admettant son existence, qui est du moins vraisemblable, peut-on déterminer sa personne ?

Pour L. Froger (*Ann. Fléch.* de mars 1906, *art. cit.*, p. 84, note 3 ; *Province du Maine*, n° de janv. 1907, pp. 17-19), ce premier maître du poète aurait été son oncle Jehan de Ronsart (protonotaire du Saint-Siège dès 1504, puis curé de Bessé-sur-Braye, chanoine du Mans, archidiacre de Laval, vicaire général du cardinal évêque du Mans, Louis de Bourbon), mort en 1535, auquel il a consacré une épitaphe de deux strophes dans son *Bocage* de 1554 (M.-L., VI, 364), et qui, d'après J. Velliard, était un excellent humaniste (v. ci-après aux mots « *page avec Ronsard* »). V. encore sur ce personnage *Rev. hist. du Maine*, tome XV, 1884, *art. cit.*, p. 98. M. Hallopeau, propriétaire actuel de la Possonnière, a retrouvé son blason parmi les écussons qui étaient peints sur les murs de la salle à manger (*Ann. Fléch.* de déc 1904, p. 313, note 2, et le *Bas-Vendômois*, pp 87, 97, 183). — Il est évident que les termes dont se sert ici Binet ne peuvent pas lui convenir.

Je serais plutôt porté à voir en ce premier maître de Ronsard Guy Peccate (en latin Pacatus), qui, religieux profès en févr. 1528, devint prieur de Sougé-sur-Loir (près de Couture, à trois kilom. de la Possonniere) et curé de Spay. Il devait avoir environ quinze ans de plus que le poëte ; il mourut en juillet 1580 (Cf. Biblioth. du Mans, Ms. 96, f° 32, r° ; Piolin, *Hist. de l'Eglise du Mans*, tome V, p. 518 ; La Croix du Maine, *Bibl. Fr.*). C'est à lui que Ronsard a dédié l'ode horatienne *Guy nos meilleurs ans coulent*. (Ne pas le confondre avec Julien Peccate, auquel Ronsard a dédié dans le même recueil l'ode *Ô terre fortunée*, et qui fut le camarade de Ronsard au collège de Coqueret.) La Croix du Maine dit de lui en 1584 : « ... Il estoit si bien versé en plusieurs arts et bonnes disciplines, et surtout en la poësie latine, qu'il a esté admiré de son temps pour ses doctes compositions, et principalement de Ronsard, prince des poëtes français, son plus grand ami, lequel a fait tres honorable mention de lui en ses poësies, *et avoue avoir eu intelligence des poëtes latins par son moyen* (sans vouloir ici ôter l'honneur dû à M. d'Aurat)... » Il est vrai que j'ai vainement cherché cet aveu dans les œuvres de Ronsard ; mais La Croix du Maine a pu le recueillir de la bouche du poète ou dans la correspondance de celui-ci et de Guy Peccate, avec lequel il était familièrement lié. Il paraîtra peu probable que Guy Peccate ait fait expliquer des poètes latins à Ronsard avant l'âge de neuf ans ; cependant, s'il faut en croire la préface posthume de la *Franciade*, Ronsard aurait appris Virgile par cœur « des son enfance » (Bl., III, 23) ; et d'ailleurs cela n'empêche pas que Guy Peccate ait pu « l'instruire aux premiers traits des lettres ».

P. 5, l. 10. — *des lettres*. Sources de tout ce passage :

1° Ces quatre vers de l'autobiographie :

> Si tost que j'eu neuf ans, au college on me meine :
> Je mis tant seulement un demy an de peine
> D'apprendre les leçons du regent de Vailly,
> Puis sans rien profiter du college sailly.

2° Trois pièces où Ronsard nous apprend qu'il fut le condisciple de Charles de Lorraine au collège de Navarre :

a Certes il me souvient que vous bien jeune d'âge
  Au college portiez un severe visage...

(*Epistre à Charles*, card. de Lorraine, 1556, 2e livre des *Hymnes*.)

b .   .   .   .   . et si, je me sens estre
  Heureux d'avoir appris dessous un mesme maistre
  Et en mesme college avecques toy, seigneur...

(*Hymne de Charles*, card. de Lorraine, 1559, plaquette à part.)

c Il dit par ses raisons que des la sienne enfance
  (Si cela peut servir) eut de vous cognoissance
  Et en mesme college et sous mesme regent.

(Le *Proces*, à tr. ill. pr. Charles, card. de Lorr., 1565, plaq. à part.) Voir l'édition, Bl., III, 350 ; V, 101 ; VI, 282.

Quant au dégoût que le régent de Vailly aurait inspiré à Ronsard pour l'étude des lettres, voici ce qu'en disait de son côté Du Perron : « Ils (ses parents) l'envoyerent en ceste université, là où leur intention ne reussit pas pour la premiere fois ainsi comme ils l'esperoyent. Car ce bel esprit qui estoit plein de feu et d'action et ne se pouvoit pas contraindre par les loix et par la severité d'un precepteur, mais avoit besoin de quelque passion interieure pour

218

l'exciter à employer la vigueur de son entendement, comme il le monstra bien du depuis, se rebuta incontinent des lettres et de l'estude : tellement que ses parents furent contraints de le renvoyer querir environ cinq ou six mois apres... » Ce témoignage, comme celui de Binet, repose à mon avis sur une interprétation abusive des vers de l'autobiographie : on ne saurait trop se défier de ces phrases enjolivées et emphatiques. Le témoignage de Velliard est encore plus suspect ; c'est un dithyrambe de trente lignes, mais en sens inverse : à l'en croire, Ronsard fut au collège de Navarre un élève modèle et y fit de tels progrès, y acquit une telle réputation sous l'influence de maîtres éminents, que cela lui valut d'être choisi par François Ier comme page de ses fils. Est-ce possible en six mois, et le poète ne dit-il pas lui-même le contraire ? — Critton me semble bien plus près de la vérité en quelques mots très simples : pour lui, les parents de Ronsard le retirèrent du collège « parce qu'ils jugèrent que ses progrès étaient insuffisants et qu'il était plus fait pour la cour que pour l'école, *aulae quàm scholae aptior* » (*Laud. fun.*, p. 4).

Ne retenons des vers de Ronsard que ce qu'ils nous donnent, à savoir qu'il eut de la « peine » à suivre les leçons du régent de Vailly, et qu'il quitta le collège « sans rien profiter », ce qui va de soi puisqu'il ne passa là qu'un « demy an ». Ne nous extasions pas sur son « beau naturel » incapable de discipline. Non seulement son court passage à Navarre ne lui a laissé aucun mauvais souvenir (v. encore la préf. posthume de la *Franciade*, Bl., III, 23), mais il l'a rappelé au contraire avec complaisance pour se féliciter d'un événement qui lui a permis dès sa tendre jeunesse de connaître de près Charles de Guise, futur cardinal de Lorraine, futur favori de Diane de Poitiers et ministre de Henri II. (Cf. *Rev. de la Renaiss.* de mars 1901, pp. 171-73.)

P. 5, l. 13. — *cinquiesme*. S'il est vrai que Ronsard, comme il le dit, sortit du collège de Navarre à 9 ans 1/2, ce fut soit au printemps de 1534, soit au printemps de 1535. Or la rupture entre François Ier et Charles-Quint ne date que de juin 1536 ; et la Cour installée depuis quelque temps à Lyon, où elle formait comme l'arrière-garde des armées développées en éventail de Genève à Montpellier, ne fut à Valence que les premiers jours d'août, et à Avignon que dans la première quinzaine de septembre (*Mémoires* de Guillaume et Martin du Bellay ; Decrue de Stoutz, thèse sur *Anne de Montmorency*). Il y a là un intervalle d'un ou de deux ans, dont les biographes, à l'exemple de Binet, n'ont pas tenu compte. Gardons-nous de croire que Ronsard, sortant du collège, alla tout de suite « en Avignon » rejoindre son père, la Cour et l'armée. Rien n'est plus contraire aux faits et aux dates. L'erreur de Binet vient de ce que dans son autobiographie Ronsard passe sans transition de sa sortie du collège à son arrivée à Avignon :

Puis sans profiter du college sailly.
Je vins en Avignon, où la puissante armée
Du Roy François estoit fierement animée
Contre Charles d'Autriche

Binet, ignorant dans quelles circonstances et pour quelle fin Ronsard écrivit son autobiographie en 1554, n'a pas vu qu'il avait omis volontairement les années de sa jeunesse qui n'offraient rien de remarquable au panégyriste latin Pierre Paschal, et ne pouvaient servir à le glorifier ou à illustrer sa biographie. (Voir ma *Jeunesse de Ronsard*, Rev. de la Renaiss. de mars 1901, pp. 173 et suiv.)

Du Perron a commis la même erreur que Binet. Velliard et Critton n'ont pas dit un mot de Ronsard à Avignon ; ils le donnent comme page à Jacques Stuart dès sa sortie du collège de Navarre, ce qui fausse davantage encore la vérité.

P. 5, l. 14. — *aux armes*. Binet continue à délayer l'autobiographie de Ronsard :

. . . .   et là je fus donné
Page au Duc d'Orleans....

Mais pour *BC* il a tiré parti d'un des nombreux poèmes qui complètent heureusement cette autobiographie, le *Tombeau de Marguerite de France, duchesse de Savoie...*, où Ronsard raconte qu'il fut d'abord page du Dauphin François, trois jours avant la mort de ce prince, arrivée à Tournon le 10 août 1536, et qu'il assista à son autopsie :

Trois jours devant sa fin je vins à son service :
Mon malheur me permeit qu'au lict mort je le veisse...
Je vy son corps ouvrir, osant mes yeux repaistre
Des poumons et du cœur et du sang de mon maistre.

Tel est le texte de l'édition *ne varietur* (1587), que Binet a consulté pour *BC* ; c'est également celui de l'édition de 1584. Le texte princeps (1575) porte : *Six jours* devant sa fin... (Bl., VII, 179).

Sur la mort foudroyante du fils aîné de François Ier et sur les événements qui suivirent jusqu'au retour de la Cour à Lyon (5 octobre 1536), V. *ma Jeunesse de Ronsard*, Rev. de la Renaiss. de mars 1901, pp. 176-81.

P. 5, l. 21. — <u>*en son païs*</u>. Source, la suite de l'autobiographie ;

. . . . apres je fus mené
Suivant le Roi d'Escosse en l'Escossoise terre.

Jacques V Stuart vint au devant de François Ier avec une imposante escorte jusque dans le Beaujolais. Sur le retour des deux rois à Paris, les préliminaires et la cérémonie du mariage entre Jacques V et Madeleine de France, enfin le départ du couple pour l'Écosse avec Ronsard (14 octobre 1536 — fin d'avril 1537), v. ma *Jeunesse de Ronsard*, pp.

181 à 184 ; cf. l'Epithalame que Cl. Marot écrivit pour la circonstance (éd. Jannet, II, 94).

L'erreur de Binet faisant d'abord épouser à Jacques V Marie de Lorraine, qui ne fut que sa seconde femme, vient de ce passage, emphatique et faux à tous égards, de J. Velliard : « Quid verbis opus est ? hac fama impulsus Jacobus Stuartus Scotiae Rex, ejus nominis quintus, ex flore nobilitatis Galliae hunc ephœbum honoris et dignitatis ergo, sibi dari a rege Galliarum summis precibus contendit. Tum plerique omnes querebantur Scotiae Regem duo clarissima Galliae lumina secum in Scotiam avexisse, *Mariam a Lotharingia* sororem Illustrissimi Guysiae principis, quam in uxorem duxerat, et Petrum Ronsardum Principem juventutis. » (*Laud. fun.* I, f° 5 r°.) C'est seulement vers la fin de juillet 1538 que Jacques Stuart, dont la première femme était morte peu après son arrivée en Écosse, épousa en secondes noces Marie de Guise, sœur du Cardinal de Lorraine et de François de Guise. (Voir ma *Jeunesse de Ronsard*, pp. 185-87).

Binet s'est corrigé dès sa seconde édition d'après le passage du *Tombeau de Marguerite de France*, où Ronsard raconte le premier mariage de Jacques Stuart avec Madeleine de France, et la mort prématurée de celle-ci (Bl., VII. 179-80).

P. 5, l. 37. — *second fils du Roy*. Cette addition de *C*, conservée dans toutes les éd. postérieures, est une erreur historique. François Ier avait trois fils : 1° François, né le 28 févr. 1518, mort en 1536 ; 2° Henri, né le 31 mars 1519, roi sous le nom de Henri II de 1547 à 1559 ; 3° Charles, né le 22 janvier 1522, mort en 1545 (Cf. *Journal de Louise de Savoie*). C'est de ce 3e fils qu'il est question ici, et non pas de Henri (autre erreur, commise par Marcassus dans son commentaire de l'autobiogr. de Ronsard. Bl., IV, 299, note 4). Le Dauphin avait le titre de Duc de Bretagne, le cadet celui de Duc d'Orléans ; c'est ce dernier titre que prit Charles lorsque Henri fut devenu Dauphin par la mort de son frère aîné. L'erreur de Binet est flagrante quand on rapproche de l'autobiographie deux vers du *Tombeau de Marg. de France* (Bl., VII, 181), un vers de la *Complainte à la Royne mere* (III, 373) et la première partie de l'Ode *Prince tu portes le nom* (II, 190).

P. 6. l. 1. — <u>renommée</u>. Source, la suite de l'autobiographie :

> . . . . . en l'Ecossoise terre
> Où trente mois je fus et six en Angleterre.

Du Perron écrit de son côté : « On le bailla au Roy d'Escosse, pour l'accompagner en son Royaume. Ce qu'il fit, et y demeura environ deux ans et demy, jusques à ce qu'il eust appris les mœurs et la langue de la province...... Revenant d'Escosse il passa par l'Angleterre, où il séjourna environ cinq ou six mois. » Or Du Perron et Binet ont eu tort de prendre à la lettre ce vers de Ronsard. C'est la versification qui l'a forcé à donner dans son autobiogr. cette légère entorse à la vérité ; plus tard, dans le *Tombeau de Marguerite de France*, il l'a rétablie ainsi :

> . . . . . . et tout ce fait je vey
> Qui jeune l'avois Page en sa terre suivy,
> Trop plus que mon merite honoré d'un tel Prince,
> Sa bonté m'arrestant deux ans en sa province.

Si Ronsard était resté trente-six mois dans son premier voyage d'outremer, il n'en serait revenu que vers la fin d'avril 1540, et n'aurait pas eu le temps d'effectuer son second voyage en Écosse, par la Flandre et la Zélande, avant son départ pour l'Allemagne, dont la date a été fixée par Lucien Pinvert au 16 mai 1540 (*Lazare de Baïf*, trad. française, p. 70).

Binet s'en est probablement rendu compte quand il corrigea son texte *C* d'après le *Tombeau de Marg. de France*. Tous les biographes postérieurs, se fondant sur le texte *C*, ont admis que le premier séjour de Ronsard en Écosse ne dépassa pas deux ans, — sauf Sainte-Beuve qui, d'après l'autobiogr., parle d'un séjour de trois ans « en Grande Bretagne » (*Notice sur Ronsard*), et Marty-Laveaux, qui garde sur ce point un silence trop prudent, n'osant se prononcer entre les vers du *Tombeau*, qu'il cite, et le témoignage de Du Perron, qu'il cite également (*Notice sur Ronsard*, p. XVI.)

Quant au fait d'avoir appris la langue anglaise, que signalent Du Perron et Binet (et Colletet qui les a copiés), on nous permettra d'en douter. Comme le fait observer Mlle Evers, *op. cit.*, p. 119 : « C'est probablement une pure légende, car le français était parlé aux deux cours d'Ecosse et d'Angleterre, et la langue anglaise, sans tenir compte du dialecte écossais, était considérée par les Français comme une langue barbare, qui ne méritait pas la peine d'être apprise. Dans les œuvres de Ronsard il n'y a pas trace de la moindre connaissance de la riche littérature anglaise de cette époque. » Ronsard, il est vrai, a écrit dans une ode composée vers la fin de 1547 :

> L'Espagne docte et l'Italie apprise,
> Celui qui boit le Rhin et la Tamise
> Voudra m'apprendre *ainsi que je l'appris*... (Bl., II, 457.)

Mais ces vers, qui ne sont qu'une transposition d'une strophe d'Horace (*Carm.*, II, 20, vers 17 à 20), ne prouvent pas que Ronsard ait su l'anglais. Tout au plus pourrait-on en inférer qu'il s'est fait traduire durant son séjour d'outre-mer quelques pages de poètes écossais tels que Douglas ou Lindsay, de poètes anglais tels que Th. Wyatt ou Surrey, qui étaient alors en vogue (sur ces auteurs, v. Jusserand, *Hist. litt. du peuple anglais*, II, pp. 105-133).

P. 6, l. 3. — *en France*. Les raisons que J. Velliard donne de ce retour sont différentes ; l'emphase qui les dépare ne les empêche pas d'être en partie plausibles : « Verum tam angustae Scotiae latebrae tantum delphinum comprehendere non potuere, nec propinqui et familiares fructu jucundissimae consuetudinis ejus, nec principes illius colloquio, nec Rex illius praesentia diutius carere potuit. Cum itaque duodevigesimum aetatis annum ageret, suorum precibus maximisque omnium votis Lutetiam revocatus est. » (*Laud. fun.* I, f° 5 v°). D'après ce passage Ronsard aurait été dans sa dix-huitième année lors de son retour d'Ecosse : Velliard était de ceux qui le croyaient né en 1522, et mort par conséquent à 63 ans, « en son an climacterique » comme dit Du Perron (v. ci-dessus, p. 66).

P. 6, l. 6. — *Carnavalet*. Binet n'a pris ce détail relatif à Carnavalet ni dans l'autobiogr., ni dans Du Perron, ni dans Velliard, ni dans Critton ; et rien dans les œuvres de Ronsard, pas même dans l'ode pindarique *Au Seigneur du Carnavalet* publiée en 1550 au livre I des Odes (Bl., II, 57), ne lui permettait de faire remonter jusqu'en 1540 les relations intimes de Ronsard et de Carnavalet. Sur ce personnage, v. ci-après, p. 89.

P. 6, l. 11. — *en Escosse*. Ce passage a deux sources : 1° la suite de l'autobiographie :

> A mon retour ce Duc pour page me reprint :
> Long temps à l'Escurie en repos ne me tint

Qu'il ne me renvoyast en Flandres et Zelande
Et depuis en Escosse......

2° ces lignes de Du Perron : « ... et de là estant arrivé en France, s'en retourna trouver Monsieur d'Orleans, qui le retint encore je ne scay combien de temps en son equurie, estant soigneux de le faire bien instituer en tous les exercices que l'on a accoustumé d'apprendre à la jeunesse : ausquels, à raison de la disposition naturelle et du bon temperament qu'il y apportoit, *il se rendoit excellent par dessus tous ses compaignons, fust à tirer des armes, ou à monter à cheval, à voltiger, à lutter, à jetter la barre...* Monsieur d'Orleans qui voyoit la fleur de ceste vertu naissante, et l'esperance que ce jeune homme commençoit à donner de luy, *delibera de ne le laisser en repos que le moins qu'il luy seroit possible*, mais de le faire pratiquer et converser avecques les nations estrangeres, pour le rendre un jour capable d'estre employé aux belles charges auxquelles il sembloit que son instinct et sa nature l'appelloit, et à cette occasion l'envoyer en Flandres et en Zelande, et depuis luy donna encore une seconde commission pour retourner en Escosse, en la compagnie du Sieur de l'Assigny. » (*Or. fun.*, éd. princeps, pp. 28 à 30). — Sur cette période de la vie du poète, du premier jusqu'au second retour d'Ecosse (octobre 1539 à fin avril 1540), v. ma *Jeunesse de Ronsard,* mars 1901, pp. 189-93.

P. 6, l. 13. — *gentilhomme François*. Ce nom de *Lassigny* n'est pas du tout une corruption de *d'Acigné,* comme le suppose Blanchemain (VIII, p. 8, note). C'est celui d'un gentilhomme qui connaissait déjà la Cour de Jacques V pour y avoir porté des dépêches vers le mois d'août 1538 ; ce fait nous est attesté par les comptes du Grand Trésorier d'Ecosse, qui mentionne un don de 400 livres fait par le roi à son visiteur (Francisque Michel, *Les Écossais en France*, I, p. 424). Un officier de ce nom est mentionné également dans les armées de François Ier et signalé trois fois parmi les combattants de Cerizoles (Martin du Bellay, *Mémoires*, Collection Michaud, V, pp. 529, 531, 535 ; voir encore pp. 139 et 455. — Enfin M L. Froger a eu l'obligeance de m'écrire : « Je crois avoir réussi à identifier le Lassigni avec lequel Ronsard fit naufrage en Ecosse. Il s'agit à mon avis d'un membre de la famille d'Humières. »

P. 6, l. 21 — *des flots*. Source, la suite de l'autobiographie :

> Et depuis en Escosse, où la tempeste grande
> Avecques Lassigni, cuida faire toucher
> Poussée aux bords Anglois la nef contre un rocher.
> Plus de trois jours entiers dura ceste tempeste,
> D'eau, de gresle et d'esclairs nous menassant la teste :
> A la fin arrivez sans nul danger au port,
> La nef en cent morceaux se rompt contre le bord,
> Nous laissant sur la rade, et point n'y eut de perte
> Sinon elle qui fut des flots salez couverte.
> Et le bagage espars que le vent secoüoit
> Et qui servoit flottant aux ondes de jouet.

Cet épisode ne devait pas être un banal ornement pour un éloge de Ronsard ; aussi comprend-on qu'il lui ait consacré dix vers dans un poème destiné à renseigner son panégyriste Paschal. Mais un biographe devait-il y attacher tant d'importance ? Du Perron n'en a rien dit ; Velliard et Critton n'en ont presque rien dit. Binet est le seul qui ait cru devoir insister, sans doute pour introduire le rapprochement de Ronsard et d'Arion, qui d'ailleurs ne se soutient pas un instant.

P. 6, l. 27. — *une Diete*. Source, la suite de l'autobiographie :

> D'Escosse retourné je fus mis hors de page
> Et à peine seize ans avoient borné mon âge
> Que l'an cinq cens quarante avec Baïf je vins
> En la haute Allemaigne, où la langue j'apprins.

Antoine de Baïf, fils de celui dont il s'agit ici, a écrit de son côté dans la dédicace de ses œuvres *Au Roy* (en 1572) :

> En l'an que l'Empereur Charle fit son entrée
> Receu dedans Paris, l'année desastrée
> Que Budé trepassa, mon pere qui alors
> Aloit ambassadeur pour vostre ayeul, dehors
> Du royaume en Almagne, et menoit au voyage

Charle Etiene, *et Ronsard qui sortait hors de page*
(Etiene medecin, qui bienparlant étoit,
Ronsard *de qui la fleur un beau fruit promettoit*).
Mon pere entre les mains du bon Tusan me lesse...
(édition Marty-Lav., I, v.)

Binet, en voulant préciser, a commis une erreur que tous les biographes ont répétée. Ce n'est pas à Spire dans le Palatinat, mais à Haguenau en Basse-Alsace, que se tinrent les réunions auxquelles prit part Lazare de Baïf, et ce ne fut pas une *diète*, mais un simple *convent*, qui devait régler à l'amiable certaines questions religieuses. On peut penser qu'il a confondu avec la Diète de Spire qui eut lieu onze ans auparavant (1529). Son erreur peut venir aussi de ce fait que Charles-Quint invita d'abord (le 18 avril 1540) les membres de la conférence à se rassembler à Spire, puis changea d'avis au commencement de mai, cette ville étant alors décimée par la peste (cf. Janssen, *L'Allemagne et la Réforme*, trad., III, 473). Il a pu enfin se fonder sur ces lignes de J. Velliard, *op. cit.*, f° 5 v° : « Anno enim milesimo quingentesimo quadragesimo honoris caussa, privato oflicio a patre missus est cum Lazaro Baiffio, qui tum regis legatus *Nemetes* totamque Germaniam obibat », les Némètes, peuplade que mentionnent César et Tacite, correspondant à peu près à la région de Spire.

Sur la durée de cette ambassade (du 16 mai au 14 août 1540), sur les personnages qui prirent part aux conférences et le profit que Ronsard a pu en tirer, v. Lucien Pinvert, *Lazare de Baïf*, éd. française, pp. 69-77, et ma *Jeunesse de Ronsard*, janvier 1902, pp. 46 et suiv.

P. 6, l. 42. — *depuis Roy*. Binet pour sa rédaction de *B* s'est appuyé sur ce passage du *Tombeau de Marguerite de France* :

> Les roses et les lis en tous temps puissent naistre
> Sur ce Charles qui fut pres de cinq ans mon maistre.

Il s'est d'ailleurs très mal exprimé. Sa phrase est tournée de telle façon que ces cinq ans semblent antérieurs à 1540, ce qui serait tout à fait contraire aux faits. Aussi a-t-il ajouté en *C* « et jusques à son decez ». Mais comme ce décès eut lieu le 8 septembre 1545, si Ronsard était resté au service du prince Charles jusqu'à cette date, cela ferait bien plus de cinq ans.

Dans le même *Tombeau de Marguerite de France*, Ronsard nous dit à propos de Henri II :

> Je le servi seize ans domestique à ses gages.

Comme ce roi mourut le 29 juin 1559, Ronsard, d'après ce vers, serait entré à son service vers le 1er juillet 1543. D'autre part, comme il est entré au service du prince

Charles en août 1536, et que, de cette date à celle de juillet 1543, Jacques V le retint deux ans en Écosse, c'est bien durant *près de cinq ans* que le prince Charles aurait été son maître. Les deux passages de Ronsard concordent bien entre eux et avec les dates extrêmes que je viens de rappeler ; mais l'assertion de Binet ne concorde pas avec eux.

Marty-Lav. a pensé que Ronsard quitta le service du prince Charles pour celui du dauphin Henri dès 1540, se fondant sur deux textes où le poète déclare avoir été *page* de Henri (*Notice sur Rons.*, XVII). L'un de ces textes est extrait de l'*Hymne de Henri II* (Bl., V, 67), l'autre du *Caprice* (Id., VI, 327). Mais en les regardant de près et sans les isoler du contexte, on s'aperçoit qu'ils rappellent des souvenirs postérieurs à 1540 et même à l'avènement de Henri au trône (avril 1547). Et si Ronsard s'y est donné la qualité de page en parlant de l'office qu'il remplit auprès de Henri, dauphin ou roi, bien qu'il ait été « mis hors de page » en mai 1540, c'est simplement qu'il a abusé du mot, soit que ce mot entrât plus facilement dans son vers, soit qu'il exprimât mieux l'emploi vague de Ronsard à la cour de Henri, dauphin ou roi, soit enfin qu'il désignât à la rigueur, d'une façon générale, tous les écuyers subalternes occupés aux Écuries royales de 16 à 25 ans. Dans tous les cas on ne peut conclure de là que Ronsard passa au service de Henri dès l'année 1540.

Quant à la rédaction de *C*, si elle n'est pas incohérente, elle est du moins très obscure. Je pense qu'il faut rétablir entre les deux propositions participiales la proposition principale « il sortit hors de page », qui contient un document important, emprunté d'ailleurs par Binet à Ronsard lui-même (autobiog.) et confirmé par Ant. de Baïf ; cette proposition, qui existait en *A* et en *B*, semble bien être tombée à l'impression de *C*. — Toutefois il se peut que Binet ait délibérément supprimé cette proposition, ayant découvert dans l'*Hymne de Henri II* un texte qui semblait la contredire : « J'ay, quand j'estois ton page, autrefois sous Granval... » (V. ci-après, pp. 82 et 83). Si cela est, Binet eut tort, car il n'y avait entre l'autobiographie et l'*Hymne de Henri II* aucune contradiction réelle, le mot *page* ayant été employé dans l'Hymne avec le sens très général de *serviteur*. Et encore ne devait-il pas laisser sa phrase ainsi dépourvue de proposition principale ; suspendue de la sorte, elle parut si étrange que dans les éditions postérieures on la souda à la phrase suivante, ce qui en altéra le sens et ne la rendit guère plus claire.

Bayle a bien vu la difficulté de ce passage, *Dictionn.*, art. Ronsard, note D.

P. 7, l. 2. — *disciplines*. Du Perron, pour rendre la chose plus vraisemblable, dit que Ronsard « sejourna en Allemagne jusques à ce qu'il eust appris la langue de la province ». Or, c'est substituer une erreur à une invraisemblance, car Ronsard ne resta que trois mois en Alsace, après quoi il revint à la Cour avec Laz. de Baïf. En admettant même — ce qui n'est pas du tout certain — que celui-ci eût prolongé de 25 jours son ambassade, comme semblerait l'indiquer un ordre de « remboursement » de 484 livres « à Laz. de Baïf ancien ambassadeur en Allemagne et en Roumanie » (c'est-à-dire dans le pays de Ferd. d'Autriche *roi des Romains*, comme l'a très bien montré L. Pinvert, *op. cit.*, p. 75, note 5), ce qui reporterait la date de son retour du 14 août au 9 septembre 1540, il est matériellement impossible qu'en moins de quatre mois Ronsard, tout intelligent qu'il fût, ait réussi à savoir l'allemand, et surtout à le parler couramment, comme le dit Blanchemain, qui renchérit sur Binet et Du Perron (VIII, 9). Cela est d'autant plus douteux que l'allemand, aussi bien que l'anglais (v. ci-dessus, premier alinéa de la p. 75), était alors considéré comme une langue barbare indigne d'être apprise, et que l'échange des idées avec les Français se fit à Haguenau en latin.

Que Ronsard ait essayé de l'apprendre et qu'il en ait retenu les éléments avec quelques bribes de conversation, soit ; mais c'est tout ce qu'on peut tirer de ce vers :

En la haute Allemaigne où la langue j'apprins.

La preuve que ses biographes auraient dû plutôt en restreindre qu'en exagérer la portée, c'est que lui-même en changea ainsi la rédaction pour son édition *ne varietur* :

En la haute Allemaigne, où dessous luy [Baïf] j'apprins
Combien peut la vertu.

On peut suspecter l'authenticité de certaines variantes de cette édition (qui fut la première posthume), mais je ne vois pas quel intérêt Galland et Binet, ses exécuteurs testamentaires, auraient eu à changer ce texte de leur propre autorité. Je conçois très bien au contraire que Ronsard leur ait noté ce changement à faire, soit qu'il ait voulu rendre un suprême hommage à l'un de ses premiers bienfaiteurs, soit plutôt qu'il ait été pris d'une sorte de remords d'avoir jadis avancé, pour son panégyrique, une affirmation qui ne correspondait guère à la réalité.

P. 7, l. 8. — *le poussoit*. Sur Guillaume du Bellay, seigneur de Langey, gouverneur de Turin en 1537, puis lieutenant général du Piémont en 1540, mort le 9 janvier 1543 à St-Saphorin près de Tarare, dans les collines du Lyonnais, voir V.-L. Bourrilly, *Guillaume du Bellay*, thèse de Paris, 1904.

J'ai montré dans la *Rev. de la Renaiss.* de janv. et de fév. 1902, que cette affirmation de Binet, reproduite par tous les biographes de Ronsard, n'est pas fondée :

1° De tous les hommes du XVIᵉ siècle qui nous ont parlé de Ronsard, Binet est le seul à mentionner ce voyage en Piémont. Sont restés muets à cet égard non seulement ses amis les poëtes J. du Bellay, Magny, Panjas, Belleau, J. Morel, qui, adressant des vers à Ronsard pendant ou après leur séjour au-delà des Alpes, auraient pu lui rappeler ce souvenir de jeunesse (surtout Morel qui était à Turin près de

236

Guill. du Bellay précisément en 1541-42), mais encore ses autres panégyristes, Du Perron, Velliard, Critton, qui n'eussent pas manqué d'ajouter cet ornement à leurs éloges funèbres si l'affirmation de Binet avait été fondée.

2° Ronsard lui-même n'en a jamais parlé, ni dans les vers qu'il adresse à ceux de ses amis qui eurent la bonne fortune de fouler la terre transalpine ; ni dans ceux où il vante les services diplomatiques et militaires des Du Bellay, et parle avec admiration du « grand Langé » qui personnifiait l'honneur et la vertu (v. l'ode pindar. *A Joachim du Bellay*, Bl.. II, 101-102) ; ni enfin dans son autobiographie. Ce dernier point est tout à fait digne de remarque. Si vraiment Ronsard était allé en Piémont, il n'eût pas oublié de communiquer à son panégyriste Paschal un document si glorieux pour sa mémoire. Il eût ressenti une fierté légitime pour avoir été le compagnon et l'auxiliaire, même humble, du « docte et preux chevalier » dont la mort prématurée causa de vifs regrets aux humanistes, aussi bien qu'aux gens de guerre. (Cf. Rabelais, III, ch. XXI ; IV, chap. XXVI et XXVII).

3° Si Ronsard était allé avec Guill. du Bellay en Piémont, celui-ci l'aurait probablement couché sur son testament qu'il fit le 13 novembre 1542 et où sont mentionnés Massuau, Rabelais, tous ses amis et serviteurs, à une ou deux exceptions près (communication de M. Bourrilly). Il est vrai que Loys de Ronsart assista aux obsèques du grand capitaine au Mans le 5 mars 1543, et qu'il tenait même un des coins du drap mortuaire (L. Séché, *Rev. de la Renaiss.*, févr. 1901, p. 81 ; L. Froger, *Province du Maine*, juillet 1901, tome IX, pp. 209 et suiv.) ; mais ce fut en qualité de parent, de compagnon d'armes, de glorieux vétéran des guerres d'Italie, et peut-être de mansionnaire royal représentant le roi de France. Et si son fils Pierre fut tonsuré le lendemain au Mans par l'évêque René du Bellay, ce n'est pas parce qu'il était protégé par les Du Bellay, comme ayant suivi en Piémont l'aîné de la famille ; c'est simplement parce qu'il était né dans une paroisse qui dépendait du Maine pour le spirituel (cf. R. Charles, *Rev. histor. du Maine*, tome V, p. 373 ; Froger, *Rons. ecclés.*, p. 7 ; Chamard, *Rev. d'Hist. litt.*, 1899, p. 35 ; Laumonier, *Rev. de la Renaiss.*, mars 1902, p. 159).

4° Trois textes des œuvres de Ronsard tendent à prouver qu'il n'a pas franchi les Alpes : l'ode *Au païs de Vandomois* [l'auteur] *voulant aller en Italie,* qui ne peut pas avoir été composée avant 1545 (v. ma thèse sur *Ronsard p. lyr.,* pp. 56-57) ; l'ode *A Cl. de Ligneri,* publiée en 1552, où il compte sur les récits de son ami pour connaître l'Italie (*Ibid.,* p. 84) ; un passage du *Discours contre Fortune,* composé vers 1558, où Ronsard dit à Odet de Coligny :

Aucunefois (Prelat) il me prend une envie
(Où jamais je ne fus) d'aller en Italie.

Bien que les auteurs du temps distinguent l'Italie proprement dite du Piémont et même des « Lombardes campagnes » (cf. Cl. Marot, épître au Roy du temps de son exil à Ferrare), ces textes peuvent encore servir dans une large mesure d'argument contre l'affirmation de Binet. D'ailleurs, que Ronsard parle du Piémont ou qu'il parle de l'Italie, il est également muet sur le voyage que Binet lui fait faire au delà des Alpes en 1541-42 ; voir par ex. les pièces écrites en 1559 à l'occasion du départ de sa protectrice la princesse Marguerite, mariée au duc de Savoie (Bl., III, 338 : IV, 71).

P. 7, l. 17. — *à la mort*. Sources : 1° La suite de l'autobiographie :

> Mais las, à mon retour [d'Allemagne] une âpre maladie
> Par ne scay quel destin me vint boucher l'ouïe
> Et dure m'accabla d'assommement si lourd
> Qu'encores aujourd'huy j'en reste demy-sourd.

2° J. Velliard : « Dum vero ita Nomadum more viveret, præ nimia corporis et animi contentione in tertianam incidit, ex qua non ita convaluit quin surdaster esse perseveraverit » (*op. cit.*, f° 6 v°). 3° G. Critton (il vient de parler du naufrage sur les côtes d'Ecosse) : « Surditatem quidem ex ventorum tumultuosè spirantium fragore et undarum assiduo fremitu perpetuam contraxit, quam primò levem mox gravem insecuta febris vehementius etiam auxit » (*op. cit.*, p. 5). 4° Dorat, dans le *Tombeau de Ronsard* (Bl., VIII, 237) :

> Germanos, Scotos adiit ducente Baïfi
>   Lazare te juvenis, surdus et inde redit.

Aux causes de la maladie que donnent Velliard et Critton, Binet ajoute l'usage des vins « souffrez et mixtionnez » d'Allemagne, et les « peines de la guerre ». Cependant Ronsard dut se trouver à très bonnes tables durant son séjour en Alsace, et d'autre part on ne voit pas de quelle guerre il aurait eu à souffrir. Sur les causes plus vraisemblables et la nature probable de sa demi-surdité, voir ma *Jeunesse de Ronsard,* Rev. de la Renaiss. de mars 1902, pp. 149 et suiv.) et un article de M. Menier paru dans les *Archives d'Otologie,* n° de février 1906, pp. 211 et suiv. Ces deux études écartent l'hypothèse d'une affection syphilitique et concluent à une otite chronique d'origine arthritique. Relevons seulement, en les datant, quelques autres vers de Ronsard sur son infirmité :

Bl.,   I, 399   Vous me responderez (*sic*) qu'il est un peu sourdaut

Et que c'est déplaisir en amour parler haut (1555).

—   III, 356   Puis on ne voit jamais ce poëte à la Court :

Il faut qu'il se presente, encore qu'il soit sourd (1561).

—   VII, 103   Tesmoin est Du Bellay comme moy demy-sourd

Dont l'honneur merité par tout le monde court (1563).

—   VI, 88   Je suis, pour suivre à la trace la Court,

Trop maladif, trop paresseux et sourd (1571).

—   II, 377   Pour ne voir plus rien je veux perdre les

yeux
$$\text{Comme j'ay l'ouïr (1578).}$$

Enfin R. Belleau fait dire à Perrot dans une églogue de sa *Bergerie* :

J'ai l'oreille un peu sourde, haussez un peu la voix (éd, M.-L., I, 298),

et Brantôme s'honore d'être « demi-sourd comme Ronsard » (éd. Lalanne, tome X, p. 395).

P.7, l. 17. — *divin Homere*. La comparaison entre la surdité de Ronsard et la cécité d'Homère était courante parmi les admirateurs de Ronsard. Voir par ex. une pièce latine de Dorat en tête du recueil intitulé : *Sonnetz de P. de Ronsard mis en musique à IIII parties par Guill. Boni* (Cf. *Rev. d'Hist. litt.*, juin 1900. p. 377). Mais pour la rédaction de *B* Binet a eu recours à ce passage de la *Response aux injures et calomnies* (Bl., VII, 103) :

Des poëtes premiers, dont la gloire cognue
A desfié les ans, avaient mauvaise veue,
Thamyre, Tiresie, Homere et cestuy-là
Qui au prix de ses yeux contre Helene parla :
Et ceux de nostre temps à qui la Muse insigne
Aspire, vont portant la sourdesse pour signe :

241

Tesmoin est Du Bellay comme moy demy-sourd,
Dont l'honneur merité par tout le monde court.

P. 7, l. 27. — *contentement*. Copié littéralement dans l'*Epitre au Lecteur* qui servait de préf. à l'éd. princeps des *Quatre prem. livres des Odes* (1550) : « Bien que la jeunesse soit toujours elongnée de toute studieuse occupation pour les plaisirs voluntaires qui la maistrisent, si est ce que des mon enfance j'ai toujours estimé l'estude des bonnes lettres, l'heureuse felicité de la vie, et sans laquelle on doit desesperer de pouvoir jamais attaindre au comble du parfait contentement. » (Bl., II, 9-10 ; texte rectifié par M.-L., II. 474.) On verra plus loin (aux pages 106 et 111) que Binet a consulté pour *C* non seulement cette préface qu'il aurait pu trouver manuscrite dans les papiers de Ronsard, mais le volume entier où elle fut imprimée en 1550.

P. 8, l. 8. — *estudes laissées*. Cf. Du Bellay, *Hymne de la Surdité*, dédié à Ronsard, à la fin des *Jeux rustiques* en janv. 1558 (la pièce date de 1556) :

La Surdité, Ronsard, seule t'a faict retraire
Des plaisirs de la court, et du bas populaire,
Pour suyvre par un trac encores non battu
Ce penible sentier, qui meine à la vertu.
Elle seule a tissu l'immortelle couronne
Du Myrthe Paphien, qui ton chef environne :
Tu luy dois ton laurier, et la France luy doit
Qu'elle peut desormais se vanter à bon droit
D'un Horace, et Pindare, et d'un Homere encore,

S'elle voit ton Francus, ton Francus qu'elle adore
Pour ton nom seulement, et le bruit qui en court :
Dois-tu donques, Ronsard, te plaindre d'être sourd ?

P. 8, l. 10. — *à la Couronne*. Tout ce passage témoigne de l'insouciance de Binet à l'égard de la concordance des dates. Quand Ronsard, par suite de sa demi-surdité, « changea de dessein et reprit les estudes laissées », le roi régnant était François Ier, qui mourut seulement le 1er avril 1547. À l'avènement de Henri II, il y avait déjà quatre ans que Ronsard s'était « remis aux lettres » (en 1543 dit Binet lui-même, p. 10), et au moins deux ans et demi qu'il suivait les leçons de Dorat (depuis la mort de son père, juin 1544, dit Binet lui-même, p. 10.)

La source de l'addition de *C* est ce passage de l'*Hymne de Henri II* (publié en 1555) :

J'ay, *quand j'estois ton page, autrefois sous Granval*
Veu dans ton Escurie un semblable cheval

Qu'on surnommoit Hobere, ayant bien cognoissance
De toy montant dessus : car d'une reverence
Courbé le saluoit : puis sans le gouverner
Se laissoit de luy-mesme en cent voltes tourner
Si viste et si menu, que la veüe et la teste
Tournans s'esblouïssoyent, tant ceste noble beste
Avoit en bien servant un extreme desir,
Te cognoissant son Roy, de te donner plaisir. (Bl., V, 67.)

Claude de Grandval n'était encore que piqueur de la fauconnerie royale en juillet 1541 (*Actes de François Ier*, tome IV, p. 222). Il est probable, d'après ce qu'on a vu plus haut (p. 78), que Ronsard a abusé ici du mot *page*, en le prenant dans le sens général d'écuyer occupé aux Ecuries royales, puisque, « sorti de page » en mai 1540, il n'a jamais été, au sens propre du mot, page de Henri dauphin, encore moins de Henri roi. Binet ne paraît pas y avoir songé ; car, utilisant pour *C* le passage de l'*Hymne de Henri II* que je viens de citer et y prenant le mot *page* à la lettre, il crut devoir supprimer du même coup deux assertions de *AB* qui lui semblèrent en contradiction avec ce texte. Ces deux assertions, qui disparurent de *C*, sont les suivantes : 1° « il sortit hors de page » (p. 6) ; 2° « or que tous deux fussent sortis de page » (p. 10). La coïncidence de cette double suppression avec l'apparition du document emprunté à l'*Hymne de Henry II* est tout à fait digne de remarque : elle prouve de la part de Binet, sinon un grand embarras, du moins un scrupule exagéré, car il n'y avait pas là de contradiction réelle.

P. 8, l. 15. — *O flos virum et*. Cette ode pindarique de Dorat fut publiée d'abord à la fin des *Quatre premiers livres des Odes* de Ronsard en 1550. Elle fut reproduite dans la 2e et la 3e édition de ce volume (1553, 1555), puis parmi les liminaires de toutes les éditions collectives des *Œuvres* de Ronsard, y compris la première éd. posthume (1560 à 1587). On la trouve dans l'éd. Blanchemain, en tête du tome I, p. xix. La citation de Binet commence au milieu du 8e vers de l'antistrophe I. L'ode entière semble avoir été écrite en réponse à celle de Ronsard *Puissé-je entonner un vers*, que Binet a citée plus loin en *C*. (Cf. ci-dessus, p. 13.)

P. 8, l. 23 — *seu quis*. Cette leçon de *AB* est conforme au texte princeps de l'ode (1550) et à celui qu'on lit parmi les liminaires de *toutes* les éd. collect. des *Œuvres* de Ronsard. La leçon de *C*, *si quis*, reproduite dans les éd. dérivées de *C*, est plus logique, étant donné que rien dans les vers qui suivent, en 1587 et 1597, ne correspond à *seu quis*, mais que, au contraire, la strophe II contient un *sin alter* qui correspond à *si quis* ; c'est sans doute la raison de la correction de *C*.

P. 8, l. 32. — *Auguste et Martiale*. Ces deux adjectifs ont conservé leur initiale majuscule dans toutes les éditions, parce qu'ils dérivent de noms propres. Nous avons cru devoir respecter une intention qui n'est pas douteuse.

Pour tout ce portrait physique de Ronsard, cf. Du Perron : « Car j'ay ouy raconter une infinité de fois à ceux qui l'ont cogneu en sa premiere jeunesse, que jamais la nature n'avoit formé un corps mieux composé ny mieux proportionné que le sien : fust ou pour la beauté du visage, qu'il avoit merveilleusement aggreable, ou *pour la taille et la stature, laquelle il avoit extremement Auguste et Martiale*, de sorte qu'il sembloit qu'elle eust mis entierement son estude et son industrie à préparer un lieu qui peust recevoir dignement ceste ame excellente, pleine de tant de gloire et de lumiere, de laquelle les beautez du corps devoient estre comme la splendeur et les rayons. »

(*Or. fun.*, texte de 1586, pp. 28-29.) — Binet a certainement profité du travail de Du Perron, soit qu'il en ait retenu de mémoire quelques expressions, soit plutôt que l'*Oraison funèbre* ait été imprimée avant le *Discours de la vie de Ronsard*.

Pour l'iconographie de Ronsard, v. A. de Rochambeau, *op. cit.*, ch. III. Les portraits qui nous sont restés de sa jeunesse sont quelque peu conventionnels (*Amours* de 1552 et 1553 ; *Odes* de 1555 ; *Œuvres* de 1560). Mais il reste quatre œuvres qui sont des documents du plus haut intérêt sur la vraie physionomie de Ronsard après 40 ans : 1° Une médaille de Jacques Primavera (*Notice cit.*, par Chabouillet) ; 2° et 3° Un portrait et un buste qui sont au Musée de Blois (*Etude*, par P. Dufay) ; 4° Un crayon qui est au Musée de S. Pétersbourg (*Gazette des Beaux-Arts*, de juin 1907, art. de C. Gabillot). — Ronsard vieillit assez vite au physique : à 30 ans il était gris et chauve, et dès lors maigre, pâle, défait, miné par la fièvre intermittente, en proie aux douleurs et aux insomnies. Les peintures qu'il nous a laissées de lui-même à partir de 1553 sont loin de correspondre aux descriptions brillantes de Binet et Du Perron. V. par ex. les sonnets : *Sur mes vingt ans* (1553) ; *Dame je meurs pour vous* (1555), les odes : *Laisse moi sommeiller* (1554) ; *Quand je suis vingt ou trente mois* (1555), *Ma douce jouvence est passée* (id.) ; *Ah ! fiévreuse maladie* (id.) ; *Pour avoir trop aimé vostre bande inegale* (1556) ; le poème à P. Lescot, *Puisque Dieu* (1560, vers 10 et suiv.) ; *la Response aux injures* (1563, vers 285).

P. 9, l. 5. — *du Roy*. Dans tout le passage qui commence ici et finit à « l'an mil cinq cens XLIII », Binet quand il dit « le Roy » désigne Henri II, soit par un abus conscient de ce mot, soit plutôt par ignorance : en effet le prince qui fut Henri II n'était encore que dauphin à l'époque où Binet en est de son exposé, bien qu'il eût déjà une Cour et des Ecuries particulières sous le règne de son père François Ier. Voir ci-dessus, p. 82, aux mots « *à la Couronne* ».

P. 9, l. 22. — *pour la veüe*. Cf. J. Velliard : « Vir sapiens et acutus, qui benè semper audierat, ne tandem (ut est in aula rerum vicissitudo) ideo male audiret, quia male audiebat, ex hac vaga et irrequieta vita, ubi multo plus audiendum est quam loquendum, ad requietem animi sese in tranquillissimum Academiae portum recepit... » (*Laud. fun.* I, ff. 6 v° et 7 r°).

P. 9, l. 25. — *page avec Ronsard*. Cf. Du Perron : « Or ce fut là (en Escosse) premierement qu'il commença à prendre quelque goust à la Poësie : car un gentilhomme Escossois, nommé le seigneur Paul, qui estoit fort bon poëte Latin, et qu'il l'aimoit (*sic*) extremement, prenoit la peine de luy lire tous les jours quelque chose de Virgile ou d'Horace, ou de quelque autre autheur, et de le luy interpreter en François ou en Escossois : et luy d'autre costé qui avoit desja veu quelques rymes de Marot et de nos anciens Poëtes François, s'efforçoit de le mettre en vers le mieux qui luy estoit possible. » (*Or. fun.*, texte de 1586, p. 27.)

G. Critton n'a pas parlé du seigneur Paul. En revanche J. Velliard l'a considéré comme l'un des initiateurs de notre poète et l'a comparé à cet égard à l'oncle Jean de Ronsart, curé de Bessé-sur-Braye : « Quid dixi ! Petrum Ronsardum, ex sermone habito in ea legatione (l'ambassade de Laz. de Baïf en Allemagne), primum ad studium poetices animum adjunxisse ? Erravi : imo multò ante, hunc enim poesim a lacte nutricis imbibisse animo, nec alienis, sed domesticis praeceptis edoctum fuisse, vos jam eritis judices. Habebat ab Avunculo, viro omni liberali sacraque doctrina politissimo, non solum bibliothecam varia et multiplici librorum supellectile instructam, sed etiam exemplum hujus reconditioris disciplinae quod sibi proponeret ad imitandum. Insuper, dum aderat Regi praetextatus assecla, jucundus erat Paulo praefecto Hippocomiae, fratri Philippae Castelleronensis (*sic* pour Castelleraldensis), qui cum studia humanitatis coleret, et haberet aures tritas notandis generibus poetarum, seorsim (*sic* pour seorsum) Virgilii et Horatii intelligentia praestabat. Hi duo perspicaces et acuti viri cum mirarentur bonitatem naturae Petri Ronsardi, huic et ad suscipiendam et ingrediendam rationem studiorum poeseos principes extitere. » (*Laud. fun.* I, prem. éd., f° 6 r° et v°.)

Du Perron est le seul des biogr. de Ronsard (avec Colletet, qui l'a copié littéralement ici) à nous avoir dit que le seigneur Paul était un gentilhomme Écossais ; et il s'en est tenu à cette opinion jusqu'à la fin de sa vie (1618), malgré les affirmations contraires de Binet et d'Ant. de Baïf. Mais il semble n'avoir pas été le seul à penser ainsi, d'après cette addition de Binet à son troisième texte : « …

le seigneur Paul, Escossois ainsi que disent aucuns ». Cette opinion, qui a contre elle l'autorité de Baïf, assez grave à elle seule pour la ruiner, a peut-être pour point de départ un fait historique : il se peut par ex. que le seigneur Paul ait accompagné Ronsard en Écosse et séjourné avec lui à la cour de Jacques V, et je suis tout porté à le croire. Il est d'ailleurs étonnant que Ronsard n'ait jamais nommé dans ses œuvres ce compagnon de jeunesse, auquel en somme il devait tant.

Si le seigneur Paul avait pour sœur, comme l'affirment Velliard et Binet, la mère de Mad. de Chatellerault, il était sûrement Piémontais. Voici en effet ce que dit le P. Anselme sur Mad. de Chatellerault, qui n'est autre que Diane de France, fille naturelle de Henri II : « Diane, légitimée de France, duchesse d'Angoulême, *née de Philippe Duc, demoiselle Piemontaise,* sœur de Jean Antoine Duc, né à Montcallier en Piémont, écuyer de la grande écurie du roi Henri II. Elle épousa 1° Horace Farnèse, duc de Castro, mort en 1554 ; 2° en 1557 François de Montmorency, pair et maréchal de France… Le duché de Chatellerault lui fut donné par lettres du 22 juin 1563, renouvelées en 1571… » (*Hist. genealog. de la maison de France,* tome I, 136, D.) Madame de Chatellerault, comme l'appelle Binet, ou Madame d'Angoulême, comme on l'appelait plus ordinairement depuis qu'elle avait reçu de Henri III le duché d Angoulême en 1582, ne mourut qu'en janvier 1619. Si Binet, ou Du Perron, devenu cardinal, avait osé interroger cette princesse sur la famille de sa mère, ils auraient pu identifier le seigneur Paul et nous dire si c'était Jean Antoine Duc lui-même (auquel cas ce nom de Paul serait un pseudonyme), ou si c'était un second frère de Philippe Duc.

Quant à Philippe Duc, « l'auteur de l'*Abrégé Chronologique* et celui du roman historique de la *Princesse de Clèves* disent qu'elle se fit religieuse après ses couches, sans indiquer l'ordre qu'elle embrassa, ni le monastère où elle entra » (Dreux du Radier, *Reines et Regentes de France*, 2e édition, 1776, tome IV, p. 455, dans le chap. intitulé *Philippe Duc*). — On lit encore dans l'*Hist. de Chatellerault* de l'abbé Lalanne (tome II, p. 46) : « Au mois de juin 1563, Charles IX donna la terre de Chatelleraud à Diane, légitimée de France, sa sœur, pour lui tenir lieu de 6000 livres de rente. Elle était né en 1538 de Henri II, encore Dauphin, et de Philippe Duc, demoiselle Piémontaise, retirée, après sa faute, dans un couvent, où elle mourut. » — Enfin, d'après Brantôme, Philippe Duc, dame de Blère, épousa un gentilhomme italien (édition Lud. Lalanne, tome VI, 496).

P. 10, l. 11. — *Clément Marot*. Outre les éd. originales (notamment des *Illustr. de Gaule*, 1509-1513), Ronsard pouvait alors lire les œuvres en prose et en vers de Jean Le Maire dans plusieurs éditions collectives, entre autres celles de Paris, Philippe Le Noir (s. d., vers 1520) ; Petit, Marnef et Viart (1520-1523). Plus tard il en parut une à Paris, chez V. Sertenas 1548), et une à Lyon, chez J. de Tournes (1549, la plus complète, publiée par les soins d'Ant. du Moulin).

Voir la notice biogr. et bibliogr. que lui a consacrée Stecher en tête de son édition (Louvain, 1882-91).

Il est probable qu'il lut le *Roman de la Rose* dans l'édition publiée sous une forme rajeunie par Cl. Marot, à Paris en 1527 et 1529, chez Galiot du Pré ; en 1538, chez Pierre Vidoue.

Les œuvres de Maistre Guillaume Coquillart (*Droits nouveaux* ; *Plaidoyer de la Simple et de la Rusée* ; *Blason des Armes et des Dames* ; *Monologues*) avaient été rééditées plusieurs fois avant 1540 ; d'abord de 1515 à 1530 elles ont paru chez la veuve Trepperel, chez J. Janot et chez Alain Lotrian, à Paris ; puis en 1532 chez Galiot du Pré, en 1533 chez Pierre Leber, à Paris ; en 1535 et 1540, chez Fr. Juste, à Lyon (Cf. l'éd. Ch. d'Héricault, Biblio. elzévirienne, 2 vol. ; l'étude bibliographique est à la fin du 2e volume).

Quant à l'*Adolescence Clementine* de Cl. Marot, imprimée en 1532 par Geoffroy Tory pour Pierre Rosset, elle avait été plusieurs fois rééditée soit à Paris chez le même, soit à Lyon chez Fr. Juste, avec la *Suite de l'Adolescence*, de 1532 à 1535. Une édition très soignée avait paru en 1538 à Lyon, chez Gryphius, et trois autres de 1540 à 1543 à Lyon chez Etienne Dolet. Les *Pseaumes* parurent en deux fois, trente à Paris en 1541, les mêmes et vingt autres à Genève en 1543 (v. Em. Picot, *Catalogue Rothschild*, et O. Douen, *Cl. Marot et le Psautier huguenot*).

Sur l'estime que Ronsard, Du Bellay et Baïf avaient pour le *Roman de la Rose*, et pour les Œuvres de Jean Le Maire, entre autres les *Illustrations de Gaule*, v. la *Deffence et Illustration de la langue françoise*, I, ch. II, éd. Chamard, pp. 174 à 178 ; l'article de H. Guy sur les *Sources françaises de Ronsard*, dans la *Rev. d'Hist. litt.* d'avril 1902 ; ma thèse sur *Ronsard p. lyr, passim*. — Quant à Coquillart, je ne le vois cité et imité nulle part chez eux, si ce n'est dans les *Folastries* de Ronsard, et encore l'imitation serait-elle très lointaine ; c'est sans doute pour cette raison que Binet a supprimé Coquillart de sa troisième rédaction (à moins que ce nom ne soit tout simplement tombé à l'impression). — Enfin Cl. Marot, que Ronsard appelle « la seule lumière en ses ans de la vulgaire poësie » (Epître au lecteur, préf. des *Odes* de 1550, Bl., II. 10), et auquel il reconnaît le mérite d'avoir écrit les meilleurs vers qu'on pût écrire alors sur un sujet élevé (Ode sur la victoire de Cerizoles, strophe I, Bl., II, 53), a montré la voie à Ronsard dans plus d'un genre (élégie, églogue, blason, épigramme, épitaphe, ode, sonnet), et lui a suggéré plus d'un thème. Cf. H. Guy, *art. cit.*, pp. 246 et suiv. ; P. Laumonier, thèse sur *Ronsard p. lyr., passim* ; voir ce que je disais déjà dans la *Rev. d'Hist. litt.* de janv. 1902, notes des pp. 39, 53, 67, 73, 76.

P. 10, l. 13. — *limures d'or*. Cf. la biographie de Virgile attribuée à Donat : « Cum is aliquando Ennium in manu haberet, rogareturque quidnam faceret, respondit se aurum colligere de stercore Ennii. Habet enim poeta ille egregias sententias sub verbis non multum ornatis. » (§ XVIII. Voir le *Virgile* de Heyne, tome I, et le *Suétone* de Reifferscheid, p. 67.)

Binet est le seul biographe de Ronsard qui lui ait fait tenir ce propos. On n'en trouve pas trace dans les œuvres du poëte. Mais ce propos est vraisemblable, et, malgré son excessif dédain, plus juste que ces lignes de l'Epitre au lecteur des *Odes* de 1550, où Ronsard, après avoir déclaré qu'il n'a vu « en nos poëtes françois chose qui fust suffisante d'imiter », ajoute avec une réelle ingratitude : « L'imitation des nostres m'est tant odieuse (d'autant que la langue est encores en son enfance) que pour ceste raison je me suis esloigné d'eus, prenant stile à part, sens à part, œuvre à part, ne desirant avoir rien de commun avec une si monstrueuse erreur. » (Bl., II, 10.)

P. 10, l. 20. — *livre François*. Cette date correspond à celle où Ronsard fut tonsuré, et fit au Mans la rencontre de Jacques Peletier, qui était alors secrétaire de l'évêque René du Bellay, 6 mars 1543 (n. st.). V. à ce sujet ma *Jeunesse de Rons.* (Rev. de la Renaiss. de mars 1902) et ma thèse sur *Ronsard p. lyr.*, p. 23. — Il est donc vraisemblable que Ronsard, ayant renoncé ainsi aux carrières que son père avait rêvées pour lui, obtint la permission de « se remettre aux lettres ». Il est encore possible que Loys de Ronsart ait conseillé à son fils de se consacrer tout entier à la carrière ecclésiastique, lui remontrant combien « le mestier des Muses » était aléatoire et peu lucratif. Mais qu'il lui ait interdit soudain des lectures qu'il avait jusque-là permises, et dont le jeune homme avait déjà largement profité (d'après Binet lui-même), je trouve là quelque chose d'invraisemblable et de contradictoire. Et puis, qu'aurait-on gagné à lui enlever des mains les auteurs français, si on lui laissait les auteurs latins et italiens, voire les auteurs grecs traduits en latin ? Au point de vue paternel, ceux-ci devaient être au moins aussi dangereux que ceux-là ; il me semble même que les œuvres d'Horace, de Second, le Marulle, de Pétrarque, de Sannazar, de l'Arioste, étaient beaucoup plus à redouter que les livres français. Loys de Ronsart était très capable de s'en rendre compte ; aussi n'a-t-il point dû faire cette distinction qui ne s'expliquerait guère ; c'est son fils qui la fit de lui-même, mais en sens inverse, et qui choisit les lectures les plus capables d'exciter sa verve, parce qu'il y trouvait l'expression forte et pénétrante de ses propres sentiments, c'est-à-dire les lectures latines et italiennes, en attendant qu'il traduisît du grec avec Dorat.

Binet a été dominé dans tout ce passage par le souvenir du poème *A Pierre L'Escot*, qui contient des remontrances curieuses de Loys de Ronsart à son fils, d'ailleurs imitées d'Ovide :

> Je fus souventes-fois retansé de mon pere
> Voyant que j'aimois trop les deux filles d'Homere,
> Et les enfans de ceux qui doctement ont sceu
> Enfanter en papier ce qu'ils avoient conceu :
> Et me disoit ainsi : « Pauvre sot, tu t'amuses
> A courtiser en vain Apollon et les Muses...

et ces réflexions du poète :

> O qu'il est mal-aisé de forcer la nature !
> Tousjours quelque genie ou l'influence dure
> D'un astre nous invite à suivre maugré tous
> Le destin qu'en naissant il versa dessur nous.
> Pour menace ou priere ou courtoise requeste
> Que mon pere me fist, il ne sceut de ma teste
> Oster la poësie : et plus il me tansoit.
> Plus à faire des vers la fureur me poussoit.
>
> (Bl., VI, 189 à 192.)

Mais logiquement cette conversation entre le père et le fils dut être antérieure à la maladie qui rendit Ronsard à moitié sourd, puisque les professions que le père préconise au fils, le barreau, la médecine, l'armée, sont précisément celles que la surdité lui rendit inaccessibles ; et, dans tous les cas, les « livres françois » n'y paraissent pas l'objet d'une réprobation et interdiction spéciales.

P. 10, l. 23. — *chez le Roy*. Ici « le Roy » n'est pas distingué du « Roy » dont il est question dans tout le passage précédent. La confusion continue entre François Ier et Henri II, d'autant plus que ces mots peuvent désigner ici aussi bien le roi régnant que l'héritier présomptif de la couronne, Loys de Ronsart étant à la fois « mansionnaire » de François Ier et « maître d'hostel » du dauphin. Voir ci-dessus, p. 61, aux mots « *du Roy* ».

Cf. l'*Epitaphe de feu messire Loys de Roussart*, par Jehan Bouchet, qui fut son protégé et l'un de ses familiers :

> *Apres* avoir par soixante quinze ans
> Passé mes jours la pluspart desplaisans.
> L'an mil cinq cens avec quarante quatre,
> La mort me vint soubdainement abbatre
> Au lict d'honneur, par merveilleux hazart,
> Qui fuz tousjours nommé Loys Roussard (*sic*)
> En mon vivant sieur de la Possonniere...

(*Genealogies, Effigies et Epitaphes*, Poitiers, 1545, in-f°, ff. 85 r° et 86 r°.)

P. 10, l. 27. — <u>*par cœur*</u>. La source de cette addition est dans la préface posthume de la *Franciade* : « Il ne faut s'esmerveiller si j'estime Virgile plus excellent et plus rond, plus serré et plus parfait que tous les autres, soit que des ma jeunesse mon regent me le lisoit à l'escole, soit que depuis je me sois fait une idée de ses conceptions en mon esprit (portant tousjours son livre en la main), ou soit que, l'ayant appris par cœur des mon enfance, je ne le puisse oublier. » (Bl, III, 23.)

P. 10, l. 45. — <u>*destourner*</u>. Cette incise de *B* vient de la préface posthume de la *Franciade* : « ... et mille autres ecstatiques descriptions que tu liras en un si divin autheur

(Virgile), lesquelles te feront poëte... et t'irriteront les naïfves et *naturelles scintilles de l'ame que dés la naissance tu as receues,* t'inclinant plustost à ce mestier qu'à celuy-là : car tout homme dés le naistre reçoit en l'ame je ne sçay quelles *fatales impressions* qui le contraignent suivre plustost son destin que sa volonté. » (Bl., III, 17.)

P. 11, l. 2. — *Carnavalet.* François de Carnavalet, de son vrai nom Kernovenoy, était Breton. Né vers 1520, il mourut à Paris en 1571. En 1549, il avait les fonctions de « premier écuyer de Henri II ». Aussi dans l'ode pindarique *Ma promesse ne veut pas,* publiée en janv. 1550, Ronsard l'a-t-il vanté comme habile cavalier et professeur des pages aux Ecuries royales, qu'il avait mission de former à tous les points de vue comme le pédotribe antique (Bl., II, 57). Dans l'*Hymne de France,* qui est de 1549, il exalte également ses mérites d'écuyer (Bl., V, 286). D'après une note de Richelet, reproduite par Blanchemain, à l'épode I de l'ode pindarique, Carnavalet aurait été alors gouverneur du futur Charles IX ; or le futur Charles IX n'était pas encore né (il naquit en juin 1550). Carnavalet n'était pas non plus gouverneur du dauphin, le futur Francois II, car nous savons par Ronsard lui-même que Catherine de Méd. avait confié son fils aîné aux soins de D'Urfé (Bl., II, 179). Les élèves de Carnavalet dont il s'agit dans cette ode sont donc simplement les pages et les jeunes écuyers de l'Ecurie Royale, qui était alors, comme dit Binet, « une escole de tous honestes et vertueux exercices ». — C'est seulement quelques années plus tard que Carnavalet fut nommé gouverneur du troisième fils de Henri II, le futur Henri III (né en sept. 1551, d'abord duc d'Angoulême, puis duc d'Orléans, puis duc d'Anjou) ; ainsi nous le présentent deux sonnets de Ronsard (Bl., V, 345 ; M.-L., VI, 417), dont le premier est adressé en 1565 et 1567 *A Monsieur de Car. gouverneur de Monseigneur d'Orleans,* en 1571 et 1573 *A M. de Carnavalet gouverneur de Monseigneur d'Anjou,* en 1578, 1584 et 1587 *À M. de Carnavalet gouverneur du Roy Henry III.* — D'après une pièce de Dorat, citée par Marty-Laveaux, c'est vraisemblablement sur la recommandation de Carnavalet que Dorat fut choisi pour enseigner le grec et le latin aux filles de Henri II et à leur demi-frère, le bâtard d'Angoulême, pendant un an, vers la fin du règne de Henri II (éd. des *Œuvres* de Dorat, *Notice,* pp. XIX-XXI, et *Appendice,* LVI) ; c'est à lui encore que Dorat dut de conserver sa maison de Limoges pendant la guerre civile de 1569 (*Ibid.,* Notice, p XXIX, et *Appendice,* p LX). — Enfin J. Velliard cite Carnavalet parmi les protecteurs de Ronsard contre les poètes courtisans de 1550 à 1553 (V. ci-après p. 139, dern. ligne).

Mais de tous ces documents il ne ressort nullement que Carnavalet ait accompagné Ronsard vers 1544-45 chez Lazare de Baïf pour assister aux leçons particulières de grec que Dorat y donnait à Antoine de Baïf. L'assertion de Binet, qui *a priori* paraît suspecte, ne se trouve confirmée par aucun texte. Il a pu cependant la tenir de la bouche de Dorat ou d'Ant. de Baïf.

Sur ce personnage, qui resta jusqu'à sa mort un modèle de sagesse et de probité, v. encore la dédicace des *Discours sur les vertus de l'antimoine* par J. Grevin (1566) ; l'épitaphe du tombeau que lui fit ériger à Saint-Germain l'Auxerrois H. de Cheverny, chancelier de Henri d'Anjou ; Le Laboureur, *Additions aux Mémoires de Castelnau*, VII, notice ; le P. Anselme, *Hist. des grands off. de la Couronne*. — L'Hôtel, devenu Musée, qui porte son nom à Paris, ne lui a pas appartenu ; il fut seulement vendu à sa veuve, Françoise de la Baume, par le fils du Président de Ligneris (*Dictionn. de Biographie générale*).

P. 11. l. 3. — <u>*Tournelles*</u>. On sait que le palais des Tournelles était situé sur l'emplacement de la partie nord de la place des Vosges actuelle.

P. 11. l. 6. — <u>*mes estudes*</u>. Si, comme je le crois, Binet est né vers 1553, ce n'est pas au collège de Coqueret qu'il fut l'élève de Dorat ; mais il a pu être son auditeur au Collège de France, où Dorat enseigna de 1556 à 1567.

L'addition de *C* relative à Dorat a été prise à la *Bergerie* qui forme l'*Eglogue* I, du moins au texte de l'édition posthume de 1587, que voici :

> Et toy divin Dorat, des Muses artizan.
> *Qui premier* amoureux de leur belle neufvaine.
> *Par les outils des Grecs destoupas la fontaine*
> *D'Helicon.*

Blanchemain (éd. de Ronsard, IV, p. 32) donne cette variante comme étant de 1584. Or on lit dans l'édition de 1584 :

Et toy divin Dorat, des Muses artizan,
Qui premier anobly de l'honneur de ta peine
As aux peuples François destoupé la fontaine
D'Helicon. (édition Marty-Lav., III, 380.)

C'est évidemment le texte de 1587 que Binet a consulté.

Sur l'influence de Dorat comme humaniste, voir, outre les témoignages de Ronsard, Baïf et Du Bellay (rappelés dans ma thèse sur *Ronsard p. lyr.*, p. 343, note 2), celui d'un de ses élèves de Coqueret, G. M. Imbert, *Sonets exoteriques* (1518), nos 8 et 45, et celui d'un de ses auditeurs au Collège Royal, Jean Le Masle, *Nouvelles recreations poëtiques* (1580), pièce sur l'*Excellence des poëtes français*, adressée à Dorat, fo 52.

P. 11, l. 9. — *son fils*. La maison de Lazare de Baïf s'élevait « sur les fossez Saint Victor aux faubourgs », d'après l'acte de fondation de l'Académie de Poésie et de Musique que son fils Antoine y établit en 1570 (Frémy, *Académie des dern. Valois*, p. 51). « Domum et situ et cultu peramoenam incoluit Lutetiae suburbiis », dit simplement Sc. de S. Marthe en 1598 (*Elogia*, liv. I, art. *Bayfii pater et filius*). « Elle estoit à l'entrée de l'un des plus agréables faubourgs de la ville, qui est celuy de sainct Marcel », ajoute G. Colletet dans sa traduction des *Elogia* (1644, p. 47) ; et il le répète dans sa *Vie de Ronsard* (éd. Blanchemain, p. 31). Sauval dit de son côté qu'elle était située " sur les Fossés de la ville entre la porte Saint Victor et celle de Saint Marceau (*Recherches sur les Antiquités de Paris,* liv. IX, p. 490). En outre, une note marginale ajoutée par François Colletet au manuscrit de son père sur la *Vie de J. Ant. de Baïf* nous apprend que cette maison, qu'il avait vue dans son enfance, « estoit située sur la paroisse de Saint-Nicolas-du-Chardonnet, à l'endroit où l'on a, depuis, basti la maison des religieuses Angloises de l'ordre de Saint Augustin » (fragment cité par S.-Beuve, *Tableau de la poésie au XVI*e*s.*, art. sur Desportes, éd. Charpentier, p. 415, note ; et par Ed. Fournier, *Variétés histor. et litt.*, VIII, p. 40, note). Or ce couvent de religieuses Anglaises, celui-là même où G. Sand fut élevée (*Hist. de ma vie*, 3e partie, chap. x et suiv.), a subsisté de 1639 à 1861, époque du percement de la rue des Ecoles, aux nos 23 et 25 de la rue des Fossés-Saint-Victor, aujourd'hui rue du Cardinal Lemoine (Frémy, *op. cit.*, pp. 388-89 ; L. Pinvert, *Lazare de Baïf*, pp. 81-82).

Quant à la date où Dorat commença à donner des leçons à Antoine de Baïf au domicile de son père, Binet la connaissait par la dédicace des *Œuvres* d'Ant. de Baïf *Au Roy*, que nous avons déjà citée. Après y avoir dit qu'il fut mis en pension chez le professeur Tusan (Tusanus, Toussain) « l'année que Budé trépassa », c'est-à-dire en 1540, Baïf ajoute :

Là quatre ans je passay, façonnant mon ramage
De Grec et de Latin..........
　　De là (grand heur à moy) mon pere me retire,
Me baille entre les mains de Dorat pour me duire :
Dorat qui studieux du mont Parnasse avoit
Reconnu les detours, et les chemins savoit
Par où guida mes pas. O Muses, qu'on me done
De Lorier et de fleurs une fréche courone
Dont j'honore son chef. Il m'aprit vos segrets
Par les chemins choisis des vieux Latins et Grecs.

　　　　　　　　　　　　　(édition　　　　　Marty-
Laveaux, I, vi.)

Ainsi c'est bien à partir de 1544 seulement que Ant. de Baïf a suivi les leçons de Dorat, et que Ronsard a commencé à en profiter, au domicile de Lazare de Baïf — et non pas comme le dit Sainte-Beuve « vers 1541 ou 42 au plus tard au collège de Coqueret » (*Notice sur Ronsard* reproduite par l'éd. du *Tableau* de 1843, p. 290, et en tête de la réédition des *Œuvres choisies de Ronsard* par L. Moland, p. xiv).

P. 11, l. 15. — *se loger avec luy.* Le Collège de Coqueret était situé rue Chartière, dans l'ancienne « basse-cour » du séjour de Bourgogne qui depuis devint le Collège de Reims, dont les bâtiments sont actuellement affectés à l'Ecole préparatoire de Sainte-Barbe (Frémy, *op. cit.,* p. 12, note ; cf. H. Chamard, thèse sur *J. du Bellay,* p. 42 ; L. Séché, *Rev. de la Renaiss.* de févr. 1901, p. 84).

À quelle époque Dorat en fut-il nommé « principal » ? On l'ignore, et il est vraiment dommage qu'aucun des panégyristes de Ronsard, des Baïf ou de Dorat ne l'ait dit. Pour Goujet (*Bibl. fr.*, XIII, 289), Robiquet (thèse lat. sur *Dorat*, p. 8) et H. Chamard (thèse sur *J. du Bellay* p. 45), ce fut seulement à la mort de son bienfaiteur Lazare de Baïf, événement qui lui aurait enlevé le plus clair de ses moyens d'existence. Or Lazare de Baïf ne mourut qu'en 1547 : il assistait aux obsèques de François Ier le 11 avril, mais le 8 novembre suivant on dressait « l'Inventaire des meubles fait au lieu seigneurial des Pins apres le decez de messire Lazare de Baïf » (L. Pinvert, *op. cit.*, pp. 87-88), ce qui permet de fixer la date de sa mort à septembre ou octobre 1547.

Des textes importants cités par Joly, *Rem. crit. sur le Dict. de Bayle*, p. 302, semblent prouver que Dorat ne fut nommé principal de Coqueret que dans la 2e moitié de 1547 :

1° D'après deux poèmes de Dorat, auxquels renvoient également Goujet (*loc. cit.*) et Marty-Laveaux (*Notice sur Dorat*, XVI et XVII), il aurait porté les armes en 1544, puis aurait fait partie de la suite militaire du dauphin Henri, suivant ce prince, devenu roi, jusqu'à Bapaume (juillet 1547). Mais a-t-on le droit d'en conclure avec Joly qu'il cessa d'être précepteur privé d'Antoine de Baïf « avant la fin de 1544 ». fit « le métier de soldat » pendant trois ans de façon continue, et ne devint principal de Coqueret qu'après ce temps de service militaire ? Si cela était, que seraient devenus durant ces trois années soit les élèves qui, comme le dit Marty-Laveaux lui-même, suivaient ses leçons « chez lui » avant de les suivre à Coqueret, soit A. de Baïf, l'élève dont l'instruction particulière lui avait été confiée, précisément en 1544 ?

2º D'après du Boulay (*Hist. de l'Université de Paris*, tome VI, p. 968), « *Ronsardus nomen Academiae dedit anno 1547, Rectore Roberto Fournier* » ; or, comme R. Fournier ne devint recteur que le 16 décembre de cette année-là, Ronsard ne se serait fait inscrire comme étudiant que dans la deuxième quinzaine de décembre 1547. Mais doit-on en conclure avec Joly que c'était sa « première inscription », et que c'est à ce moment-là qu'il « entra sous Dorat au Collège de Coqueret, dont celui-ci venait d'être nommé principal » ? Si l'on adopte cette conclusion, comment expliquer que, dans son autobiographie, Ronsard affirme qu'il se rangea sous la discipline de Dorat tout de suite après avoir connu Cassandre, à Blois, où il « suivait la Cour », c'est-à-dire en 1545 au plus tôt, en mai 1546 au plus tard, et qu'il y resta cinq ans :

> Incontinent apres, disciple je vins estre,
> A Paris, de Dorat qui cinq ans fut mon maistre ?....

En réalité, rien ne s'oppose à ce que Dorat ait été nommé principal de Coqueret du vivant de Lazare de Baïf. Il est même vraisemblable que celui-ci usa de son influence pour faire obtenir ce poste au précepteur de son fils. Voici en faveur de cette hypothèse deux autres arguments, qui d'ailleurs sont loin d'être décisifs : 1° Dans l'ode *A son retour de Gascongne, voiant de loin Paris*, dont la composition est probablement de la fin de 1547, Ronsard se félicite d'avoir quitté la Cour pour se consacrer tout entier à l'étude des littératures grecque et latine, et l'on peut penser d'après ces vers que sa retraite chez Dorat à Coqueret remonte à un certain temps, est tout au moins antérieure à la mort de François Ier :

> Plus que devant je t'aimerai, mon livre.
> A celle fin que le sçavoir j'apprinse
> J'ai délaissé et Cour et *Roi et Prince,*
> Où j'estoi bien quand je les vouloi suivre...
>
> (Bl., II, 457).

2° D'après Claude Garnier, la traduction du *Plutus* aurait été jouée à Coqueret quand Ronsard était dans sa vingt et unième année ; il ajoute que les fragments de cette traduction, qui ont été publiés en 1617, voyaient le jour après 72 ans, ce qui nous reporte bien à 1545. Malheureusement ce dernier témoignage n'a pas grande valeur, parce qu'il s'appuie lui-même uniquement sur celui de Binet, lequel est très contestable (V. ci-après, pp. 103 et 104).

En résumé, sans faire remonter le principalat de Dorat jusqu'en 1544, comme l'ont fait sans preuves l'abbé Simon (*op. cit.*, III, p. 512), Frémy (*op. cit.*, p. 11) et Bizos (*Ronsard*, p. 16), on peut penser qu'il commença du vivant de Lazare de Baïf, peut-être même dès 1545, surtout si l'on admet avec Binet que Ronsard, né en septembre 1524, n'avait que « vingt ans passés » quand il devint élève de Coqueret (Cf. ci-après, p. 94. aux mots « *que seize* »).

P. 11, l. 21. — *à estudier*. Comme cette partie de la *Vie de Ronsard* est vague et obscure ! Binet semble bien distinguer deux périodes dans les études que fit Ronsard sous la direction de Dorat : 1° celle des leçons particulières, dont il profita au domicile de Lazare de Baïf, et qui étaient forcément interrompues par les allées et venues de la Cour, que l'écuyer était obligé de suivre dans les différentes résidences royales éloignées de Paris, telles que Blois et Fontainebleau ; 2° celle de l'enseignement public qu'il reçut au collège de Coqueret, et pour lequel, abandonnant tout à fait la Cour, il se fit volontairement le pensionnaire de Dorat, devenu « principal » du dit collège. Mais, outre que Binet ne dit pas à quelle date eut lieu cet important événement de la jeunesse de Ronsard, sa distinction des deux périodes est tellement confuse qu'il semble parfois l'avoir perdue de vue, et avoir appliqué à la première des anecdotes ou des réflexions qui ne conviennent qu'à la seconde, et inversement. Ainsi Binet nous dit que Ronsard au collège « se fit compagnon de J. A. de Baïf et commença par son émulation à estudier » ; il n'avait donc pas étudié avec lui auparavant ? Binet ajoute, quelques lignes plus loin, que « Baïf à toutes heures lui desnoüoit les plus fascheux commencemens de la langue Grecque », et cela toujours au collège ; ce n'est donc pas de grec qu'il était question au domicile de son père ?

De deux choses l'une : ou Binet parle des deux pensionnaires comme il aurait dû le faire des deux élèves libres (dont l'un, Ronsard, n'était qu'un auditeur bénévole), ou bien L. Pinvert s'est trompé en avançant que dès 1544 Ronsard traduisait en latin l'*Hécube* d'Euripide (*op. cit.*, p. 83), exploit que E. Frémy place un peu plus tard et au collège de Coqueret (*op. cit.*, pp. 14 à 16), et je suis moi-même victime d'une illusion en pensant qu'il imita Pindare dès 1545 (thèse sur *Ronsard p. lyr.*, pp. 55 à 59).

Après tout, il est possible que Ronsard ait traduit de l'Euripide en latin et imité du Pindare en vers français sans savoir de grec, si, comme il est probable, Dorat lui en faisait d'abord une traduction en prose française ; il est également possible que Ronsard n'ait sérieusement travaillé la langue grecque (vocabulaire, morphologie et syntaxe) qu'au collège de Coqueret, et que l'« émulation » ne lui soit pas venue du temps qu'il suivait en amateur les leçons particulières de Dorat. Cela mettrait tout le monde d'accord. — Voir ci-après, p. 96, aux mots « *par la Grecque* ».

P. 11, l. 24. — *que seize*. L'un de ces chiffres est inexact (20 ans passés pour Ronsard, 16 ans pour A. de Baïf), quelle que soit la date que l'on adopte pour la naissance de Ronsard (septembre 1524, 1525 ou 1526). En effet toutes les indications que nous donne A. de Baïf sur son âge se correspondent parfaitement, et il en ressort qu'il naquit en février 1532[2]. Il y avait donc entre Ronsard et A de Baïf une différence maxima de sept ans et cinq mois, une différence minima de cinq ans et cinq mois. — En outre, d'après l'âge de 16 ans que Binet donne ici à Baïf, il ne serait entré à Coqueret qu'en février 1548 au plus tôt. Or cela est contredit par ce que Binet lui-même avance plus loin : « En cette contention d'honneur Ronsard demeura cinq ans avec Dorat », et par un texte de Baïf qui fixe à 1550 le terme de leur séjour à Coqueret. (V. ci-après, p. 98 aux mots « *avec Dorat* »).

Il semble donc que le chiffre inexact soit le chiffre *seize*, et qu'on doive y voir une faute d'impression pour *treize*. Mais alors on peut s'étonner qu'il ait été conservé dans le deuxième et le troisième texte de Binet, sans que Baïf le lui fît rectifier. Et le problème semble insoluble, à moins de faire naître Ronsard en septembre 1526, d'admettre que Dorat ne fut nommé principal de Coqueret qu'à la fin de 1547 et de forcer les chiffres de Binet, en donnant 21 ans passés à Ronsard et moins de 16 ans à Baïf ; c'est ce qu'a fait Joly (*Rem. crit. sur le Dict. de Bayle*, art. Daurat), mais il a tort de dater la naissance de Baïf de 1531, et sa solution est loin de nous satisfaire (V. ci dessus, p. 91 à 93, aux mots « *se loger avec luy* »).

P. 11, l. 39. — *des Grecs et Latins*. Baïf s'est en effet glorifié de cette invention dans une ode *A son livre*, qui sert d'épilogue à ses *Poëmes* :

> Dy que cherchant d'orner la France
> Je prin de Courvile acointance,

Maistre de l'art de bien chanter :
Qui me fit, pour l'art de Musique
Reformer à la mode antique,
Les vers mesurez inventer.

(édit.   Marty-
Laveaux, II, 461).

Il est vrai que c'est Baïf qui a le plus fait pour acclimater en France

les vers « mesurés » ou « métriques », composés de syllabes longues et brèves sur le modèle des vers hexamètres, pentamètres, alcaïques, saphiques, phaléciens, etc., des poètes gréco-latins ; et cela, de concert avec le musicien Thibaut de Courville, à partir de 1567. Mais d'autres poëtes de la Brigade en ont composé bien avant lui : Jodelle en 1553, Nic. Denisot en 1555. Est. Pasquier en 1556, Cl. Buttet en 1558-60. Cf. Frémy, *op cit.*, pp. 27 à 37 ; *Œuvres d'A. de Baïf,* éd. M.-L., tome V, 295 ; E. Pasquier, *Recherches*, liv. VII, chap. xi (édition des *Œuvres choisies* par Feugère, II, 78, et la note) ; H. Chamard, éd. de la *Deffence et Illustr.*, p. 114, note 5, et Cl. Jugé, thèse sur *Nicolas Denisot*, pp. 74 et 104.

P. 11, l. 40. — *une academie*. Que faut-il entendre par là ? D'après E. Faguet, ce serait « une réunion libre de jeunes et vieux étudiants » (*Seiz. siècle*, p. 201). D'après H. Chamard : « En dehors des élèves qui vivaient à demeure au collège, il y avait ceux de l'extérieur qui suivaient les cours à titre bénévole ; car Dorat, non content d'enseigner en privé, semble avoir pratiqué dès ce temps-là les grandes leçons publiques. C'est là sans doute ce qu'il faut entendre par cette *académie* que le docte humaniste avait, selon Binet, établie au collège de Coqueret. À certaines heures il réunissait autour de sa chaire tous les étudiants, jeunes ou vieux, qu'animait la passion de s'instruire. Ainsi s'explique qu'il ait compté dans son auditoire des savants comme Muret, des seigneurs comme Carnavalet, des évêques comme Lancelot Carles. » (Thèse sur *J. du Bellay*, p. 46.)

Mais si l'on devait interpréter ce mot ainsi, on ne voit pas pourquoi Ronsard, afin de « ne pas perdre une si belle occasion » eût été obligé d'aller « se loger chez Dorat » ; il n'avait pas besoin de devenir pensionnaire de Dorat pour suivre des cours publics. D'après le contexte (jusqu'à « ... mais recourir aux fonteines des Grecs » inclusivement), il semble bien que Binet ait entendu par une « académie » des cours supérieurs de grec, réservés aux « escoliers » de Dorat. — Quant à la présence de Carnavalet, de Muret et de Carle aux leçons de Dorat, j'exprime à ce sujet des doutes dans les notes qui leur sont consacrées ci-dessus, p. 90, et ci-après, pp. 104 et 105.

P. 12, l. 4. — *grand avancement*. Cf. J. Velliard : « Gestit animus commemorare quam benignè et comiter sibi mutuas operas tradebant. P. Ronsardus qui jam tum non solum multorum mores et urbes noverat, sed etiam in aula lepores et meras delicias linguae Gallicae fuerat aucupatus, quod in Gallicis noverat Antonio Baïffio lubens impertiebatur, ut ab eodem Graecarum literarum intelligentiam mutuaretur. » (*Laud. fun.* I, f° 8 r°.)

La phrase de Binet et celle de Velliard ont une telle similitude que l'une dérive certainement de l'autre, à moins qu'elles n'aient une source commune (peut être un récit de Dorat ou un récit de Baïf). En tout cas, elles contiennent la raison de la différence qui existe entre le talent de Ronsard et celui de Baïf. Il est incontestable que Baïf, — qui dès sa plus tendre enfance avait été exercé à l'étude du latin et du grec par les meilleurs maîtres (Charles Estienne et Bonamy pour le latin, Ange Vergèce pour le grec), puis avait fait pendant quatre ans encore du latin et du grec à l'ombre de l'école du « bon Tusan » (v. l'Epître dédic. *Au Roy*, déjà citée), enfin avait reçu de Dorat au domicile de son père des leçons particulières et quotidiennes de latin et de grec avant de se renfermer au collège de Coqueret — était très supérieur à Ronsard dans les langues anciennes, bien qu'il eût sept ans et demi de moins que lui. Baïf fut « escolier » dans toute la force du terme jusqu'à dix-huit ans ; aussi resta-t-il un poète philologue, grammairien et métricien. — Ronsard au contraire n'avait pas fait d'études secondaires ni d'études régulières avant de devenir pensionnaire de Dorat, au collège de Coqueret, c'est-à-dire avant l'âge de vingt ans et demi ; et il lui est arrivé au moins deux fois de parler avec dédain des exercices scolaires et des connaissances purement grammaticales (voir l'*Excellence de l'esprit de l'homme*, Bl. VI, 238, et la préf. posthume de la *Franciade*, III, 35-36. En revanche il avait vécu jusqu'à neuf ans en pleine campagne, puis voyagé en France et à l'étranger ; il avait grandi au grand soleil des cours, des ambassades et des camps ; ainsi que Cl. Marot, il avait eu pour

« maistresse d'escole » la Cour, « où les jugements s'amendent et les langages se polissent » ; il avait étudié le grand livre du monde, avant d'acquérir une science livresque, dont l'excès lui a nui. L'existence libre et mondaine qu'il mena jusqu'en 1545 fut autrement utile que la vie à l'école pour le développement de sa personnalité ; et c'est sans doute à cette situation particulière, qui fit de Ronsard un homme d'expérience avant qu'il devint un érudit, que nous devons l'originalité d'une bonne partie de son œuvre. — Baïf a étudié avant de vivre ; Ronsard a vécu avant d'étudier.

La variante de *C* « en peu de temps il recompensa le temps perdu » me semble venir de Du Perron : « Considerant donc qu'il s'estoit bien desja acquis une grande facilité de faire des vers, mais que le sçavoir et la doctrine luy manquoient, et qu'il ne luy estoit pas possible de voler sur ses propres ailes si hautement comme il l'eust desiré : alors il commença à se repentir extremement de ce qu'il avoit mesprisé l'estude en son enfance. Mais si ne perdit-il pas cœur nonobstant : et encore qu'il se vist desja en un aage où il sembloit qu'il n'estoit plus seant de retourner à l'eschole des lettres, pour apprendre les premiers elements de la langue Grecque et de la langue Latine, si est-ce qu'il passa par dessus toutes ces considerations et estant revenu en ceste Université, s'alla mettre en pension chez Monsieur Daurat : là où il demeura cinq ans entiers estudiant d'une si grande ardeur, et d'une si grande contention d'esprit, qu'il recompensa avecques beaucoup d'interest *toute la perte qu'il avoit faicte auparavant.* » (*Or. fun.*, éd. de 1586, pp. 32 et 33.)

P. 12, l. 6. — *par la Grecque*. « On voudroit des détails plus précis, mais Binet sur certains points est d'un laconisme désolant », dit H. Chamard, se demandant ce qu'il faut entendre par cet *artifice nouveau*. Pour lui, Dorat, « faisant du Grec le principe et la base de son enseignement », ne perdait aucune occasion de rapprocher les mots et les tournures du texte latin qu'il expliquait, des mots et tournures qui leur correspondaient en Grec. « Il trouva dans l'enseignement de la langue grecque un point d'appui solide pour asseoir une culture latine supérieure et inculquer à ses élèves, d'une manière plus intelligente, plus rationnelle, les secrets de l'idiome si bien manié par Cicéron et par Virgile. » (Thèse sur *J. du Bellay*, pp. 51-52.)

Pour Mlle Evers, l'*artifice nouveau* auquel Binet fait allusion pourrait bien avoir été simplement la traduction d'œuvres grecques en latin ; ce qui le laisse supposer, c'est ce passage de l'épitre liminaire de l'*Hécube* d'Euripide, traduite par Lazare de Baïf en 1544 et dédiée à Francois Ier : « Or est-il, Syre, que quelques jours passez, me retrouvant en ma petite maison, mes enfans, tant pour me faire apparoir du labeur de leur estude que pour me donner plaisir et recreation, m'apportoyent chascun jour la lecture qui leur estoit faicte par leur precepteur de la tragedie d'Euripide nommée Hecuba, *me la rendant de mot à mot de Grec en Latin.* » (Cf. Frémy, *op. cit.*, p. 16 ; L. Pinvert, *op. cit.*, pp. 83 et 103). — Mais cette argumentation serait, semble-t-il, plus opportune si Binet avait écrit : « Dorat lui apprenait la langue Grecque par la Latine. » D'ailleurs la phrase de Lazare de Baïf s'applique-t-elle à Dorat et faut-il, comme l'ont fait Frémy et L. Pinvert, comprendre Ronsard dans l'expression « mes enfans » ? On peut en douter. Je ne vois pas bien Ronsard, qui ne savait pas un mot de Grec quand il suivit la première leçon de Dorat dans la seconde moitié de 1544, traduire immédiatement du Grec en Latin l'*Hécube* d'Euripide. Toutefois, il est vraisemblable que Dorat, dans les leçons particulières dont profitait gratuitement Ronsard au domicile de Lazare de Baïf, s'occupait surtout de l'élève payant, lequel était en 1544 très capable de cet effort ; et l'on peut admettre que le « bon » Lazare, parlant de l'explication commune, n'ait pas voulu humilier son protégé en faisant une distinction entre ses deux « enfans ».

P. 12, l. 11. — *la place*. C'est aux œuvres d'Antoine de Baïf lui-même que Binet a emprunté ce tableau. Baïf dit positivement que Ronsard et lui étaient pensionnaires chez Dorat. Voici le passage, débarrassé de sa graphie bizarre :

> Toi, noble Ronsard, qui premier, d'un chaud desir
> Osant t'écarter des chemins communs fraiés
> La France enhardis à se hausser bien plus haut,
> Loin outrepassant tes davanciers trop couars.
> Toi, dont la hantise encor en mes jeunes ans
> Me mit de vertu dans le cœur un éperon,
> *Quand c'est que mangeant sous Dorat d'un même pain*

En même chambre nous veillions, toi tout le soir,
Et moi davançant l'aube dés le grand matin,
Quand nous proupensions en commun ce fait nouveau.

(Etrénes de poézie fransoêze. Pièce Aus Poêtes Fransoês. Edition des *Œuvres de Baïf,* par Marty-Lav., V, p. 323.)

Il est possible aussi que Binet se soit inspiré de ces lignes de Velliard, qui aurait puisé directement à la source des œuvres de Baïf : « Sic enim hi duo futura Galliae lumina in simili studio dissimilibus curis contendebant, ut Petrus Ronsardus ad multam noctem semper vigilaret. Antonius autem Baïffius adeò manè surgeret, ut cum ille iret dormitum, hic experrectus Musis incumberet : ita ut continuis amborum lucubrationibus noctes integras cubiculum colluceret luminibus. » (*Laud. fun.* I, ff. 7 v° et 8 r°).

P. 12, l. 12. — *avec Dorat.* Source, l'autobiographie de Ronsard :

L'an d'apres en Avril Amour me fit surprendre,
Suivant la Court à Blois, des beaux yeux de Cassandre

. . . .
. . . .

Incontinent apres disciple je vins estre,
A Paris, de Daurat qui cinq ans fut mon maistre
En Grec et en Latin. . . . (Bl., IV, 300) ;

ce que j'interprète ainsi : « Immédiatement après ma rencontre avec Cassandre à Blois (le 21 avril 1545), je vins demeurer à Paris (ne suivant plus la Cour dans ses pérégrinations en province), chez Dorat, dont je fus le disciple pendant cinq ans. » Si l'on pèse bien tous les termes de ces vers, les « cinq ans » s'appliquent uniquement au temps que Ronsard passa au collège de Coqueret comme pensionnaire. Quand Ronsard dit « à Paris », il oppose ces mots à la Cour qu'il a quittée. C'est dans ce sens qu'il a encore écrit :

> J'ay suivi les grands Roys, j'ay suivi les grands Princes,
> J'ay pratiqué les mœurs des estranges provinces,
> *J'ay longtemps escolier à Paris habité.....*
>   (Responce aux injures, Bl., VII, 106).

Ces cinq années n'ont pas dépassé le printemps de 1550 : on trouve Ronsard pensionnaire de Dorat encore en juillet 1549 (v. les *Bacchanales*, Bl., VI, 358), et Baïf nous dit dans sa pièce *Aus Poêtes Fransoês*, publiée et vraisemblablement composée en 1574, qu'il s'est écoulé « vingt et quatre hivers » depuis le temps où Ronsard mangeait le même pain que lui et couchait dans la même chambre que lui chez Dorat (édition Marty-Lav., V, 323).

D'autre part, ce texte « qui cinq ans fut mon maistre » est celui de toutes les éditions contemporaines de Ronsard, depuis le *Bocage* de 1554 jusqu'à l'édition collective de 1584 inclus. C'est seulement dans la première édition posthume (1587) qu'apparaît pour la première fois le texte que voici :

> Convoiteux de sçavoir, disciple je vins estre
> De Daurat à Paris, *qui sept ans fut mon maistre.*

Telle est la leçon de toutes les éditions posthumes jusqu'à celle de 1630 inclus. C'est elle qui, passant dans la 2ᵉ et la 3ᵉ rédaction de Binet, a été adoptée par les commentateurs de l'éd. de 1623, Claude Garnier (dans les notes des *Discours*), Marcassus (dans les notes des *Elegies*), et par les biographes suivants, entre autres G. Colletet et Sainte-Beuve.

Or, de deux choses l'une : ou bien la variante *sept ans* au lieu de *cinq ans* vient de Ronsard lui-même, qui, préparant une nouvelle édition après celle de janvier 1584, pensa qu'il devait, dans l'hommage rendu à son maître Dorat, tenir compte des leçons dont il avait profité en amateur avant même après son séjour au collège de Coqueret, et signala à Jean Galland ce remaniement à faire à son texte ; ou bien ce sont les exécuteurs testamentaires, Galland et Binet, qui, sans respecter l'œuvre de Ronsard, ont modifié ce passage sur les indications de Baïf (mort en 1589), ou plutôt sur la demande de Dorat (mort en 1588), qui y avait intérêt. Mais, quoi qu'il en soit, le texte *cinq ans*, établi par Ronsard dès 1554 et conservé par Du Perron dans toutes les éditions de son *Oraison fun.*, a une grande valeur historique et doit être préféré à l'autre pour fixer la durée du séjour de Ronsard au collège de Coqueret comme « escolier » et pensionnaire.

P. 12, l. 15. — *en sa mort*. Adrien Turnèbe est mort le 12 juin 1565. Le sonnet auquel Binet fait allusion : « Je sçay chanter l'honneur d'une riviere » (Bl., VII, 239), parut d'abord à la fin d'une plaquette in-4° de 4 ff., intitulée *Adriani Turnebi Regii Philosophiae professoris clarissimi Tumulus...* (Paris, Fed. Morel). Cf. un recueil factice de la Bibl. Nat. coté Rés. mYc 925. Puis Ronsard l'inséra dans son recueil d'*Elegies, Mascarades et Bergerie*, publié dans la seconde moitié de 1565. Binet le trouva parmi les *Epitaphes* dans l'édition collective de 1584 (éd. M.-L., V, 308).

Il est probable que Ronsard fut auditeur de Turnèbe de 1551 à 1553 et que c'est par lui qu'il connut les fragments de Tyrtée, de Mimnerme, de Panyasis, de Simonide de Céos et de quelques autres poètes élégiaques et gnomiques grecs qu'il imita en 1553 et 1554 (V. ma thèse sur *Ronsard p. lyr.*, p. 124).

À mon avis, c'est en ces années de liberté, et non pas durant le séjour au collège de Coqueret, qu'il faut placer le travail de recherche et de collection des textes les plus rares de la poésie grecque auquel se livra Ronsard et que signale en ces termes l'un de ses panégyristes, G. Critton : « Lutetiam tandem rediit, ubi doctore usus in Graecis et in Latinis literis Aurato, ex aureis divini illius hominis fontibus tantum hausit quantum si non ad satietatem saltem ad saturitatem sitientissimo cuivis homini poterat satisfacere. Nec enim in antiquis Graecorum aut Latinorum moumentis quid tam abditum et reconditum latet, quod ille non perquisierit, nullus solertioris alicujus interpretis Graeci locus, nulla paulò venustior extat fabella, quam ille non annotarit et expresserit. *Jam in colligendis ipsis veterum Graecorum autographis et exemplis, in iis quae retrusa in privatis adhuc bibliothecis jacent recensendis quantopere diligens fuerit, testantur obsoleta multa et exesa penè vetustate Graecorum poetarum carmina nondum togatorum nationi cognita, quae per Gallandium propediem ut spero lucem accipient et omnium vestrùm manibus terentur.* » (*Laud. fun.* p. 5.) La première moitié de ce développement convient très bien à l'enseignement de Dorat, dont Ronsard lui-même a écrit :

> Ainsi disoit la Nymphe, et de là je vins estre
> Disciple de Daurat qui long temps fut mon maistre,
> M'apprit la poësie, et me monstra comment
> On doit feindre et cacher les fables proprement,
> Et à bien deguiser la verité des choses
> D'un fabuleux manteau dont elles sont encloses.
> J'appris en son escole à immortaliser

Les hommes que je veux celebrer et priser. (Bl., V, 190).

Mais la deuxième moitié, que nous avons soulignée, peut-elle se rapporter également au séjour de Ronsard à Coqueret ? Pour Critton, c'est évidemment encore sous l'influence de Dorat que Ronsard collectionna les textes rares de la poésie grecque. Je crois plutôt que ce fut sous l'influence de Turnèbe, lequel publia une anthologie de ce genre précisément en 1553 ; G. Colletet semble en avoir eu le pressentiment en insérant la paraphrase de ces lignes de Critton immédiatement après la mention des cours de Turnèbe suivis par Ronsard. (Voir sa *Vie de Ronsard*, éditée par Blanchemain, pp. 33-34.)

Les témoignages sont nombreux sur les relations de Turnèbe (Tournebu ou Tournebœuf) et de la Brigade. E. Pasquier lui écrivit en 1552 une lettre fameuse où sont reprises quelques-unes des idées de la *Deffence et Illustration de la langue fr.* (*Lettres*, éd. de 1723, tome II, p. 3) ; il assistait avec lui au collège de Boncourt à la représentation des pièces de Jodelle en 1553 (*Rech. de la Fr.*, VII, ch. VI). Turnèbe écrivit vers 1558 contre Paschal une satire latine, qui enhardit Ronsard à faire de même, et que Du Bellay traduisit (Marty-Lav., *Notice sur Ronsard*, pp. III et suiv. ; H. Chamard, Thèse fr., pp. 414 et suiv.) ; en revanche il composa pour la 1re édit. collective des œuvres de Ronsard (1560) un éloge liminaire, que Bl. a reproduit au tome Ier de son édition, p. xvii. Ronsard a encore parlé de lui avec admiration en deux passages de ses œuvres :

> Tournebœuf et Daurat, lumieres de nostre age
>   (Bl., III, 375. Cf. M.-L., III, 293.)

> Un Turnebe, un Budé, un Valable, un Tusan,
> Et toy divin Daurat, des Muses artisan...
>   (Bl., IV, 31 ; M.-L., III, 380.)

Sur ce célèbre « Lecteur Royal », v. L. Clément, Thèse latine de 1899.

P. 12 l. 17. — *brave ouvrier*. Mlle Evers doute que Ronsard ait écrit des sonnets à l'époque dont il s'agit, c'est-à-dire de 1545 à 1549 environ, pour trois raisons : 1° on n'en trouve pas dans le premier *Bocage* ; 2° depuis son entrevue avec Peletier du Mans en 1543, Ronsard semble ne s'être intéressé qu'à l'ode ; 3° il parle avec mépris du sonnet dans la préface des *Odes* de 1550. « Il est probable », ajoute Mlle Evers, « que Ronsard ne partagea pas d'abord la haute opinion que Du Bellay avait de cette forme poétique, et fut amené à changer d'avis seulement par le succès de l'*Olive* » (*op. cit.*, p. 123).

Je comprends ce doute ; Binet lui-même l'a eu quand il consulta la préface de l'éd. princeps des *Odes,* c'est-à-dire après la rédaction de *B,* puisqu'il changea pour la rédaction de *C* le mot *sonets* en *petits poëmes.* Mais il ne me semble pas suffisamment fondé. En effet : 1° le fait qu'il n'y a pas de sonnets dans le premier *Bocage* (recueil d'*odes* irrégulières mis en appendice des *Quatre premiers livres des Odes*) ne peut servir à prouver que Ronsard n'a pas fait de sonnets avant 1550 ; 2° le fait que Peletier dans son *Art poëtique* nous parle d'odes horatiennes « non mesurées à la Lire » que Ronsard aurait faites « an grand' jeunece » et lui aurait montrées au Mans, vraisemblablement en mars 1543 (cf. H. Chamard, *Rev. d'Hist. litt.,* 1839, p. 35, et ma thèse sur *Ronsard p. lyr.,* p. 23), ne prouve pas que Peletier n'ait pas préconisé le genre du sonnet à Ronsard dès ce moment-là ou depuis, comme il le préconisa à Du Bellay en 1546 (2e préf. de l'*Olive*), et que Ronsard n'ait pas suivi le conseil et l'exemple de Peletier, qui dès septembre 1547 dans ses *Œuvres Poëtiques* fit paraître 15 sonnets, dont 12 traduits de Pétrarque ; 3° ces lignes de la préf. des *Odes* de 1550 : « Je ne fai point de doute que ma Poësie tant varie ne semble facheuse aus oreilles de nos rimeurs, et principalement des courtizans, qui n'admirent qu'un petit sonnet petrarquizé ou quelque mignardise d'amour qui continue tousjours en son propos », permettent certes de penser que Ronsard en janvier 1550, même après le succès de l'*Olive,* qui remontait au printemps de l'année précédente, faisait moins de cas du sonnet (genre à forme fixe), que de l'ode (genre à forme libre). Mais suffisent-elles à prouver que Ronsard n'écrivit pas de sonnets au collège de Coqueret ? Je ne le crois pas.

Non seulement Ronsard admirait les sonnets de Du Bellay quand ils n'étaient encore qu'en manuscrit, les égalant à ceux de Pétrarque (ode *Si les âmes vagabondes*, Bl. II, 465), mais il a très probablement « petrarquisé » lui-même, surtout après le mariage de Cassandre (novembre 1546), qui faisait d'elle à son égard une autre Laure (v. ma thèse, pp. 43 et 478), et cela dans une forme rythmique illustrée en Italie non seulement par Pétrarque, mais par tous les pétrarquistes, entre autres Sannazar, Arioste et Bembo qu'il prisait fort dès cette époque. Au reste, parmi les 183 sonnets que contiennent ses *Amours*, publiés en septembre 1552, quelques-uns portent la date de leur composition, par ex. : *Je vey tes yeux*, et : *L'an mil cinq cens* (de mai 1546 au plus tôt, de mai 1547 au plus tard), à moins d'admettre que les indications chronologiques qu'il y donne ne soient qu'un procédé pétrarquesque et ne correspondent à aucune réalité (Bl., I, pp. 9 et 71. Cf. M.-L., I, 375, note 6).

Le sonnet : *Ja desja Mars* (Bl., I, 42), où Ronsard dit qu'il avait commencé à chanter Francus (allusion probable à l'*Ode de la Paix*, avril 1550) quand l'Amour le « playant jusqu'à l'os » le força à chanter ses propres exploits, ne doit pas être pris à la lettre, puisque Ronsard avait déjà chanté l'Amour et Cassandre dans ses *Quatre premiers livres des Odes* ; par suite il ne faudrait pas y voir la preuve que

Ronsard n'avait encore jamais fait de sonnets amoureux ; tout au plus ce texte tendrait-il à prouver qu'il a écrit la grande majorité des 183 sonnets des *Amours* de juin 1550 à juin 1552, en vue d'un recueil particulier analogue à l'*Olive* de Du Bellay ou aux *Erreurs amoureuses* de Tyard (cf. le poème *A J. de la Peruse*, Bl., VI, 43). Si Ronsard n'a pas commencé comme Du Bellay et Tyard par imiter en sonnets Pétrarque et les pétrarquistes, c'est qu'il subissait surtout l'influence de Dorat et de l'enseignement de Coqueret, alors que Du Bellay, arrivé tard à Coqueret. subissait surtout celle de Peletier et de l'enseignement reçu à Poitiers (1545-47), et Tyard, étranger à Coqueret et Lyonnais de cœur, celle de Léon l'Hébreu et de M. Scève.

Au surplus, dans les pp. suiv. Binet semble bien dire que Ronsard fit des sonnets pour Cassandre avant 1550 : « C'estoit à qui mieux mieux feroit sur le sujet d'amour... Ainsi que le bruict couroit des Amours de Cassandre et de quatre livres d'Odes » (V. ci-après, p. 121, aux mots « *livres d'Odes* ».)

P. 12, l. 19. — *l'Homere de France*. Cf. J. Velliard : « Te jam appello, Johannes Aurate, dicere solebas P. Ronsardum Gallicum fore Homerum. Doctoris dictum sapiens discipuli solertia comprobavit. Ut saepe in rebus minimis res magnae deprehenduntur : quo vales mentis acumine non levi conjectura id poteras augurari. » (*Laud. fun.* I, f° 7 v°.)

L'addition de *C*, quelque peu obscure, doit être interprétée, me semble-t-il, comme elle l'a été par G. Colletet : « Aussy par ces premiers echantillons de son esprit, Dorat qui a toujours eu je ne scay quoy d'un divin genie pour predire les choses à venir, luy predict qu'il deviendroit un jour l'Homere de la France, lequel augure il mit si avant dans son esprit, qu'à l'instant, comme il estoit passionnément amoureux de la gloire, il rechercha finalement (?), par ses veilles et par ses travaux invincibles, tous les moyens imaginables de le devenir. » (*Vie de Ronsard,* éditée par Blanchemain, p. 37) Cf. ma thèse sur *Ronsard p. lyr.* ch. ɪ, pp. 51 et 52.

P. 12, l. 44. — *à venir*. Sur l'esprit prophétique attribué à Dorat auteur d'anagrammes, voir Marty-Laveaux. *Notice sur Dorat,* p. xlɪɪɪ ; il cite des textes de Papyre Masson et de Du Verdier, qui corroborent le témoignage de Binet et celui de Velliard que nous avons cité plus haut (dans la note précédente).

P. 13, l. 1. — *ces richesses* ? Ce texte de *AB*, après amélioration de la ponctuation, est relativement clair. Mais celui de *C*, conservé dans toutes les éditions suivantes, est très obscur, surtout par la présence d'un pronom relatif qui n'a pas d'antécédent grammatical. D'après le texte de *AB* c'est Dorat qui a traduit en français, « en faveur » de Ronsard, le *Prométhée* d'Eschyle, au lieu de le traduire en latin comme il le faisait d'ordinaire pour les auteurs grecs (cf. ci-dessus, à la page 97). Je pense qu'il faut comprendre de la même façon le texte de *C*, et voici comment j'interprète tout le passage : « Dorat, pour témoigner sa satisfaction du profit que Ronsard avait retiré de son enseignement, traduisit cette tragédie en français. Aussitôt que Ronsard en eut savouré l'effet, il dit à Dorat : Eh quoi, mon maître, etc.. »

Peut-être faut il lire : « *et* pour tesmoignage », au lieu de : « *qui* pour tesmoignage » Il y aurait là une faute d'impression, facile à expliquer par la présence d'un autre *qui* en tête de la proposition précédente. Peut-être aussi Binet a-t-il voulu employer *qui* pour *et il,* comme il semble l'avoir fait plus haut dans cette variante de *C* : « Loys de Ronsard fut chevalier de l'Ordre et Maistre d'Hostel du Roy François Ier, *qui* pour la sagesse et fidélité qui estoit en luy fut choisi... » V. ci-dessus, p. 65. aux mots « *fut choisi* ».

P. 13, l. 4. — *jouée en France*. Le texte de *AB* est très équivoque. À le lire attentivement on se demande si c'est Dorat ou Ronsard qui « tourna en François » le *Plutus* d'Aristophane, et tout le contexte porte à croire que c'est Dorat, lequel avait déjà « traduit en François » le *Promethée* d'Eschyle, et seul avait qualité pour faire représenter une pièce quelconque au collège de Coqueret, dont il était le principal. Binet, voyant l'équivoque, ajouta en *C* : « outre le conseil de son precepteur », incidente qui, à elle seule, fait de Ronsard l'auteur de cette traduction du *Plutus*.

Je dis *à elle seule* parce qu'il n'existe pas d'autre texte, ni chez les panégyristes de Ronsard, ni dans les œuvres des prosateurs et des poètes de la deuxième moitié du xvie siècle, qui lui attribue la paternité de cette traduction. Lui-même, fait plus significatif (car il était très jaloux de la priorité de ses inventions), n'en a jamais parlé, pas même par allusion, pas même dans le poème *A Jean de la Peruse*

286

ni dans le discours *A Jacques Grevin,* où il attribue à Jodelle le mérite d'avoir le premier écrit une comédie française (Bl., VI, pp. 45 et 314). Aucune allusion, non plus ni dans le prologue de l'*Eugène* de Jodelle, ni dans la préface des *Œuvres de Jodelle* par Ch. de la Mothe (1574).

Aucun fragment de cette traduction du *Plutus* ne se trouvait dans les manuscrits confiés par Ronsard à ses exécuteurs testamentaires, car Binet n'aurait pas manqué de le signaler et même d'en citer quelques passages comme il l'a fait pour d'autres fragments (v. ci-dessus, p. 48). En outre, cette traduction, intégrale ou fragmentaire, aurait été publiée dans la première édition posthume (1587), ou dans l'une des trois éditions suivantes (1597, 1604, 1609), surtout dans celle de 1609 qui contient pour la première fois un *Recueil des pièces retranchées avec quelques autres non imprimées ci-devant.* Or c'est seulement pour l'édition de 1617, plus de trente ans après la mort de Ronsard, que l'éditeur Nicolas Buon s'avisa de la faire rechercher et qu'il publia dans le dernier tome (formé du Recueil des pièces retranchées avec quelques autres non imprimées ci-devant), aux pp. 386 et suiv., l'Acte premier et le début de l'Acte second, précédés de cet avis anonyme : « Cecy est un fragment de la Comedie du Plutus d'Aristophane, qui fut (comme le tesmoigne Binet en la vie de Monsieur de Ronsard) la première joüée en France, et fut representée au College de Coqueret, d'où estoit Principal D'Orat. Monsieur de Ronsard estoit lors fort jeune quand il la fit, et n'a jamais esté mise sur la presse. Ce Fragment a esté recouvré *par le moyen de quelques-uns,* comme plusieurs autres pieces qui sont en ce Recueil. » — Le dit fragment était suivi de ce dizain également anonyme :

> A vingt ans le grand Vandomois,
> Sortant de la maison des Roys,
> Mit cette Commedie entiere
> Dessur le Theatre en lumiere.
> Au bout de soixante et douse ans,
> Comme une relique du Temps,
> Ce Fragment que sa dent nous laisse
> Est mis au jour devant les yeux
> Sur le Theatre de la Presse,
> A fin qu'il y reluise mieux.

L'édition suivante (1623, tome II, p. 1612, col. 2) révélait que ce dizain était de Claude Garnier, poëte ronsardien, qui avait été chargé non seulement de donner un Commentaire aux *Discours* de Ronsard, mais « de remettre les Œuvres d'un si digne Autheur en leur premier estat, et de leur rendre par une correction volontaire l'honneur qui leur avoit esté ravy par les ignorances, ou par les negligences de la presse » (Bl., VII, 7 ; cf. VIII, 74) ; et l'avis présentait cette variante : « Ce fragment a esté recouvré *par le moyen de quelqu'un,* comme plusieurs autres pièces qui sont en ce Recueil. »

Après l'exposé de ces faits on ne s'étonnera pas que je doute fort de l'authenticité de ce fragment d'une prétendue traduction du Plutus faite par Ronsard, soupçonnant là ou une supercherie de l'éditeur désireux de séduire sa clientèle par de l'inédit, ou plus simplement une erreur de Nic. Buon et de Cl. Garnier, qui auraient de très bonne foi attribué à Ronsard des vers anonymes (comme cela est arrivé pour une traduction de l'*Andrienne* longtemps attribuée à Despériers).

Un autre fait me paraît encore significatif, c'est que Ronsard, adressant en 1555 son *Hymne de l'Or* à Jean Dorat, y a cité du Ménandre, du Simonide, du Théognis, même du Démosthène, et qu'on n'y trouve pas la moindre citation du *Plutus* d'Aristophane, alors que l'occasion était si belle. Enfin l'étude du fragment au point de vue du style ne peut que confirmer nos doutes (cf. H. Guy, *Rev. d'Hist. de la Fr.*, 1902, p. 220). On en trouve le texte dans l'éd. Bl., VII, 281, et dans l'éd. M.-L., VI, 273.

P. 13, l. 5. — *se reveillerent*. Cf. ces vers du poème *A Jean de la Peruse* :

> De sa faveur en France il (Dieu) reveilla
> Mon jeune esprit, qui premier travailla
> De marier les odes à la lyre.
>
> .   .   .   .
>
> Presque d'un temps le mesme esprit divin
> Dessommeilla Du Bellay l'Angevin.
>
> (Bl., VI, 43-44.)

P. 13, l. 7. — *en l'Eloquence Latine*. Faut-il entendre par ce passage, simplement et d'une façon générale, que Muret, Carle et quelques autres ont puisé leur inspiration à la source de l'antiquité gréco-latine, ou bien, plutôt, qu'ils ont suivi l'enseignement de Dorat et se sont par lui « abreuvé aux eaux Pieriennes » ? Nous adoptons ce dernier sens et pensons que Binet désigne Dorat par « cette fonteine *dorée* ». Non seulement le jeu de mots, mais le contexte et toute la suite des idées le prouvent, depuis : « Ronsard, donc voulant recompenser le temps perdu... », jusqu'à : « Voyant que nostre langue estoit povre ». Pour ce jeu de mots, cf. Critton : « ... doctore usus in Græcis et in Latinis literis *Aurato*, ex *aureis* divini illius hominis tantum hausit... » (*op. cit.*, p. 5) ; Ronsard, *Hymne de l'Or*, début ; Joly, *Rem. crit. sur le Dictionn. de Bayle*, art. *Daurat*, p 302.

Or, Binet s'est trompé s'il a cru que Muret fut le disciple de Dorat, au collège de Coqueret, surtout avant 1550. Il ne le fut ni avant ni après 1550. Muret débuta comme professeur à Auch en 1545 à 19 ans ; il enseigna ensuite à Villeneuve d'Agen, à Poitiers (au collège Ste-Marthe en 1546), à Bordeaux (au collège de Guyenne de 1547 à 1551). Il ne vint habiter Paris que vers juillet 1551 ; il y enseigna le latin durant deux ans avec le plus grand succès, au collège du Cardinal Lemoine et peut-être dans quelques collèges voisins, comme celui de Boncourt (cf. Dejob, Thèse fr., chap. I et II). La préface des *Juvenilia,* publiés à la fin de 1552, nous apprend que Muret était familièrement lié dès cette année-là avec Ronsard, Baïf, Du Bellay, Denisot, Jodelle et leur Mécène commun Jean Brinon. L'ode du même recueil *Ad J. Auratum virum utraque lingua eruditissimum* nous apprend qu'il était non seulement le compatriote, mais encore le parent de Dorat (4ᵉ stro.) ; on peut même conjecturer des premiers vers, que Muret est allé entendre Dorat aux cours publics du collège de Coqueret en 1551 ou 1552 :

> Aurate, gentis grande decus meae,
> Qui tensa docta fila legens manu,
> Seclis inexpertum vetustis
> Ambrosio jacis ore nectar...

On sait enfin par les *Dithyrambes* de Ronsard que Muret figurait avec quelques-uns des auditeurs de Dorat à la « pompe du bouc de Jodelle » (carnaval de 1553). Tels sont les documents sur lesquels Binet s'est très probablement appuyé. Mais aucun deux ne l'autorisait à faire de Muret un disciple de Dorat comme le furent Ronsard et Baïf.

On s'est demandé « ce qui a permis à Sainte-Beuve de mettre Muret au nombre des élèves de Coqueret que dirigeait Dorat » (Fr. Delage, *Un humaniste limousin au XVIᵉ s.*, p. 5, note 4). C'est Binet qui est la cause unique de cette erreur commise par Sainte-Beuve à la fois dans son *Tableau de la p. au XVIᵉs.* et dans sa *Notice sur Ronsard,* et reproduite sans contrôle par la plupart des biographes postérieurs, notamment par Blanchemain et Marty-Laveaux dans les Notices qui accompagnent leurs éditions, par Bizos (*Ronsard,* p. 16) et G. Pellissier (*Hist. de la langue et de la litt. fr.,* tome III, fascicule 15, p. 142).

P. 13, l. 8. — *Lancelot Carles*. Il est possible que ce personnage ait assisté à des cours publics de Dorat vers 1548, mais ni Ronsard, ni Baïf, ne l'ont jamais considéré comme un condisciple proprement dit. — Sur L. Carle (c'est la vraie orthog., et non Carles), aumônier de Henri II, maître des requêtes de son hôtel, et à partir de 1550 évêque de Riez, voir T. de Larroque, *Vies des poètes bordelais*, 1873 ; P. Bonnefon, *Annuaire de l'Association des Et. grecques*, 1883, p. 327 ; L. Delaruelle, *Rev. d'Hist. litt.*, 1897, p. 408 ; H. Chamard, *J. du Bellay*, p. 228 ; E. Picot, *Les Français italianisants au XVIes.*, tome I, p. 235. — J. Peletier lui adresse un dizain dans ses *Œuvres Poëtiq.* (1547), Du Bellay une ode dans son *Recueil de Poësie* (1549) ; celui-ci l'avait déjà compris dans sa 1re préface de l'*Olive* parmi les lecteurs d'élite dont l'approbation lui suffit ; en 1550, il le compte dans sa *Musagnæomachie* parmi les adversaires de l'Ignorance, à côté d'Heroët, de Saint-Gelais et de Peletier. Mais une lettre de L'Hospital à Morel écrite en déc. 1552 (publiée par P. de Nolhac dans la *Rev. d'Hist. litt.* de 1899, p. 355) nous apprend que Carle partagea l'animosité de Saint-Gelais contre Ronsard (v. ci-après, pp. 134 et 135, aux mots « *de l'Ignorance* »). Enfin, d'après une *Gayeté* de Magny (1554), Carle suivit Saint-Gelais dans sa réconciliation avec Ronsard au début de 1553, et glorifia celui-ci auprès de Henri II, en lui lisant un plan de la *Franciade*, en janv. 1553 ou plutôt 1554 (v. ci-après, p. 143, aux mots « *durant son règne* »). C'est en retour de cette palinodie que vraisemblablement Ronsard lui dédia l'*Hymne des Daimons* (1555). — Carle avait entrepris une traduction de l'*Odyssée* ; nous le savons par Peletier, qui lui céda le pas après avoir traduit lui-même les deux premiers livres, et par un passage de l'*Hymne des Daimons* (Bl., V, 124). Mais cette traduction, dont parle également La Croix du Maine, ne nous est pas parvenue.

P. 13, l. 25. — <u>*Remy Belleau*</u>. À quelle date remontent les premières relations de Belleau et de la Brigade ? D'après ce passage on pourrait croire que Belleau connut Ronsard au collège de Coqueret, et cela avant 1550. Il n'en est rien. Ce qui a trompé Binet, c'est cette fin de l'autobiographie de Ronsard, laquelle dans son édition était adressée à Belleau alors que primitivement elle fut adressée à Paschal :

. . . . . . chez luy (chez Dorat) premierement
Nostre ferme amitié prit son commencement.

Non seulement Belleau ne figure pas au nombre des joyeux compagnons de Ronsard dans les *Bacchanales* de 1549, mais les premiers vers de Ronsard où il soit question de Belleau ne parurent que dans les *Dithyrambes* et dans les *Isles Fortunées* (carnaval et printemps de 1553). Si l'on en croyait l'édition Blanchemain (I, 15), le sonnet *Ce beau coral*, publié dans la 1re éd. des Amours (septembre octobre 1552), aurait été adressé à Belleau. Mais on aurait tort, car son nom ne figure ni dans la première, ni dans la seconde édition des *Amours* ; au lieu de ce vers final du premier tercet : « Sinon, Belleau, leur beauté que j'honore... », on y trouve celui-ci : « Sinon le beau de leur beau que j'adore. »

Remarquons que non seulement Ronsard, mais ni Du Bellay, ni Baïf, ni Dorat n'adressent de vers à Belleau avant 1553. Il n'est pas même nommé dans les premiers recueils poétiques de Tyard et de Des Autels, qui pourtant glorifient les membres de la nouvelle école. — Les premiers vers de Belleau, une ode et un sonnet, parurent en tête des *Cantiques* de Denisot (1553 ; l'achevé d'imprimer est du 17 déc. 1552) ; M-L. les a recueillis dans son éd. de Belleau (II, 453 à 455, et note 10). On trouve ensuite un sonnet de Belleau parmi les liminaires des *Amours* de Magny (fin de mars 1553). Pour moi, c'est N. Denisot (dont la famille était de Nogent-le-Rotrou comme celle de Belleau) qui le présenta à Ronsard ; et comme Belleau figure déjà parmi les membres de la Brigade auprès de Denisot (Le Conte) « à la pompe du bouc de Jodelle » (v. le *Ronsard* de Blanchemain, VI, 381), — tout porte à croire que cette présentation eut lieu entre l'apparition des *Amours* de Ronsard (premiers jours d'octobre 1552) et la composition de ses *Dithyrambes* (févr. 1553), vers la fin de décembre 1552, date de l'apparition des *Cantiques* de Denisot.

Cf. ci-après, note sur « *la Pléiade* », et ma thèse sur *Ronsard p. lyr.* pp. 159 à 163.

P. 13, l. 40. — *Françoises oreilles*. Ce sont les deux premières strophes d'une ode de 1550 adressée à Dorat (livre I n° 14), et retranchée par Ronsard dès 1555 (Bl., II.

445). Preuve que pour sa troisième rédaction Binet a consulté l'éd. princeps des *Odes*

P. 14, l. 1. — *à sa nécessité*. Sources de ce passage et de sa variante : 1° *Disc. contre Fortune* (Bl., VI, 159-60, surtout ce vers : « Je fis des mots nouveaux, je restauray les vieux ») ; 2° Responce aux injures (VII, 127, surtout ce vers : « Je fis des mots nouveaux, je r'appelay les vieux ») ; 3° *Abbregé. de l'A. P.*, dernier paragr. : « Tu composeras hardiment des mots à l'imitation des Grecs et des Latins... Tu ne desdaigneras les vieux mots François... d'autant que nostre langue est encores pauvre... » (VII, 335) ; 4° *Préf.* posthume de la *Franciade* :... « davantage je te veux bien encourager de prendre la sage hardiesse d'inventer des vocables nouveaux... » (III, 32 et 33, jusqu'à : « tu te donneras garde »). C'est là qu'on trouve le mot *provigner* (que Binet insère en *B*) appliqué à l'enrichissement de la langue ; mais Ronsard avait déjà exposé le procédé du provignement ou de la dérivation (car c'est tout un) dans son *Abbregé de l'A. P.*, s'inspirant probablement de la *Breve exposition sur quelques passages du premier livre des Odes* par Jean Martin (cf. la réédition que j'en ai donnée dans la *Rev. d'Hist litt. de la Fr.*, 1903, p. 271 et note 3). — Quant au *Caprice à Simon Nicolas,* où Ronsard préconise les moyens d'enrichissement qu'il a lui-même employés (VI, 329), il n'a pas paru avant 1609. Binet a pu cependant le lire dans les manuscrits de Ronsard.

On trouve un développement analogue sur l'enrichissement de la langue et de la poésie française par

Ronsard dans les éloges composés par Du Perron, Velliard et Critton. Je me bornerai à celui de Critton : « Sed cùm stratam humi submissius repere, nec adhuc erigere se potuisse domesticam Musam animadverteret, nec quid plebeios illos qui tum legebantur poëtas praeter inanem rythmum et verborum similitudinem aucupari, primus altius inflare superioribus omnibus, primus dicendi veneres, et lepores in quibus Græci potissimum floruerunt, nostris versibus intexere, primus ad corumdem exemplum modificare vocabula quaedam et invertere, nova quaedam audacius excudere, eadem inter se concinnitatis quodam ordine componere, nec minus gravitatem in sententiis quam in verbis amplitudinem cœpit consectari. Quòd ergo floreat apud nos vernacula poesis, quòd cum qualibet alia gente sermonis ubertate possimus contendere, quòd nec Homero in Deorum laudibus concinnandis, nec Virgilio in bellicis rebus et heroïcis describendis, nec Pindaro in delicatulis odis, nec Ovidio in flebilibus elegiis decantandis quid debeamus, totum illud quantumcumque sit (quod certè est maximum) Ronsardi est proprium, qui quocumque in carminis genere elaboravit, antiquorum multis palmam, posteris omnem adaequandi sui spem praeripuit » (*op. cit.*, p. 6). Cette page éloquente a passé tout entière dans la *Vie de Ronsard* par Colletet (pp. 34 à 36).

P. 14, l. 2. — *sur la Lyre d'Horace*. Ronsard lui-même nous apprend dans la préface primitive des *Quatre premiers livres des Odes* qu'il « se rendit familier d'Horace, contrefaisant sa naïve douceur des le même tens que

296

Clement Marot... se travailloit à la poursuite de son Psautier » (Bl., II, 10). Mais, contrairement à Mlle Evers, je ne crois pas que Binet ait utilisé ce document pour la rédaction de cette phrase. En effet : 1° Binet date seulement du séjour de Ronsard à Coqueret ses premiers essais d'odes horatiennes, alors que la préface primitive des *Quatre prem. liv. des Odes* les fait remonter à 1542 au moins. 2° Les expressions dont il se sert ici ne rappellent en rien celles de cette préface. 3° Il y a maintes preuves (v. ci-dessus, Introd., § III, *A*) qu'il n'a utilisé que pour sa troisième rédaction l'édition princeps des *Odes* qui seule contenait la dite préface. — Je crois plutôt qu'il s'est fondé sur certaines odes horatiennes qui figuraient encore dans l'édition de 1584 (consultée par lui pour *A*), telles que l'ode *Sur la naissance de François, Dauphin de France, fils du Roy Henry II*, composée comme son titre l'indique en 1544, et sur ce passage de la dédicace *Au Roy Henry II* :

> . . . . . . C'est Prince un livre d'Odes
> Qu'autrefois je sonnay suivant les vieilles modes
> D'Horace Calabrois et Pindare Thebain.
> (éd. M.-L., II, 74 et 275.)

Il connaissait sans doute aussi, bien qu'elle eût été supprimée en 1578, l'ode *A René Macé*, qui commence ainsi :

Cependant que tu nous depeins
Des François la premiere histoire
Desensevelissant la gloire
Dont nos ayeux furent si pleins,
   Horace et ses nombres divers
Amusent seulement ma lyre
A qui j'ay commandé de dire
Ce chant pour honorer tes vers...

et dont le ton très modeste lui parut avec raison une preuve de son antériorité à l'égard des odes pindariques (v. ma thèse sur *Ronsard p. lyr.*, pp. 53 à 55).

P. 14, l. 4. — *d'eguillon*. Allusion au début célèbre de la 2ᵉ ode du livre IV des *Carmina* d'Horace : « Pindarum quisquis studet aemulari..., » et à l'épode IV de l'ode pindarique de Ronsard *A Joachin du Bellay* : « Par une cheute subite | Encor je n'ay fait nommer | Du nom de Ronsard la mer, | Bien que Pindare j'imite. | Horace harpeur Latin, | Estant fils d'un libertin, | Basse et lente avoit l'audace : | Non pas moy de franche race, | Dont la Muse enfle les sons | D'une courageuse haleine, | Afin que Phœbus rameine | Par moy ses vieilles chansons. » (éd. M.-L., II, 154.)

Malgré ces vers, Ronsard a plus d'une fois associé dans la même louange Horace et Pindare. V. par ex. l'éd. Bl., II, 11, 20, 51, 128, 136, 248, 378-79 ; VI, 44.

P. 14, l. 6. — *ce qu'il pretend*. Le texte de *A* n'offre pas de sens satisfaisant, à moins de le ponctuer comme nous l'avons fait. Le texte de *B* ne peut signifier que ceci : « Il ne faut, disait-il, que la crainte se loge en un bon cœur, qui lui fait place ; ou bien, si ce cœur fait place à la crainte, il se rend indigne de ce qu'il prétend ». En *C* toute la phrase mise dans la bouche de Ronsard est supprimée. Nous n'en avons pas trouvé la source dans ses Œuvres, à moins que ce ne soit l'épode IV de l'ode *A Joachin du Bellay*, citée dans la note précédente.

P. 14, l. 9. — *menage*. C'est-à-dire avec tel ménagement, avec une telle économie ou méthode, — ainsi que l'indique la variante orthographique de *BC* : mesnage.

P. 14, l. 18. — *dignes d'estre cogneües*. Le mot *d'ailleurs* qui commence la phrase correspond à *d'un costé*, qui est deux lignes plus haut ; c'est comme s'il y avait : « d'une part... d'autre part... » — Les participes *voyageant* et *estant* se rapportent à Ronsard et non à Homère ; il faut comprendre comme si les trois mots *comme Homère faisoit* étaient entre deux virgules.

Sources : *Abbregé de l'A. P.* : « Tu pratiqueras bien souvent *les artisans de tous mestiers*, comme de marine, venerie, fauconnerie, et principalement les artisans de feu, orfevres, fondeurs, mareschaux, minerailliers : et de là tireras maintes belles et vives comparaisons *avecques les noms propres des mestiers*, pour enrichir ton œuvre et le rendre plus agreable et parfait. » (Bl., VII, 320-21). — Préface posthume de la *Franciade* : « Quant aux comparaisons... tu les chercheras des artisans de fer et des veneurs, *comme Homere,* pescheurs, architectes, massons, et brief de tous mestiers, dont la nature honore les hommes... *Tu n'oubliras les noms propres des outils de tous mestiers,* et prendras plaisir à t'en enquerre le plus que tu pourras, et principalement de la chasse. *Homere* a tiré toutes ses plus belles comparaisons de là. » (*Id.,* III, 26 et 31.) — C'est cette préface de la Franciade, sans aucun doute, qui a suggéré à Binet ici le rapprochement entre Ronsard et Homère. — Pour la théorie, chère à l'école ronsardienne, du style poétisé par les termes techniques, cf. Du Bellay, *Deffence,* II, ch. XI, éd. Chamard, pp. 303-304, notes.

P. 14, l. 19. — *quarante neuf.* H. Chamard a montré que cette date est inacceptable, étant donné que le premier vol. de Du Bellay contenant le manifeste de la nouvelle école poétique, savoir la *Deffence et Illustr. de la langue française,* plus l'*Olive* et les *Vers lyriques,* a paru au plus tard en avril 1549 (n. st.) (le priv. est du 20 mars, la dédicace du 15 février) : « Il faut laisser à Du Bellay le temps raisonnable d'avoir un peu complété ses études auparavant » (*J. du Bellay,* p. 37). Sainte-Beuve avait remarqué déjà que, dans sa préface des *Odes* de janvier 1550, Ronsard loue Du Bellay et parle de la *longue frequentation* qu'ils ont eue ensemble, « ce qui suppose au moins deux ou trois ans de familiarité et reporterait le début de leur liaison vers 1547 ou 1548 au plus tard » (Note additionnelle au *Tableau de la p. fr.,* Notice sur Rons., éd. de 1876). La *Deffence* est pleine de souvenirs de l'enseignement de Dorat. Elle contient en outre une réponse déguisée à l'*Art poétique* de Thomas Sibilet publié en juin 1548 : on peut donc penser que Du Bellay était déjà à Paris et élève de Dorat à cette dernière date. Il y a mieux. Rien ne s'oppose à la présence de Du Bellay à Paris en 1547, et elle est d'autant plus probable qu'il a rédigé un dizain-épilogue pour les *Œuvres Poëtiques* de J. Peletier, publiées chez Vascosan en septembre 1547. Comme d'autre part Ronsard a également fait paraître dans ce recueil sa première ode, et que Ronsard et Du Bellay sont les seuls poètes dont Peletier ait ainsi admis des vers parmi les siens, il est vraisemblable que Ronsard et Du Bellay firent connaissance à ce moment-là (s'ils ne se connaissaient pas déjà), et que c'est Peletier qui les présenta l'un à l'autre, à Paris même, en 1547.

P. 14, l. 24 — *de Glauque à Scylle*. Erreur, que G. Colletet a reproduite dans sa *Vie de Ronsard* (cf. l'éd. Blanchemain, Paris, Aubry, 1855, p. 70) Les Œuvres de Ronsard, que j'ai examinées dans toutes leurs éditions fragmentaires et collectives du xvie siècle, ne contiennent pas le moindre document qui justifie cette affirmation de Binet. D'après la var. de *C* et le délayage qu'en a fait Colletet, les deux biographes ont fait une grave confusion ; ils n'ont pas compris le passage de la préface des *Odes* de 1550 relatif aux pièces du premier *Bocage* (Bl., II, 10 ; voir ci-après, p. 112, aux mots « *en ce mesme temps* ») ; ils ont confondu les odes dont la strophe initiale, modèle des strophes subséquentes, n'observe pas l'alternance des rimes *f.* et des rimes *m.*, mais qui n'en sont pas moins très régulières, avec les odes irrégulières, dont les strophes subséquentes diffèrent de la strophe initiale par l'agencement des rimes de même genre. La *Complainte de Glauque* est parfaitement « mesurée et propre à la lyre », chaque strophe étant identique à la strophe initiale quant à l'ordre des rimes de même genre. La meilleure preuve, c'est que Ronsard ne l'a pas reléguée dans son 1er *Bocage* et l'a toujours conservée parmi les *Odes* (Bl., II, 221 ; M.-L., II, 285) — On ne doit pas se fonder sur l'absence des rimes *f.* et des rimes *m.* dans la strophe pour distinguer les odes par lesquelles Ronsard débuta, car il n'a observé cette alternance ni dans les odes pindariques, qui ne marquent pas ses débuts, ni dans un bon nombre d'odes ordinaires et de chansons dont la composition est postérieure à l'apparition de ses *Quatre premiers livres des Odes*.

La première ode française composée par Ronsard est l'ode *A son Luc* qui commence par : *Si autrefois sous l'ombre de Gastine* (Bl., II, 394). Nous le savons par une note que le poète a fait imprimer en tête de cette ode dans la prem. éd. collective de ses Œuvres (1560). Entre une déclaration de Ronsard, datée de 1560, et une affirmation de Binet, datée de 1587, il n'y a pas à hésiter, il faut s'arrêter à la déclaration du poète ; d'ailleurs la vérité s'impose à la simple lecture de la première strophe de l'ode *A son Luc*. (V. mes articles de la *Rev. d'Hist. litt. de la Fr.*, 1903, p. 77, note 6, et 260, note 7, et ma thèse sur *Ronsard p. lyr.* pp. 35 à 39).

P. 14, l. 30. — *Anagrames*. Ce n'est pas Dorat qui a le premier appris aux Français la façon des anagrammes. Il suffit pour s'en convaincre de parcourir les œuvres des Rhétoriqueurs. Ainsi Jehan Bouchet signait de son anagramme *Ha bien touché* ; Jean Marot a écrit un rondeau sur l'anagramme *Tout bien l'agrée* (éd. Coustelier, p. 250). Du Bellay dit lui-même que l'anagramme était, ainsi que l'acrostiche, « chose fort vulgaire en nostre langue » (*Deffence,* II, ch. VIII). Cf. Joly, *Rem. crit. sur le Dictionn. de Bayle,* art. *Daurat,* p. 305 ; H. Chamard, thèse sur *Joachim du Bellay,* p. 56, note 4. Binet semble avoir attribué faussement à Dorat la priorité en ce mince domaine d'après ce passage de l'*Eloge de Dorat* publié par Papire Masson en 1588 : « Primusque artem illam ex vetustissimis poetis prius ignotam ad nos attulit. » Cf. Marty-Lav., *Notice sur Dorat,* XL à XLIII. — Dorat, en imitant et préconisant les anagrammes à la manière de Lycophron, ramenait inconsciemment ses élèves à l'école des Rhétoriqueurs.

P. 14, l. 31. — *Rose de Pindare*. Cf. les *Xenia* de Ch. Utenhove publiés à la suite de l'*Epitaphium in mortem Herrici Gallorum regis* (Paris, R. Estienne, 1560, in-4º), fº D IV, vº. De son côté Guy Lefebvre de la Boderie a trouvé dans le nom de Pierre de Ronsard l'anagramme *Se redorer Pindare* (cité par Colletet dans sa *Vie de Ronsard,* pp. 106 et 107). Enfin Du Bellay a interprété l'anagramme grecque de Ronsard en six distiques latins qu'on peut lire dans ses *Xenia seu Illustrium quorundam nominum Allusiones* (fº 12 rº de l'éd. de 1569 ; Bibl. Nat., Yc, 1223).

P. 14, l. 33. — *ou excusable*. Ces dernières lignes sont la variante d'un alinéa que Binet avait placé en *AB* vers la fin de son *Discours* (v. ci-dessus, p. 47). En *C* il s'est inspiré pour toute cette phrase du début de la *Breve exposition de quelques passages* qui accompagne l'édition princeps des *Odes*. J. Martin y explique la « devise » grecque de Ronsard qui est imprimée en tête et à la fin de cette édition. Elle n'est pas, dit-il, de l'invention de l'auteur, « mais de Jan Daurat Limosin... lequel *Daurat en demellant les plus desesperés passages de l'obscur Lycophron, que nul de nostre age n'avoit encore osé dénouer, montra publicquement la façon de remettre en usage les anagrammatismes...* voulant Jean Daurat figurer par cela que Terpandre est vivant et ressuscité par Ronsard, anagrammatisant Πέτρος Ῥώνσαρδος par Σῶς ὁ Τέρπανδρος, *la seule lettre* ρ servant deus fois, ce qui est mêmes concedé en nos inversions Françoises. » (V. ma réédition de ce commentaire primitif des *Odes* dans la *Rev. d'Hist. litt.* 1903, p. 268, et l'erratum de 1550 que j'ai signalé à la p. 275 : *les deus lettres* ρρ *se joignans et unians* (sic) *en une.*)

Sur Dorat interprète de Lycophron au collège de Coqueret, voir Du Bellay, *Deffence*, II, chap. VIII, éd. Chamard, pp. 275-77, notes, et encore p. 158, note 4. On peut consulter aussi à la Bibl. Nat. (Yc, 1463) un précieux recueil qui m'a été obligeamment signalé par Louis Delaruelle. Il est intitulé *Fed. Jamotii, Medici Bethuniensis varia poemata Graeca et Latina* (Anvers, Plantin, 1593).

On lit à la p. 114 une pièce à Dorat, dont le médecin Jamot fut l'élève à Coqueret ; il y évoque le souvenir des explications de Dorat, auxquelles assistait Ronsard ; il rappelle notamment celles de Pindare et de Lycophron :

Namque ego me puerum memini rudioribus annis
    Imberbis tiro dum tua castra sequor,
Cecropios haurire tuo de fonte liquores,
    Libantem teneris aurea dicta labris,
Grandia seu nobis Dircaei carmina cycni
    Excutis, obscuro quæ latuere situ :
Seu solvis nodos, Phrygiaeque aenigmata vatis,
    Chalcidica quondam Graeca notata manu,
Undique conveniens studiosas applicat aures
    Turba, Lycophronios erudienda modos.
Addit se socium, et socios supereminet omnes
    Ronsardus, patriae maximus arte lyrae.
Hos inter, spissae fueram pars ima coronae,
    Instar apis thymbras et thyma grata legens.

Le 4e de ces distiques fait allusion aux commentaires de Tzetzès de Chalcis, dont s'aidait Dorat en expliquant l'*Alexandra* de Lycophron dans l'édition publiée à Bâle chez Oporin en 1546.

P. 14, l. 35. — _en son amie_. Cette ode *A Jacques Peletier, Des beautez qu'il voudroit en s'Amie*, fut, non pas composée, mais publiée la première de toutes dans les

Œuvres Poëtiques de J. Peletier du Mans (privil. du 1ᵉʳ septembre 1547). V. la réimpression que j'ai donnée du texte primitif dans la *Rev. d'Hist. litt.* 1902, pp. 37 à 40.

P. 14, l. 37. — *en ce mesme temps*. Pour la dernière partie de cette phrase, depuis : « et celle qu'il adresse à Jacques Peletier... », Binet a utilisé ce passage de la préface primitive des *Quatre premiers livres des Odes* (1550) : « Il est certain que telle Ode (l'ode *A J. Peletier,* dont Ronsard vient de parler) est imparfaite, *pour n'estre mesurée, ne propre à la lire, ainsi que l'Ode le requiert, comme sont encore douze, ou treze,* que j'ai mises en mon Bocage, sous autre nom que d'Odes, pour cette même raison, servans de tesmoignage par ce vice à leur antiquité. » (Bl. II, 10 ; texte rectifié par M.-L., II, 474.)

Sur la composition du premier *Bocage* de Ronsard, voir l'art. de H. Chamard sur l'*Invention de l'Ode* dans la *Rev. d'Hist. litt.*, 1899, pp. 36 et suiv. ; l'un de mes articles de la même *Revue*, 1903, pp. 256 et suiv., et ma thèse sur *Ronsard p. lyr.*, ch. ɪ, p. 34. Sur l'expression ode « mesurée et propre à la lyre », et la loi de la régularité strophique intégrale, voir encore la troisième partie de cette thèse, surtout les pp. 652 à 685 et 708 à 710.

Il est facile de voir, en comparant pour tout ce passage les leçons de *B* et de *C*, que Binet n'a consulté l'édition princeps des *Odes* que pour sa 3ᵉ rédaction.

P. 15, l. 3. — *avoit esté dedié*. Sur les études de droit et la date du séjour de Du Bellay à l'Université de Poitiers, v. H.

Chamard, *J. du Bellay*, pp. 26 à 36 ; L. Séché, *Rev. de la Renaiss.* de févr. 1901, pp. 77 et suiv. Il y arriva très probablement en octobre 1545, et y resta deux ans jusqu'à la fin de l'année scolaire de 1546-47. En tout cas il y résidait certainement en 1546 ; la preuve en est dans les faits suivants : Sc. de Sainte-Marthe dans ses *Elogia* raconte qu'une lutte poétique, jugée par Salmon Macrin, eut lieu à Poitiers entre Muret, Du Bellay et Pierre Fauveau (lib. I (1598), art. *Petrus Fulvius*, p. 43) ; or Muret enseignait au collège Sainte-Marthe de Poitiers en 1546, comme nous l'apprend son commentaire des *Catilinaires,* publié à Venise en 1556, et dès 1547 on le trouve à Bordeaux chargé d'un cours au collège de Guyenne (Dejob, thèse sur *Marc-Ant. Muret,* pp. 9 à 13).

P. 15, l. 5. — *de Ronsard, et de Baïf.* Cette affirmation, quelque peu tendancieuse, doit être bien interprétée. Évidemment, comme le dit Mlle Evers (p. 143), l'unique pièce publiée par Du Bellay avant 1549, le dizain *A la ville du Mans* (à la fin des *Œuvres Poëtiq.* de J. Peletier) ne suffirait pas à fonder la critique de Binet. Mais, outre que la forme rythmique et le style de cette pièce sont bien « marotiques », tout porte à croire qu'avant de devenir le condisciple de Ronsard et de Baïf à Coqueret, Du Bellay a commencé par imiter Marot, sans prétendre encore au style élevé, métaphorique, périphrastique, enrichi de « vestiges de rare et antique érudition », qu'il a préconisé dans la *Deffence.* À Poitiers, en 1546, on le trouve rimant une épigramme amoureuse, et c'est vraisemblablement à cette date qu'il compose son *Epitaphe de Cl. Marot* (publiée à la fin de la première édition de l'*Olive*), « dont la forme et le tour rappellent tout à fait les *épigrammes* de la vieille école » (H. Chamard, *J. du Bellay*, pp. 30 et 73).

D'autre part, il est vrai que Baïf n'avait en 1547 que 15 ans et n'avait encore rien publié quand parurent la *Deffence*, l'*Olive* et les *Vers Lyriques* de Du Bellay, plus âgé que lui de 8 ans environ. Mais faut-il en conclure, avec Mlle Evers, que le jeune Baïf n'a exercé aucune influence sur Du Bellay à Coqueret ? Il faudrait admettre aussi que Baïf n'a été utile en rien à Ronsard, et nous savons le contraire (v. ci-dessus, p. 11). L'influence dont parle Binet n'est pas celle des œuvres, mais celle de la conversation. Le style de Du Bellay a pu profiter de « la hantise de Baïf », si celui-ci lui interprétait avec enthousiasme, comme à Ronsard, les passages les plus difficiles des poètes grecs et lui vantait l'importance de la mythologie comme moyen d'enrichissement de la poésie française. Au reste, je reconnais que le goût de l'expression érudite et gréco-latine a dû venir à Du Bellay plutôt de Dorat, qui avait sur Baïf l'incontestable supériorité de l'âge, de la science, de l'habitude de l'enseignement.

Quant à l'influence de Ronsard sur le *style* de Du Bellay, elle dut être de même nature et s'exercer par la conversation, par l'explication et l'étude approfondie des poètes anciens. Il est certain, comme le rappelle Mlle Evers, que l'influence antérieure de Peletier du Mans sur Du Bellay a été considérable ; que quelques-unes des idées de la *Deffence* (principaux chap. du liv. I et chap. VI du liv. II) viennent de la dédicace de la traduction de l'*Art poët. d'Horace* (1545) et de propos tenus par Peletier à Du Bellay en 1546 (à Poitiers ou au Mans) et en 1547 (à Paris), propos que l'on trouve résumés dans la pièce des *Œuvres Poëtiques* intitulée *A un poëte qui n'ecrivoit qu'en latin* (septembre 1547) et dans le « proëme » du 3ᵉ liv. de l'*Arithmétique* (févr. 1549, n. st.). Cf. H. Chamard, *J. du Bellay*, pp. 33 et suiv. ; P. Laumonier, Introd. aux *Œuvres Poët.*, p. XIV-XVI, et Commentaire, pp. 148 et suiv., 179 et 187. — Il est certain aussi que c'est « à la persuasion de Jacques Peletier » que Du Bellay « choisit » comme genres poétiques et rythmes à cultiver « le sonnet et l'ode », et cela en 1546 ; nous le savons par Du Bellay lui-même (préf. de la 2ᵉ éd. de l'*Olive*, et ode *Contre les envieux poëtes*, octobre 1550). Cf. H. Chamard, *Rev. d'Hist. litt.*, 1899, pp. 41-42, et *J. du Bellay*, p. 32 ; P. Laumonier, Comment. cit., pp. 184 et suiv.

Mais il ne s'agit là que d'idées pour la « *deffence* » de la langue française, et de *cadres* poétiques, tandis que Binet ne parle que du *style* de Du Bellay. Or je crois précisément que certains chap. du manifeste de la nouvelle école signé par Du Bellay, ceux qui traitent du style poétique et des moyens d'« illustrer » la langue de la poésie, ne viennent pas tant de Peletier que des maîtres et condisciples du collège de Coqueret, notamment de Ronsard, dont Du Bellay a écrit dans la 2ᵉ préf. de l'*Olive* : « L'ode, *quand à son vray et naturel stile*, [est] representée en nostre langue par Pierre de

Ronsard », et : « Voulant satisfaire à l'instante requeste de mes plus familiers amis, je m'osay bien avanturer de mettre en lumiere mes petites poësies ; apres toutesfois les avoir communiquées à ceux que je pensoy' bien estre clervoyans en telles choses, singulierement à Pierre de Ronsard, qui m'y donna plus grande hardiesse que tous les autres, pour la bonne opinion que j'ay tousjours eue de son vif esprit, exacte sçavoir et solide jugement en nostre poësie françoise. » (Édition des *Œuvres poétiques* par H. Chamard, tome I, pp. 12 et 13.)

C'est sur ce texte, reproduit dans l'édition d'Aubert (1568), que Binet s'est fondé ; peut-être aussi sur ces vers de Ronsard, écrits et publiés en 1560 :

> L'autre jour en donnant (comme une vaine idole
> Qui deçà qui delà au gré du vent s'envole)
> M'apparut Du Bellay, non pas tel qu'il estoit
> Quand son vers doucereux les Princes allaitoit,
> Et qu'il faisoit courir la France apres sa Lyre...
>
> .   .   .   .
>
> Et me disoit : Amy, que sans tache d'envie
> J'aimay quand je vivois comme ma propre vie,
> Qui premier me poussas et me formas la vois
> A celebrer l'honneur du langage François,
> Et compagnon d'un art tu me montras l'adresse
> De me laver la bouche és ondes du Permesse...
>
> (éd. M.-L., V, 364.)

Le seul reproche que l'on puisse adresser à Binet ici, c'est de n'avoir pas fait la critique de ce dernier témoignage, qui paraît un peu suspect si on le rapproche des autres passages où Ronsard a parlé de Du Bellay. En effet, du vivant de celui-ci, Ronsard l'a toujours vanté comme son émule et son égal, non comme son disciple (Bl., I, 34, 42, 50 ; II, 11, 98, 117, 215, 465 ; VI, 43) ; il s'était contenté de dire vaguement en 1550 que dans le domaine purement lyrique il avait « guidé les autres au chemin de si honneste labeur » (*Id.*, II, 9), et, s'adressant à sa lyre :

> Je t'envoyai sous le pouce angevin
> Qui depuis moi t'a si bien fredonnée
> Qu'à lui tout seul la gloire en soit donnée.
>
> (*Ibid.*, 128.)

Ce n'est qu'après la mort de Du Bellay qu'il prétendit ouvertement avoir été son *premier* guide dans la carrière littéraire, sans tenir aucun compte de l'influence de Peletier, antérieure au séjour de Du Bellay à Coqueret. Bref Ronsard semble avoir voulu se réserver le mérite, l'honneur d'avoir formé et « lancé » Du Bellay, et Binet, loin d'y contredire, a écrit dans le même sens, surtout en *C*, où le désir de grandir le rôle littéraire de Ronsard lui a fait commettre de graves erreurs.

P. 15, l. 11. — *Royne de Navarre*. C'est l'ode imitée de Théocrite et de Catulle, qui est au tome II de l'éd. Bl., p. 241. Ce mariage eut lieu à la fin d'octobre 1548, à Moulins (cf. De Ruble, *Le Mariage de Jeanne d'Albret*, p. 263 ; A. de Rochambeau, *Bull. arch. du Vendômois*, tome XVII, p. 38). Ronsard fit paraître son Epithalame dans les premiers mois de 1549 (V. ma *Chronol. des poés. de P. de R.*, dans la *Rev. d'Hist. Litt.*, 1902, p. 40).

Jeanne d'Albret n'était pas encore « Royne de Navarre ». Elle ne le devint qu'en 1555, par la mort de son père, Henri d'Albret. L'erreur de Binet vient de l'édition des œuvres de Ronsard de 1584 (consultée pour *A*), qui dans le titre du dit *Epithalame* qualifiait ainsi Jeanne d'Albret (cf. l'éd. M.-L., II. p. 308). Erreur analogue dans J. Velliard, peut-être également trompé par la dernière édition de Ronsard : « Enimvero tum demum expectationem illius ingenii omnium vicit admiratio, cum summis totius Galliae precibus edidit in lucem specimen artis Epithalamium Antonii *Regis Navarrae*, et Johannae Albretensis. Ut enim exorto sole stellae occidunt, ita clarissimum hoc jubar poetarum, quos superior tulerat actas, obstruxit luminibus. » (*Laud. fun.* I, f° 8 r° et v°.)

P. 15, l. 12. — *de la Paix*. La première de ces œuvres est intitulée *Avant entrée du Roi trescrestien à Paris en 1549* ; elle parut dans les premiers jours de juin de cette année (Bl., VI, 297). Quant à la seconde de ces œuvres, Binet a confondu l'*Hymne de France* (Bl., V, 283), publié vers novembre 1549, avec l'*Ode de la Paix* (Bl., I, 23), publiée également à part en avril 1550 après l'apparition des *Quatre premiers livres des Odes*. (IV. ma *Chronol. des poés. de P. de R.* dans la *Rev. d'Hist. litt.*, 1902, p. 42 ; 1903, pp. 257 et 275 ; 1904. p. 437.)

P. 15, l. 13. — <u>*d'Europe*</u>. De ces deux œuvres de Baïf, la première est, non pas comme l'a dit Mlle Evers l'*Hymne de la Paix* (éd. M.-L.. II, 223), régulièrement versifié en vers alexandrins, qui fut adressé à Marguerite II de Navarre en 1572, — mais le poème *Sur la Paix avec les Anglois l'an mil cinq cens quarante neuf* (*Ibid.*, p. 404), irrégulièrement versifié en vers décasyllabes, lequel n'a pu être composé que tout à fait à la fin de cette année (la paix dont il s'agit ne fut signée qu'en mars 1550). D'après deux pièces de Baïf écrites en 1572, au moment où l'édition collective de ses œuvres était sous presse, il « commença à se faire connaître par ses labeurs » la deuxième année du règne de Henri II, et « vingt trois ans » se sont écoulés entre ses débuts et son édition collective, ce qui nous reporte bien à 1549[3].

Quant au second poème de Baïf signalé par Binet, le *Ravissement d'Europe*, comme il est, lui aussi, irrégulièrement versifié en vers décasyllabes (éd. M.-L., II, 421), il a pu être composé en 1549 ; mais il ne parut qu'en 1552, à Paris, chez la Ve Maurice de la Porte, in-8° de 16 pages non foliotées (cf. Becq de Fouquières, *Poésies choisies d'A. de Baïf*, xxxiv, Marty-Lav., *Notice sur Baïf*, p. x ; Catal. de la Biblio. Herpin, publié en 1903 par Em. Paulet fils et Guillemin, p. 122). Il est imité presque entièrement d'une idylle attribuée à Moschus (mais qui passait alors pour du Théocrite) et d'un passage des *Métamorphoses* d'Ovide.

Cf. J. Velliard : « Eadem tempestate Antonius Baïffius omnium applausu typis mandavit poema *De pace cum Anglis,* paulo post et alter (*sic*) *Raptum Europae.* » (*Laud. fun.* I, f° 8 v°.)

P. 15, l. 15. — <u>*Cassandre*</u> sur cette première Muse de Ronsard, qui fut très probablement Cassandre Salviati (pour moi cela ne fait aucun doute), sur ses relations avec Ronsard et la nature des sentiments qu'elle lui inspira, voir l'*Intermédiaire des Chercheurs*, table générale, année 1891, articles *Ronsard, Cassandre,* Mlle *de Pré* ; Marty-Laveaux, *Notice sur Ronsard*, pp. XXVI et suiv. ; Henri Longnon, *Revue des questions historiques* de janvier 1902, pp. 224 et suiv. ; P. Laumonier, *Revue de la Renaissance* d'octobre 1902, pp. 73 à 115, et thèse de 1909 sur *Ronsard p. lyr.,* Index des noms. — J'avais d'abord, par conjecture, daté de 1550 son mariage avec Jehan Peigné, seigneur de Pré en Vendômois ; un précieux document publié par M. Jean Martellière, son contrat de mariage, fait remonter cette union jusqu'en novembre 1546 ; un autre permet de croire qu'elle mourut seulement en 1606 (*Bulletin de la Soc. arch. du Vendômois*, année 1904, pp. 51 et suiv.).

Colletet, *Vie de Ronsard*, p. 29, et, d'après lui, Ménage, *Observ. sur les poés. de Malherbe*, se sont lourdement trompés en affirmant que Cassandre n'était « qu'une simple fille », « de très petite condition ».

P. 15, l. 16. — *d'Escosse*. Il y a là évidemment un lapsus pour « à son retour d'Allemagne », ainsi que Binet pouvait le comprendre à une lecture rapide de ce passage de l'autobiographie dans l'édition de 1584 :

> *D'Escosse retourné*, je fus mis hors de page.
> Et à peine seize ans avoient borné mon âge.
> Que l'an cinq cens quarante avec Baïf je vins
> *En la haute Allemaigne*, où la langue j'apprins.
>   Mais las ! *à mon retour* une aspre maladie
> Par ne scay quel destin me vint boucher l'ouie.
> Et dure m'accabla d'assommement si lourd,
> Qu'encores aujourd'huy j'en reste demy-sourd.
> *L'an d'apres* en Avril, Amour me fist surprendre,
> Suivant la Cour à Blois, des beaux yeux de Cassandre.

D'ailleurs, qu'il y ait eu lapsus ou non, il est clair que Binet, en rédigeant le texte *A,* a compris par *l'an d'apres* l'année 1541, comme l'ont fait depuis Colletet, Sainte-Beuve, Blanchemain, d'autres encore. Nous pensons que Ronsard a voulu dire par *l'an d'apres*, non pas l'an qui suivit son retour d'Allemagne, mais l'an qui suivit sa maladie, ce qui est tout différent. La meilleure preuve, c'est que Binet s'est corrigé en *B,* ayant sous les yeux ce nouveau texte de Ronsard :

. . . .   je vins
En la haute Allemaigne, ou dessous luy j'apprins
Combien peut la vertu : *apres*, la maladie
Par ne scay quel destin me vint boucher l'ouie.

. . . .
.

L'an d'apres en Avril, Amour me fit surprendre...

et ayant remarqué les passages nombreux où Ronsard nous dit qu'il avait vingt ans quand il rencontra Cassandre (v. ci-après, p. 120, aux mots « *vingt ans* »), ce qui reporte cette rencontre en 1545 ou en 1546 (suivant la date qu'on adopte pour la naissance du poëte).

On pensera que ces passages et celui de l'autobiographie se contredisent. Je crois que la contradiction n'est qu'apparente. Comme tout porte à croire que le poète, au lieu de documenter son panégyriste Paschal sur la suite continue de ses années de jeunesse, ne lui en a raconté que les faits saillants, je propose pour le passage de l'autobiographie l'interprétation suivante : « Après mon voyage d'Allemagne, l'événement qui mérite d'être relaté est la grave maladie qui causa ma surdité ; puis l'an qui suivit cette maladie, je m'épris de Cassandre ». Or, il est très possible que Ronsard n'ait senti les premières atteintes de son mal qu'en 1542 et qu'il soit resté malade deux ou trois ans. Cette hypothèse, à laquelle rien ne s'oppose, est seule capable de faire disparaître la contradiction. (Voir à ce sujet ma *Jeunesse de Ronsard,* dans la *Rev. de la Renaissance* de mars 1902, pp. 150 et 151.)

Quant au lieu de la rencontre entre Ronsard et Cassandre Salviati, Ronsard ne l'a pas seulement fait connaître dans son autobiographie, mais encore dans un sonnet de 1552, dont voici les quatrains, tels que Binet les lisait dans l'édition de 1584 :

Ville de Blois, naissance de ma Dame,
Sejour des Roys et de ma volonté.
Où jeune d'ans je me vy surmonté
Par un œil brun qui m'outre-perça l'ame :
    Chez toy je pris ceste premiere flame.
Chez toy j'apris que peult la cruauté,
Chez toy je vy ceste fiere beauté,
Dont la memoire encores me r'enflame.

P. 15, l. 19. — *maintefois*. Ronsard dit souvent qu'il a le *nom* de Cassandre gravé dans le cœur à l'égal des beautés physiques de sa dame. V. par ex. les sonnets *Mille vrayment*, et *Depuis le jour que* (Bl., I, 30 et 61). l'ode *Le cruel Amour, vainqueur* (*Id.,* II, 226, début), l'élégie *L'absence ny l'oubly* (*Id.,* IV, 395), et le passage de l'autobiographie cité dans la note précédente. Ne serait-ce pas une imitation de Pétrarque, sonnet v, deuxième vers :

E 'l nome che nel cor mi scrisse Amore...

et canzone I (après la mort de Laure), vers 49 et 50 :

> L'altra e 'l suo chiaro nome
> Che sona nel mio cor si dolcemente... ?
>
> (éd. Camerini, pp. 36 et 252.)

P. 15, l. 23 — <u>*Joachim Du Bellay*</u>. Je pense, avec Mlle Evers, que cette anecdote d'une rencontre fortuite de Ronsard et de Du Bellay dans une « hostellerie », alors qu'ils revenaient tous deux de Poitiers, est fort suspecte, pour les raisons suivantes : 1° On n'en trouve pas trace ailleurs que dans Binet ; rien qui puisse la fonder, ni dans les œuvres des deux poètes, ni chez les autres panégyristes, Du Perron, Velliard, Critton, Ste-Marthe. 2° Dans Binet même elle n'apparaît qu'à partir de la 3ᵉ rédaction, comme un enjolivement, analogue à la prétendue querelle de propriété littéraire qui aurait éclaté en 1549 entre les deux poètes, et dont H. Chamard a montré l'inanité (v. ci-après, p. 123, au mot « *annotations* »). 3° Le passage contient trois autres assertions qui sont fausses ou contestables : l'une, sur la date même de la rencontre des deux poètes et de l'entrée de Du Bellay à Coqueret (v. ci-dessus, p. 109, au mot « *quarante neuf* ») ; la deuxième sur les influences littéraires que subit Du Bellay, dont la plus importante, celle de Peletier, est complètement laissée de côté par Binet (v. ci-dessus, p 112, aux mots « *de Ronsard et de Baïf* ») ; la troisième, sur la date où du Bellay écrivit ses poésies latines (ci-après, p. 119, aux mots « *à la Françoise* »). Il n'en faut pas plus pour enlever au témoignage de Binet toute autorité, et faire rejeter l'anecdote comme une pure fiction.

Toutefois l'argumentation de Mlle Evers présente quelques points faibles, notamment en ce qui concerne l'ode de Ronsard *A son retour de Gascongne voiant de loin Paris,* publiée en janvier 1550 (Bl. II, 456). On ne peut tirer de cette pièce aucun argument pour déterminer la date et le lieu de la rencontre de Ronsard et Du Bellay.

D'abord la date de la composition de cette pièce n'est pas certaine. Il y a des raisons de croire qu'elle remonte à la deuxième moitié de 1547, aux environs du mois de septembre (présence de Dorat à Paris, allusion vague aux *Œuvres poëtiques* de Peletier, ambassade de Maclou de la Haye à Rome, irrégularité strophique) ; mais enfin ce n'est qu'une hypothèse, et si l'on était sûr que Ronsard n'a pas remanié sa première strophe au moment de l'impression, on serait tenté de la dater de 1549, car elle fait séjourner Ronsard depuis « cinq ans » à « Paris » comme étudiant (Paris s'oppose dans ce cas à la Cour ; cf. ci-dessus, p. 98, note sur les mots « *avec Dorat* »), et c'est précisément ce chiffre que Ronsard a donné ailleurs pour le temps qu'il passa à Coqueret. Cette pièce n'offre donc pas un appui solide au raisonnement.

En second lieu, de ce fait que Ronsard n'a pas nommé Du Bellay dans cette ode, peut-on conclure qu'il ne le connaissait pas quand il la composa ? Rien ne nous y autorise. D'une part, il pouvait avoir fait récemment sa connaissance, en passant par Poitiers à son retour de Gascogne, sans parler de cette rencontre dans son ode ; je pense même, étant donné le sujet de la pièce, qu'il n'avait pas à y parler de cette rencontre. D'autre part, il pouvait très bien l'avoir déjà rencontré à Paris, et le connaître même depuis longtemps, étant de son « parentage[4] », sans pour cela le nommer dans son ode parmi les nombreux amis (un « million », dit-il) qui vont lui faire fête à son retour à Paris. Antoine de Baïf, J. Martin, Bèze, Des Masures, Carnavalet, pour ne citer que ceux-là, ne sont pas nommés non plus ; pourtant Ronsard les connaissait bien, quelques-uns même depuis plusieurs années, et intimement, par ex. Baïf, son compagnon d'études depuis 1544. Aurait-on le droit de conclure qu'il ne les connaissait pas, de ce fait qu'il ne les nomme pas dans son ode ? Évidemment non ; l'argument *a silentio* n'a ici aucune valeur, en ce qui concerne Du Bellay. — Lorsque Ronsard écrivit son ode (admettons que ce soit en septembre 1547), connaissait-il déjà Du Bellay ? Le connaissait-il de fraiche date ou depuis longtemps ? L'avait-il rencontré à Poitiers, ou ailleurs, en revenant de Gascogne, ou bien étaient-ils entrés en relations à une date antérieure, au Mans, ou plutôt à Paris ? On aurait beau retourner l'ode en tous sens, on n'y trouverait pas la moindre réponse à ces questions.

Quant au voyage même de Ronsard, non pas à Poitiers seulement, comme on pourrait le croire d'après Binet, mais en Gascogne, jusqu'aux « monts blancs »

Qui ont l'échine et la teste et les flancs
Chargés de glace et de neige eternelle.

c'est, pour moi du moins, une énigme, à pareille date. Le poète nous dit qu'il n'était plus alors au service de la Cour. Quelle nécessité le força donc à quitter l'enseignement de Dorat pour entreprendre un semblable voyage ? Il profita sans doute du moment où son maître accompagnait le roi à Bapaume et des vacances qui suivirent (juin à septembre 1547). Est-il allé, comme l'a pensé M. Lanusse (thèse fr. de 1893, p. 137) à Condom, voir son parent Ch. de Pisseleu, titulaire de cet évêché depuis 1545 ? A-t-il été chargé d'une mission par Henri II, ou par Marguerite de France, ou par son « seigneur » Antoine de Bourbon, auprès de Marguerite de Navarre, qui, inconsolable de la mort de son frère, résidait alors dans ses châteaux pyrénéens ? Nous ne saurions nous prononcer sur ce point obscur de la jeunesse de Ronsard. C'est vraisemblablement durant ce voyage qu'il écrivit l'odelette *Sur la mort d'une haquenée*, qui tomba dans le fossé d'un château fort « sous les fatales Pyrénées » (Bl., II, 437).

P. 15. l. 28. — *aux Muses*. Source, la *Complainte à la Royne Mere du Roy*, écrite en 1563 :

Je pleurois du Bellay, qui estoit de mon age
De mon art, de mes mœurs et de mon parentage.
(Bl., III, 371.)

Les deux poètes étaient cousins par leurs grand'mères maternelles, qui toutes deux étaient de Beaumont. La grand'mère maternelle de Joachim Du Bellay était née Catherine de Beaumont, et celle de Ronsard Joachine de Beaumont (Léon Séché, *Rev. de la Renaiss.* de février 1901, p. 83 ; Hallopeau, le *Bas-Vendômois*, p. 90).

P. 15, l. 32. — *languissante*. Source, la préface de l'éd. princeps des *Quatre premiers livres des Odes* : « Je fu maintes fois avecques prieres admonesté de mes amis faire imprimer ce mien petit labeur... Et mêmement solicité par Joachim du Bellai, duquel le jugement, l'etude pareille, la longue frequentation, *et l'ardant desir de reveiller la Poësie Françoise avant nous foible et languissante...* nous a rendus presque semblables d'esprit, d'inventions et de labeur. » (Bl., II, 11 ; texte rectifié par M.-L., II, 475.)

P. 15, l. 33. — *à la Françoise*. C'est à Rome seulement (1553-1557) que Du Bellay se mit à écrire des vers latins qui furent recueillis sous le titre de *Poëmata* (cf. H. Chamard, *op. cit.*, pp. 358 et suiv.). Maints documents indiquaient leur date à Binet, entre autres ce début d'un sonnet de Ronsard adressé à Du Bellay en 1555 :

> Cependant que tu vois le superbe rivage
> De la riviere Tusque et le mont Palatin,
> Et que l'air des Latins te fait parler latin,
> Changeant à l'estranger ton naturel langage,
>   Une fille d'Anjou me detient en servage...
>   (Bl., I, 151.)

et la réponse que Du Bellay fit en 1556 à ce sonnet dans le sonnet x

des *Regrets.*

Il est d'autant plus difficile d'excuser l'erreur de Binet que Du Bellay lui-même a pris soin d'écrire dans la 2e préface de l'*Olive* : « Combien que j'aye passé l'aage de mon enfance et la meilleure part de mon adolescence assez inutilement, Lecteur si est-ce que par je ne sçay quelle naturelle inclination, j'ay tousjours aimé les bonnes lettres : singulierement nostre poësie françoise, pour m'estre plus familiere, qui vivoy' entre ignorans des langues estrangeres..... Certainement, Lecteur, je ne pouroy' et ne voudroy' nier, que si j'eusse ecrit en grec ou en latin, ce ne m'eust esté un moyen plus expedié pour aquerir quelque degré entre les doctes hommes de ce royaume : mais il fault que je confesse ce que dict Ciceron en l'oraison pour Murene : *Qui cùm citharaedi esse non possent,* et ce qui s'ensuit. » Édition des *Œuvres poétiques* par H. Chamard, tome I, pp. 11 et 12)

P. 15, l. 47. — <u>*vingt ans*</u>. Cette incidente de *B* retombe sur la proposition « qu'il fit à Blois » ; nous pensons que la ponctuation de *B* est la bonne, et non celle de *C*, conservée dans les éd. suivantes ; notre interprétation est confirmée par les passages des œuvres de Ronsard, où Binet a pris ce renseignement :

> Ha, Belacueil, que ta douce parolle
> Vint traitrement ma jeunesse offenser.

Quand au verger tu la menas danser
Sur mes vingt ans l'amoureuse carolle...
>   (M.-L., I, 82 ; sonnet publié en
1552.)

Sur mes vingt ans, pur d'offense et de vice
Guidé mal-caut d'un trop aveugle oiseau,
Ayant encor le menton damoiseau,
Sain et gaillard je vins à ton service...
>   (Bl., I, 65 ; M.-L., I, 55 ; sonnet publié en
1553.)

A vingt ans je choisis une belle maistresse.
>   (Bl., VII, 127 ; discours publ. en
1563.)

Cela n'empêche pas d'ailleurs de croire qu'il « résolut de la chanter » aussitôt, dès l'année 1545, comme l'indiquent ces autres vers :

Ces mots mignards, ces rais sont les jeunes chansons
Qu'à vingt ans je chantois pour flechir ma maistresse.
>   (Bl., V, 332 ; sonnet publié en
1569.)

P. 16, l. 1. — _vray ou faux_. Il est difficile d'expliquer que Binet, qui a délayé l'autobiographie de Ronsard, et l'a même citée dans les premières pages de son opuscule, ait attribué à un début de sonnet cet hémistiche, qui se lit vers la fin de l'autobiographie. À l'endroit où il en était rendu de sa rédaction, il avait sans doute fermé l'in-folio de 1584, car il cite de mémoire cet hémistiche en le défigurant :

> Soit le nom faux ou vray, jamais le temps vainqueur
> N'effacera ce nom du marbre de mon cœur.

Il s'en aperçut pour la rédaction de _B_. Il y ajouta la devise grecque qui entourait le portrait de Ronsard dès l'édition princeps des _Amours_ (1552), et qui existait encore dans l'in-folio de 1584 et dans la première éd posthume, où il la prit. Cette devise est, comme l'indique Muret dans son _Commentaire_ du 2ᵉ sonnet des _Amours_, empruntée à Théocrite et signifie que « des la premiere fois qu'il veit Cassandre, il devint insensé de son amour ». V. le vers 81 de la _Magicienne_. On trouve également au portrait de Ronsard la devise : Ut vidi, ut perii, que Virgile a prise à Théocrite (_Bucol._, VIII, vers 41) Le sonnet _Nature ornant la dame_ (Bl.. I, 2) en est le développement.

À noter que cette devise grecque a été insérée en _B_, non pas pour venir à l'appui de cette affirmation « amoureux seulement de ce beau nom », comme on pourrait le croire par la façon dont la phrase est construite, mais à l'appui de cette affirmation avancée cinq lignes plus haut « qu'il eut seulement moyen de voir, d'aimer et de laisser à mesme instant ». Binet s'est aperçu plus tard de l'incohérence de ce passage ainsi allongé, et c'est la principale raison du remaniement qu'il en a fait en *C*.

P. 16, l. 3. — *livres d'Odes*. D'après cette ligne, conservée dans les trois rédactions, 1° Binet a pensé, non sans raison, que Ronsard avait commencé à écrire des sonnets pour Cassandre dès le printemps de 1545 ou de 1546 (selon qu'on adopte pour leur première entrevue l'une ou l'autre de ces dates). Aux réflexions que j'ai déjà faites à ce sujet (v. ci-dessus, p. 100, aux mots « *brave ouvrier* »), il convient d'ajouter que quelques-uns des sonnets du premier livre des *Amours* ne peuvent qu'être antérieurs au mariage de Cassandre, qui eut lieu en novembre 1546 ; que Ronsard affirme avoir commencé à chanter Cassandre à vingt ans passés (BL, V, 332 ; VI, 327 ; VII, 127) ; enfin que le poète dans la première préface de ses *Odes*, et I. M. P. dans les dernières lignes de sa *Breve exposition*, qui accompagne les dites *Odes*, semblent faire allusion à d'autres œuvres que Ronsard gardait manuscrites en 1550.

2° Binet n'a pas consulté l'édition princeps ni les éditions suivantes des *Amours*, où le premier livre des sonnets parut avec ce simple titre : *Les Amours de P. de Ronsard*. Binet a pris ce titre des *Amours de Cassandre* dans l'édition de 1584, où il apparut pour la première fois, ainsi que ce titre du deuxième livre des sonnets, les *Amours de Marie* (V. ci-après, p. 127, aux mots « *de Marie* »).

P. 16, l. 6. — *son Olive*. Sur la personnalité que cache ce pseudonyme, les opinions sont très partagées. Pour les uns

(Marcassus, Colletet. Ménage, Goujet, Sainte-Beuve), c'était une demoiselle Viole, nièce d'un évêque de Paris ; pour les autres (Léon Séché, *Rev. de la Renaissance* de mars 1901 ; Mlle Evers, *op. cit.*, p. 139), ce serait plutôt Marguerite de France, duchesse de Berry. Pour d'autres enfin (H. Chamard, *J. du Bellay*, p 177, et G. Deschamps, *Rev. des Cours et Confér.* de 1902), ce pseudonyme est seulement symbolique et ne cache aucune personnalité.

P. 16, l. 8. — *Recueil de Poesie*. C'est le titre du deuxième recueil de vers que Du Bellay publia en novembre 1549. Sa première publication poétique remonte au mois d'avril de la même année : elle comprenait l'*Olive* et les *Vers lyriques*, et parut à la suite de la *Deffence et Illustration de la l. fr.* Il est probable que Binet a confondu les deux recueils. (Cf. H. Chamard, *J. du Bellay*, pp. 96, 168, 203, 223.)

P. 16, l. 21. — *d'Avril*. Dans son autobiographie Ronsard indique seulement le mois d'avril pour sa rencontre avec Cassandre. Le quantième n'apparaît que dans le sonnet publié en 1552 :

Je vey les yeux dessous telle planette...
(Bl., I, 9-10.)

Pourquoi Binet n'a-t-il pas également indiqué l'année, bien que Ronsard ait écrit dans un autre sonnet également publié en 1552 :

L'an mil cinq cens contant quarante six
Dans ses cheveux une dame cruelle
(Ne scais quel plus, las ! ou cruelle ou belle)
Lia mon cœur, de ses graces espris ?

(Ibid., 71.)

Probablement parce que cette date ne cadrait pas avec les deux autres documents qu'il a utilisés : 1° les seize ans que Ronsard se donne en 1540 ; 2° les vingt ans passés qu'il se donne lors de sa rencontre avec Cassandre. Peut-être aussi a-t-il pensé, comme je l'ai moi même conjecturé, que Ronsard avait placé le mot *six* à la fin de son vers au lieu de *cinq,* qui rime moins facilement. Il ignorait vraisemblablement la troisième raison qui nous autorise à préférer l'année 1545 à l'année 1546, à savoir que la Cour ne fut pas à Blois un seul jour du mois d'avril 1546, mais à Fontainebleau, Nemours, Ferrières, Montargis, puis de nouveau à Ferrières (le 20 et les jours suivants), enfin à Fontainebleau, et que, par contre, elle passa le mois d'avril de 1545 à Romorantin, Blois et Chenonceaux (cf. les *Actes de François Ier et l'itinéraire de François Ier*).

Au reste, on peut penser que Ronsard n'a vu dans le mois d'*avril* que le compagnon obligatoire de l'amour (cf. les sonnets *Sous le cristal* et *Le vingtieme d'avril*), et qu'en adoptant ce mois il a simplement imité Pétrarque, qui tomba amoureux, lui aussi, au mois d'*avril* (sonnet *Voglia mi sprone*, deuxième tercet), et avait coutume de chanter chaque année, avec le retour du printemps, l'anniversaire de son *Innamoramento*. (Cf. H. Cochin, *Chronol. du Canzoniere*, pp. 6, 35, 109 et 137.)

P. 16, l. 23. — *dont il fut épris*. Le pronom « dont » ne se rapporte pas au substantif qui précède, mais à « belle fille Blesienne », qui est beaucoup plus haut.

P. 16, l. 28. — *deslors amoureux*. Voilà une interprétation allégorique bien inattendue, tout à fait comparable aux divagations de l'exégèse de Virgile (cf. les allusions ridicules et forcées des *Scholia Bernensia*). — Elle ne doit pas cependant nous étonner outre mesure, si l'on songe que Laure a passé également pour la personnification de la Gloire, à laquelle Pétrarque avait consacré sa vie, — et que la Béatrix de Dante a été considérée comme le symbole de la Théologie. On sait que Giovanni Colonna demandait à son ami Pétrarque si la véritable dame de son cœur n'était pas la Poésie (v. à ce sujet Gidel, *Pétrarque et les troubadours*, thèse de 1857, p. 104 ; Mézières, *Pétrarque*, pp. 49-50 ; Ph. Monnier, *Le Quattrocento*, I, 136). Sur la manie d'interpréter les auteurs allégoriquement en France au Moyen Âge, voir Piaget, *Hist. de la langue et de la litt. françaises*, tome II, pp. 164-165 ; Lanson. *Littér. française*, ch. III, § 1, fin.

Binet semble bien se faire l'écho de cette opinion contemporaine, puisqu'il ne la dément pas. Trois passages des Œuvres auraient dû cependant lui ouvrir les yeux : 1° un sonnet de 1552, où Ronsard dit qu'il a laissé l'épopée de

Francus pour chanter Cassandre ; 2° une élégie de 1554, où Ronsard dit qu'il laisse provisoirement la poésie érotique inspirée par Cassandre pour chanter Francus sur l'ordre de Henri II ; 3" une ode où il déclare revenir de Francus à Cassandre (Bl, I, 42, 125 ; II. 273).

P. 17, l. 1. — _annotations_. Sur cette brouille passagère de Ronsard et Du Bellay, v. H. Chamard, *Rev. d'Hist. litt.*, 1899, pp. 43 et suiv. Le judicieux critique, s'appuyant sur les variations mêmes des trois textes de Binet, montre péremptoirement que le biographe de Ronsard a dénaturé l'origine et la portée de cette querelle au point d'en faire une vraie légende (malheureusement reproduite par les biographes postérieurs, à commencer par Colletet), et réussit à dégager la vérité des inventions qui l'encombrent. Pour sa troisième rédaction, Binet a sans doute rapproché, comme l'a fait H. Chamard, certaines déclarations de la préface primitive des *Odes* et de la préface de la deuxième édition de l'*Olive*, et a tiré de ce rapprochement des conclusions fantaisistes, que démentent le caractère et la vie de Du Bellay.

Sainte-Beuve avait déjà trouvé l'anecdote *suspecte* (Notice sur Du Bellay, à la suite de son *Tableau...*, éd. Charpentier, pp. 331-33) ; Darmesteter et Hatzfeld avaient également fait à ce sujet de prudentes réserves (*Le Seizième siècle en France*, éd. de 1887, p. 105).

On ne lit rien d'analogue, pas même par allusion, chez les autres panégyristes de Ronsard (Du Perron, Velliard, Critton, E. Pasquier).

Binet semble avoir recueilli à ce sujet des racontars, et comme ils furent de beaucoup postérieurs à 1549 (plus de 35 ans) on ne peut guère y ajouter foi. De qui les a-t-il recueillis ? De Baïf peut-être. Baïf semble avoir conservé une certaine amertume de ses relations avec Ronsard ; s'il y eut une brouille entre Ronsard et un membre de la Brigade, ce fut entre Baïf et Ronsard (cf. ci-après, p. 129, aux mots « *qui estoit Baïf* »). Or Binet n'a pas dit un mot de cette brouille, Baïf s'étant bien gardé de lui faire des confidences à ce sujet, ou lui ayant raconté que Ronsard avait tous les torts. À noter d'autre part que le rôle de Baïf dans la querelle Du Bellay-Ronsard, signalé en *A*, a disparu en *B*, probablement à la prière de Baïf.

P. 17, l. 2. — *livres des Odes*. C'est la deuxième fois que Binet mentionne les *Amours* avant les *Odes*. Ici il commet une grave erreur en faisant paraître les *Amours* soit avant les *Odes*, soit en même temps. Les *Quatre livres des Odes* parurent en février 1550 ; les *Amours* seulement en octobre 1552, avec le *Cinquiesme livre des Odes* (voir ma thèse sur *Ronsard p. lyr., pp.* 29 et 78). Nouvelle preuve que Binet n'a pas consulté l'édition princeps des *Amours*, pas même pour sa troisième rédaction. Il a été trompé par ce fait que dans toutes les éditions collectives, notamment celle de 1584 qu'il consulta pour *A*, les *Amours* sont placés avant les *Odes*. — Estienne Pasquier a commis une erreur analogue et pour la même raison : « Le premier qui y mit la fin fut Ronsard, lequel premierement en sa *Cassandre* et autres livres d'*Amours*, puis en ses *Odes*... » (*Rech. de la Fr.*, livre VII, chap. VII.)

P. 17, l. 6. — *d'Apollon*. Cf. la dédicace du *Commentaire des Amours* par Muret : « N'avons-nous veu l'indocte arrogance de quelques acrestez mignons s'esmouvoir tellement au premier son de ses escrits, qu'il sembloit que *sa gloire naissante* deust estre esteinte par leurs efforts ? » (Edition de Ronsard, par Marty-Lav., I, p. 374.) Ronsard lui-même dit qu'un « tas de courtisans déchirent son nom et *sa gloire naissante* » (Epitaphe de Hugues Salel, Bl., VII, 269). — C'est également l'expression dont se sert Michel de L'Hospital en parlant de Ronsard dans une lettre à J. Morel de décembre 1552 : « Non enim conducit *ejus nascenti gloriae* tot et tales obtrectatores atque aemulos habere. » (*Rev. d'Hist. litt.* de 1899, p. 355). Mais il est très douteux que Binet ait connu cette lettre.

La var. de *C* vient de ce passage de la préf. primitive des *Odes* : « Je ne fais point de doute que ma Poësie tant varie ne semble facheuse aus oreilles de nos rimeurs, et principalement des courtizans, qui n'admirent *qu'un petit sonnet petrarquizé*... » (Bl., II, 12 ; texte rectifié par M.-L., II, 476.)

P. 17, l. 12. — *de Ronsard*. Ce dernier détail est pris soit à la strophe que Binet cite quelques lignes plus loin : *Ecarte loin de mon chef,* soit à l'Elégie de Michel de L'Hospital : *Magnificis aulae cultoribus,* qui n'était pas encore imprimée lors de la rédaction d'*A*, mais que Binet avait déjà entre les mains, puisqu'il la signale plus loin et en annonce l'impression pour la première éd. posthume des œuvres de Ronsard (cf. Bl., IV, 361). — Ronsard a raconté lui-même la tactique de Saint-Gelais dans une ode *A Mad. Marguerite* (celle qui devint duchesse de Savoie) ; mais les strophes où il en parle clairement n'ayant paru que dans l'éd. princeps du *Cinquiesme livre des Odes* (cf. Bl.. VIII, 136), je doute fort que Binet les ait connues (voir ci-après, p. 127 et 133, aux mots « *maçonné* » et « *de chanter* »). Au reste, il a pu profiter d'une autre strophe de la même ode (Bl., II. 306, « Avec Hieron roy de Sicile... »), comme aussi d'un passage de l'ode de réconciliation *A M. de Saint-Gelais* (*Ibid.*, 281, « Pour ce qu'à tort... »).

P. 17, l. 17. — *ses autres Epitaphes*. C'est-à-dire les autres Epitaphes consacrées à la reine de Navarre. Il s'agit du recueil intitulé le *Tombeau de Marguerite de Valois, Royne de Navarre, faict premierement en Distiques latins par les Trois Sœurs, Princesses en Angleterre. Depuis traduitz en Grec, Italien et François par plusieurs des excellens poëtes de la France. Avec plusieurs Odes, Hymnes, Cantiques, Epitaphes, sur le même subject.* Ce recueil, publié vers la fin de mars 1551 par les soins de Nicolas Denisot, contenait quatre odes de Ronsard, entre autres l'*Hymne triumphal* dont Binet cite les derniers vers (Voir *Rev. d'Hist. litt. de la Fr.*, 1904, p. 447, et ma thèse sur *Ronsard p. lyr.*, p. 73.)

Cet opuscule très rare n'ayant jamais été réimprimé, et les vers que Binet cite n'ayant jamais paru que là sous cette forme, il faut que Binet l'ait consulté, et cela dès sa première rédaction.

P. 17, l. 26. — *de Melin*. C'est bien en effet le texte de la fin de l'*hymne triumphal* tel qu'il parut dans le *Tombeau de Marguerite de Valois* en mars 1551. Binet y a lu, au mot *Melin*, cette note de Nicolas Denisot, qui lui a permis de donner ici quelque précision à son exposé : « Il entent Melin de Sainct Gelais, qui trop envieusement blâma ses œuvres devant le Roy ».

P. 18, l. 1. — *ces vers*. Ronsard les changea en ceux-ci dès la 2e édition de son *Hymne triumphal*, dans le *Cinquiesme livre des Odes* (septembre-octobre 1552) :

> *Preserve moi d'infamie*
> *De toute langue ennemie*
> *Teinte en venin odieux,*
> *Et fay que devant mon Prince*
> *Desormais plus ne me pince*
> *Le caquet des envieux.*

Ce nouveau texte fut conservé dans *toutes* les éditions postérieures. D'après l'édition Blanchemain (II, 326), qui prétend donner le texte des *Odes* d'après la première édition collective de 1560, on pourrait croire que le texte de 1551 existait encore en 1560, et Mlle Evers l'a cru (*op. cit.*, pp. 160, 162, 183), après L. Froger (*Prem. poés. de R.*, p. 27, note). Il n'en est rien : Ronsard une fois réconcilié avec

Saint-Gelais le fut bel et bien, et, après la mort de son ancien adversaire (oct. 1558), il n'eut pas l'indélicatesse de reprendre son premier texte.

L'addition de *C* fait allusion non seulement à l'ode de 1553 *A M. de Saint-Gelais* (Bl., II, 278), mais encore à l'*Hymne des Astres*, de 1555 (*Id.*, V, 275), qui ne fut supprimé qu'en 1584 parce qu'il faisait double emploi avec l'*Hymne des Estoilles* ; à l'*Hymne du Roi Henry II*, de 1555 (*Id.*, V, 74) ; au poème *A tres illustre prince Charles Cardinal de Lorraine*, composé en 1561-62 (trois ans après la mort de Saint-Gelais), qui contient ce bel éloge :

> Sainct Gelais qui estoit l'ornement de nostre âge,
> Qui premier des François nous enseigna l'usage
> De sçavoir chatouiller les oreilles des Rois
> Par sa lyre accordante aux douceurs de la vois,
> Qui au Ciel egaloit sa divine harmonie,
> Vit (malheureux mestier !) une tourbe infinie
> De poltrons avancez, et peu luy profitoit
> Son luth, qui *le premier des mieux appris* estoit.
>
> (Texte de 1584, M.-L., III, 274. Cf. Bl., III, 355.)

C'est à ce dernier vers que Binet a emprunté l'éloge de Saint-Gelais qu'il met dans la bouche de Ronsard en *C*.

P. 18, l. 8. — *nouveauté*. Cf. la dédicace du Commentaire des *Amours* par Muret : « L'un le reprenoit de se trop louer, l'autre d'escrire trop obscurément, l'autre d'estre trop audacieux à faire nouveaux mots... » (Edition de Ronsard par Marty-Lav., I, 374.)

P. 18, l. 9. — *en risée*. Cf. ce passage ironique du *Quintil Horatian* : « Comme ton Ronsard trop et tresarrogamment se glorifie avoir amené la lyre grecque et latine en France, pource qu'il nous fait bien esbahyr de ces gros et estranges motz, *strophe* et *antistrophe*. Car jamais (paraventure) nous n'en ouysmes parler. Jamais nous n'avons leu Pindar... » (Edition de la *Deffence* par Chamard, p. 225, note 2.)

Il est probable que c'est une des sources du passage de Binet, surtout en *C*.

P. 18, l. 12. — *Pindariser*. Cf. Henri Estienne : « Ceux qui s'escoutant *pindarizer* à la nouvelle mode, barbarisent aux oreilles de ceux qui suivent l'ancienne » (*Apol. pour Herodote*, I, 33). Ronsard avait écrit dans l'ode *A Calliope* (1550) : « Le premier de France | J'ay pindarisé... », et Peletier dans son *Art Poëtique* (1555) lui attribua non seulement l'invention de la chose, mais celle du mot. Or le mot *pindariser* est bien antérieur à Ronsard, puisqu'on le trouve dans Rabelais (II, chap. VI), dans Lemaire de Belges (*Temple de Venus*) et dans Octovien de Saint-Gelays (*Sejour d'honneur*). Cf. Delboulle, *Rev. d'Hist. litt. de la Fr.*, 1897, p. 283.

On le trouve également dans Jean Bouchet, *Regnars traversant les perilleuses voyes* (1502), et *Epistres familieres*, n° XVIII (1545). Ces deux derniers exemples ont été cités par A. Hamon dans sa thèse sur *Jean Bouchet*

(1901) et relevés par H. Chamard dans la *Revue critique* du 23 déc. 1901, p. 491.

P. 18, l. 16. — *j'estois obscur*. Voir Bl., I, 147. Binet cite en *A* le texte de l'éd. coll. de 1584 (cf. M.-L., I, 131) ; en *B* il cite le texte de l'éd. coll. de 1587. Ce sonnet parut en 1555, en tête de la *Contin. des Amours*. Tyard avait mis en 1552 dans la bouche de sa Pasithée un résumé des plaintes que la masse des lecteurs articulait contre l'obscurité des premières œuvres de Ronsard (cf. *Œuvres de Tyard*, éd. M.-L., p. 228).

P. 18, l. 24. — *impudence*. Cette addition est inspirée de trois vers de l'Elegie de L'Hospital *Magnificis aulae cultoribus* (v. ci-après, p. 133) :

> Diceris ut nostris excerpere carmina libris
> Verbaque judicio pessima quaeque tuo
> Trunca palam Regi recitare et Regis amicis.
> (Bl. IV, 362.)

P. 18, l. 28. — *Ptolomée*. « Impatient que.... », latinisme pour « ne pouvant souffrir qu'un autre... » Toute cette phrase est presque textuellement empruntée à la préface (*Epitre au Lecteur*) de l'édition princeps des *Quatre premiers livres des Odes* (1550). « Tel fut jadis Bacchylide à l'entour d'Hieron Roi de Sicile tant notté par les vers de Pindare : et tel encores fut le sçavant envieus Challimaq impatient d'endurer qu'un autre flattast les oreilles de son Roi Ptolemée, medisant de ceus qui tâchoient comme lui de gouter les mannes de la roialle grandeur. » (Bl., II., 14 ;

texte rectifié par M.-L., II, 477.) — Une partie de la phrase suivante est empruntée à cette fin de l'*Avertissement au Lecteur* qui précédait la même édition de 1550 : « ... lors le Poëte se doit assurer d'avoir bien dit, voire de la victoire, puisque ses adversaires, mal embastonnez, le combatent si foiblement » (*Ibid.*, 18.)

P. 18, l. 47. — *prisé*. Ode à Calliope, publiée en 1550 (Bl., II. 135). On ne voit pas comment Binet a pu trouver dans ces vers la preuve des « médisances » dont fut l'objet Ronsard pindariseur, puisque le poète y dit au contraire qu'il se voit « prisé » pour avoir « pindarisé ». C'est du remplissage illogique.

P. 19, l. 9. — *maçonné*. Cf. Bl., II, 303 ; M.-L., II, 380. Ode publiée en octobre 1552, la 3ᵉ du *Cinquiesme livre des Odes* avec ce simple titre *A Madame Marguerite* (elle ne devint duchesse de Savoie qu'en 1559 par le traité de Cateau-Cambrésis), mais composée dès la seconde moitié de 1550 (v. ma thèse sur *Ronsard p. lyr.*, pp. 79 à 82). Binet la cite d'après l'éd. de 1584.

P. 19, l. 12. — *de Marie*. C'est en 1555 que parurent les premières pièces inspirées par Marie, dans la *Continuation des Amours* ; les autres parurent en 1556 dans la *Nouvelle Continuation des Amours*. Elles furent réunies dans la première édition collective (1560) sous le simple titre : *Deuxième livre des Amours,* qui fut conservé dans les éd. suivantes. C'est seulement à partir de 1584 que cette section des *Amours* se termina par la clausule : « Fin de la première partie des Amours de Marie Angevine. » D'ailleurs Ronsard indiqua dès 1555-60 à plusieurs reprises le lieu d'origine de sa Marie, la ville de Bourgueil (alors en Anjou, aujourd'hui dans le département d'Indre-et-Loire ; voir notamment Bl., I, 151, 179, 191, 220, 230.

Quant au changement de son style, Ronsard en a lui même parlé à la fin de l'*Elegie à son livre* (Bl., I, 146) et Remy Belleau l'a souligné dans son Commentaire du *Deuxieme livre des Amours* (M.-L., I, 405 et 407). V. ma thèse sur *Ronsard p. lyr.*, pp. 150 à 175)

P. 19, l. 14. — *de Bourgueil*. « Souvent » est exagéré. Ronsard a écrit une seule fois :

J'aime *un pin de Bourgueil*, où Venus appendit
Ma jeune liberté... (Bl., I, 173 ; M.-L., I, 154),

et encore est-ce une variante que Binet lisait dans l'édition de 1584, au lieu du texte primitif de 1556 « un pin eslevé ».

Il est vrai qu'il a également écrit dans un sonnet de la même année :

Si quelque amoureux passe en Anjou par Bourgueil
Voye un pin eslevé par dessus le village. (Bl., I, 179.)

(Binet lisait en 1584 : « Voye un Pin qui s'esleve au-dessus du village »), et dans le *Voyage de Tours*, qui est de 1560 :

Par le trac de ses pas j'irois jusqu'à Bourgueil

Et là, dessous un pin, couché sur la verdure

Je voudrois revestir ma premiere figure (*Ibid.*, 189) ;

ce qui suffit, étant données les habitudes des poètes du xvie siècle, à justifier l'hypothèse de Blanchemain, appelant cette Angevine Marie du Pin (Bl. VIII, 26, M.-L., I, 406).

Tout en admettant avec les deux derniers éditeurs de Ronsard le jeu de mots qu'il aurait fait par trois fois sur le mot *pin* (comme Marot dans l'épigramme XII *De Madamoyselle du Pin*), je crois qu'il s'appliquait non pas au nom de Marie (à moins de l'écrire Dupin), mais à son surnom. Il est très vraisemblable qu'un grand pin existait tout près de l'hôtellerie tenue par ses parents (cf. le Commentaire de Belleau, Bl., I, 220, note 1), et que cette hôtellerie avait pour enseigne : « Au Pin de Bourgueil ». D'où l'appellation populaire de Marie du Pin, si conforme aux usages des campagnards, qui distinguent par le nom de l'auberge ou du hameau qu'elles habitent les différentes personnes portant le même prénom. C'est seulement ainsi que peut s'expliquer l'addition de Binet en *C* : « ... laquelle il entend souvent sous le nom du Pin de Bourgueil, parce que c'est le lieu où elle demeuroit et où il la vit premierement... ».

P. 19, l. 16. — *ses Amours*. Le Commentaire de Muret parut dans la seconde édition des *Amours* en mai 1553 (v.

ma *Chronol. des poés. de R.* dans la *Rev. d'Hist. litt.* de 1905, pp. 247 et suiv.). Il fut reproduit dans toutes les éd. suivantes, mais avec des additions qui ne sont pas et ne peuvent pas être de Muret, quoiqu'elles aient été imprimées sous son nom. On sait que Muret, forcé de quitter la France en 1554, résida en Italie jusqu'à sa mort, sauf deux ans qu'il passa en France (1561-63). En outre, certains sonnets, rangés en 1560 dans le 2e livre des *Amours*, et par conséquent annotés par Belleau, passèrent en 1578 dans le 1er livre, avec leurs notes sous la signature de Muret. Enfin les Stances *Quand au temple nous serons*, rangées parmi les *Odes* jusqu'en 1578 inclus, puis dans le 1er livre des *Amours* en 1584, n'ont été accompagnées que dans la première éd. posthume de cette note de Muret : « Cette chanson n'appartient en rien à Cassandre », alors que Muret était mort à Rome depuis plus de dix-huit mois. — Il y a donc une question de l'authenticité d'une partie du Commentaire de Muret.

Le Commentaire de Belleau, relatif à la première partie du 2e livre des *Amours*, parut dans la première édition collective (1560), précédé d'un sonnet de Guill. des Autels, dont voici la fin :

> Ainsi toy qui n'es pas seulement interprete,
> Mais as ja le front ceint de l'honneur du poëte,
> Tu peus ouvrir, Belleau, du grand Ronsard le style.
>   Je voudrois qu'Hesiode époinct d'un tel souci

Eust illustré les vers de son Homere ainsi.
Et qu'Horace en eust fait autant de son Virgile.

Ce Commentaire fut reproduit dans toutes les éditions suivantes, mais, à partir de 1578, avec des additions et des variantes contradictoires qui ne peuvent pas être de Belleau, mort d'ailleurs dans les premiers jours de mars 1577 ; sans compter que des notes signées jusque-là par Belleau passèrent sous le nom de Muret au bas de pièces transportées dans le premier livre des *Amours*. — Il y a donc une question de l'authenticité de quelques-uns des Commentaires de Belleau, notamment de ceux qui accompagnent à partir de 1578 les sonnets à Sinope.

La deuxième partie du 2e livre des *Amours,* celle qui est relative à la mort de Marie, a été commentée par Nicolas Richelet. Ce Commentaire, composé dès 1592 (d'après la dédicace), parut dans l'édition de 1597 ; il est donc étonnant que Binet n'en ait pas parlé dans sa troisième rédaction, d'autant plus qu'ils ont été en relations, nous le savons par Richelet lui même (v. ci-après, aux mots « *en la loüant* ».)

P. 19, l. 19. — *calomnies.* Marty-Lav. a reproduit une partie de cette dédicace dans son édition de Ronsard, I, 373. Cf. ma thèse sur *Ronsard p. lyr.,* p. 107. — Le personnage auquel cette dédicace est adressée est Adam Fumée, « conseiller du Roy en son Parlement de Paris ».

P. 19, l. 33. — *qui estoit Baïf.* Assertion très contestable. On lit dans le Commentaire de Belleau : « (Ronsard) arriva en Anjou... Un jour d'Avril *accompagné d'un sien amy*, r'alluma plus cruellement un nouveau feu dans son cœur, et devint amoureux et affectionné serviteur d'une jeune, belle, honneste et gracieuse maistresse, laquelle il celebre en ceste seconde partie de ses Amours. » (M.-L., I, 407.) Mais que cet « amy » ait été Baïf, j'en doute fort.

D'abord Baïf, qui a parlé de Marie du Pin à deux reprises, ne l'a pas fait comme un témoin de la première entrevue entre elle et Ronsard, mais, au contraire, comme s'il y fût resté étranger (éd. Marty-Laveaux, I, 8 et 9 ; II, 129 et 130).

Ensuite, en avril 1555, date de la rencontre de Marie, non seulement Baïf était absorbé à Paris par la publication des quatre livres de l'*Amour de Francine*, mais Ronsard et Baïf étaient alors fâchés, comme en témoigne un sonnet du 2e livre de cette œuvre, *Ronsard que les neuf Sœurs* (M.-L., I, 192). Colletet avait déjà remarqué la mésintelligence passagère des deux poètes en s'appuyant précisément sur ce sonnet (*Vie d'A. de Baïf*, extrait publié par A. de Rochambeau dans sa *Famille de Ronsart*, éd. elzévirienne, p. 195) ; mais il n'en a dit ni le motif, ni la date. — J'ai indiqué le motif dans la *Revue de la Renaissance*, d'octobre 1902, pp. 75 à 77. Il est certain que leur amitié a subi une éclipse de plus d'un an à la suite de propos aigres qu'ils avaient échangés sur la sincérité de leurs poésies amoureuses, Baïf ayant été probablement l'agresseur ; voir trois autres sonnets de Baïf : *Souvent Ronsard pour l'amitié sincere..., Nul je ne veu blâmer d'écrire à sa façon.... Donques on dit que mon amour est feinte...* (M.-L., I, 121, 137 et 163), *et un sonnet de Ronsard, Baïf il semble à voir tes rimes langoureuses* (Bl., I, 400 ; M.-L., VI, 11). — Quant à la date, on peut la déterminer, je crois, assez exactement. Les cinq sonnets précités ont paru en 1555. ceux de Baïf dans l'*Amour de Francine* (1re partie de l'année), celui de Ronsard dans la *Continuation des Amours* (2e partie de l'année). La brouille était donc dans son plein cette année-là. Si, d'autre part, on se reporte au sonnet *Ronsard que les neuf Sœurs*, le 2e quatrain ne laisse guère de doute :

Mais le bouillant courroux de ton cœur ne s'alante :
L'an s'est changé depuis, et point ne s'est changée
L'ire que tu conceus pour ta gloire outragée,
S'il est vray ce que ment une langue méchante.

D'après ces vers, ce serait en 1554 que la brouille éclata, soit pendant les neuf mois que Baïf passa près de Francine à Poitiers, soit au retour de cette longue absence vers le 1er décembre (v. les sonnets *Comme le simple oiseau*, et *Paris mere du peuple*, M.-L., I, 97 et 189). Les deux poètes se réconcilièrent soit vers la fin de 1555, soit au début de 1556, comme le prouvent ces premières lignes des *Dialogues contre les nouveaux Académiciens* de Guy de Bruès, publiés en 1557 (Paris, Cavellat), mais avec un privilège daté du 30 août 1556 : « Baïf : J'ay expérimenté,

Amy Ronsard, ce que des longtemps j'avois ouy dire, c'est que les choses que nous avons perdues (si d'aventure nous les recouvrons) nous sont beaucoup plus cheres et agreables qu'elle n'etoient auparavant, parce que lors nous connoissons mieux leur valeur et importance. Non sans cause je te di ceci, car me voiant maintenant remis en ta bonne grace, de laquelle (avec peu d'occasion) j'avois été si longtemps eloingné, je m'estime sans comparaison plus heureux que je ne faisois ci-davant, connoissant combien est honorable l'amitié d'un tel personnage que tu es. — Ronsard : On me donnoit plus d'occasion que tu ne dis, de t'estimer peu affectionné en mon endroit : toutesfois ce soupçon incertain estant surmonté par l'amitié qui a esté entre nous des nostre enfance, les admonestementz de nos plus singuliers amys ont eu plus de puissance sur moy que ceux qui disoient que tu m'avois offensé : joint que de mon naturel j'ayme mieux oublier toutes rancunes, que vouloir mal à un tel personnage que toy : bien est vray qu'il ne faut jamais (si nous pouvons) sçavoir combien est grande la pacience d'un amy. Mais je te prie oublions tous ces propos, et nous souvenons seulement de nous aymer, et de communiquer nos estudes ensemblément, comme nous avions acoustumé. » (Bibl. Nat., Rés. Z, 836.)

Pour en revenir à Binet, il n'ignorait pas la divergence de caractère qui séparait Ronsard de Baïf, ni les « aigres humeurs » qui les auraient pour toujours éloignés l'un de l'autre sans « la douce raison » qui chaque fois les rapprochait (v. le *Tombeau de Ronsard*, éd. Bl., VIII, 240 et

241). Mais il semble bien qu'il ait ignoré cet épisode lointain de la vie des deux poètes, surtout sa date. Autrement, il n'aurait pas avancé que Baïf se trouvait avec Ronsard quand celui-ci rencontra Marie du Pin.

Son affirmation est d'autant plus suspecte qu'elle parut seulement en *C*, plus de sept ans après la mort de Baïf, arrivée en septembre 1589. Il s'est vraisemblablement produit une confusion dans son esprit entre la note de Belleau que nous avons citée plus haut et le *Voyage de Tours*, à la suite duquel il avait lu cette autre note du même commentateur : « Il (Ronsard ; escrit en ce chant pastoral un voyage que J.-A. de Baïf... et luy firent à Tours pour voir leurs maistresses. » (Bl., I, 182) Or ce chant pastoral fut composé certainement après 1557, très probablement au printemps de 1560, et, dans tous les cas, n'a aucun rapport avec la première entrevue de Ronsard et de Marie.

L'ami qui accompagnait Ronsard lors de cette première entrevue est bien plutôt Charles de Pisseleu, *abbé de Bourgueil*, auquel Ronsard avait adressé trois de ses premières odes et adressait encore en 1555 l'épître *Avant que l'homme soit*, Bl., II, 223, 418, 450 ; VI, 308), qui résidait alors dans son abbaye et qui le supplanta dans les faveurs de Marie (cf. Bl., I, 148, note, et 401, sonnet de 1556, *O toy qui n'es...*) ; à moins que ce ne soit Belleau lui-même, l'auteur du Commentaire de la première partie des *Amours de Marie* (cf. Bl., I, 203, *Ne me suy point, Belleau...*).

P. 19, l. 34. — *de laquelle*. C'est-à-dire au sujet de laquelle. L'équivoque disparaît dans la troisième rédaction.

P. 19, l. 37. — *conceüe*. Binet veut dire : « Il a fort aimé Marie après avoir fait l'amour à Cassandre pendant dix ans, et il a quitté Marie par quelque jalousie conçue. » Les sources de cette addition de *C* se trouvent dans l'*Elegie à son livre*, prologue du *Deuxiéme livre des Amours*, dans quelques pièces où la jalousie de Ronsard est manifeste (Bl., I, 145, 148, 191, 403, 404), enfin dans ce passage d'une *Elégie à Genevre* :

> Je m'espris en Anjou d'une belle Marie...
> Mais, o cruel destin, pour ma trop longue absence
> D'un autre serviteur elle a fait accointance. (Bl., IV, 229.)

Colletet, interprétant mal la phrase de Binet, a faussement écrit à propos de Cassandre : « Du moins, au rapport de Claude Binet, la quitta-t-il pour quelque jalousie conçue. » (*Vie de Ronsard*, éd. par Blanchemain, p. 60.)

P. 19, l. 39. — *beaucoup*. Source très probable, ces lignes signées R. Belleau, en note du sonnet *Mes soupirs, mes amis* (Bl., I, 178) : « ... Ce sonnet et le madrigal precedent, comme beaucoup d'autres de ce livre, sont fort simples et faits sans grand artifice, tout expres composez ainsi par nostre Autheur, comme il m'a dit, pour varier son style, tantost haut, tantost bas, tantost mediocre, selon qu'il l'a voulu, encores que la gravité luy fust propre et naturelle. » — Cf. la note du même au sonnet *Marie levez-vous* (Bl., I,

164) : « Ce ne sont que mignardises, lesquelles sont plus belles en leur simplicité que toutes les inventions alambiquées des Espagnols, et de quelques Italiens... »

Quant au jugement lui-même de Belleau et de Binet, il ne faudrait pas l'appliquer à tout le *Deuxiéme livre des Amours*, notamment aux chansons. Celles-ci, presque toutes imitées du poète néo-latin Marulle témoignent au contraire d'un « artifice » très visible dans la composition, et la « simplicité » ne s'y manifeste que dans le vocabulaire et par l'absence presque complète de mythologie. D'ailleurs l'expression « à la Catullienne » qu'emploie Binet est contestable, car l'art de Catulle est en général raffiné, et ce n'est pas sans raison qu'on a dit « doctus Catullus » (cf. Couat, thèse sur *Catulle* ; Lafaye, *Catulle et ses modèles*). Il est vrai que Ronsard lui-même a opposé le « beau style bas, populaire et plaisant » de Tibulle, d'Ovide et du « docte Catulle » à celui de Pindare (fin de l'*Elegie à son livre*, prologue du *Deuxiéme livre des Amours*) ; et il est encore vrai, comme l'a remarqué Belleau dans la préface de son Commentaire, que le style des poésies inspirées par Marie est plus simple et plus clair que le style des poésies inspirées par Cassandre. — Pour toute cette question, v. ma thèse sur *Ronsard p. lyr.*, pp. 153 et suiv., 534 à 549.

P. 19, l. 43. — *digerer*. Cette phrase insérée en *C* vient de l'*Epitre au Lecteur*, préface de l'éd. princeps des *Quatre prem. livres des Odes* (1550) : « Pour telle vermine de gens ignorantement envieuse ce petit labeur n'est publié, mais pour les gentils esprits, ardans de la vertu et dedaignans mordre comme les mastins la pierre qu'ils ne peuvent digerer. « (Bl., II, 12.)

P. 20, l. 4. — *de Savoye*. En 1559, par son mariage avec Emmanuel Philibert, duc de Savoie, auquel le traité de Cateau-Cambrésis rendait son duché. Sur cette princesse, qui fut la digne nièce de Marguerite I de Navarre par la protection qu'elle accorda aux écrivains, en particulier aux deux chefs de la Brigade, v. H. Chamard, *J. du Bellay*, p. 222 et *passim* ; Roger Peyre, *Une Princesse de la Renaissance*, et H. Patry, *Bulletin du Protestantisme* de janv. 1904. Ronsard l'a maintes fois célébrée, notamment dans un *Chant pastoral* de 1559 et dans le *Tombeau de Mary de France* de 1574 (Bl., IV, 71 ; VII, 177).

P. 20, l. 8. — *pension ordinaire*. Ronsard n'a pas eu à se louer de la générosité de Henri II autant que Binet l'affirme ici. Il s'est au contraire plaint à plusieurs reprises de l'indifférence de ce roi pour les poètes et de la difficulté pour eux d'obtenir ses dons. Voir par ex. Bl., VI, pp. 285 et suiv., pièce parue dans les *Hymnes* de 1556 ; VI, 166, *Discours contre Fortune*, composé au début de 1559 ; III, 401, élégie composée en 1559 ; III, 355, poème composé en 1561 et publié en 1565 ; III, 316, poème composé en 1565 et publié en 1567. Une seule fois il a loué Henri II comme protecteur des écrivains, mais c'est dans une *complainte* à Catherine de Médicis, écrite en 1563, et encore avec quelles restrictions ! (Bl., III, 375 à 377). — D'ailleurs Binet s'est contredit par une addition de *C*, insérée plus loin à propos de la *Franciade* (v. ci-après, p. 146, note sur les mots « *de son temps* »).

C'est néanmoins sous ce règne que Ronsard obtint : 1° le bénéfice de la cure de Marolles-en-Brie (1553) ; 2° en échange de celui-ci, le bénéfice de la cure de Challes au Maine (1554) ; 3° le bénéfice de la cure-baronnie d'Evaillé au Maine (1555) ; 4° le bénéfice de la cure de Warluis en Beauvaisis (1557) ; 5° probablement celui de la cure de Champfleur au Maine (1557 ou 58 ?). Mais ce fut par suite des libéralités directes des prélats Jean du Bellay. Odet de Châtillon, Charles de Pisseleu, peut-être Charles de Lorraine (cf. L. Froger, *Rons. ecclésiastique* ; P. Bonnefon, *Rev. d'Hist. litt.* de 1895, p. 244) ; et L. Froger a eu raison d'écrire : « Henri II aimait le chef de la Pléiade, mais c'était, paraît-il, d'une amitié toute platonique. Le titre d'aumônier et la pension de douze cents livres attachée à cette sinécure, tel fut, croyons-nous, tout le bilan des générosités du monarque » (*Op. cit.*, p. 30) Encore aurait-il fallu ajouter que Ronsard n'obtint le titre de « conseiller et aumosnier ordinaire du Roy » qu'aux environs du 1er janv. 1559. sans doute à la place de Mellin de Saint-Gelais, mort en octobre 1558. Il en est fait mention pour la première fois dans un privilège daté du 23 févr. 1558 (1559, n. st.), qu'on lit dans le *Discours de Mgr le Duc de Savoie* et dans la *Suite de l'Hymne du Cardinal de Lorraine*, avec cette addition : « ... du Roy et de Madame de Savoie » (Bibl. Nat., Ye, 501 ; Ye, 498). Cf. ma thèse sur *Ronsard p. lyr.*, chap. III, § 4. — La pension annuelle de 1.200 livres tournois attachée à cette sinécure était payée à Ronsard par trimestres (cf. Bl., VIII, 39, note 3 ; Rochambeau, *op. cit.*, p. 141 ; mais Bl. a lu 1563 pour la date de cette quittance, et Rochambeau 1573).

D'après un texte que nous citons plus loin (p. 147, aux mots « *pris et valeur* »), Ronsard avait déjà le titre de « poëte ordinaire du Roy » en mai 1554. En outre, on trouve dans le recueil des *Odes, Enigmes et Epigrammes* de Ch. Fontaine, publié à Lyon en 1557, un quatrain *A Pierre de Ronsard Poëte du Roy*.

P. 20, l. 17. — <u>de chanter</u>. Ode *A Madame Marguerite*, publiée la 3ᵉ du *Cinquiesme livre* en 1552. Ici comme plus haut, Binet cite d'après l'éd. de 1584 (à part *point* au lieu de *pas*), non d'après l'éd. princeps, qui ne contenait pas la strophe d'où ces vers sont extraits, ni d'après les éd. de 1553 et de 1560, où se lit la variante :

> Quoi ? n'esse pas toi, vierge n'esse,
> N'esse pas toi, docte Princesse,
> Qui me donnas cœur de chanter...

P. 20, l. 19. — <u>de France</u>. L'expression est impropre et obscure. Marguerite de France prit L'Hospital pour Chancelier à partir d'avril 1550, en qualité de Duchesse de Berry ; puis en 1559, en qualité de Duchesse de Savoie. Enfin L'Hospital fut nommé Chancelier de France et Garde des Sceaux le 30 juin 1560. (Voir Dupré-Lasale, *Michel de l'Hospital*, I). Binet s'est heureusement corrigé en *C*.

P. 20, l. 23. — *atque Poëtis*. Cf. Bl., IV, 361. Dupré-Lasale s'est trompé en disant que cette élégie latine fut publiée pour la première fois dans l'éd. de Ronsard de 1609 (*op. cit.*, I, 319). Elle parut dans la prem. éd posthume de Ronsard (1587), mais non pas « au front de ses œuvres », comme Binet l'annonce en *A* ; elle fut insérée à la fin du tome VI, à la suite des *Elegies*, où elle a toujours été conservée. Binet s'est corrigé sur ce point en *B*. — D'ailleurs elle n'a pas été insérée dans les œuvres de M. de L'Hospital avant 1732 (parmi les *Carmina miscellanea* de l'édition d'Amsterdam, pp. 458 et suiv. — Bibl. Nat., Yc, 8285).

P. 20, l. 28. — *s'esvanouissent*. C'est la leçon de *ABC* et de 1604 qui nous semble la vraie, et non pas celle de 1609 à 1630, *s'esvanouissent*. Il s'agit en effet non plus d'une reflexion générale comme dans la comparaison précédente, mais d'un fait passé. La phrase de Binet est d'ailleurs très incorrecte, par suite du mélange de deux tournures : 1° ou [ressemblerent] à des nues qui enflées du brouillas d'une nuit s'évanouirent ; 2° ou comme des nues enflées du brouillas d'une nuict [elles] s'évanouirent. — En somme le mot *qui* est de trop ; si on le supprime la phrase devient correcte et claire. — Il faut entendre par « ce Soleil » Ronsard.

P. 20, l. 40. — *medisans*. Vers extraits du *Chant pastoral* écrit en 1559 en l'honneur de Madame Marguerite, récemment mariée au duc de Savoie (Bl., IV, 79).

P. 20, l. 41. — _nostre âge_. Cette expression appliquée à Mich. de L'Hospital se trouve dans le sonnet _A P. de Ronsard_, liminaire des _Plaisirs de la Vie rustique_ de Plbrac, publiés en 1576 (Paris, Fed. Morel) :

> Ce grand Caton François, encor en sa vieillesse
> De la saincte fureur des neuf Muses épris...

P. 21, l. 1. — _en ses Hymnes_. Cette « Epistola commendatrix », qu'on peut lire dans l'éd. Bl. au tome V, p. 81, date de la fin de 1558 ou du commencement de 1559. Adressée par L'Hospital à Charles, cardinal de Lorraine, en faveur de Ronsard, elle accompagnait manuscrite l'_Hymne de Charles Cardinal de Lorraine,_ lequel fut composé dans les derniers mois de 1558, et imprimé seulement vers le 1er avril 1559.

Bien que l'éd. princeps de cet _Hymne_ ne contienne pas ladite épître latine, c'est la lecture de cet _Hymne_ qu'elle recommande au cardinal. Il suffit pour s'en convaincre de lire de suite les deux pièces, celle de Ronsard, puis celle de L'Hospital, en ayant soin de préciser et de dater les événements historiques auxquels il est fait allusion dans l'une et dans l'autre. Ces vers notamment ne laissent aucun doute ni sur la date de la composition de l'épître, ni sur l'œuvre de Ronsard que vante L'Hospital :

> Jamque tui dotes animi quam sedulus omnes
> Exequitur, _quaeque hoc bis senos Rege per annos_
> _Gesseris, incipiens a primo flore juventae,_

Ut nunc implicitum bellis, quae maxima nostrum
Circumstant Regem... (et ce qui suit).

Cette épître latine a été publiée pour la première fois dans l'éd. collective de 1560 au premier livre des *Hymnes,* où elle précède l'*Hymne de la Justice* de 1555 (avec lequel elle n'a aucun rapport), l'*Hymne des Daimons* de 1555 (avec lequel elle n'a aucun rapport), l'*Hymne du Cardinal de Lorraine* (avec lequel elle a un rapport étroit). Elle a conservé cette place dans toutes les éd. collectives jusqu'en 1584 inclus. C'est seulement à partir de la première édition posthume qu'on la trouve placée où elle doit être, immédiatement avant l'*Hymne du Cardinal de Lorraine.*

Binet a évidemment cru, lors de sa première rédaction, que L'Hospital avait composé l'*Epistola* à l'occasion de la querelle Saint-Gelais-Ronsard, puisqu'il en parle comme d'une œuvre parallèle à l'*Elegia,* et que les mots « En recompense dequoy... » retombent à la fois sur les deux pièces latines de L'Hospital. Cette première rédaction dénote donc une grande ignorance ou négligence de la chronologie. Mais Binet fit disparaître la confusion en *B,* s'étant rendu compte que l'*Epistola* (désormais rapprochée de l'*Hymne du Card. de Lorraine* dans l'éd. posthume des œuvres de Ronsard) n'avait pu être écrite que 12 ans après l'avènement de Henri II au trône, c'est-à-dire à la fin de 1558 au plus tôt, et que d'ailleurs elle ne faisait aucune allusion à la fameuse querelle. Colletet, interprétant mal

Binet, a faussement rattaché cette *Epistola* à la querelle Saint-Gelais-Ronsard (*Vie de Rons.* éditée par Bl., p. 39). Marty-Laveaux a commis la même erreur, et encore une autre en citant à propos de cette querelle des vers qui n'ont aucun rapport avec elle, extraits d'une Epître de Ronsard au Cardinal de Lorraine, publiée parmi les *Hymnes* de 1556 (*Notice sur Ronsard*, p. xxxiii).

P. 21, l. 8. — *de l'Ignorance*. Epode xx de l'ode pindarique *A Michel de L'Hospital*, publiée en septembre 1552, mais composée dès 1550 (v. ma thèse sur *Ronsard p. lyr.*, pp. 79 à 82).

On a vu dans la note précédente que les mots : « En recompense dequoy », qui en *A* s'appliquent aux deux pièces latines de L'Hospital (l'*Elegia* et l'*Epistola*) ne retombent plus en *BC* que sur l'*Elegia*. Mlle Evers a essayé de montrer que Binet s'était trompé même dans ses deux dernières rédactions, et que l'ode *A Michel de L'Hospital* ne fut pas écrite « en récompense » de l'*Elegia*, celle-ci ayant été vraisemblablement composée en décembre 1552.

On sait par une lettre latine de L'Hospital à Jean de Morel du 1er décembre 1552, publiée par P. de Nolhac (*Rev. d'Hist litt.*, 1899, pp. 351 à 356), quelle ingénieuse diplomatie L'Hospital a déployée pour amener Ronsard à faire la paix avec Mellin de Saint-Gelais et Lancelot Carle, évêque de Riez : L'Hospital, qui est avec la Cour à Fontainebleau, charge son ami Morel d'intervenir auprès de Ronsard pour lui faire entendre que ses adversaires sont prêts à capituler ; qu'il y va de son intérêt de ne pas repousser leurs avances, de cesser ses invectives, et même de leur adresser à l'occasion du 1er janvier quelques vers d'« estrennes » qui témoignent de sa bienveillance à leur égard ; qu'enfin il évite dans ces vers les nouveautés bizarres (*abstineat novis et insolitis*), qui ont provoqué leurs critiques. L'Hospital demande encore à Morel de lui répondre de telle façon qu'il puisse montrer sa lettre à Carle, et il lui donne le canevas de cette réponse : « Vous direz qu'ayant parlé à Ronsard vous avez appris de sa bouche qu'il n'a soupçonné personne, ni l'évêque de Riez ni d'autres ; qu'il pense avoir leurs sympathies, n'ayant pas voulu les offenser ; que, s'il a des envieux qui le desservent auprès du roi, il ne veut avoir d'autres patrons et défenseurs que les deux hommes, auxquels il est lié, sinon par un commerce d'intime amitié, du moins par la communauté des goûts littéraires... » — Il ressort de cet important document que L'Hospital élabora en détail un plan de réconciliation, et cela à l'insu de notre poète (car un post-scriptum recommande à Morel de ne montrer la lettre de L'Hospital à personne, pas même à Ronsard). Ce plan réussit et eut pour résultat, entre autres, d'amener Ronsard à modifier sa manière dans le sens de la simplicité Marotique : les *Folastries* d'abord (1553) le 2e*Bocage* et les *Meslanges* ensuite (1554), enfin la *Continuation* et la *Nouvelle Continuation des Amours* (1555 et 56) en sont la meilleure preuve (v. ma thèse sur *Ronsard p. lyr.*, première partie, chap. II et III).

Or Mlle Evers pense (*op. cit.* p. 170) que l'*Elegia* de L'Hospital fut probablement écrite peu après la lettre à Morel, pour les raisons suivantes : 1° Les deux pièces donnent à Ronsard le même conseil, celui de changer son style, mais dans la lettre à Morel il est présenté comme tout à fait nouveau, et L'Hospital n'y fait pas la moindre allusion à l'*Elegia*, qu'il n'aurait pas manqué de montrer à Morel si elle avait été écrite avant la lettre. 2° Si Ronsard avait déjà connu l'opinion de L'Hospital par le moyen de l'*Elegia*, il n'y aurait pas eu besoin de la lui présenter avec tant de mystère par l'intermédiaire de Morel. L'*Elegia* fut donc écrite après la lettre pour corroborer et enfoncer profondément les idées déjà suggérées à Ronsard par Morel.

Cette argumentation me semble plus spécieuse que solide. D'abord l'*Elegia* a très bien pu être écrite avant la lettre à Morel, surtout deux ans avant, dans la seconde moitié de 1550, sans que L'Hospital en reparlât dans une lettre de décembre 1552. — En outre, si L'Hospital procède avec mystère dans sa lettre, c'est plus encore à l'égard de Saint-Gelais et de Carle qu'à l'égard de Ronsard, et bien plus pour ménager l'amour-propre des deux partis que pour obtenir de Ronsard un changement de style dans toutes ses œuvres. Il y avait deux ans déjà que L'Hospital et quelques amis désintéressés de Ronsard cherchaient à lui montrer le tort qu'il se faisait par les excès de sa manière pindarique et alexandrine : le conseil que L'Hospital charge Morel de donner à Ronsard était loin d'être nouveau, et d'ailleurs il ne concerne que le style des vers qu'on lui demande de composer en faveur de Saint-Gelais et de Carle. — Enfin, si L'Hospital avait écrit l'*Elegia* au moment même où il voulait réconcilier les adversaires, il n'y eût pas étalé, comme il l'a fait, les torts de Saint-Gelais, il ne l'eût pas criblé, comme il l'a fait, des traits de la plus mordante ironie.

Mlle Evers, prévoyant cette dernière objection, répond subtilement que ce fut là de la part de L'Hospital une suprême habileté pour amener Ronsard à faire la paix, et que, s'il a rempli son *Elegia* de sarcasmes et de reproches à l'adresse de Saint-Gelais, c'est simplement pour flatter la vanité de Ronsard et rendre plus acceptable le conseil déplaisant qu'il lui donnait, à savoir de sacrifier l'érudition dont il était si fier, et même de flatter ses adversaires, pour obtenir d'eux le silence et la paix ; que d'ailleurs il faut supposer que cette *Elegia* ne fut jamais lue de Saint-Gelais ni de ses amis, qui, se voyant traités si insolemment, auraient repoussé toute idée de réconciliation.

Si, pour étayer le raisonnement de Mlle Evers, une telle supposition est nécessaire — et elle l'est en effet — ce raisonnement tombe de lui-même, car elle est inadmissible. Comment croire que L'Hospital se fût donné la peine, pour arriver à ses fins, d'écrire une pièce de 176 vers latins, et quel besoin aurait-il eu de la mettre dans la bouche de Ronsard comme une apostrophe adressée par Ronsard à ses ennemis, si elle avait dû rester confidentielle ? Tout porte à croire, au contraire, qu'elle fut écrite pour être lue de toute la Cour, comme une œuvre sortie de la plume de Ronsard lui-même, et par conséquent dès le début de la querelle ouverte, vers juillet-août 1550. Les quatre premiers vers suffiraient à dater cette *Elegia* :

> Magnificis aulae cultoribus atque Poetis
> Haec Loria scribit valle Poeta *novus*,
> Excusare volens vestras quod laeserit aures,
> Obsessos aditus *jam* nisi livor habet.

Quant au passage où Mlle Evers voit un conseil détourné à Ronsard, tout à fait comparable à celui que contient la lettre de L'Hospital à Morel, le voici traduit, avec l'insulte qui le précède et la menace qui le suit : « Et cependant (dit Ronsard) il est une chose qui me console, et sert de baume aux coups et blessures que j'ai reçus. Si j'étais méprisé de toi, tu n'attaquerais pas ainsi mes vers, tu ne me mordrais pas si souvent, comme tu le fais de ta bouche rageuse, tu ne craindrais pas que tes œuvres fussent délaissées quand on aura lu les miennes, tu ne dirais pas en toi-même : « Hélas ! que faire ? Il va nous détrôner, nous rendre au commun des mortels, nous susciter mille ennuis. Dès qu'on aura vu et entendu ses vers, ils plairont ; ils plairont, et les nôtres sans valeur seront foulés aux pieds honteusement. » Voilà ce que tu penses, si tu y vois quelque peu clair en toi-même, si tu n'es pas égaré par la passion ou inconscient.

« Quel courage maintenant, quelles forces pour faire des vers, quel espoir dans l'avenir, je dois avoir, qu'en dis-tu lorsque je me vois, moi chétif, houspillé pour ces médiocres vers, qui me plairaient à peine s'ils ne te déplaisaient pas ? Car je ne m'admire pas autant que tu l'imagines ; je ne vais pas jusqu'à trouver bon d'emblée tout ce que j'écris. Bien mieux, je changerais volontiers, même sur tes indications, ce qu'il y a de nouveau et d'étranger dans mes vers, pour que dorénavant tu n'aies plus de raisons de médire de moi, ni de cribler d'épaisses ratures les mots malsonnants, et que je fasse cesser ce rire, qui suffit à te faire passer pour un grand bouffon parmi nos gens d'élite. Combien cette façon d'agir est digne d'un défenseur sacré du Christ, vois le toi-même, toute la France le voit.

« Mais après que tu auras reçu satisfaction, à ton tour cesse de lancer contre moi les traits de ta bouche, et dépose les armes. Mon cœur ne sera pas toujours armé de patience, je ne supporterai pas toujours tes médisances et tes moqueries. A regret, je le jure, je m'armerai des iambes cruels, et sous la blessure je te lâcherai mille vers, qui t'obligent à te pendre, ou à t'exiler honteusement de France : afin qu'on sache bien quel sort, quelle misérable fin sont réservés à la langue intempérante et à la bouche indiscrète. »

Je le demande : entre cette critique très désobligeante et ce vigoureux ultimatum, peut-on prendre au sérieux les propositions de paix du milieu de ce morceau, et croire qu'elles engagent à fond leur auteur ? De telles avances ou concessions dans un pareil cadre paraissent plutôt une ironie, et une ironie qui n'eût guère été opportune si

L'Hospital avait écrit cette satire au moment même où il mettait tout en œuvre pour réconcilier les deux adversaires.

P. 21, l. 10. — *Pallas de France*. Cf. la strophe et l'antistro. ɪɪ de la première ode de Ronsard *A Madame Marguerite*, publiée en 1550 (Bl., II, 49), un passage de l'*Hymne de Henri II* (*Id.*, V, 74), un passage du *Tombeau* de la même princesse (*Id.*, VII, 189), et l'épître d'Est. Jodelle *A Mad. Marguerite* publiée en tête du 2ᵉ livre des *Hymnes* de Ronsard en 1556 (*Id.*, V, 7 et suiv). — Elle était, dit Brantôme, « si sage, si vertueuse, si parfaite en sçavoir et sapience qu'on lui donna le nom de la Minerve ou Palas de la France » ; elle portait, dans ses armes, ajoute-t-il, un rameau d'olivier, emblème de Pallas, avec cette devise : *Rerum sapientia custos* (édition Lalanne, VIII, 128).

P. 21, l. 13. — *une Palinodie*. Binet fait-il allusion, comme le pense Mˡˡᵉ Evers (*op. cit.*, p. 162), aux rétractations orales faites à la Cour par Saint-Gelais, rétractations dont parle Ronsard dans son ode *A M. de Saint-Gelais* :

> Mais ore, Melin, que tu nies
> En tant d'honnestes compaignies
> N'avoir mesdit de mon labeur,
> Et que ta bouche le confesse
> Devant moy-mesme, je delaisse
> Ce despit qui m'ardoit le cœur.
>
> (M.-L., II, 354.)

Ou bien fait-il allusion, comme l'ont pensé Colletet, Blanchemain et

Marty-Laveaux, à une palinodie écrite, imprimée en tête de la 2e édition des *Amours* (1553) sous le titre : *Sonet de M. de S. G. en faveur de P. de Ronsard* ? (Cf. le *Ronsard* de Blanchemain, I, xxvi ; le *Saint-Gelais* du même, II, 262.)

J'adopte cette seconde interprétation, bien que l'expression « chanter la palinodie » soit une expression toute faite, synonyme de « se rétracter », comme dans le passage de la lettre à Morel où L'Hospital écrit en parlant des adversaires de Ronsard : « Mihi videntur palinodiam canere. » Mais je ne suis plus de l'avis de Colletet, quand, après avoir cité le premier quatrain de ce sonnet :

> D'un seul malheur se peut lamenter celle
> En qui tout l'heur des astres est compris :
> C'est, ô Ronsard, que tu ne sois espris
> Premier que moy de sa vive estincelle...

il ajoute : « Et le reste qui justifie assez clairement que Mellin de Saint-Gelais luy-mesme estoit aussy amoureux de Cassandre, et qu'ainsy il n'estoit pas moins son rival en amour qu'en poésie. Et peut-estre seroit-ce la raison qui obligea Ronsard de la quitter après l'avoir aimée dix ans entiers. » (*Vie de Rons.*, p. 60.) Cette opinion, qui a été prise au sérieux et adoptée par Ménage (*Observ. sur les poés de Malherbe*, p. 553) et Marty-Laveaux (*Notice sur Ronsard*, xxxv), est insoutenable, car en 1553 Saint-Gelais avait 62 ans, Ronsard 28. et d'ailleurs Cassandre Salviati, mariée dès novembre 1546 à un châtelain du Vendômois, n'était pour Ronsard qu'une maîtresse intellectuelle. Blanchemain, qui avait d'abord suivi Colletet dans son éd. de Ronsard (VIII, 23), a eu raison de s'en séparer dans son éd. de Saint-Gelais (II, 263), et de supposer que dans cet obscur sonnet il s'agit de Madame Marguerite, sœur de Henri II, protectrice commune des deux poètes, mais célébrée par Saint-Gelais avant de l'avoir été par Ronsard.

Une dernière question. Dans les œuvres de Saint-Gelais, à partir de l'édition Coustelier, qui est de 1719, le dit sonnet est adressé à Clément Marot, et on lit au 3e vers :

C'est, ô Clément, que tu ne fus espris…

Faut-il en conclure, avec Blanchemain, ou que Saint-Gelais, réconcilié seulement à la surface, a remplacé dans son sonnet avant de mourir le nom de Ronsard par celui de Clément (éd. de Ronsard, VII, 24), ou plutôt qu'il s'est contenté en 1553 d'adresser à Ronsard un vieux sonnet primitivement écrit pour Marot (éd. de Saint-Gelais, I, 24, et II, 263) ? La première de ces hypothèses (adoptée par Mlle Evers, *op. cit.*, p. 166, n. 5) me semble devoir être écartée, car la réconciliation fut très sincère de la part du vieux poète, comme le prouve un sonnet de 1554, édité par Blanchemain (éd. de Saint-Gelais, III, 112). La deuxième hypothèse est plus plausible, car 1° du temps de Marot ce sonnet pouvait très bien s'appliquer à Marguerite de Navarre, sœur de François Ier, et en 1553 convenir encore à sa nièce, Madame Marguerite ; 2° Ronsard a fait quelque chose d'analogue, précisément dans la seconde édition des *Amours*, en ce qui concerne le sonnet qui commence ainsi :

> Pour celebrer des astres devestus
> L'heur escoulé dans celle qui me lime (Bl., I, 50),

remplaçant le douzième vers de l'édition princeps :

> Et me faudroit un Desaultelz encore...

par celui-ci :

> Et me faudroit un Saingelais encore...[5]

Mais cette deuxième hypothèse n'en reste pas moins insuffisamment étayée, vu que le sonnet de Saint-Gelais n'est adressé à Cl. Marot dans aucune édition antérieure à celle de 1719, et que Blanchemain déclare lui-même ne pas savoir où l'éditeur Coustelier l'a pris (éd. de Ronsard, VIII, 24, note).

Il se pourrait donc que Saint-Gelais eût écrit le sonnet *D'un seul malheur...* en 1553, tout entier à la louange de Ronsard, et que seul l'éditeur du XVIIIe siècle fût responsable du changement d'adresse et de la variante du 3e vers.

P. 21, l. 18. — <u>*mer Egée*</u>. Sur cette ode *A Melin de Saint Gelais*, qui parut en appendice de la 2e édition des *Amours* (1553), v. ma thèse sur *Ronsard p. lyr.*, pp. 108 à 110 et p. 402. Comme je l'écrivais déjà dans la *Rev. d'Hist. litt.* d'avril 1905, p. 247 : « C'est à cette ode que Ronsard fait allusion dans une lettre qu'il adressa vers la fin de décembre 1552 à son ami et protecteur Jean de Morel : « L'ode de Sainct Gelays est faite et ne veux la lui faire tenir sans vous l'avoir premierement communiquée. » Cf. A. Rochambeau, *Rech. sur la famille de R.*, p. 185. Michel de L'Hospital et Jean de Morel désiraient vivement la réconcilation de Ronsard et de Saint-Gelais, et c'est à leurs instances que céda notre poète en écrivant cette ode ; cf. *Rev. d'Hist. litt.*, de juillet 1899, art. de P. de Nolhac, pp. 353-55. »

Voici le rang qu'elle occupe dans les éditions collectives du XVIe siècle : elle est la 31e du quatrième livre en 1560, la 30e en 1567, 1571, 1572, la 28e en 1578, la 25e*en 1584*, la 21e dans les éd. posthumes ; nouvelle preuve que, pour la rédaction de *A*, Binet a consulté la dernière édition publiée du vivant de Ronsard.

Sur la querelle de Saint-Gelais et de Ronsard, sur les personnages qui intervinrent en faveur de notre poëte, et sur son ode de réconciliation, voici ce que dit Velliard, qui ne paraît guère mieux renseigné que Binet : « Petrus Ronsardus... iniit gratiam non ita quidem ab omnibus, quin inter aulicos conflaverit sibi ingentem invidiae molem. Quemadmodum enim lippi clarum solis lumen ferre nequeunt, ita tanti ingenii splendore multis oculi doluere. Vix certe vir gravissimus procellas invidiae devitasset sine præsidio et auctoritate illustrissimi principis Caroli Cardinalis a Lotaringia, Mich. Hospitalii paulo post Galliae cancellarii, Carnavalaei [6] et Urbani Mallei. At ut crescit vulnere virtus, tanto sese vehementius excitavit ad omnes partes bene audiendi. Paulatim vero viri gravissimi qui cum humanitatis, tum litterarum caussa praestantibus ingeniis favebant, cum illis amicitiam conciliarunt, eorumdemque studiorum similitudo benevolentiam postea conjunxit. Intercessit etiam summa Reg. Catharinae auctoritas, quae non solum extinxit omnes invidiae faces, sed etiam omnem simultatis, omnem alieni animi suspicionem penitus delevit. P. Ronsardus qui vera cum gloria de se praedicare poterat illud Plauti elogium : In me nunquam invidia innata est, neu malitia mala, bono ingenio me esse ornatum, quam auro multo malo, — P., inquam, Ronsardus qui toties vetuit hoc caelesti munere, divino furore, Musarum virginali pudore et verecundia, ad petulantiam et calumnias abuti, ne cui suspicionem ficte reconciliatae gratiae daret, Oden cecinit testem candoris animi sui, et obsidem suae in omnes voluntatis. » (*Laud. fun.* I, f° 9 r° et v°.)

Mlle Evers a consacré à la querelle de Saint-Gelais et de Ronsard une intéressante dissertation, où sont étudiés, entre autres choses : l'origine de la querelle ; les griefs de l'ancienne école contre Ronsard ; la période de lutte ouverte ; celle de la réconciliation ; la nature de cette réconciliation (*op. cit.*, pp. 147 à 187). On y trouve des remarques justes et de fins aperçus, fondés sur de nombreuses citations. L'ensemble est malheureusement gâté par des erreurs de chronologie et de variantes, et des conjectures aventureuses, dont nous avons déjà relevé quelques-unes. Nous devons encore signaler ici certaines faiblesses de son argumentation.

Ainsi que Mlle Evers, je pense qu'il y eut une période de rivalité sourde entre la nouvelle école et l'ancienne, et que les agresseurs furent Du Bellay et Ronsard. Mais il faut bien distinguer d'une part la querelle Du Bellay-Sibilet-Aneau, qui se passe en dehors de la Cour et éclate dès l'apparition de la *Deffence,* de la querelle Ronsard-Saint-Gelais, qui se passe à la Cour et n'éclate qu'un an plus tard, après l'apparition des *Quatre livres des Odes*. Il y a évidemment des points communs : ainsi le régent Lyonnais, Barth. Aneau, en critiquant la *Deffence* en 1550 dans son *Quintil Horatian,* prend également à partie Ronsard auteur des odes pindariques et raille ce dernier de la même façon que Saint-Gelais devait le faire presque en même temps à la Cour (édition de la *Deffence*, par Chamard, p. 225, note 2). Mais Du Bellay, malgré deux allusions malicieuses de la *Deffence* aux œuvres anonymes de Saint-Gelais (II, ch. ii et iv ; *édit. cit.*, pp. 182 et 212), semble être toujours resté en bons termes avec lui.

D'autre part, quoi qu'en dise Mlle Evers, H. Chamard a eu raison d'écrire : « Le différend de Saint-Gelais et de Ronsard surgit en 1550 après l'apparition des *Odes*. » Avant sa première *Epître au Lecteur*, de févr. 1550, je ne vois sous la plume de Ronsard, dans ses œuvres imprimées ou celles qui pouvaient circuler manuscrites, que des allusions vagues à l'ignorance des poètes Marotiques et à la platitude de leur style. Quant aux passages de la *Deffence,* des *Vers lyriques* et de l'*Hymne de France,* que cite Mlle Evers (p. 149), ils ne contiennent aucune allusion à Saint-Gelais ; je n'y vois que des lieux communs sur l'Ignorance et l'Envie, qui étaient courants chez les poètes français depuis la querelle Marot-Sagon. Enfin lorsque Du Bellay écrit dans la préface de la 2e édition de l'*Olive* : « Or ay-je depuis experimenté ce qu'au paravant j'avoy assez preveu, c'est que d'un tel œuvre (la *Deffence*) je ne rapporteroy jamais favorablement jugement de noz rethoriqueurs », ce n'est pas Saint-Gelais qu'il désigne ainsi, mais Sibilet et Barth. Aneau, lesquels avaient en effet riposte à certaines attaques de la *Deffence*, le premier dans la préface de son *Iphigene,* le second dans le *Quintil Horatian* ; et la preuve, c'est que dans la *Musagnœomachie,* publiée en même temps que la seconde édition de l'*Olive*, il compte Saint-Gelais parmi les

« favoris des Grâces » et dans les rangs des doctes poètes qui combattent le monstre Ignorance.

Non, il ne faut pas mêler Du Bellay à la querelle de Saint-Gelais et de Ronsard, à laquelle il ne semble pas avoir pris part, et qui a duré de juin 1550 environ au 1er janvier 1553. En veut-on une nouvelle preuve ? Guillaume des Autels n'a pas dit un mot de Du Bellay dans l'ode intitulée *De l'accord de Messieurs de Saingelais et de Ronsart*, qui est la dernière de ses *Façons lyriques* (publiées en juin 1553).

Aussi la fameuse satire de Du Bellay intitulée le *Poëte Courtisan*, à laquelle Mlle Evers consacre plusieurs pages (*op. cit.*, pp. 175 et suiv.), n'a-t-elle aucun rapport avec la querelle de Saint-Gelais et de Ronsard. Non seulement elle a été publiée en 1559, et composée au moment même où Du Bellay écrivait pour Saint-Gelais une très louangeuse épitaphe et préparait son *Tombeau de Saint-Gelays*, où il célèbre « la grâce de ses poésies et se fait l'apôtre de sa gloire », alors que rien ne l'y obligeait (Chamard, *J. du Bellay*, pp. 422 et suiv) ; mais Du Bellay dans le *Poëte Courtisan* n'a pas visé Saint-Gelais plus que les autres poètes du temps de Henri II, et la plupart des traits de cette satire retombent autant sur les poètes de la Pléiade que sur les derniers représentants de l'école Marotique : en 1559, il n'y a pas en France de poète plus « courtisan » que Ronsard et Du Bellay (cf. Chamard, *Id.*, pp. 431 et suiv., et ma thèse sur *Ronsard p. lyr.*, première partie, chap. III, §§ 3-5).

Une dernière remarque critique, Mlle Evers s'attache à prouver que la réconciliation ne fut pas sincère, ni d'un côté ni de l'autre. En ce qui concerne Saint-Gelais, les preuves invoquées (p. 166, note 5) n'ont aucune valeur : ce sont deux textes de Blanchemain, dont l'un est démenti par les faits et extrait d'une page que Mlle Evers elle-même reconnaît ailleurs (p. 159) purement fantaisiste (il s'agit de la p. 24 de la *Notice sur Mellin de S. G.*), et l'autre, tiré de la *Notice sur Ronsard* (VIII, 24), a été heureusement corrigé par Blanchemain lui-même au tome II de son éd. des œuvres de Saint-Gelais, p. 263 (v. ci-dessus, p. 137, note sur les mots « *une Palinodie* »).

En ce qui concerne Ronsard, les seules preuves indiquées avec une apparence de force viennent de suppressions ou de variantes de ses éditions postérieures à la mort de Saint-Gelais. Il est vrai que le nom de Saint-Gelais disparaît en 1560 du sonnet *Pour celebrer des astres*, et n'y reparaît plus ; mais cela s'explique sans faire intervenir l'antipathie ou le mépris de Ronsard pour Saint-Gelais : Pontus, Du Bellay, Des Autels et Baïf, qui seuls sont nommés en 1560 dans ce sonnet, avaient tous célébré une femme dans un recueil de sonnets (Pasithée, Olive, Sainte, Francine) ; Ronsard les nomme donc de préférence à Saint-Gelais, qui n'avait rien fait de semblable. — Il est vrai que le sonnet de Saint-Gelais *En faveur de Ronsard* disparaît des liminaires des œuvres de Ronsard à partir de 1560 ; mais cela ne prouve rien contre Ronsard ; c'est peut-être la conséquence de la suppression du nom de Saint-Gelais dans le sonnet

Pour celebrer des astres qui semble lui correspondre ; cela peut s'expliquer encore par l'amphigourisme du sonnet lui-même ou sa primitive destination (v. ci-dessus, p. 137, aux mots « *une Palinodie* »). — Il est vrai que l'*Hymne des Astres*, adressé en 1555 à Saint-Gelais, disparaît de l'œuvre de Ronsard ; mais c'est seulement en 1584 (non en 1560, comme le croit Mlle Evers), et parce qu'il faisait alors double emploi avec l'*Hymne des Estoilles*, composé en 1574 d'après la même source (un hymne de Marulle). — Quant à la reprise que Ronsard aurait faite en 1560 du texte primitif de la fin de son *Hymne triumphal* : « La tenaille de Mellin », au lieu de « Le caquet des envieux », variante introduite dans la 2e édition en 1552, — c'est une erreur, déjà commise par L. Froger, dont Blanchemain est responsable (v. ci-dessus, p. 125, note sur les mots, « *ces vers* »).

D'autre part, non seulement Ronsard a conservé dans toutes ses éditions l'ode de la réconciliation, *Tousjours ne tempeste enragée*, y compris ce serment solennel :

> Dressant à nostre amitié neuve
> Un autel, j'atteste le fleuve
> Qui des parjures n'a pitié
> Que ni l'oubli, ni le temps mesme,
> Ni la rancœur, ni la Mort blesme
> Ne desnou'ront nostre amitié...

et les deux strophes suivantes ; mais encore il a introduit dans un poème postérieur de trois ans à la mort de Saint-Gelais un très grand éloge de son ancien rival, auquel il n'était nullement tenu (v. ci-dessus, p. 125, note sur les mots « *ces vers* »).

On voit combien sont peu justifiées ces lignes de Mlle Evers (p. 183) : « Il est tout à fait clair que la paix qui avait été maintenue si longtemps fut une paix armée de la part de Ronsard, puisqu'après la mort de Mellin, quoiqu'il ne publie aucune nouvelle attaque contre lui, il en reprend une ancienne et supprime les preuves de leur réconciliation, comme pour montrer que sa vraie opinion sur son rival n'avait jamais changé. » — Que Ronsard se soit réconcilié par intérêt, qu'il ait vanté les mérites de Saint-Gelais pour se ménager la faveur de Henri II ou du Cardinal de Lorraine, ou même celle du vieux poète, dont le crédit était toujours puissant à la Cour, je l'accorde ; mais il ne s'ensuit pas qu'il n'ait pas été sincèrement réconcilié. Il est certain que Ronsard en la circonstance n'a pas été aussi désintéressé, ni par suite d'un cœur aussi « noble et benin » que Binet l'a cru et l'a dit ; mais il serait injuste de prétendre, par réaction contre l'opinion trop complaisante de Binet, que l'attitude de Ronsard à l'égard de Saint-Gelais après la réconciliation fut celle d'un hypocrite. Quant aux sentiments qu'il a pu avoir après la mort de Saint-Gelais, je ne suis pas éloigné de croire ce qu'en a dit G. Colletet d'après Scévole de Sainte-Marthe : « Ronsard fut un de ceux qui le regretta davantage : en quoy il fit bien paraître qu'il avoit complètement oublié les mauvais offices qu'il en avoit reçus ». (*Vie de M. de Sainct Gelais*, publiée par Gell. des Seguins en 1863 ; cf. les *Elogia* de Sc. de S. Marthe, livre II, publié en 1602, art. Mellinus Sangelasius, p. 122.)

P. 21, l. 23. — *durant son règne*. Le projet de la *Franciade* remonte plus haut que ne le croit Binet. Dès 1549 Ronsard écrivait dans l'*Hymne de France* :

> Et Jupiter à main gauche a tonné,
> Favorisant le François, qu'il estime
> Enfant d'Hector, sa race legitime
> > (Bl., V, 280) ;

dans l'ode pindarique *A Bouju Angevin* : « Mais mon ame n'est ravie | Que d'une bruslante envie | D'oser un labeur tenter | Pour mon grand Roy contenter... (Bl., II, 106 ; et à la fin de l'ode *A Calliope* :

> Je veus sonner le sang Hectorean,
> Changeant le son du Dircean Pindare
> Au plus haut bruit du chantre Smyrnean.
> > (Bl., II, 136.)

Dès avril 1550, il présentait au Roi, dans l'*Ode de la Paix*, une esquisse de la *Franciade* qui diffère peu des grandes lignes de l'épopée qu'il publia en 1572. — Trois autres pièces, écrites en pleine querelle avec Saint-Gelais et les poètes de Cour, parlent de la « Franciade commencée » : le sonnet *Ja desja Mars...*, l'ode *A Michel de L'Hospital* et l'ode *A Claude de Ligneri* (Bl., I, 42 ; II, 87 et 338).

Puis, la querelle terminée, et Lancelot Carle ayant lu à Henri II, en janvier 1554, avec force louanges, un « dessein » de la Franciade (cf. Magny, *Gayetez*, ode *A Lancelot de Carle*, achevé d'impr. 23 juin 1554, réimpr. Blanchemain, p. 88), le Roi exhorta Ronsard à composer la dite épopée. On le sait par l'élégie *A Cassandre* : « Mon œil, mon cœur... » et l'ode *A M^r d'Angoulesme*, écrites en 1554 (Bl., I, 124 ; II, 197).

Mais Ronsard ayant réclamé une récompense anticipée, telle qu'une abbaye, dont les revenus lui permissent de composer à loisir cette œuvre de longue haleine, et le Roi ayant fait la sourde oreille ou lui ayant fait de vagues promesses, Ronsard suspendit et finalement abandonna son travail. Voir l'ode de 1554, *Nagueres chanter je voulois* ; la dédicace des *Odes* de 1555, et l'ode *Au Roy* qui parut à la même date en tête du 3e livre ; l'épître au Cardinal de Lorraine, publiée dans les *Hymnes* de 1556 ; un sonnet de 1556, *Roy qui les autres Roys* ; un sonnet à d'Avanson de 1558, *Entre les durs combats* ; une *Complainte à la Royne Mere* de 1563 (Bl., II, 273, 21, 172 ; VI, 287, V, 302, 335 ; III, 377, et VII, 138).

On peut voir encore sur le projet de la *Franciade*, agréée de Henri II, attendue par toute la Brigade, mais abandonnée par Ronsard faute d'espèces sonnantes, Magny, *Odes*, éd. Courbet, I, 69 ; Du Bellay, sonnets XIX, XXII, XXIII des *Regrets* ; Cl. Buttet, rééd. du Bibliophile Jacob, II, 29 ; J. Béreau, rééd. de Hovyn de Tranchère, p. 209, sonnet final (cf. ci-après p. 158, note aux mots « *que j'ay veus* »).

P. 21, l. 37. — *leur plaisoit*. Addition qui vient de l'*Epitre au Lecteur* de 1550, déjà citée : « Mais que doit-on esperer d'eus ? lesquels étants parvenus plus par opinion, peut estre, que par raison, ne font trouver bon aux princes sinon ce qu'il leur plaist... » (Bl., II, 13-14 ; texte rectifié par M.-L., II, 477).

P. 22, l. 2. — *d'argumens*. « Bien fit-il sortir ses Hymnes » signifie : Mais du moins, mais toujours bien il publia ses *Hymnes*. Le premier livre parut en 1555, dédié « à très illustre et reverendissime Odet, Cardinal de Chastillon » ; le second livre en 1556, dédié « à très illustre princesse Madame Marguerite de France, Sœur unique du Roy et Duchesse de Berry ». — Pour leur contenu, v. mon *Tableau Chronologique des Œuvres de Ronsard*. — Quelques-uns sont de petites épopées, par exemple l'*Hymne de Henri II*, et l'*Hymne de Castor et Pollux*, que Ronsard présente à l'amiral Coligny comme un prélude de chants épiques plus importants. Les quatre *Hymnes des Saisons*, tant admirés d'Estienne Pasquier, ne parurent qu'à la fin de 1563, dans le second livre du *Recueil des Nouvelles Poësies*.

P. 22, l. 5. — *hommes de lettres*. Odet de Coligny, dit le Cardinal de Chastillon (du château de ce nom, où il naquit en 1517), frère aîné de l'amiral Gaspard de Coligny et du colonel François de Coligny d'Andelot, était évêque-comte de Beauvais, cardinal depuis 1532, archevêque de Toulouse depuis 1534. Entre autres écrivains il protégea Rabelais, qui lui dédia en 1552 le quatrième livre du *Pantagruel*. Il faisait partie du Conseil privé du Roi et à ce titre résidait au Louvre et suivait la Cour. C'est là qu'il témoigna dès 1553 la plus grande bienveillance à Ronsard, qui en maints endroits de ses œuvres l'appelle son « support » et son « Mecene ». — Voici les pièces nombreuses que Ronsard lui adressa : 1° la dédicace du premier livre des *Hymnes* (Bl., VI, 275) ; 2° le *Temple de Messeigneurs le Connestable et les Chastillons* (*Ibid.*, 301) ; 3° l'*Hymne de la Philosophie* (*Id.*, V, 157) ; 4° la *Priere à la Fortune* (*Ibid.*, 289) ; 5° l'*Hymne de l'Hercule Chrestien* (*Ibid.*, 168) ; 6° l'Ode : « Mais d'où vient cela mon Odet... » (*Id.*, II, 238) ; la *Complainte contre Fortune* (*Id.*, VI, 157) ; 8° l'*Elegie* : « L'homme ne peut sçavoir... » (*Ibid.*, 193) ; 9° l'*Elegie* : « Tout ce qui est enclos... » (*Ibid.*, 232) ; 10° la *Bienvenue de Mgr le Connestable* (*Ibid.*, 224) ; 11° le Sonnet : « Nul homme n'est heureux... » (*Id.*, V, 328.)

Les cinq premières de ces pièces parurent en 1555 ; les autres furent composées de 1556 à 1560. Voir encore l'ode *Au Roy* publiée en 1555 en tête du 4e livre, et l'*Hymne de Castor et Pollux* dédié en 1556 à Gaspard de Coligny. Mais après 1560, Odet de Coligny étant devenu huguenot (comme ses deux frères et sa mère Louise de Montmorency), Ronsard ne lui adressa plus aucun vers ; il se contenta de déplorer profondément, dans deux de ses Discours, l'« erreur » du bon Odet, tout en restant dévoué à sa personne (Bl., VII, 29 et 74). Enfin, après la mort de son ancien protecteur (1571), après celle de Gaspard de Coligny (1572), qu'il avait souhaitée à plusieurs reprises, Ronsard eut la faiblesse de retrancher de ses œuvres bon nombre de vers et des pièces entières, où il avait célébré Odet de Coligny et ses frères, notamment la dédicace du premier livre des *Hymnes*, le *Temple des Chastillons* et la *Priere à la Fortune*, expressions de son éternelle gratitude.

P. 22, l. 6. — *sa vertu*. Charles de Guise, cardinal de Lorraine, archevêque de Reims, favori de Diane de Poitiers, était le frère cadet du grand capitaine François de Guise. Né en 1525, il avait été le condisciple de Ronsard au Collège de Navarre (v. ci-dessus, p. 71, note sur les mots « *des lettres* »). Il fut le bras droit de Henri II, sous le règne duquel il eut la direction des Finances et de la Justice, ambitionna la tiare pontificale et se fit donner par Rome en 1558 les pouvoirs de l'Inquisition. Il fut le vrai roi sous le règne de François II, lequel avait épousé sa nièce Marie Stuart, fille de Marie de Lorraine. Mais son crédit diminua peu à peu sous le règne de Charles IX, après la disparition de son frère, tué par Poltrot de Méré en février 1563. Sa résidence ordinaire était le château de Meudon, que Ronsard a célébré en janvier 1559 dans le *Chant pastoral sur les nopces de M*^{gr}*Charles duc de Lorraine et de Madame Claude* (Bl., IV, 54). — Voici en outre les nombreuses pièces que Ronsard lui adressa : 1° une Ode pindarique publiée en 1550 (Bl., II, 51) ; 2° la *Harangue du duc de Guise,* publiée en 1553 (VI, 28) ; 3° l'*Hymne de la Justice,* en 1555 (V, 106) ; 4° l'Epître : « Quand un prince en grandeur... », en 1556 (VI, 276) ; 5°, 6° et 7° les Sonnets : « Delos ne reçoit point... ; Le monde ne va pas... ; Prelat bien que nostre age... », écrits de 1556 à 1559 (V, 326 et 327) ; 8° l'*Hymne du Cardinal de Lorraine,* en 1559 (V, 83) ; 9° la *Suite de l'Hymne du Cardinal de Lorraine,* même année (V, 270) ; 10° le Sonnet : « Monseigneur je n'ay plus... », en 1560 (I, 426) ; 11° l'Epître intitulée le *Proces,* publiée en 1565, mais écrite avant avril 1562 (III, 349).

Binet ne semble pas avoir profité de cette dernière pièce, pourtant très intéressante pour la biographie de Ronsard ; ou bien il l'a négligée à dessein, car le poète y reproche précisément au Cardinal de ne pas l'avoir « honoré selon le mérite de sa vertu », ainsi qu'il le lui reprochait déjà indirectement dans l'« Elegie » de 1560 *Au Seigneur L'Huillier* (Bl., II, 401). Après le *Proces,* Ronsard n'adressa plus aucun vers à Charles de Lorraine, bien que celui-ci ne soit mort qu'en 1574. Il ne lui a consacré aucune épitaphe, non plus qu'à Odet de Coligny et à Michel de L'Hospital.

p. 22, l. 8 — _de Clany_. Pierre Lescot ou L'Escot, « Conseiller et aumonier ordinaire du Roi, abbé de Cleremont et seigneur de Clany », tels sont les titres que

Ronsard donne à ce célèbre architecte du Louvre, en lui dédiant en 1560 le deuxième livre des *Poëmes*. Dans l'éd. de 1584, consultée par Binet, l'« Elegie » *Puisque Dieu ne m'a fait...*, à laquelle il a emprunté l'anecdote qui suit, était encore dédiée « à P. L'Escot, seigneur de Clany ». Les poètes latins appelaient cet architecte *Clanius*.

P. 22, l. 16. — *par tout le monde*. Binet a tiré cette anecdote de l'« Elegie » *A P. L'Escot*, publiée en 1560, en tête du 2ᵉ livre des *Poëmes* :

> Il me souvient un jour que ce Prince à la table
> Parlant de la vertu comme chose admirable,
> Disoit que tu avois de toy-mesmes appris,
> Et que sur tous aussi tu emportois le pris :
> Comme a fait mon Ronsard, qui à la poësie,
> Maugré tous ses parens, a mis sa fantaisie.
>   Et pour cela tu fis engraver sur le haut
> Du Louvre une Déesse, à qui jamais ne faut
> Le vent à joüe enflée au creux d'une trompete.
> Et la montras au Roy, disant qu'elle estoit faite
> Expres pour figurer la force de mes vers,
> Qui comme vent portoyent son nom par l'Univers.
>   (Bl., VI, 192 ; M.-L., V, 178.)

On pourrait croire d'après les trois textes de Binet, surtout d'après *A* et *B*, que l'idée de P. L'Escot lui fut suggérée par la lecture des *Hymnes* et que, par conséquent, l'anecdote se place en 1556. Mais je pense que ces débuts de phrase : « Ce fut ce qui le fit estimer... Ce fut aussi ce qui incita... », doivent retomber sur le projet de la *Franciade* et non sur la publication des *Hymnes*. Binet semble avoir voulu rendre tout le passage plus clair par cette addition de *C* « et principalement la Franciade ». En tout cas, l'anecdote est certainement antérieure à la publication des *Hymnes* et doit se placer en 1554, comme en témoigne une pièce de vers latins de Robert de la Haye : *Henrico Regi Rob. Hayus de P. Ronsardo,* publiée dès le mois de janvier 1555 à la fin de la 3ᵉ édition des *Odes* de Ronsard, fᵒ 132 rᵒ. (Voir ma thèse sur *Ronsard p. lyr.,* p. 146.) Ces vers latins, reproduits parmi les liminaires des éditions de 1560 et 1567, ont disparu des éditions suivantes et, partant, sont restés inconnus de Binet.

P. 22, l. 17. — *En mesme temps*. Rien de plus vague que cette indication. Elle montre une fois de plus combien Binet ignorait la chronologie de son sujet ; il vient de parler du projet de la *Franciade*, qui remonte à 1549, mais qu'il croit postérieur à la querelle Saint-Gelais-Ronsard terminée en janvier 1553, — puis de la publication des *Hymnes*, qui date de la seconde moitié de 1555 et de la seconde moitié de 1556 ; et maintenant il va parler d'un événement de la vie de Ronsard qui date du 3 mai 1554.

P. 22, l. 23. — *Apolloine Rhodien*. C'est-à-dire Apollonius de Rhodes. Cf. la première préface et surtout l'argument du 1ᵉʳ livre de la *Franciade*, par Amadis Jamin, premières lignes (Bl., III, 9, 12, 41).

P. 22, l. 27. — *de son temps*. Cf. le *Discours contre Fortune* (Bl., VI, 166 : « Du temps du Roy François... ») ; l'*Epitaphe de Hugues Salel* (VII, 268 : « François le premier Roy... ») ; la *Complainte à la Royne mere* (III, 372 : « O docte Roy François... »). Il est vraisemblable que c'est ce dernier poème qui a inspiré ici Binet, parce qu'il contient ces vers relatifs précisément à la *Franciade* :

> J'avois l'esprit gaillard et le cœur genereux
> Pour faire un si grand œuvre en toute hardiesse.
> Mais au besoin les Roys m'ont failly de promesse...

P. 23, l. 4. — *l'Eglantine*. Sur l'origine des Jeux Floraux de Toulouse, V. Gidel, *Thèse fr.* de 1857, p. 91 ; Aubertin, *Hist. de la langue et litt. fr. au Moyen Age*, I, 335 et suiv. ; Ant. Thomas, *Grande Encyclopédie*, art. *Clémence Isaure, Jeux Floraux*. La prétendue fondatrice ou réformatrice des Jeux Floraux est un personnage légendaire, que tout le monde au XVIe siècle croyait réel. — On trouvera nombre de renseignements dans l'*Histoire du Languedoc* de Dom Vaissete et Cl. Devic, tome X, qui contient une longue et très savante note de M. Chabaneau.

P. 23, l. 8. — *premiers rangs*. Guy du Faur, s^r de Pibrac, né à Toulouse en 1529, élève de Pierre Bunel, de Cujas et d'Alciat, se plaça « au premier rang d'honneur », selon le mot de Du Vair, dès ses débuts au barreau toulousain à vingt ans. En 1554 il était Conseiller au Parlement de sa ville natale ; sa doctrine et son talent de parole faisaient déjà l'admiration des jurisconsultes les plus expérimentés ; on lit dans son *Tombeau* :

> A peine tu avois de la barbe au menton
> Que Thoulouse te vit un troisieme Caton.

Juge-mage de la sénéchaussée de Toulouse en mars 1557. commissaire royal aux États de Montpellier en nov. 1558. et délégué à ceux d'Orléans (1560), puis au concile de Trente (1562), il fut nommé par L'Hospital Avocat général au Parlement de Paris en 1565. Conseiller d'État depuis 1570, panégyriste de la Saint-Barthélémy, il fut nommé chancelier de Henri, duc d'Anjou, qu'il accompagna dans son royaume de Pologne en mai 1573. À son retour il devint Président au Parlement de Paris (1577), puis chancelier de Marguerite de Navarre et du dernier fils de Henri II, François d'Anjou. Il mourut en 1584.

V. les *Quatrains de Pibrac*, éd. J. Claretie, Notice ; *Id.*, éd. H. Guy, *Annales du Midi*, t. XV et XVI ; E. Frémy, *op. cit.*, chap. III.

On ignore la part que Pibrac a pu prendre dans l'attribution de la récompense offerte à Ronsard par les Jeux Floraux en 1554. Il avait lui-même obtenu l'Eglantine dès 1543, mais il ne devint « mainteneur », c'est-à-dire juge des concours de cette Académie, qu'à partir du 1er mai 1558, à la place de son oncle, nommé chancelier des Jeux Floraux (communication de M. Henry Guy). Ce qui est certain, c'est que Ronsard n'a pas dit un mot de lui dans ses œuvres jusqu'à l'époque où Pibrac accompagna Henri d'Anjou en Pologne (*Hymne des Estoilles*, et *Tombeau de Marguerite de France*, fin, composés en 1574).

P. 23, l. 12. — *pris et valeur*. Un érudit toulousain, M. Jules de Lahondès, a publié en décembre 1907 des documents officiels qui corroborent et précisent cette affirmation de Binet. On lit dans le résumé de la délibération du Collège de rhétorique de Toulouse[Z], à la date du 3 mai 1554, après ce qui concerne l'attribution des fleurs « de la violette et de la soulcie » :

« Et quant à la fleur de l'eglantine, fut aussy par commun advis et deliberation arresté qu'elle seroit adjugée à Monsr Pierre de Ronsard, poëte ordinaire du roy nostre sire, pour excellense et vertu de sa personne, et que la dicte fleur soit augmentée de prix selon ce qui seroit advisé, laquelle luy seroit envoyée de portée en la court, et en son lieu seroit reçue et acceptée par M. Pierre Pascal, docteur et maistre en la dicte science. »

La fleur ne fut pas envoyée, et la délibération du 5 mai de l'année suivante dit :

« Et apres fust aussy deliberé entre les dicts sieurs mainteneurs et capitols et maistres en la dicte science sur la facture de la fleur de l'eglantine adjugée l'année passée à Monsieur Ronsard, poëte ordinaire du roy, et fust arrestée par commun advis qu'elle seroit augmentée de tel prix qu'il seroit advisé par les dicts sieurs cappitols, et fust commise la charge de ce faire, et envoyer la dicte fleur au dict Ronsard, au dict noble Pierre Delpech, bourgeois et cappitol, qui accepta et offrit faire son devoir. »

De la Minerve d'argent il n'est pas question, ni dans les délibérations du Collège de rhétorique, ni dans celles du Conseil de ville de cette époque. Mais le registre des comptes du Conseil de ville de 1555 porte :

« Plus ay païé à Blaise Colom, maitre orphevre, la somme de quarante livres tournoises pour commencement de paie de la Minerve d'argent qu'il a prins à faire pour faire present à Monsieur Ronsard, poëte du roy nostre sire, par mandement du III Juillet. » (Registre CC. 749. Comptes 1555-56, f° 45.) Et le registre suivant porte cette indication, à la date de décembre 1555 : « Plus ay païé à Blaise Colom, maître orphevre de Thl., la somme de quarante livre seitze sols huict deniers tournois pour fin de paie de huictante livres seitze souls et huit deniers, tant pour la fourniture qu'il a faicte de la Minerve que pour la fasson d'icelle. Icelle a esté faicte pour faire un present à M. Ronsard. » (Registre CC. 750. Comptes 1555 56, f° 49 r°.)

Il ressort de ces documents — extraits du *Bulletin de la Société archéol. du Midi de la France*, 1908, nouv. série, n° 38, pp. 183 et suiv. — que la Minerve offerte à Ronsard coûta 80 livres 16 sols et 8 deniers, et qu'elle ne lui fut envoyée que dans la deuxième moitié de 1555. Mais ils ne disent pas si l'églantine, accordée à Ronsard dès 1554, fut convertie en cette Minerve, ou si le poëtc reçut à la fois la fleur et la statue.

D'autres documents, postérieurs à ceux-ci de plus de trente ans, ne laissent aucun doute à ce sujet. D'après un procès-verbal du 3 mai 1586, quelques-uns des « Mainteneurs et maistres ez jeux fleuraulx » réunis dans le Consistoire des Comptes, voulant honorer tout particulièrement Ant. de Baïf, rappelèrent aux Capitouls présents à la séance « comme en l'année mil cinq cens cinquante quatre en pareille assemblée la fleur de l'Églantine feut adjugée à Pierre de Ronsard pour son excelent et rare scavoir pour l'ornement qu'il avoict appourté à la poesie françoise *et que le pris d'icelle avoict esté converti en une Pallas d'argent* qui luy feust envoyée de la part dudict College et des Capitoulz, dont s'estant extimé ledict Ronsard bien fort honnoré, il en auroict rendu action de graces et par autres infinis tesmoignages qui se treuvent parmy ses œuvres faict connoistre combien ce present luy auroict esté agreable. » Et, après délibération des Capitouls, il fut décidé que, vu le premier rang occupé par Ant. de Baïf entre les poëtes du temps depuis la mort de Ronsard, « et pour avoir esté le mesme faict autreffois à Me Pierre de Ronsard », on ferait à Baïf « un present en argent jusques à la somme de cent livres ».

Ce document, extrait du VIe Livre des « Conseils de la Maison de ville de Tholose », autrement dit du Registre des délibérations des Capitouls (année 1586, ff. 371 vo et 372 ro), a été publié dans le *Bulletin de la Soc. archéol. du Vendomois* de 1867, p. 209, puis par Rochambeau dans sa *Famille de Ronsart*, p. 261.

M. Mathieu Augé, qui fait imprimer actuellement une thèse sur Antoine de Baïf, m'a appris par une obligeante lettre que les Archives des Jeux Floraux contiennent, à la date du 3 mai 1586, les mêmes affirmations. Il y est dit notamment que le prix de l'Eglantine adjugée à Ronsard « fut *converty* en une Minerve d'argent », et que Ronsard « fist cognoistre combien ce present luy avoit esté agreable par les actions de graces qu'il en rendist et par beaucoup d'autres tesmoignages qui se treuvent parmy ses œuvres et parmy celles des autres poëtes de ce temps qui en ont fait mention dans leurs escripts. » (Registre des délibérations de 1584 à 1640 ; mai 1586, f° 18 v°.)

Mais j'ai vainement cherché dans les œuvres de Ronsard les « tesmoignages » de la satisfaction du poète. Il n'a pas même fait la moindre allusion à cet événement, comme s'il avait eu quelque honte à être récompensé par l'une de ces sociétés littéraires de province que la nouvelle école poétique avait traitées avec un suprême dédain par l'organe de Du Bellay (*Deffence*, II, ch. IV, début).

P. 23, l. 17. — *de ses presens*. Je ne connais qu'un seul ouvrage qui contienne la preuve du fait avancé ici par Binet : ce sont les *Poëmata* de Du Bellay, publiés en 1558. On y trouve six courtes pièces consacrées à célébrer la Pallas d'argent offerte par Toulouse à Ronsard, puis par celui-ci au Roi, ff. 26 v° à 28 r° (communication de M. H. Chamard), Voici la 3ᵉ de ces pièces, qui a sans doute inspiré Binet :

Tholosa ingenua, et Tholosa verè,
Tam bellam tibi quae dedit Minervam.
Tu quoque ingenuus, tibi datam qui
Regi Pallada maximo dedisti.
Nunc suo posita est loco Minerva :
Quid Princeps tibi maximus rependet ?

Si le geste de Ronsard en la circonstance fut une habile flatterie à l'adresse du Roi, était-il aussi flatteur pour le Collège des Jeux Floraux ? On peut en douter.

P. 23, l. 18. — *l'Hercule Chrestien*. Je ne vois pas ce qui a pu autoriser Binet à écrire cette phrase. Rien ne prouve que l'Hymne de l'*Hercule Chrestien* ait été « envoyé » aux Toulousains « en recompense » de l'honneur fait à Ronsard par le Collège des Jeux Floraux. Binet s'est quelque peu corrigé en *C*, en ajoutant que Ronsard « adressa » cet Hymne à Odet de Chastillon, qui, en qualité d'archevêque de Toulouse, aurait été, semble-t-il dire, comme un intermédiaire entre le poète et ses admirateurs. Cet Hymne fut en effet dédié dès l'édition princeps (1555) « à Odet, Cardinal de Chastillon, lors archevesque de Toulouse, son Mecene » : mais il ne contenait pas le moindre hémistiche à l'adresse des Toulousains, pas la moindre allusion aux Jeux Floraux ou à la Pallas d'argent. Cela suffirait pour rendre très suspecte l'assertion de Binet.

Il y a plus. Le Cardinal Odet ne résidait pas dans son archevêché. Conseiller d'Etat, il faisait partie de la suite du Roi en ces années-là (v. *Rev. d'Hist. litt.*, 1906, pp. 469 et suiv., lettres de Lambin publiées par H. Potez ; Œuvres de Ronsard, *Disc. contre Fortune*, Bl., VI, 160). Enfin il est très probable que Ronsard a songé à écrire l'Hymne de l'*Hercule Chrestien* dès le mois de juin 1553. comme en témoigne ce passage d'une lettre de P. des Mireurs à J. de Morel, écrite à cette date à propos des *Folastries*, qui avaient paru le 30 avril précédent : « Plane confido (quae est Terpandri nostri humanitas) hunc aliquando *Christiani Herculis* res praeclare gestas feliciore versu decantaturum » P. de Nolhac, auquel on doit la publication de cette lettre, pense avec une grande apparence de raison, que ce souhait « est inspiré par une information assez certaine sur les projets du poète », et considère le « pieux poème » de l'*Hercule Chrestien* comme « une sorte de rachat des Folastries* » (*Rev. d'Hist. litt.*, 1899, p. 358). Perdrizet partage cette opinion (*Rons. et la Réforme*, p. 63, note). Mais au lieu d'ajouter avec eux, sur la foi de Binet, qu'il fut « envoyé l'année suivante aux Capitouls de Toulouse » en remerciement de leur statue de Pallas, je verrais plutôt dans la phrase de P. des Mireurs une preuve que Ronsard ne l'a pas écrit à leur intention, et je croirais volontiers que Binet, ne trouvant nulle part l'expression de la reconnaissance du poète, a fait à ce sujet une simple conjecture, fondée uniquement sur ce qu'Odet, auquel l'Hymne en question est dédié, était alors archevêque de Toulouse. Si maintenant cet unique fondement paraissait suffire à rendre sa conjecture plausible, il faudrait au moins avouer que Ronsard eut une singulière façon de remercier les Capitouls et le Collège des Jeux Floraux.

Aussi E. Pasquier s'est-il contenté d'écrire (*Rech. de La Fr.*, VII, ch. VI) : « Sur la recommandation de son nom, aux Jeux Floraux de Tholose, on lui envoya l'eglantine » (ce qui d'ailleurs est inexact), et G. Colletet, qui a tant copié Binet, notamment en ce qui concerne l'opposition de Saint-Gelais, l'anecdote de P. Lescot et la décision des Capitouls, s'est-il bien gardé de lui prendre cette fin de paragraphe.

P. 23, l. 19. — <u>*du Roy Henry*</u>. Notons ici une lacune de plus de trois années dans l'exposé de Binet, car tout ce dont il a parlé jusqu'ici est antérieur à 1556, et la mort de Henry II est de juillet 1559. Binet passe même sous silence six années, si l'on considère qu'il mentionne seulement le règne de François II et arrive immédiatement aux *Remonstrances*, qui datent de 1562. Même lacune dans les panégyriques de Du Perron, de Velliard et de Critton.

Au reste, rien de plus vague et de plus trompeur que les dix premières lignes de cet alinéa. On dirait que Binet a daté du règne de François II la publication des *Discours* politiques de Ronsard et même le pontificat de Pie V ; et il n'a rien fait, ni en *B* ni en *C*, pour améliorer sa rédaction. Il est possible qu'il ait fait commencer le règne de Charles IX seulement à sa majorité (15 août 1563) ; mais, en tout cas, il ne devait pas laisser croire que Ronsard « arma les Muses au secours de la France » sous le règne de François II, lequel mourut en décembre 1560. C'est sous la régence de

Catherine de Médicis, et seulement en 1562, que Ronsard écrivit ses *Discours* contre les protestants et sa *Remonstrance au peuple de France* ; et le roi qui l'en gratifia, c'est Charles IX, et non pas François II, comme on pourrait le croire d'après Binet.

P 23, l. 23. — *ses remonstrances*. S'agit-il seulement du « discours » intitulé la *Remonstrance au peuple de France*, que, selon moi, Ronsard a écrit pendant le pseudo-siège de Paris par Louis de Condé et les troupes huguenotes (du 22 nov. au 10 déc 1562), ou bien — le mot étant au pluriel — non seulement de la *Remonstrance*, mais encore du *Discours sur les Miseres du temps* (qui remonte à la fin de mai, au 1er juin au plus tard) et de la *Continuation du Discours* (qui remonte au mois de septembre, aux premiers jours d'octobre au plus tard) ? J'adopte cette deuxième interprétation, d'autant plus volontiers qu'après avoir donné en *B* une majuscule initiale au mot *Remonstrances*, Binet est revenu en *C* à la minuscule de *A*, qui depuis a toujours été conservée. Voir un autre argument ci-après, pp. 153-154, note sur les mots « *ton nom* ». — Il est même possible que Binet ait compris encore sous ce terme général l'*Elegie à G. des Autels* de 1560, réimprimée en 1562 avec des remaniements et pour servir à la polémique avec ce sous-titre : *Sur les troubles d'Amboise*.

P. 23, l. 44. — *en Cour*. V. ci-dessus, p. 144, aux mots « *hommes de lettres* », et surtout dans les œuvres de Ronsard, la *Complainte contre Fortune* (Bl., VI, 156 et suiv.).

P. 24, l. 1. — *gratifierent*. Velliard (v. note suivante) parle d'une pension annuelle de 400 livres ; mais je pense que c'est une allusion à l'abbaye de Bellozane, octroyée à Ronsard vers mai 1564, et au prieuré de St-Cosme, octroyé en mars 1565. D'ailleurs ce ne fut pas sans peine que Ronsard obtint la récompense de son intervention dans la guerre civile. Voir notamment l'épître à Charles de Lorraine intitulée le *Proces*, écrite en 1561 ou en 1562, où faisant allusion à son « elegie » *Sur les troubles d'Amboise*, Ronsard rafraîchit ainsi la mémoire du Cardinal :

> Quand le peuple incertain, errant deçà delà
> Tenoit l'un ceste foy, et l'autre ceste-là
> Et que mille placards diffamoient vostre race
> Il opposa sa Muse à leur felonne audace...
> (Bl., III, 353) ;

le poème de la *Promesse, A la Royne*, publié en 1563, à propos duquel Brantôme a dit en parlant de Catherine de Médicis : « Belles paroles et promesses ne manquoient jamais à la reyne (aussi M. Ronssard luy desdia lors l'himne de la Promesse)..... » (Bl., VI, 246 ; M.-L., IV, 117 et 389) ; enfin la *Complainte à la Royne, mere du Roy* (1563), dont Ronsard lui-même a écrit dans l'« Epistre au Lecteur » des *Nouvelles Poësies* : « Il est vray qu'autrefois je me suis fasché, voyant que la faveur ne respondoit à mes labeurs (comme tu pourras lire en la complainte que j'ay n'a gueres escrite à la Royne)... » (Bl., III, 369 ; VII, 138.)

P. 24, l. 3. — _lettres expresses_. Même affirmation dans Du Perron : « Dont oultre l'obligation que toute la France luy en eut, et l'honneur que le Roy et la Royne sa mere luy firent en ceste consideration : encore mesme le Pape Pie cinquiesme prit la peine de l'en remercier par escript, et de tesmoigner solennellement les bons et agreables services que l'Eglise avoit receuz de luy. » (_Or. fun._, 1586, pp. 39 et 40.)

Du Perron et Binet sont les seuls qui nous aient parlé de ces remerciements écrits de Pie V ; et cependant Critton et surtout Velliard insistent tout particulièrement sur l'éloquence et l'efficacité religieuse des « discours » de Ronsard contre les huguenots. Velliard écrit : « Fremant alii licet, dicam quod sentio, unus Petri Ronsardi libellus in confutandis haereticorum erroribus facile omnia omnium Theologorum volumina superavit... Sedulitatem optimi Poetae Carolus censuit praemio dignam : hujus enim mandato ea tempestate habuit a ratiocinario publico annua congiaria quadringentorum coronatorum : opimis etiam sacerdotiis ab eodem paulo post ornatus fuit... » (_Laud. fun._ II, f° 13 r° et f° 14 r°). Mais pas un mot des félicitations de Pie V.

Le bref de ce pape à Ronsard n'a jamais été publié. Du moins, on n'en trouve pas trace dans le recueil des cinq livres de ses _Apostolicae Epistolae_ publié pour la première fois par le jésuite Goubeau en 1640, à Anvers (Bibl. de l'Institut, F. 56), ni dans la traduction de ces lettres par De Potter ; pas la moindre mention non plus dans la *Vie de St Pie V* par De Falloux. D'après une enquête toute récente faite à Rome par les soins de M. l'abbé P. Charbonnier, qui prépare une thèse sur « la poésie militante à la fin du VIe siècle », la collection des lettres de Pie V conservées aux Archives du Vatican ne renferme pas la fameuse lettre de félicitations à Ronsard. — Notons d'ailleurs qu'au fort de la lutte de Ronsard contre les huguenots, le pape régnant était Pie IV (élu en décembre 1559, mort le 9 décembre 1565), et que Pie V ne fut élu qu'en janvier 1566. Si vraiment Pie V (mort le 1er mai 1572) a félicité Ronsard, ce fut après avoir lu les quatre pièces qu'il écrivit en 1569 à la gloire des vainqueurs de Jarnac et de Moncontour (cf. ma thèse sur *Ronsard p. lyr.*, pp. 233 et 234).

P. 24, l. 10. — *sa vie*. Le *Temple de Ronsard* fut publié dans une plaquette intitulée : *Seconde Response de F. de la Baronie à Messire Pierre de Ronsard, Prestre-Gentilhomme Vandomois, Evesque futur. Plus le Temple de Ronsard où la légende de sa vie est briefvement descrite.* M.D.LXIII, s. l. (Bibl. Nat. Rés. Ye 1027). Mais il fut aussi imprimé à part, et c'est une de ces éditions isolées que Binet semble avoir lue, puisqu'il ne parle pas de l'œuvre de F. de la Baronie. En tout cas, le *Temple de Ronsard* n'est que le 4e ou le 5e pamphlet des huguenots contre notre poète, et non pas le 1er, comme on pourrait le croire d'après Binet. Il est postérieur à la *Responce aux injures et calomnies...*, où Ronsard répliquait déjà (dès mars-avril 1563) à trois autres pamphlets, dont nous parlons dans la note suivante. Il parut en septembre 1563, d'après une épître liminaire en prose datée du 8 de ce mois.

On trouvera le *Temple de Ronsard* au tome VII de l'édition Blanchemain, p. 88. Il aurait dû être inséré à la p. 136. immédiatement avant l'*Epistre au lecteur*, qui, publiée en octobre 1563 comme préface des *Nouvelles Poësies*, prend à partie les auteurs du double pamphlet précité. Quels sont ces auteurs ? Pour qui lit attentivement cette *Epistre au lecteur* après avoir lu le double pamphlet, l'auteur de la *Seconde Response*, F. de la Baronie, est Florent Chrestien, « le chrestien reformé »[8], et l'auteur du *Temple de Ronsard* (du tout ou d'une partie) est Jacques Grevin, « le jeune drogueur ». — Il est possible que Binet n'ait pas cité le pamphlet de F. de la Baronie à la prière de Fl. Chrestien lui-même, qui s'était réconcilié avec Ronsard. Quant à Grevin, mort en 1570, Binet le nomme plus loin comme « ayant aidé à bastir le *Temple* de calomnie contre Ronsard ». V. ci-après, aux mots « *en ses œuvres* » et « *de ses escrits* ».

P. 24, l. 11. — <u>*de Ronsard*</u>. Il s'agit de « trois petits livres » qui furent envoyés à Ronsard « cinq semaines après l'assassinat du Duc de Guise », c'est-à-dire vers le 25 mars 1563, comme nous l'apprend Ronsard lui-même dans l'*Epistre* en prose qui sert de préface à sa longue *Responce* en vers Bl., VII, 84).

Ces trois pamphlets ont paru ensemble sous ce titre général : *Response* (sic) *aux calomnies contenues au*

Discours et Suyte du Discours sur les Miseres de ce temps, faits par Messire Pierre Ronsard, jadis Poëte, et maintenant Prebstre | La premiere par A. Zamariel, les deux aultres par B. de Mont-Dieu. | Où est aussi contenue la Metamorphose dudict Ronsard en Prebstre. M.D.LXIII, S. I.

Après ce titre général, viennent les trois « responses », chacune avec un titre particulier suivi du pseudonyme de l'auteur. Celle de A. Zamariel répond à la fois aux deux « discours » que Ronsard avait écrits l'un vers la fin de mai 1562, l'autre vers la fin de septembre 1562 ; la première de B. de Mont-Dieu repond au premier de ces « discours » ; la seconde de B. de Mont-Dieu repond au second de ces « discours ». On lit à la fin du troisième pamphlet : « faict le 24 de febvrier 1562 » (qu'il faut lire 1563 d'après le n. st.).

Quant à la *Metamorphose de Ronsard en Prebstre*, qui d'après le titre général et d'après Binet semblerait être une pièce à part, elle se compose simplement des 50 derniers vers de la « response » de A. Zamariel (le titre est imprimé en manchette).

La Bibl. Nat. possède cette plaquette à trois parties, sous la cote Rés. pYe 173. Elle en possède aussi une réimpression de Lyon, 1563, sous la cote Rés. Ye 1909.

P. 24, l. 15. — <u>*ton nom*</u>. Voir au tome VII de l'éd. Bl., p. 99. Cette citation est extraite de la *Responce aux injures et calomnies de je ne scay quels predicans et ministres de Genève, sur son Discours et Continuation des Miseres de ce Temps.* Tel est le vrai titre de la longue réplique de Ronsard dans l'éd. princeps qui parut en avril 1563. Il faut donc comprendre la phrase de Binet ainsi : « Ils firent aussi quelques réponses à ses remontrances (non pas à la *Remonstrance au peuple de France* mais au *Discours des Miseres de ce Temps* et à la *Continuation du Discours* ; le mot « remonstrances » ici n'est pas un titre, mais un nom commun), réponses où était ce titre, la Métamorphose de Ronsard, et dont les auteurs furent un A. Zamariel et B. de Mont-Dieu, ministres, etc. »

Quant aux vrais noms de ces ministres, les avis sont partagés. Binet croit que seul le pseudonyme B. de Mont-Dieu désigne le ministre Antoine de la Roche-Chandieu ; en quoi il se trompe certainement, car ce ministre signait d'ordinaire ses œuvres poétiques de l'autre pseudonyme, Zamariel (qui en hébreu signifie Chant de Dieu). — Bayle pense que les deux pseudonymes désignent le même personnage, la Roche-Chandieu, et son avis est aussi celui de Pierre Perdrizet (*Rons. de la Réforme*, p. 25). — Je me range plutôt du côté de la Monnoye et de Bernus, pour qui B. de Mont-Dieu désigne le ministre Bernard de Montmeia, non seulement parce que en hébreu la dernière syllabe de ce nom, *ia*, signifie Dieu, mais parce que La Roche-Chandieu n'avait pas de raison de prendre deux pseudonymes, et que d'autre part l'initiale du prénom, B, coïncide avec celui de Bernard, comme l'A de Zamariel correspond à l'initiale d'Antoine, prénom de La Roche-Chandieu.

Pour toute la polémique entre Ronsard et les huguenots, voir Viollet-le-Duc, *Catal. de la Biblio. poét.*, p. 281 ; Pierre Perdrizet, *Ronsard et la Réforme*, notamment le chap.

sur la Bibliographie de cette polémique, dont la chronologie est malheureusement à refaire ; mes *Notes hist. et crit. sur les Discours de Ronsard*, dans la *Rev. Universit.* de févr. 1903.

P. 24, l. 17. — _d'Hercueil_. C'est-à-dire d'avoir sacrifié un bouc à Bacchus en l'honneur de Jodelle au village d'Arcueil.

P. 24, l. 17. — _ce chef d'accusation_. Il est ainsi présenté dans la *Responce* de A. Zamariel :

> Athée est qui un bouc à Bacchus sacrifie ;

et dans la 2e*Response* de B. de Mont-Dieu :

> Celuy cognoit, Ronsard, ta profane malice
> Qui sait comme tu fis d'un bouc le sacrifice
> Lez Paris, dans Arcueil, accompagné de ceux
> Qui, payens comme toy, lui offrirent des vœux.

C'est à ces passages que Ronsard répliqua en 25 vers dans sa *Responce aux injures et calomnies...* (Bl., VII, 110 et 111), et non pas, comme on pourrait, le croire d'après l'éd. de Bl., au *Temple de Ronsard*, que Ronsard ne connaissait pas encore. La même accusation s'y retrouve, il est vrai, ainsi que dans la *Remonstrance à la Royne* (également de

1563) ; mais ces pamphlets protestants sont postérieurs de quelques mois à la réplique en vers de Ronsard.

P. 24, l. 21. — *Caresme prenant*. La date traditionnelle de cet épisode serait le carnaval de l'année 1552, si l'on en croyait l'*Hist. du théâtre français* des frères Parfaict, qui citent Pasquier. Mais d'abord Pasquier ne donne aucune date et se contente de dire : « Ceste comedie (la *Rencontre*) et la *Cleopâtre* furent représentées devant le roi Henri à Paris, en l'Hostel de Reims, avec un grand applaudissement de toute la compagnie, et depuis encore au college de Boncour, où toutes les fenestres estoient tapissées d'une infinité de personnages d'honneur, et la cour si pleine d'escoliers que les portes du college en regorgeoient. Je le dis comme celui qui y estoit present, avec le grand Tornebus, en une mesme chambre. Et les entreparleurs estoient tous hommes de nom : car mesme Remy Belleau et Jean de la Peruse jouoient les principaux roulets. » (*Rech. de la Fr.*, VII, ch. VI.) — Ensuite la date de 1552 n'apparaît au XVIe siècle que dans la préface écrite par Ch. de la Mothe pour l'éd. princeps des Œuvres de Jodelle (1574 ; réimpr. par Marty-Lav., I, 5), et rien n'empêche de croire que ce biographe a suivi l'ancienne manière de dater. Tout porte à croire au contraire qu'il faut lire 1553, d'après le nouveau style, et que la fête en l'honneur de Jodelle eut lieu durant le carnaval de 1553.

Pour la discussion, v. ma thèse sur *Ronsard p. lyr.*, p. 100, note 2. Aux arguments que j'y présente il faut ajouter une lettre de Lambin à Prévost, régent du collège de Boncourt, qui avait dû assister à la représentation de la *Rencontre* et de *Cleopâtre* (*Rev. d'Hist. litt.* de 1906, p. 495, art de H. Potez). Cette lettre, où Lambin remercie Prévost de lui avoir vanté les nouvelles œuvres dramatiques françaises, est datée du 10 mars 1553. Il est plus que probable qu'elle a été écrite dans les semaines qui ont suivi le succès de Jodelle, et non treize mois après.

P. 24, l. 29. — *mises au jour*. Allusion au recueil des vers qui parut en avril 1553 sous ce titre : *Livret de Folastries A Janot Parisien Plus quelques Epigrames grecs et des Dithyrambes chantés au bouc de E. Jodelle poëte tragiq.* Paris, chez la Veuve M. de la Porte. (V. ma thèse sur *Ronsard p. lyr.,* pp. 93 et suiv.) Ce recueil est anonyme et Binet a cru (ou feint de croire pour décharger la mémoire de son maître) qu'il était l'œuvre de plusieurs poètes. Or il n'en est rien. Toutes les pièces qu'il contient ont pour auteur Ronsard, car elles ont toutes été réimprimées en ordre dispersé dans ses œuvres les années suivantes, sauf la Folastrie VIII, intitulée *Le Nuage ou l'Yvrongne,* les épigr. 10 et 13 et les deux sonnets lubriques de la fin. E. Pasquier semble avoir été mieux renseigné (ou plus franc) que Binet sur ce point-là : « Il n'est pas qu'en folastrant il (Ronsard) ne passe d'un long entrejet des poëtes qui voulurent faire les sages... Lisez un petit livre qu'il intitula les *Folastries,* où il se dispensa (se permit) plus licencieusement qu'ailleurs de parler du mestier de Venus... il seroit impossible de vous en courroucer sinon en riant. » (*Rech. de la Fr.,* VII, ch. VI.)

Ce recueil de 1553 fut reproduit en 1584 sous le même titre, intégralement et page pour page, augmenté seulement de deux petites pièces anodines qui sont également de Ronsard, mais sans nom de lieu ni d'éditeur. C'est probablement cette réédition (due, suivant Bl., à la vengeance de quelque huguenot) que Binet a consultée. Il a pu aussi s'inspirer de la dédicace d'une pièce publiée par Baïf au livre IV de ses *Poëmes* et intitulée *Dithyrambes à la pompe du bouc de E. Jodelle*, 1553 (éd. M.-L., II, 209).

Quoi qu'il en soit, non seulement il a eu tort de dire que les *Folastries* étaient l'œuvre de plusieurs poètes, mais la façon dont il en parle pourrait faire croire qu'elles furent toutes composées à l'occasion des premiers succès dramatiques de Jodelle ; et on l'a cru en effet, comme le prouve ce titre fantaisiste d'une réimpression de la Folastrie III publiée en caractères gothiques vers 1598-99 (Paris, s. d.) : *Les Folastries de la bonne chambriere, A Janot Parisien, recitées au Bouc de Eslienne Jodelle*. Même pièce et même titre à la suite du *Banquet des Chambrières*, réimpr. par Pinard en 1830 ou 1836 (Paris, s. d.). Aimé Martin, qui possédait l'éd. de 1584 du *Livret de Folastries*, a écrit au sujet de ce vol. une note qui prouve que lui aussi a été induit en erreur par le texte de Binet qu'il cite (v. la réimpr. de l'édition princeps du *Livret de Folastries* par Jules Gay, Paris, 1862, pp. VI et XII de l'Avant-propos).

P. 24, l. 30. — *Poëte dythirambique*. Binet est le seul écrivain du XVIᵉ siècle qui ait attribué ces *Dithyrambes* à Bertrand Berger, et c'est sur ce seul témoignage qu'on les lui attribue encore aujourd'hui. Chose notable, Colletet, qui d'ordinaire copie servilement Binet, les a attribués sans hésitation, et par deux fois à Ronsard (*Vie de Muret*, passage reproduit par Rochambeau, *op. cit.*, p. 234 ; *Vie de Ronsard*, éditée par Bl., p. 95). Je crois avoir démontré suffisamment que Colletet a raison contre Binet (thèse sur *Ronsard p. lyr.*, pp. 99 à 102, et pièce justifie. I)

Sur Bertrand Berger (ou Bergier) de Montembeuf, v. Chamard, *J. du Bellay*, p. 47 ; Laumonier, *Ronsard p. lyr.*, *passim*. Parmi les pièces que les poètes de la Brigade lui ont adressées, à noter ici, à cause de leur titre dont Binet s'est inspiré : une odelette de Du Bellay publiée dans les *Jeux Rustiques* (1558), *A Bertran Bergier, Poëte dithyrambique* ; une épigramme du même composée en 1559, mais publiée seulement dans les *Xenia* (1569), *Montibos poeta dithyrambicus*.

P. 24, l. 52. — <u>*sous le tombeau*</u>. Cf. Bl., VI, 381 ; M.-L., Appendice de la Collection de la Pléiade, I, 51. Binet n'a guère pu copier ces vers que dans la réédition subreptice des *Folastries* de 1584, car ils ne reparurent pas parmi les œuvres de Ronsard avant l'éd. collective de 1604, et d'autre part le livret original de 1553 devait être déjà rarissime. Notons pourtant que dans les deux seules éditions des *Folastries* publiées au XVIe siècle, on lit au 4e vers cette leçon différente de la sienne :

Qui font *rebondir* la terre.

P. 24, l. 53. — *et mascarade*. V. à ce sujet de judicieuses réflexions dans Viollet-le-Duc, *op. cit.*, p. 282 ; Blanchemain, éd. de Ronsard, VIII, 32, et Perdrizet, *op. cit.*, p. 52.

P. 25, l. 5. — *où il alloit*. Cf. Arnaud Sorbin, *Histoire contenant un abbregé de la vie, mœurs et vertus du roy tres chrestien et debonnaire Charles IX... amateur des bons esprits* (1574). Sorbin, évêque de Nevers, était le prédicateur et le confesseur de Charles IX. Voici ce qu'en dit Colletet : « Il remarque que ce prince genereux aimoit la poesie et prenoit plaisir à faire des vers, qu'il envoyoit à son poete M. de Ronsard, homme, adjouste-t-il, qui se faict plus paroistre par ses vertus et doctes vers que je ne le sçaurois descrire, de qui la lecture lui estoit si agreable que bien souvent il passoit une partie de la nuict à lire ou à faire reciter ses poemes, à quoy il employoit volontiers Amadis Jamyn, Adrian Leroy, maistre de la musique de sa chambre, et quelques autres de ses serviteurs domestiques. » (*Vie de Rons.*, p. 120). *La Vie de Charles IX* par Sorbin a été réimprimée dans les *Archives curieuses* de Cimber et Danjou (1re série, tome VIII), mais le passage cité par Colletet y est quelque peu différent : on lit *facture* au lieu de *lecture*, et *Estienne le Roy*, ou lieu d'*Adrian Leroy* (p. 300). — Ronsard a écrit de son côté dans le *Tombeau de Marguerite de France* :

Quatorze ans ce bon Prince alegre je suivy :
Car autant qu'il fut Roy autant je le servy.
Il faisoit de mes vers et de moi telle estime

Que souvent sa Grandeur me rescrivoit en rime.
Et je luy respondois m'estimant bien heureux
De me voir assailly d'un Roy si genereux.
Ainsi Charles mourut, des Muses la defense
L'honneur du genre humain, delices de la France.

(Bl., VII, 187)

Mais Binet a eu tort de prendre à la lettre le premier de ces vers. Ronsard, comme « conseiller et aumonier ordinaire du Roy », faisait partie de sa *suite*, mais Charles IX ne lui commanda pas « de le *suivre* partout », et en fait Ronsard passa des mois et des mois loin de Charles IX, par exemple dans son prieuré de Saint-Cosme.

P. 25, l. 7. — *aupres de soy*. Ici l'erreur de Binet est flagrante. D'abord le voyage de Bayonne a duré plus d'un an et demi, Charles IX, sa mère et leur Cour étant partis de Fontainebleau en mars 1564, étant arrivés à Bayonne en juin 1565, après avoir passé par Troyes, Bar-le-Duc, Dijon, Lyon, Marseille, Montpellier, Carcassonne, Toulouse, Bordeaux, Mont-de-Marsan, et étant revenus (à partir de juillet) par Nérac, Angoulême, Cognac, Saintes, La Rochelle, Nantes, Angers, pour aboutir à Plessis-lez-Tours le 20 novembre. (Cf. la *Correspondance de Catherine de Médicis*, et le *Recueil et Discours du voyage du Roy Charles IX...*, par Abel Jouan, « l'un des serviteurs de Sa Majesté », publié en 1566).

Ensuite Ronsard, qui prit une grande part aux fêtes du Carnaval de Fontainebleau en 1564 et participa encore à celles de Bar-le-Duc, où il était avec la Cour dans les premiers jours de mai, n'accompagna pas plus loin Charles IX. Nommé alors abbé de Bellozane, il dut aller prendre possession de son abbaye. D'autre part, il a écrit vers la fin de juillet le poème des *Nuës*, où il fait connaître l'état d'esprit des Parisiens aux voyageurs royaux qui étaient alors aux environs de Lyon ; puis, dans les derniers mois de 1564, il a adressé de Paris une élégie à Catherine de Médicis qui parcourait alors avec ses fils la Provence et le Languedoc (Bl., VI, 259 ; III, 381).

Enfin il prit possession de son prieuré de Saint-Cosme-lez-Tours en mars 1565, et c'est probablement de là que, sur l'ordre de Charles IX, il partit en mai pour rejoindre la Cour à Bayonne, comme le dit J.-A. de Thou : « Illuc etiam ultro accersitus fuerat P. Ronsardus... qui versus in pompis illis recitatos fecit... » (*Hist.*, XXXVII, éd. de 1733, tome II, p. 435). Mais je crois, sans pouvoir toutefois l'affirmer, que Ronsard, malade, s'arrêta « aux bords de la Garonne », à Bordeaux, comme il ressort du poème de la *Lyre* (Bl., VI, 53), et qu'il se contenta de composer là les *Stances pour l'Avant-venue de la Royne d'Espagne* (IV, 131), qui furent lues à Bayonne au début des fêtes, sans qu'il y pût assister. Cette pièce, à laquelle Binet fait allusion en *C*, et J.-A. de Thou dans son Histoire, parut dans le recueil des *Elegies, Mascarades et Bergerie* vers le 1er août 1565.

Voici les raisons qui me font douter de la présence de Ronsard à Bayonne : 1° Nulle part Ronsard n'en a dit mot, bien qu'il pût s'en glorifier, pas même dans le poème de la

Lyre, où l'occasion était pourtant belle, ni dans le *Tombeau de Marguerite de France*, où il dit en parlant de Charles IX et de la retraite de Meaux :

> Je me trouvay deux fois à sa royale suite...

2° Les *Stances* ci-dessus mentionnées contiennent un vers qui semble prouver qu'il ne fut pas témoin des fêtes de Bayonne :

> Le jour heureux que *par penser* j'honore.

3° Cette pièce est la seule qu'il ait recueillie dans ses œuvres, pour des fêtes qui durèrent 18 jours (du 12 au 30 juin), alors que Baïf a publié une vingtaine de *mascarades* et *inscriptions* qu'il composa à Bayonne (éd. Marty-Laveaux. II, 331 à 342).

4° Aucun des ouvrages qui relatent ou jugent ces fêtes ne signale la présence de Ronsard. V. notamment la *Corresp. de Catherine de Médicis*, t. II ; le *Voyage du Roy Charles IX*, par Abel Jouan (Paris, Bonfons, 1566) ; l'*Ample discours de l'arrivée de la Royne Catholique* (Paris, Dallier, 1565) ; le *Recueil des choses notables faites à Bayonne* (Paris, Vascosan, 1566) ; les *Mémoires* de Brantôme et de Marguerite de Navarre, qui tous deux étaient à Bayonne. La Popelinière (*Hist. de France*, 1581, t. I. liv. x, p. 381) se contente de renvoyer au *Recueil des choses notables* et ne dit pas un mot de Ronsard. Rien non plus dans Davila, dans P. Mathieu, dans le P. Daniel.

Mais, tout bien pesé, ces raisons, presques toutes *a silentio*, ne m'ont pas paru suffisantes pour conclure catégoriquement que Ronsard ne fut pas à Bayonne, et qu'il se contenta d'y envoyer les fameuses *Stances*.

Cf. ma thèse sur *Ronsard p. lyr.*, pp. 223 à 225, et Appendice, pièce justific. II.

P. 25, l. 10. — *que j'ay veus*. L'affirmation de Binet sur l'existence des « arguments » de quatorze livres de la *Franciade* est corroborée par ces lignes de Colletet : « Et il est si vray que Ronsard, en nous donnant cet eschantillon d'un poème épique (les 4 premiers livres), avoit l'intention de nous donner la pièce entière, que Cl. Binet rapporte en quelque endroit de sa vie, qu'il luy en avoit montré les argumens des *douze* premiers livres, ce que Cl. Garnier m'a confirmé depuis, lorsqu'il me dict que feu Jean Gallandius les gardoit encore parmy ses papiers... » (*Vie de Ronsard*, p. 74.) On sait que Claude Garnier est le commentateur de la *Franciade* et en a publié une suite en 1604.

C'est seulement en 1566 que Ronsard se remit à la *Franciade*. À la fin de 1563 le projet n'était pas encore repris, à preuve la *Complainte à la Royne mere* et l'« Epistre au Lecteur » des *Nouvelles Poësies* (Bl., III, 377 ; VII, 138). À la fin de novembre 1565, durant les dix jours que Charles IX passa à Plessis-lez-Tours, Ronsard, qu'il alla voir alors en son prieuré de Saint-Cosme, lui disait encore :

Pource, mon Roy, s'il vous plaist que je face
La Franciade, œuvre de long espace,
Oyez mes vœux : Il seroit bien saison
Qu'eussiez esgard à moy, pauvre grison[9]...

Charles IX encouragea fortement Ronsard à reprendre son ancien projet, en lui faisant obtenir un second prieuré, celui de Croixval (car Amadis Jamin n'en devint alors titulaire que pour le céder le 22 mars 1566 à Ronsard dont il était le secrétaire) ; mais il lui demanda d'écrire la *Franciade* en vers décasyllabiques, à preuve ces lignes, insérées dans la 2e édition de l'*Abbregé de l'Art poët.* (achevé d'imprimer le 4 avril 1567) : « Si je n'ay commencé ma Franciade en vers Alexandrins.., il s'en faut prendre à ceux qui ont puissance de me commander et non à ma volonté : car cela est fait contre mon gré, esperant un jour la faire marcher à la cadance Alexandrine : mais pour cette fois il faut obeyr. »

P. 25, l. 12. — *genereux Roy.* Les *Quatre premiers livres de la Franciade,* publiés quelques jours après le massacre de la Saint-Barthélémy (l'achevé d imprimer est du 13 septembre 1572), sont en effet dédiés à Charles IX ; et sous un portrait du roi, placé en tête de l'éd. princeps auprès de celui du poète, on lit ce quatrain signé A. I. (Amadis Jamin) :

Tu n'as, Ronsard, composé cest ouvrage,
Il est forgé d'une royale main :

Charles sçavant, victorieux et sage
En est l'autheur, tu n'es que lescrivain.

P. 25, l. 13. — *ses Eclogues*. Les *Eclogues* de Ronsard, qu'il appelle encore « chants pastoraux », ont paru à diverses dates. Deux en 1559 : *Un pasteur Angevin*, et *J'estois fasché* ; deux en 1560 : *De fortune Bellot*, et *Contre le mal d'amour* (ces quatre premières figurent parmi les *Poëmes* dans l'éd. collective de 1560) ; deux en 1563-64 dans les *Nouvelles Poësies* : *Paissez douces brebis*, et *Deux freres pastouraux* ; une en 1565, la « bergerie » : *Les chesnes ombrageux*. Ces trois dernières et les quatre premières sont mélangées aux *Elegies* dans les éd. collectives de 1567, 1571 et 1573. C'est seulement à partir de 1578 qu'elles sont groupées en tête d'une section distincte, intitulée *Les Eclogues et Mascarades* et dédiée à François de France, duc d'Anjou.

Mais dans *aucune* édition fragmentaire ou collective elles ne sont dédiées au roi Charles IX, et je ne sais comment expliquer l'erreur de Binet, qui a persisté dans ses trois textes.

Sur le goût de Charles IX pour la chasse (car le second *il* de la phrase de Binet se rapporte au roi, tandis que le premier et le troisième *il* se rapportent au poète), cf. les vers que Ronsard a écrits comme préface de *La Chasse*, ouvrage inachevé de ce roi, et qui parurent dans l'éd. collective de 1584 (Bl., III, 253 ; M.-L, III, 177), et Brantôme, éd. Lalanne, tome V, *passim*.

P. 25, l. 16. — *hausser*. Source probable de cette fin de phrase : une note de R. Belleau, citée plus haut (p. 131 au mot « *beaucoup* »), et un passage de la préface de son Commentaire où il déclare que Ronsard a abaissé son style dans le *Deuxiéme livre des Amours* « tant pour satisfaire à ceux qui se plaignoyent de la grave obscurité de son style premier, que pour monstrer la gentillesse de son esprit, la fertilité et diversité de ses inventions, et qu'il sçait bien escrimer à toutes mains des armes qu'il manie » (éd. de Ronsard, par M.-L., I, 402).

Binet a déjà fait une remarque analogue à propos des *Hymnes,* où Ronsard « monstra comme il avoit l'esprit et le style ploiable à toutes sortes d'argumens ».

P. 25, l. 23. — *jusques dans Paris*. Source quatre vers du *Tombeau de Marguerite de France* :

> Je me trouvay deux fois à sa royale suite.
> Lorsque ses ennemis lui donnerent la fuite,
> Quand il se pensa voir par trahison surpris
> Avant qu'il peust gaigner sa ville de Paris.
>
> (Bl, VII, 186 ; M.-L., V, 257.)

Il s'agit de la retraite de Charles IX, d'abord de Monceaux à Meaux, puis de Meaux à Paris, pendant la deuxième guerre civile, en septembre 1567.

P. 25, l. 32. — *des Grans*. Ronsard, en effet, a souvent composé des vers à la demande des Princes, des dames de la Cour et de ses amis ; et il avoue lui-même que sa Muse ne le servait pas toujours à souhait et à l'heure :

> . . . . car faire je ne puis
> Un trait de vers, soit qu'un Prince commande,
> Soit qu'une dame ou l'ami m'en demande,
> Et à tous coups la verve ne me prend.
>
> (Bl., VI. 55.)

Il est probable que Binet s'est appuyé sur ce passage, et sur cette petite note en prose, dont Ronsard a accompagné la pièce liminaire des *Elegies* pour l'édition de 1587 : « Si j'eusse composé la meilleure partie de ces Elegies à ma volonté, et non par expres commandement des Roys et des Princes, j'eusse été curieux de la briefveté : mais il a fallu satisfaire au desir de ceux qui avoient puissance sur moy... » (Bl., IV, 210.) Il a également profité de cette note écrite par Belleau (et non par Muret) au bas du sonnet de 1565, *Douce beauté qui me tenez le cœur* : « Le poëte m'a quelquefois dit que ce sonnet n'est fait pour representer sa passion, mais pour quelque autre dont il fut prié, desirant infiniment n'estre point recherché de tels importuns ». (Bl., I, 49.) Il a pu se servir d'un quatrième texte, du sonnet à Henri III, *Prince quand tout mon sang...,* qui remonte sans doute à l'époque où ce roi pria Ronsard de chanter sa maîtresse Renée de Châteauneuf, ainsi que le faisaient Desportes et Amadis Jamin :

> Maintenant que je suis sur l'autonne et grison,
> Les amours pour Ronsard ne sont plus de saison :
> Je ne veux toutesfois m'excuser dessus l'âge.
>   Vostre commandement de jeunesse me sert,
> Lequel maugré les ans m'allume le courage,
> D'autant que le bois sec brusle mieux que le verd.
>
> (Bl.,   V, 312.)

Outre ceux-ci et ceux que mentionne Binet, les exemples abondent de pièces écrites par Ronsard au nom d'autres personnes. V. le sonnet de 1565, *On dit qu'Amour*, adressé par une femme à un homme (Bl. I, 421) ; l'élégie de 1565, *Pour vous montrer que j'ay*, adressée par une femme à une femme, et le sonnet de 1565, *Anne m'a fait*, qui est la réponse à cette élégie (Bl. IV, 375 ; I, 428).

J'ai pensé même que la plus jolie des chansons de Ronsard, *Quand ce beau printemps je voy...* qui date de 1563, fut écrite pour le prince Louis de Condé et adressée en son nom à sa maîtresse Isabeau de Limeuil (cf. *Rev. d'Hist. litt.*, 1902, p. 443). Mais j'ai abandonné cette première opinion (cf. ma thèse sur *Ronsard p. lyr.*, pp. 210 à 212).

P. 25, l. 34. — *Callirée*. Ces poésies ont été écrites « en faveur » de Charles IX, amoureux, comme Binet a osé le dire en *C*, d'Anne d'Atri d'Acquaviva. Sur cette Napolitaine, demoiselle d'honneur de Catherine de Médicis, fille du duc François d'Atri, et petite-fille du prince de Melfe, mariée à l'Italien Dadjacetto, et devenue par ce mariage comtesse de Châteauvillain, voir Brantôme, éd. Lalanne, II, 28 et 232 ; VII, 394 ; IX, 49 ; E. Frémy, *op. cit.*, p. 190.

Sur la nature des relations que Charles IX entretint avec Anne d'Atri d'Acquaviva, Brantôme a laissé un curieux renseignement. Comme une grande dame de la Cour disait au Roi : « Vous ne portez point d'affection aux femmes et faites plus de cas de la chasse et de vos chiens que de nous autres, » il répondit : « Dont avez [vous] ceste opinion de moy, que j'ayme plus l'exercice de la chasse que le vostre ? Et par Dieu, si je me despite une fois, je vous joindray de si près toutes vous autres de ma court, que je vous porteray par terre les unes après les autres » ; et Brantôme ajoute : « Ce qu'il ne fit pas pourtant de toutes, mais en entreprit aucunes, plus par reputation que lasciveté, et très sobrement encore : et se mit à choisir une fille de fort bonne maison, que je [ne] nommeray point, pour sa maistresse, qui estoit une fort belle, sage et honneste damoyselle, qu'il servit à tous les honneurs et respectz qu'il estoit possible, et plus, disoit-il, pour façonner et entretenir sa grace que pour autre chose, n'estant rien, disoit-il, qui façonnast mieux un jeune homme que l'amour logée en un beau et noble subject. Et a tousjours aymé ceste honneste damoyselle jusqu'à la mort, bien qu'il eust sa femme, la reyne Elisabet, fort agreable et aymable princesse. » (éd. Lalanne, tome V, p. 274.)

Ces lignes peuvent servir de commentaire non seulement aux *Amours d'Eurymedon et de Callirée*, œuvre de Ronsard, mais encore à une pièce de Desportes intitulée *Stances pour le Roy Charles IX à Callirée* : « Cesse, Amour, tes rigueurs, mets fin à ta poursuite... » (éd. A. Michiels, p. 405).

Dreux du Radier s'est lourdement trompé en disant que le nom de Callirhoé (*sic*) cache Marie Touchet, la maîtresse la plus connue de Charles IX, et en attribuant à Dorat les *Stances* : « De fortune Diane et l'archerot Amour... » (*Reines et Régentes de France*, 2e éd., 1776, tome V, pp. 114-115). — A. Michiels a reproduit la première de ces erreurs dans la notice placée en tête de son édition des *Œuvres de Desportes* (p. XVII).

P. 25, l. 34. — *ceux d'Astrée*. Ainsi, d'après Binet, les *Sonnets et Madrigals pour Astrée* auraient été écrits « sur le commandement » et « en faveur » d'un grand seigneur, peut-être même de Charles IX ou de l'un de ses frères. Si cela était, comment expliquer la fin du premier sonnet d'Astrée :

Et moi je veux honorer ma contrée
De mon sepulchre, et dessus engraver :
RONSARD, VOULANT AUX ASTRES S'ESLEVER

Fut foudroyé par une belle astrée.

(Bl., I, 265.)

Comment expliquer ce passage du douzième sonnet :

> Alors qu'Amour dont les traits sont cuisants
> Me dit : Ronsard, pour avoir un bon guide... ?

À moins que notre poète n'ait pris pour lui, au moment de la publication (1578), les soupirs et les déclarations qu'il avait mis primitivement dans la bouche d'un autre, et substitué alors son nom à celui de l'amant qu'il faisait parler d'abord, ce qui lui est arrivé d'autres fois.

Marcassus, qui commenta ces poésies en 1623, a compris, contrairement à Binet, qu'il s'agissait d'une maîtresse de Ronsard, courtisée

> Trois mois entiers d'un desir volontaire

(*Ibid.*, 271) ;

et Colletet, préférant cette interprétation à celle de Binet, a écrit de son côté : « Les Amours d'Astrée sont de veritables marques de l'ardante passion que Ronsard conceut pour une belle dame de ceste ancienne et illustre famille d'Estrée, dont il voulut desguiser le nom par le changement d'une seule voyelle en une autre. » (*Vie de Ronsard,* édit. citée, p. 65.)

Quoi qu'il en soit, la dame de la Cour qui inspira cette passion s'appelait Françoise d'Estrée ; à cet égard, le quatrième sonnet de Ronsard

Douce Françoise, ainçois douce framboise...

complète les renseignements donnés par la dernière rédaction de Binet

et par Colletet.

P. 25, l. 35. — *pour embellir ses vers*. Sur cette demoiselle d'honneur de Catherine de Médicis, fille de René de Fonsèque, seigneur de Surgères, et d'Anne de Cossé-Brissac, et sur les poésies que Ronsard lui a consacrées, voir P. de Nolhac, *Le dernier amour de Ronsard* (*Nouv. Rev.,* 15 septembre 1882) ; E. Frémy, *op. cit.,* pp. 191 et suiv. ; Marty-Lav., *Notice sur Ronsard,* LXV et suiv. ; ma thèse sur *Ronsard, p. lyr.,* pp. 256-57 et *passim*.

Hélène de Surgères ne s'est pas mariée, comme le prouve non seulement une généalogie manuscrite qui donne son nom avec cette simple mention « morte fille » (P. de Nolhac, *op. cit.* p. 6), mais encore un passage de l'*Hist. généal. de la maison des Chasteigners* par André du Chesne (Paris, S. Cramoisy, 1634), pp. 431-32. On pourrait croire le contraire à première vue en consultant l'*Hist. généal. de la maison de Surgères* par Louis Vialart (Paris, J. Chardon,

1717). Cet auteur mentionne à la p. 66 une Hélène, dame de Surgères, qui épousa Isaac de la Rochefoucauld et en eut quatre enfants ; mais il s'agit là d'une petite-fille de René de Fonsèque, qui fut la nièce de l'Hélène de Ronsard. Si Vialart et d'autres généalogistes n'ont pas mentionné celle-ci, c'est précisément parce qu'elle resta fille.

Comment faut-il entendre cette phrase de Binet : « Il s'est aidé de son *nom* pour embellir ses vers » ? C'est que le nom d'Hélène est « de louange immortelle » depuis Homère, et que Ronsard a chanté le nom même de sa dernière Muse, qu'il rapproche plus d'une fois de l'Hélène grecque (cf. Bl., I, 283, 322-23, 341, 347, 353, 354, 384). — Quant à sa vertu et à sa beauté, elles ont été vantées l'une et l'autre, non seulement par Ronsard, mais par plusieurs de ses contemporains, entre autres Desportes (éd. Michiels, p. 429), Am. Jamin (*Œuvres*, 1575, f° 284 r° ; second volume des *Œuvres*, 1584, f° 83 r°) et Passerat (*Œuvres*, éd. de 1606, p. 237).

P. 25, l. 39. — *ce qui est de sainct*. Cf. l'éd. Bl., I, 283. Il est permis de ne pas croire à la chasteté des sentiments de Ronsard à l'égard d'Hélène, et Binet me semble bien avoir ici fardé la vérité. Au sonnet qu'il cite, on pourrait opposer vingt autres pièces qui prouvent le contraire de ce qu'il voulait nous faire croire. V. par ex. les sonnets *Bien que l'esprit humain* ; *Ma Dame se levoit* ; *Ha, que la loy* ; *Quand je pense* ; *Vous triomphez de moi* ; et surtout les pièces qui, écrites à l'adresse d'Hélène, furent classées dès la seconde édition dans les *Amours diverses* ou même ne furent pas imprimées, probablement à la requête de l'intéressée, telles que la chanson *Plus estroit que la vigne*, les sonnets *Cest honneur, ceste loy* ; *Maistresse, embrasse moy* : *Je n'aime point les Juifs* ; *Je trespassois d'amour* (Bl., I, 383, 384, 416 et suiv.).

À noter que Binet allongea en *C* le passage relatif à Hélène uniquement pour insister sur le caractère platonique de ses relations avec le poète, et que ce seul fait doit rendre suspecte l'anecdote de l'intervention de Catherine de Médicis au début de ces relations, intervention dont la preuve n'existe nulle part. Il est vraisemblable que Binet, en faisant cette addition à son texte, céda aux instances d'Hélène de Surgères elle-même, qui appréhendait fort l'opinion et avait, suivant l'expression de son poète, « la peur d'infamie » ; témoin la démarche qu'elle fit auprès de Du Perron, le priant d'écrire une épître liminaire aux œuvres de Ronsard « pour monstrer qu'il ne l'aimoit pas d'amour impudique » (*Perroniana*, art. *Gournay*, Cologne, 1694, p. 178. Cf. Bl., I, 283 et 338 ; M.-L., Notice sur *Rons.*, LXXIII).

P. 25, l. 40. — *garde son nom*. Voir le sonnet *Afin que ton honneur* ; les *Stances de la fontaine d'Helene* ; le sonnet *Il ne suffit de boire*, et l'élégie *Six ans estoient coulez* (Bl., I, 357-63 ; M.-L., I, 331-39). C'est au prieuré de Croixval que Ronsard a écrit ces vers exquis, en 1574 ou 1575. La fontaine d'Hélène a réellement existé, comme celle de la Bellerie ; mais tandis que la Bellerie était sur le territoire de Couture, à quelque cent mètres de la Possonnière, la fontaine d'Hélène se trouvait à quelques lieues de Couture, sur la commune des Hayes, dans la vallée de la Cendrine, en amont du prieuré de Croixval. J'en trouve la preuve dans le sonnet *Il ne suffit de boire en l'eau que j'ay sacrée* : Ronsard y parle du « pere Saint Germain, qui garde la contrée » ; or la fontaine de Saint-Germain, dont l'eau a une vertu curative toute spéciale et attire toujours des pèlerins, existe encore tout près de la propriété de Rocantuf, voisine de Croixval. Cf. P. Clément, *Monographie de la paroisse des Hayes-en-Vendomois*, pp. 39-40.

P. 25, l. 45. — *et les suivans*. Voici les vers en question :

Sic vos non vobis fertis aratra boves,
Sic vos non vobis nidificatis aves,
Sic vos non vobis mellificatis apes,
Sic vos non vobis vellera fertis oves.

On chercherait vainement ces pentamètres dans les œuvres de Virgile, car ils ne sont pas de lui ; c'est la *Vita Virgilii* de Donat (§ XVII), ou un interpolateur de cette biographie, qui les lui attribue (cf. le Virgile de Heyne, tome I, qui juge ainsi l'anecdote relative à ces vers : *Ineptum grammatici seu monachi commentum*). On les chercherait aussi vainement dans le Ronsard de Blanchemain ou celui de Marty-Laveaux. Binet dit que le poète les « fit mettre au devant des Amours et des Mascarades » : affirmation doublement erronée. Ces vers, qui n'apparaissent que dans les éditions posthumes de Ronsard, n'y sont pas au devant des *Amours,* ni au devant des *Mascarades* ; on ne les trouve qu'*à la fin* du tome V, qui contient les *Eclogues* et les *Mascarades* ; et encore n'en voit-on que trois en 1587 et en 1597, les deux derniers ayant été fondus à l'impression en un seul vers ridicule :

Sic vos non vobis vellera fertis apes.

D'ailleurs Ronsard avait tiré parti de ces vers latins dès les premières années du règne de Charles IX, dans le poème du *Proces* :

Ainsi les gros toreaux vont labourant la plaine,
Ainsi les gras moutons au dos portent la laine,
Ainsi la mousche à miel, en son petit estuy,
Travaille en se tuant pour le profit d'autruy

(Bl., III, 354) ;

et il les a développés dans l'*Elegie à Desportes,* publiée seulement en

1587 (Bl., IV, 219 : « Nous semblons aux taureaux... »). Avant lui Cl. Marot les avait paraphrasés intégralement dans sa *Chanson* 38 (éd. P. Jannet, II, 193.)

P. 25, l. 48. — *La belle eau vive.* Les mots « surnommée Aqua viva » retombent sur « la maison d'Atry », et non sur « une tres belle dame de la Cour ». — Ensuite la pièce à laquelle Binet nous renvoie n'est pas un *sonnet,* mais une *chanson par stances* (Bl., I, 263). — Enfin elle ne commence pas par : La belle eau vive.., mais par :

Ah belle eau vive, ah fille d'un rocher...

P. 26, l. 2. — <u>*liberalement*</u>. Il faut ici entendre par ces « dons » des gratifications en espèces, qui venaient de temps à autre et irrégulièrement s'ajouter à la pension ordinaire, laquelle était au contraire un traitement fixe.

Dans un compte des dépenses de Charles IX pour octobre-décembre 1572, on voit figurer Dorat, Jodelle et Baïf pour des sommes de 250 à 500 livres tournois. Ronsard n'y figure pas ; en revanche il figure dans la liste des « dépenses faites à l'entrée du roy et de la reyne à Paris en 1571 » pour une somme de 270 livres « à luy ordonnée par Messieurs de la Ville » (Cimber et Danjou, *Archives curieuses*, 1re série, tome VIII, pp. 355 à 369).

Il sera question plus loin des bénéfices ecclésiastiques, principale source des revenus de Ronsard. Quant à la pension ordinaire, elle s'élevait à 1.200 livres, que Ronsard touchait comme « Aumosnier et Poëte françois du Roy ». Blanchemain (VIII, 39, note 3) et Rochambeau (*op. cit.*, p. 141) ont publié la quittance du 3e quartier de cette pension pour l'année 1563 (Rochambeau a lu 1573). V. encore Marty-Laveaux, *Notice sur A. de Baïf*, p. XLI, note.

P. 26, l. 7. — <u>*non assouvir*</u>. Source de ce passage, Papire Masson, *Historia vitae Caroli IX* (Paris, 1577) : « Ex latinis Poetis dilexit Auratum, ex Gallicis Ronsardum

Vindocinensem et Baïffium Lazari filium : quos sua Poemata recitantes attentissime audivit. Dabat et eis praemia, non magna, ut brevi redirent, et novi aliquid, deficiente pecunia, meditari cogerentur : Poetas generosis equis similes esse dicens, quos nutriri non saginari oporteat. » (Opusc. réimprimé dans les Additions aux Mémoires de Castelnau, tome III de l'éd. de Bruxelles, 1731.) — Cf. La Popelinière, *Histoire de France* (Paris, 1581), tome II, p. 219 : « Il (Charles IX) aymoit la Musique et la Poezie jusques à les pratiquer par passe temps, la derniere mesmement incité par Ronsard, Baïf, Dorat et Jamin, ausquels il a faict quelques biens. Mais sans les enrichir (hors le premier), disant que les Poëtes resembloyent, en certaines choses, aux genets et autres genereux chevaux, qu'il faut nourrir sans engresser, afin qu'ils ne deviennent porcs. » (Bibl. Nat., Rés. L^{21} a 15.) — V. encore Brantôme, qui a presque traduit les lignes de Papire Masson, citées plus haut (éd. Lalanne, V, 281-82).

P. 26, l. 11. — *les œuvres de Ronsard*. On trouvera deux pièces de vers du roi Charles IX à Ronsard au tome III de l'éd. Bl., pp. 255 et suiv., avec les réponses du poète au roi. Elles furent signalées pour la première fois, chacune par ses deux premiers vers, dans la plaquette parue chez G. Buon en 1575 sous ce titre : *Les Estoilles... et Deux responses à deux Elegies envoyees par le feu roy Charles à Ronsard.* C'est en 1584 seulement qu'elles parurent en entier. — Il existe une troisième pièce du roi à Ronsard, qui contient de très beaux vers et qu'on cite partout ; mais elle a paru pour la première fois en 1652 dans l'*Hist. de France* de Jean Royer et ne semble pas authentique (cf. Marty-Lav., III, 543, et *Notice sur Ronsard*, XLIX).

Binet fait allusion — cela est évident par l'addition de *C* — à ces vers de la première pièce :

> Donc ne t'amuse plus à faire ton mesnage,
> Maintenant n'est plus temps de faire jardinage :
> Il faut suivre ton Roy qui t'aime par-sus tous
> Pour les vers qui de toy coulent braves et dous :
> Et croy si tu ne viens me trouver à Amboise,
> Qu'entre nous adviendra une bien grande noise.

P. 26, l. 15. — *reprendre en luy*. Cf. ces vers des *Estrennes au Roy Henry III* écrites en décembre 1574 :

> .   .   .   .   .   .   je seray satyrique,
> Disoy-je à vostre frere, à Charles mon seigneur,
> Charles qui fut mon tout, mon bien et mon honneur.
> Ce bon Prince en m'oyant se prenoit à sourire,
> Me prioit, m'enhortoit, me commandoit d'escrire,
> D'estre tout satyrique instamment me pressoit
>   (Bl., III, 286.)

P. 26, l. 22. — *en cela Petrarque*. Binet a voulu dire, je crois, que Ronsard, au lieu d'intituler les poésies inspirées par Hélène : le *Troisieme livre des Amours,* ou bien : les *Amours d'Helene,* les a intitulées *Sonnets pour Helene* (on lit aussi en 1584 à la fin de ces poésies *Sonnets d'Helene*), à l'exemple de Pétrarque, dont le *Canzoniere* avait pour titre (du moins dans les éd. du XVIᵉ siècle) : *Sonetti e Canzoni in vita e in morte di Madonna Laura*. À moins que les mots « imitant en cela Petrarque » ne retombent sur la fin de la phrase précédente, ce qui est encore très possible, malgré la ponctuation.

P. 26, l. 29. — *en la loüant*. Ceci n'est pas tout à fait exact. Ronsard cessa de chanter Hélène de Surgères en 1575 au plus tard, alors qu'il n'avait encore que cinquante ans. Il dit lui-même, dans l'avant-dernier des *Sonnets pour Helene*, que ses « dix lustres passez lui sonnent la retraite ». Presque toutes les pièces inspirées par Hélène ont paru dans l'éd. collective de 1578, alors que Ronsard avait encore huit ans à vivre. Seule une élégie publiée en 1584 et un sonnet publié en 1587 sembleraient donner raison à Binet (Bl., I, 362 et 364 : « Vous ruisseaux... »). D'ailleurs Colletet nous apprend que Ronsard ne cessa pas d'entretenir avec Hélène d'amicales relations : « J'ay encore par devers moy, dit-il, quelques lettres escrittes de sa main peu de temps avant sa mort, par lesquelles il supplie son cher amy Galandius de presenter ses humbles baisemains à Mˡˡᵉ de Surgères, et mesme de la supplier d'employer sa faveur envers le thresorier regnant pour le faire payer de quelque année de sa pension. » (*Vie de Ronsard*, édit. citée, p. 67.)

P. 26, l. 32. — *devenir Poëtes*. V. le sonnet *Afin que ton honneur* (Bl., I, 357.)

Au sujet d'Hélène il convient de compléter ici l'exposé de Binet par quelques renseignements que Richelet a recueillis de sa propre bouche pour les commentaires qui parurent en 1597 et furent écrits, d'après la dédicace de Richelet, dès 1592. 1° En note du sonnet *Te regardant assise* : « Le sieur Binet qui a sceu familierement l'intention du Poete, m'a dit que la primitive conception de ce sonnet a esté dressée pour la Comtesse de Mansfeld, fille ainée du Mareschal de Brissac. Depuis il l'a accommodée à ses amours. » 2° Au sonnet *Dessus l'autel d'Amour* : « J'ay appris du sieur Binet que ce serment fut juré sur une table tapissée de Lauriers, symbole d'eternité, pour remarquer la mutuelle liaison de l'amitié procedante de la Vertu, qui est immortelle. » 3° Au sonnet *Passant dessus la tombe* : « Ceste Lucrece estoit Mlle de Bacqueville, jeune, belle, sçavante, des plus parfaictes de la Cour, et qui estoit des meilleures amies d'Helene, comme j'ay sceu du sieur Binet. »

Il est étonnant que Binet n'ait pas parlé, dans sa 3e rédaction, du Commentaire des *Sonnets pour Helene* écrits par Richelet pour l'édition de 1597. V. ci-dessus, p. 128, fin.

P. 26, l. 41. — *à s'irriter*. Cf. Horace, *Epitres*, II, ii, 102 « ... genus irritabile vatum ».

P. 26, l. 43. — *en plusieurs endroits*. V. ci-dessus, pp. 132, 145, 146, aux mots « *pension ordinaire ; sa vertu ; de son temps* » ; en outre, l'*Elegie au Sgr Baillon*, trésorier de l'Epargne du Roi :

Je me suis tourmenté sans nulle recompense :
Car envers mes labeurs trop ingrate est la France...

le *Poëme à Moreau,* autre trésorier de l'Epargne (VI, 265), et le *Dialogue des Muses deslogées* (III, 306).

P. 27, l. 1. — *Bellozane*. On lit au tome XI de la Gallia Christiana, col. 335-36, dans la liste des abbés de « Bellosanne » (diocèse de Rouen) :

« XXIII. Jacobus Amyot, vir eruditissimus..., abbatiam dimisit anno 1564 in gratiam sequentis.

« XXIV. Petrus I Ronsart, poeta suo tempore famosissimus, *abbatiam anno 1564 et capessivit et abdicavit.* »

Ainsi, d'après ce document précieux (le seul qui nous renseigne à ce sujet), Amyot abandonna son abbaye de Bellozane en faveur de Ronsard, et celui-ci, après l'avoir acceptée, y renonça la même année, 1564. La raison de ce dernier fait nous échappe, car, tout en préférant comme résidence le prieuré qu'il obtint peu après, celui de St-Cosme-lez-Tours, voisin de son Vendômois, de Bourgueil et des châteaux royaux de la Loire, Ronsard aurait pu, semble-t-il, cumuler, comme tant d'autres, les revenus de l'abbaye et du prieuré.

Ronsard n'a jamais eu d'autre abbaye que celle de Bellozane, et il n'en a joui que quelques mois. Aussi lit-on avec quelque étonnement dans Sainte-Beuve que Ronsard

« touchait les revenus de mainte abbaye », dans Blanchemain que Charles IX lui accorda « l'abbaye de Bellozane, celle de Beaulieu, celle de Croixval », dans Rochambeau, qui pourtant renvoie à la *Gallia Christiana*, que Ronsard « fut abbé commendataire de Bellozane jusqu'à sa mort », sans parler de biographes plus récents qui les ont copiés.

P. 27, l. 1. — *quelques Prieurez*. Sur les *cures* obtenues par Ronsard du temps de Henri II, v. ci-dessus, p. 132, aux mots « *pension ordinaire* ». De plus il avait été nommé en juin 1560 archidiacre de Château-du-Loir (administrateur des biens temporels) et chanoine de St-Julien du Mans. Il obtint encore le canonicat de St-Martin de Tours en janvier 1566.

Quant aux *prieurés*, Ronsard en a obtenu cinq, dont quatre au moins sous le règne de Charles IX : 1° le prieuré de St-Cosme-lez-Tours (mars 1565, n. st.) ; 2° celui de Croixval, qui était une baronnie (mars 1566) ; 3° celui de St-Guingalois de Château du-Loir (déc. 1569) ; 4° celui de Mornant (oct. 1573) ; 5° celui de St-Gilles de Montoire (à une date indéterminée). — Mais l'investiture de deux de ces prieurés donna lieu à de vives contestations : pour pouvoir garder celui de St-Guingalois, Ronsard dut céder pendant quelque temps à son compétiteur Florentin Regnard le canonicat de St-Martin de Tours et le prieuré de Croixval ; quant au prieuré de Mornant, Ronsard ne put en prendre possession que le 18 avril 1575 par un « procureur substitué », et il en fut dépouillé dès le 15 avril 1576 par un nommé Claude de Chassagny. Dans les quatorze dernières années de sa vie, Ronsard toucha les revenus des quatre autres prieurés. En outre, comme prieur de St-Gilles, il fut de droit jusqu'en 1584 curé commendataire de Montoire. Enfin, à partir d'une date indéterminée, mais certainement antérieure à 1571, le titulaire de l'abbaye de la Roë (Mayenne) dut, par ordre de Charles IX, prélever chaque année une somme de mille livres sur les revenus de la dite abbaye en faveur de Ronsard, et notre poète jouissait encore de cette rente annuelle en 1582.

Cf. Froger, *Rons. eccl.*, chap. III et IV ; J.-B. Vanel, art. sur *Ronsard prieur de Mornant*, paru dans le *Bulletin historique* du diocèse de Lyon, de janv.-févr. 1905 ; Angot, note sur *Ronsard et l'abbaye de la Roë*, publié dans les *Annales Fléchoises* de mai-juin 1906.

P. 27, l. 4. — *plus malade que sain*. Les mots « environ ce temps », qui ne se rapportent à aucun fait précis, montrent une fois de plus la négligence de Binet pour la chronologie de son sujet. C'est dans la première moitié de 1566 que Ronsard tomba gravement malade, au point que les huguenots de Bourges répandirent le bruit de sa mort (cf. une lettre de Passerat, du 20 août 1566, dans le *Ronsard* de M.-L., VI, 480). Mais je croirais plus volontiers que Binet a fait allusion ici à la « fievre quarte » qui compromit la santé du poète pendant plus d'un an qu'il ne bougea du prieuré de St-Cosme, en 1568-69, et dont les preuves abondent dans les deux livres de Poëmes publiés en août

1569. Voir M.-L., V, 59, 60, 70, 77, 96, 101, 107, 109, 112, etc., notamment ces vers :

> .   .   .   .   .   Onze mois sont passez
> Que j'ay la fievre en mes membres cassez (p. 60).
> Voyla, Jamyn, voyla mon souv'rain bien,
> En attendant que de mes veines parte
> Ceste execrable horrible fiévre quarte,
> Qui me consomme et le corps et le cœur,
> Et me fait vivre en extreme langueur (p. 77).
> Ainsin, Odin, je passe la journée
> Lors que la fiévre en mon corps encharnée
> Ronge mes os, succe mon sang... (p. 107).
> Tandis, Girard, que la fievre me tient
> Reins, teste, flanc, la Muse m'entretient
> Et de venir à mon lit n'a point honte (p, 109)[10].

Voir encore un sonnet d'Am. Jamin, publié en tête de ces *Poëmes* de 1569 :

> Fait nouveau mesnager, mon Ronsard, ton plaisir
> N'estoit que rebatir et regler ton mesnage
> .   .   .   .
> Quand Phœbus despité de voir son Luc moisir
> .   .   .   .
> De longue fiebvre quarte a voulu te saisir...,

428

et une ode du même *A la Santé pour M. de Ronsard malade de la fievre quarte* :

> Mechante fievre n'as-tu
> Assez Ronsard abatu
> Pere aux François de la Lyre ?
> Jà la lune quinze fois
> A recommencé le mois
> Depuis qu'il est en martyre.
>
> (*Œuvres*, 1575, liv. V.)

P. 27, l. 7. — *Monsieur de Pimpont*. C'est Germain Vaillant de la Guerle, abbé de Pimpont. Il signait ses pièces latines G. Valens Guellius PP., ou simplement PP. L'édition princeps de la *Franciade* présente parmi ses liminaires trois pièces de lui, dont un sonnet signé PP. On trouve également des vers latins de lui en tête de la *Bergerie* et des *Pierres précieuses* de R. Belleau. Les *Œuvres* d'Am. Jamin contiennent un « Discours à M. de Pimpont, Conseiller du Roy en sa Cour de Parlement » ; Baïf lui a dédié une ode ; Belleau a traduit deux de ses Epitaphes latines ; Ronsard le met au nombre des « divines têtes, sacrées aux Muses », qu'il regrette de voir s'exprimer en latin (préf. posthume de la *Franciade*). Sur ce personnage, qui fut évêque d'Orléans dans les dernières années de sa vie, voir Sc. de Sainte-Marthe, *Elogia,* traduits par G. Colletet en 1644.

P. 27, l. 17. — *consacrée aux Muses*. Blanchemain a le premier déclaré, après en avoir « acquis la certitude », que la « satire » de la *Dryade violée* n'était autre que l'« élégie » aux bûcherons de la forêt de Gastine (VIII, 30 et 100), et depuis on l'a répété sans contrôle. Or rien n'est moins certain.

D'abord la fameuse élégie : « Quiconque aura premier la main embesongnée... » n'a paru qu'en 1584, dix ans après la mort de Charles IX, et avec ce simple titre : *Elegie XXIV* ; elle figure encore dans les premières éditions posthumes (de 1587 à 1617 inclus) avec le simple titre d'*Elegie*. C'est seulement à partir de 1623 qu'on a ajouté le sous-titre *Contre les Bucherons de la forest de Gastine*. Quant à l'appellation de « Satire de la Dryade violée », on ne la trouve pour cette pièce dans aucune édition, contemporaine ou posthume, ni comme titre ni comme sous-titre ; les mots *dryade* et *violée* ne se rencontrent même pas dans la pièce elle-même, et d'ailleurs, en fait, elle n'est pas une *satire* mais une *élégie*.

D'autre part, Binet dit un peu plus loin, et dès sa première rédaction, que les Satires de Ronsard ne furent pas publiées, et qu'il tenait de la bouche même du poète que « quant aux satyres on n'en verroit jamais que ce qu'on en avoit veu » (allusion probable aux « discours » politiques, et peut-être aussi à certains passages des *Estrennes du Roy Henri III*, de décembre 1574 (Bl., III, 285-86 ; VII 306). La tournure syntaxique employée par Binet pour parler de la *Dryade violée*, comme de la *Truelle crossée*, ne semble-telle pas indiquer aussi que ces deux satires n'ont pas été publiées ?

Enfin, on ne voit pas que dans l'*Elegie contre les bucherons* Ronsard « reprenne aigrement de l'alienation du domaine et d'avoir fait vendre la coupe de la forest de Gastine le Roy et ceux qui gouvernaient lors ». Elle ne contient pas un seul vers où il soit question d'eux. Et s'il est vrai, comme je le crois (sans toutefois en être sûr), que le bûcheron de la forêt de Gastine ne faisait qu'exécuter l'ordre d'un roi, et que les apostrophes du poète s'adressent à ce roi bien plus qu'au bûcheron, il est faux que ce roi soit Charles IX. En effet, d'abord il ressort de tous les documents relatifs aux aliénations du domaine royal sous les règnes de Charles IX et de Henri III (1566, 1574, 1579) que ces rois, bien loin de faire abattre ou de laisser abattre les forêts qui en dépendaient, ont cherché à en assurer la conservation par des ordonnances, édits et règlements très sévères (cf. Fontanon, *Ordonnances des Rois de France*, II, pp. 363-67 ; Isambert, *Recueil des Anc. Lois*, XIV, p. 454 ; Pecquet. *Lois forestières*, II, p. 451). En second lieu la forêt de Gastine n'appartenait pas au roi de France, mais à Henri de Bourbon, duc de Vendôme depuis la mort de son père (1562) et roi de Navarre depuis la mort de sa mère (1572) ; et c'est le roi de Navarre qui a vendu la forêt de Gastine en 1573 pour commencer à payer avec son patrimoine les dettes contractées par Jeanne d'Albret (cf. un article de J. Martellière, *Annales Fléch.* de mai 1907, p. 186).

Pour moi, la « Satire de la Dryade violée » était tout autre chose, de bien plus long, plus direct et plus violent, que l'*Elegie contre les bucherons.* Tout au plus pourrait-on dire que nous possédons dans l'Elégie un fragment que Ronsard a détaché lui-même de la Satire en question et a consenti à publier ainsi en 1584. La Satire était dans ses manuscrits depuis 1573 ; elle circulait même probablement sous le manteau. En 1584, Ronsard se sera décidé à en publier une partie, la plus anodine, la plus générale, celle où la personne du roi de Navarre, suzerain des Ronsart de la Possonnière, disparaissait à peu près complètement.

Colletet parle aussi de la *Dryade violée* (Vie de Régnier, fragment cité par Rochambeau, *op. cit.*, p. 238) ; mais son témoignage n'éclaire en rien la question, n'étant que la reproduction de celui de Binet.

P. 27, l. 21. — <u>*de l'Architecture*</u>. Blanchemain a cru que cette satire de la *Truelle crossée* n'est autre que le sonnet *Penses-tu mon Aubert...*, qu'il a réédité au tome VIII de son édition de Ronsard, p. 139 (cf. pp. 30, 100 et 106). Je ne puis partager son opinion.

D'abord, quoiqu'il existe des sonnets satiriques, dont les *Regrets* de Du Bellay présentent des modèles, un sonnet n'est pas précisément une satire comme celles dont Binet parle ici. — Ensuite le sonnet dont parle Blanchemain a paru pour la première fois en 1556 dans la *Nouvelle Contin. des Amours*, tandis que la satire dont parle Binet aurait été écrite sous Charles IX et avec sa permission — En outre, ce sonnet avait pour titre, non pas la *Truelle crossée*, comme on pourrait le croire d'après l'éd. Bl., mais simplement *Sonet*, et cela non seulement dans l'éd. princeps, mais dans les deux réimpressions de Rouen et de Paris en 1557 (Ronsard l'a retranché de ses œuvres dès 1560). — Enfin, dans ce sonnet, Ronsard ne « blâme » pas « le roy de ce que les benefices se donnaient à des maçons et autres plus viles personnes » ; ce n'est pas l'idée générale, le sujet même de cette pièce ; et le premier tercet, qui seul fait allusion aux riches bénéfices des architectes royaux, ne vise aucun d'eux « particulièrement », mais pourrait s'appliquer aussi bien à Pierre Lescot qu'à Philibert Delorme.

Quand il a voulu « taxer particulierement » Delorme, il l'a fait d'une façon plus explicite, par ex. dans la *Complainte contre Fortune*, écrite aux environs du 1er janv. 1559 :

> Maintenant je ne suis ny veneur ny maçon
> Pour acquerir du bien en si basse façon,
> Et si ay faict service autant à ma contrée
> *Qu'une vile truelle à trois crosses tymbrée.*
>
> (Bl., VI, 166.)

Philibert Delorme (ou de l'Orme) possédait en effet trois abbayes à la fois : celle de Geveton au diocèse de Nantes (depuis 1547), celle de St-Barthélemy au diocèse de Noyon (depuis 1548), celle de l'Ivry (ou d'Ivry) au diocèse d'Evreux (depuis 1548). Il avait encore obtenu, dès le début du règne de Henri II, la fonction de Conseiller et aumônier ordinaire du roi, et la charge de Surintendant des bâtiments royaux ; un peu plus tard, mais toujours sous Henri II, il fut nommé chanoine de Notre-Dame de Paris.

Après la mort de Henri II et le départ de Diane de Poitiers, dont il avait construit le château d'Anet, il tomba en disgrâce et perdit sa charge officielle de Surintendant, donnée à son ennemi le peintre Primatice. En 1560, ayant renoncé à l'abbaye de l'Ivry en faveur d'un frère de Diane, il reçut en compensation celle de St-Serge d'Angers, et jusqu'à sa mort, arrivée en 1570, il s'intitula abbé de St-Serge, comme auparavant il s'intitulait abbé de l'Ivry. Rentré en grâce auprès de Catherine de Médicis vers 1564, il fut chargé par elle de la construction du palais des Tuileries ; et c'est évidemment vers la fin de sa vie qu'il faut placer l'anecdote racontée par Binet.

L'ouvrage dont parle Binet a paru en 1567 sous ce titre : *Le premier tome de l'Architecture de Philibert de l'Orme, Conseiller et Aumonier ordinaire du Roy et Abbé de St-Serge-les-Angiers* (Paris, Fed. Morel). Sur la vie et les œuvres de cet architecte royal on trouvera de plus amples renseignements dans un ouvrage, actuellement sous presse, de M. Henri Clouzot, intitulé *Les Maîtres de l'Art : Philibert de l'Orme* (Paris, Plon et Nourrit, in-16).

Ronsard conserva toujours pour Delorme une véritable antipathie, témoin ces vers adressés à Moreau, « trésorier de l'Espargne » :

Il ne faut plus que la Royne bastisse

. . . .

Mais que nous sert son lieu des Thuilleries ?

(Bl., VI, 266.)

et ceux-ci d'une odelette satirique à Charles IX :

> J'ay veu trop de maçons
> Bastir les Tuilleries... (Bl., VIII, 106.)

Tout cela nous fait regretter d'autant plus que la satire de la *Truelle crossée* n'ait pas été publiée, et soit encore à retrouver, quoi qu'en ait pensé Blanchemain.

Peut-être aussi faut-il croire avec l'auteur des *Remarques critiques sur le Dictionnaire de Bayle* (in-f° de 1752, p. 480), que la satire de la *Truelle crossée* n'a jamais été écrite, et par conséquent n'est point à retrouver. Il pense que Binet « a métamorphosé un simple Sonnet en Satire », et, après avoir cité le sonnet à G. Aubert, *Penses tu mon Aubert* (d'après la réédition de Rouen, 1557), il conclut : « C'est sans doute ce Sonnet, que Binet n'avait apparemment pas vu, et dont il n'avait ouï parler que d'une manière confuse, qui a donné lieu au conte de la Satire, laquelle, selon lui, avait pour titre : *la Truelle crossée.* »

P. 27, l. 30. — *en François*. Philibert Delorme, ainsi que Ronsard s'y attendait, avait lu ces trois abréviations latines comme trois mots français complets : *Fort révérend abbé*.

P. 27, l. 34. — *la porte aux Muses*. Il s'agit de l'épigramme VIII d'Ausone, intitulée *Exhortatio ad modestiam* ; ce sont quatre distiques dont voici le dernier :

> Fortunam reverenter habe, quicunque repente
> Dives ab exili progrediere loco.

Un biographe de Delorme, J. S. Passeron, a jugé cette anecdote controuvée, d'autant plus suspecte, dit-il, que Delorme n'ignorait pas le latin. À quoi Ad. Berty a répondu avec raison qu'on ne peut rien conclure de là contre l'authenticité de l'anecdote, car « présentés sous la forme tronquée que leur avait donnée Ronsard, les trois premiers mots du distique d'Ausone n'éveillaient point l'idée d'un texte latin à compléter et à traduire, mais étaient calculés pour fourvoyer celui qui chercherait à les interpréter. »(*Gazette des Beaux-Arts*, tome IV, octobre 1859, pp 83-84.)

P. 27, l. 38 — *Roy de France*. Cette satire n'a jamais été publiée et semble perdue (cf. Bl., VIII, 30 et 101).

P. 27, l. 40. — *le meilleur des Rois*. Odelette satirique publiée par Blanchemain, d'après un manuscrit de L'Estoile (*Œuvres inédites de Ronsard*, p. 127, et tome VIII des *Œuvres*, p. 105). Son authenticité a été mise en doute par Marty-Laveaux (*Œuvres de Ronsard*, VI, 493) ; mais il s'est bien gardé de citer le témoignage de Binet qui lui donne tort. Voir ce que j'en ai dit dans ma thèse sur *Ronsard p. lyr.*, pp. 245 et 246.

P. 28, l. 19. — *à sa Muse*. Voir l'*Hymne du Roy Henri III*, qui fut écrit non pas, comme le dit l'édition de Bl. (V, 144), « pour la victoire de Moncontour », mais pour celle de Jarnac (il parut le 1ᵉʳ août 1569 dans les *Poëmes* sous ce titre : « Chant triomphal pour jouer sur la lyre sur la victoire qu'il a plu à Dieu de donner à Mgr le duc d'Anjou ») ; puis les trois pièces écrites avant et après la bataille de Moncontour, savoir : « Priere à Dieu pour la victoire ; l'Hydre desfaict ; les Elemens ennemis de l'Hydre » (Bl., VII, 149 et suiv.), — dont la seconde parut en 1569 dans les *Paeanes sive Hymni in triplicem victoriam...* de Dorat et quelques autres poètes. Le souvenir de ces chants de victoire est longuement rappelé par Ronsard dans le *Discours au Roy après son retour de Pologne* (III, 276-78).

P. 28, l. 22. — *volontiers*. Voir cinq sonnets publiés en 1578 (Bl., V, 310-13), une bonne partie du *Bocage Royal* (III, 265 à 310) et la dédicace des *Elegies* (IV, 215). Quant aux gratifications de Henri III, Ronsard y fait allusion dans le *Panégyrique de la Renommée*, publié en 1579 :

> Nul poëte François, des Muses serviteur,
> Ne presenta jamais d'ouvrage à sa hauteur
> Qu'il n'ait recompensé d'un present magnifique...
>
> (III, 274.)

Ronsard a très probablement écrit ces vers après avoir été récompensé des épitaphes qu'il composa en l'honneur des mignons du Roi, Quelus et Maugiron, tués en duel au mois d'avril 1578. On sait en outre par P. de l'Estoile ce que Henri III donna à Ronsard pour sa participation aux fêtes du mariage de Joyeuse en septembre 1581 : « Le Roy donna à Ronsard et Baïf, poëtes, pour les vers qu'ils firent pour les mascarades, combats, tournois et autres magnificences des nopces et pour la belle musique par eux ordonnée et chantée avec les instrumens, à chacun deux mil escus, et donna en son nom et de sa bourse les livrées de drap de soie à chacun... » (Registre-Journal de P. de l'Estoile, édition Brunet et Champollion, tome II, p. 23.) Cf. P. Lacroix, *Ballets et Mascarades de Cour*, Introduction, et le *Ronsard* de Blanchemain, tome IV, pp. 170 à 176 et 211.

P. 28, l. 25. — *à son lict*. Il est possible que Binet, ne connaissant pas la date d'apparition des pièces qu'il consultait, se soit inspiré dans ce passage, surtout pour l'addition de *C*, du poème de la *Salade* :

> Tu me diras que la vie est meilleure
> Des importuns qui vivent à toute heure
> Aupres des Roys en credit et bonheur,
> Enorgueillis de pompes et d'honneur :
> Je le sçay bien, mais je ne le veux faire
> Car telle vie à la mienne est contraire.
> Il faut mentir, flater et courtiser
> Rire sans ris, sa face desguiser
> Au front d'autruy, et je ne le veux faire,

Car telle vie à la mienne est contraire. *
Je suis pour suivre à la trace la Court
Trop maladif, trop paresseux et sourd...

(Bl., VI, 88)

Mais ce poème parut dès 1569 dans le *Sixiesme livre des Poèmes*, et par conséquent fut écrit en plein règne de Charles IX.

P. 28, l. 28. — *bon et sage Roy*. Voir les *Muses deslogées* :

J'ay peu de cognoissance à sa grandeur royale...

(Bl., III, 310)

et la dédicace des *Elegies* (1578), devenue l'Elegie I en 1584 :

Ainsi quand par fortune ou quand par maladie
Je m'absente de vous, ma Muse est refroidie

. . . .

Ne faites pas vers moy ainsi qu'un mauvais maistre
Fait envers son cheval ne luy donnant que paistre
Encor qu'il ait gagné des batailles sous luy,
Lorsque la maladie, ou le commun ennuy
D'un chascun, la vieillesse, accident sans ressource,
Refroidit ses jarrets et empesche sa course.

Il est certain que le poète favori de Henri III ne fut pas Ronsard, mais Desportes, qui l'avait accompagné en Pologne et chantait ses amours. P. de l'Estoile est allé jusqu'à écrire que Henri III « ne fit jamais à Ronsard grande démonstration de faveur, ni aucun avancement » (*op. cit.*, II, 222).

Sur une liste de pensionnaires du roi Henri III, de l'année 1577, on lit : « Me Pierre de Roussard (*sic*), poëte françois, XIIe l. » (Jal, *Dict. crit.*, au mot *Ronsard.*) Mais cette pension de 1.200 livres, Ronsard l'avait déjà sous Henri II et sous Charles IX. V. ci-dessus, p. 132, aux mots « *pension ordinaire* ».

P. 28, l. 33. — <u>regnant</u>. Ce passage tendrait à faire croire que Binet a préparé sa troisième édition dès avant la date de la mort de Henri III (1er août 1589). Mais on ne s'explique pas qu'en 1597 il ait laissé ces trois mots « à present regnant ». Cf. ci-après, au mot « *devins* ».

P. 28, l. 44. — <u>envoya</u>. Ronsard a dédié par une longue préface en prose l'un de ses recueils à la reine d'Angleterre Elisabeth. Ce sont les *Elegies, Mascarades et Bergerie*, publiées en 1565 (cf. l'éd. Marty-Laveaux, VI, 446, et ma thèse sur *Ronsard p. lyr.*, p. 214). Ce recueil contenait en outre trois poèmes très flatteurs, adressés, l'un à la reine Elisabeth, l'autre à son favori lord Dudley, comte de Leicester, le troisième à son secrétaire Cecille (cf. l'éd. Bl.,

III, 323, 391 ; IV, 382). C'est probablement en retour de cette dédicace et de ces trois poèmes que la reine d'Angleterre envoya à Ronsard ce diamant de grand prix, dont Binet est seul à parler.

P. 28, l. 48. — *son Secretaire*. Cette leçon, reproduite en 1604, nous semble la vraie leçon, au lieu de « le sieur de Nauson Secretaire », qu'on lit très distinctement dans les deux éditions in-fº et in-12 de 1609 et dans celles de 1617 et 1630. En 1623, on a rétabli la leçon primitive : « le sieur de Nau son Secretaire ». G. Colletet, qui avait sans doute sous les yeux l'édition de 1609, ou celle de 1617, qu'il a pillée sans vergogne, a écrit : « Cette princesse, toute prisonniere qu'elle estoit, l'an 1583, luy envoya par un de ses secretaires, nommé le seigneur Nauzon, un buffet de deux mille escus. » (*Vie de Ronsard*, éd. citée, p. 43). Cimber et Danjou ont adopté la leçon de 1609, en l'aggravant par une virgule, « le sieur de Nauson, secrétaire » (*Arch. cur. de l'Hist. de Fr.*, 1ʳᵉ série, tome X, p. 391). Enfin l'abbé Simon a corrompu encore plus le texte de Binet en donnant pour secrétaire à Marie Stuart « le sieur de Nanson » (*Hist. de Vendôme*, III, p. 537). Bien que Nanson ait un air plus anglais ou écossais que Nau, nous croyons sage d'adopter la leçon primitive, ainsi que l'a fait Blanchemain dans la notice de son éd. de Ronsard (VIII, 40).

P. 29, l. 4. — *pour son hoste*. Jean Galland, d'Arras, fut avec Binet l'exécuteur testamentaire de Ronsard, et rédigea la dédicace de la première édition posthume de ses Œuvres au roi Henri III, où l'on voit qu'il « acquit par le droit d'hospitalité la familière accointance de feu Mr de Ronsard » (Bl., I, xv et xviii). Cette dédicace est suivie de vers latins de Nicolas Ellain, médecin parisien, *Ad Janum Gallandium P. Ronsardi Pyladem.* Le *Tombeau de Ronsard* contient quelques distiques latins de J. Galland *Piis amici Ronsardi manibus* (*Id.,* VIII, 253).

Jean Galland était simple clerc tonsuré du diocèse de Saint-Omer. Le pape Sixte-Quint le fit entrer en possession de trois prieurés laissés vacants par la mort de Ronsard (v. ci-après, aux mots « *de sa volonté* et *ses serviteurs* »), à la condition qu'il recevrait le sous-diaconat dans les six mois suivants, et se disposerait à la prêtrise dans le délai d'une année (Arch. dép. de la Sarthe, registre G. 349, f° 121, r^o). Sur ce personnage, v. La Croix du Maine, *op. cit.,* au nom de Pierre Galland, oncle de Guillaume, qui fut lui-même oncle de Jean : tous trois se succédèrent comme principaux du Collège de Boncourt : et quand Jean Galland mourut, en janvier 1612, ce fut son neveu, Philippe Galland qui lui succéda non seulement comme principal du dit Collège, mais comme prieur de Croixval et de Saint-Gilles de Montoire.

Sur le Collège de Boncourt (*Becodiana domus*), qui était situé à l'emplacement de l'Ecole Polytechnique (du côté des rues Descartes et Clovis), cf. E. Frémy, *L'Acad. des derniers Valois,* p. 56.

Sur les fréquents séjours de notre poète au Collège de Boncourt, les exemples de piété, d'érudition et d'éloquence qu'il y donnait aux professeurs et aux élèves, les visites qu'il y recevait et les soins affectueux dont Galland l'y entoura jusqu'en 1585, voir un long développement de Jacques Velliard : professeur au collège et témoin oculaire, il en parle avec émotion dans sa deuxième *Laudatio funebris*, à partir de : « Te semper fortunatam duxi, Becodiana domus, et quoad vivam felicem prædicabo... » (ff. 16 r° à 17 r°). Cf. G. Critton : « Hem, tunc, Ronsarde, quem toties obstupescentibus oculis praesentem sumus intuiti, toties in hac area sub umbraculis his et lucis inambulantem... » (*Laud. fun.*, p. 10.)

P. 29, l. 7. — *gouttes ordinaires*. La date que donne Binet du dernier séjour de Ronsard à Boncourt est corroborée par Velliard et Critton ; il y était au moment des fêtes de Pâques 1585. « *superioribus paschalibus* », dit le premier, « *proximo superiori paschatis festo* », dit le second. Cf. Du Perron, dont l'exposé relatif à la dernière année de Ronsard diffère sensiblement de celui de Binet : « Cependant ce dernier labeur[11] le reduisit à une telle extremité que, estant tombé malade de la goutte, à laquelle il y avoit deja quelque temps qu'il estoit sujet, il demeura dix mois continuels en ceste ville[12] perclus et arresté dedans un lict, avecques des douleurs qu'il est plus facile d'imaginer que de representer. Or ceste maladie lui ayant duré jusques aux premiers mois de l'année precedente[13], comme il veid que le printemps commençoit à revenir, et qu'il y avoit quelque esperance que le changement de saison et d'air luy pourroit ayder aucunement à recouvrer sa santé, luy qui estoit plein d'impatience de son naturel, n'eut pas le loisir d'attendre que le beau temps l'eust un peu remis pour se faire porter à un prieuré qu'il avoit en Vendomois, qui se nomme Croix-val, dependant de l'Abbaye de Tyron. Cependant vous pouvez penser combien l'agitation et l'ébranlement du coche apportoit de douleur à une personne disposée comme il estoit. Nonobstant toutes ces difficultés il arriva finalement à Croix-val. Aussitost qu'il y est arrivé, voilà les armes qui se levent par toute la France... Il est vray que ce premier feu ne dura pas longtemps... Les choses ne furent pas si tost pacifiées de ce costé là, que ce fut à recommencer de l'autre. Car voilà les armes entre les mains de ceux de la religion et le chasteau d'Angers pris pour eux, et leurs compagnies qui passent la riviere de Loire, et mettent tout l'Anjou et le Vendomois en alarme. Sur ces entrefaites M\r de Joyeuse arriva là, duquel l'expédition fut si heureuse... qu'apres avoir remis la place entre les mains du Roy.... il les estonna de telle sorte qu'il dissipa en moins de rien toutes leurs troupes... M\r de Ronsard qui ne sçavoit encore rien du desordre de ceste armée, et qui avoit seulement les nouvelles que toutes les forces de ceux de la religion venaient fondre en Vendosmois, prist l'alarme extremement chaude, pensant que c'estoit ceste guerre qui s'y venoit terminer : et comme il n'avoit aucune envie de tomber entre leurs mains, se resolut de desloger sur l'heure mesme, tout malade comme il estoit, et se faire rapporter en ceste ville[14] : là où si tost qu'il fut arrivé, le voilà plus cruellement traicté que jamais, avecques des douleurs

444

estranges et insupportables, desquelles il fut affligé environ trois sepmaines ou un mois, ayant esté si rompu et si travaillé par les chemins, qu'il n'estoit pas possible de plus.

« Au bout de ce temps-là... il s'alla imaginer que c'estoit l'air de Paris qui luy estoit ainsi contraire, et qu'il falloit qu'il se fist reporter en Vendosmois, là où toutes choses estoient pacifiées et asseurées comme auparavant. Joinct aussi que les visitations qu'il recevoit en ceste ville l'ennuyoient et l'affligeoient aucunement... Or avoit-il beaucoup plus de courage que de force, tellement que quelques remonstrances que ses plus familiers luy sceussent faire de l'incommodité du temps, de l'indisposition de sa santé…, il ne fut jamais en leur puissance de retarder ce malheureux voyage, auquel je ne vous sçaurois exprimer les peines et les tourments qu'il endura, sinon que ce fut encore pis en s'en retournant que ce n'avoit esté en venant.

« Comme il fut arrivé à Croix-val pour la seconde fois, ce fut alors qu'il commença à desesperer du tout de sa vie... » (*Or. fun.*, texte de 1586, pp. 72 à 78.)

D'après Binet (les 3 textes), Ronsard n'a pas fui devant les huguenots jusqu'à Paris, mais simplement jusqu'à Montoire, en son prieuré de Saint-Gilles, à deux lieues au plus de Croix-val, et c'est à Montoire que Galland vint retrouver le 30 octobre son cher poète, qui avait quitté Paris depuis le 13 juin. (V. ci-après, p.179, aux mots « *fondre en ce pays* ».)

P. 29, l. 14. — *mestiers de Mercure*. Bl., V, 249 ; M.-L., VI, 316. Cet *Hymne de Mercure*, composé en 1585 (ou

1584) et dédié à Binet, est imité en partie de l'*Hymnus Mercurio* de Marulle : « Ergo restabat mihi.. » (éd. de 1561, Paris, Wechel, f° 72 r°). La fin contient cette prière, qui le date du mois de février au plus tard :

> Donne moy que je puisse à mon aise dormir
> Les longues nuicts d'Hyver, et pouvoir affermir
> Mes jambes et mes bras debiles par la goutte...

Sur le misérable état de santé de Ronsard durant son dernier séjour au collège de Boncourt et les soins touchants que lui prodiguait son ami Galland, voir la fin de la seconde *Laudatio funebris* de J. Velliard, à partir de : « Sed quo me rapit saeva necessitas ?... » (f° 18 v°).

P. 29, l. 17. — *sa seconde ame*. G. Critton nous apprend que Ronsard avait coutume d'appeler son ami Galland μονοφιλούμενος, le seul aimé (*Laud. fun.*, p. 11). Binet l'appelle encore dans son *Eclogue* funèbre « la moitié de Perrot », *dimidium animae* (Bl., VIII, 228) ; Galland lui-même appelle Ronsard : « Pars animae quondam dimidiata meae » (*Ibid.*, 253). Enfin N. Ellain appelle Galland le Pylade de Ronsard (v. ci-dessus, p. 175, aux mots « pour son hoste »).

P. 29, l. 19. — *Atrebatique race*. C'est-à-dire enfant du pays des Atrebates (Artois). *Atrebates* est l'ancien nom de la ville d'Arras.

P. 29, l. 34. — Source des Muses. Cf. G. Critton : « Maria certè Scotorum Regina, quae tametsi captiva a multis eum annis munerare non destitit, ut est literata imprimis Princeps, videre videor quàm flebiles elegias, quàm tristes et tali argumento dignos iambos, quàm arguta meditetur epitaphia » (*Laud. fun.*, p. 14).

Les pièces où Ronsard a chanté Marie Stuart sont assez nombreuses : une ode de 1556, *O belle et plus que belle* ; un sonnet de 1560, *L'Angleterre et l'Escosse* ; une élégie de 1561, *Comme un beau pré* ; deux élégies de 1563, *Le jour que vostre voile*, et *L'Huillier si nous perdons* ; la *Bergerie* de 1565, qui lui est dédiée ; l'« envoi » de 1567, *Je n'ay voulu Madame* ; la « fantaisie » de la même année, *Bien que le trait* ; le sonnet de 1578, *Encores que la mer*, qui, à cette date, est placé en tête du deuxième livre des *Poëmcs* dédié à Marie Stuart. Voir l'éd. Blanchemain, mais sans tenir compte de sa chronologie (II, 481 ; IV, 5 ; V, 304 ; VI, 9, 10, 14, 19, 21, 24).

Quant à l'inscription rapportée par Binet, elle est un peu obscure. Je pense que « l'Apollon de la source des Muses » est une apposition à « Ronsard ». On l'appelait alors couramment « l'Apollon François ». Voir notamment le *Tombeau de Ronsard* (Bl. VIII, 223, 240, 263, 270).

P. 29, l. 39. — *de Paris*. Velliard, parlant du collège de Boncourt, dont il vante l'air salubre, les beaux arbres, les réunions savantes, l'appelle : « *Academiae Parisiensis lux* » et « *Musarum delubrum* » ; et il ajoute qu'à voir Ronsard, marchant et parlant au milieu des élèves, on eût dit qu'Apollon en personne était descendu du ciel, ayant choisi pour son Parnasse ce coin béni : « aut ipsum Apollinem caelo in terras fuisse delapsum, qui hunc Parnassum, haec sua delubra lustraret ». (*Laud. fun.* II, f° 17 r°).

P. 30, l. 12. — *du Laurier*. Bl. VII, 307 ; M.-L. VI, 293.

P. 30, l. 15. — *tant celebrez*. Sur Croixval, prieuré dépendant de l'abbaye de Tiron, cf. Froger, *Rons. eccl.*, p. 35 ; J.-J. Jusserand, *Ronsard and his Vendomois* dans le *Nineteenth century* d'avril 1897, p. 600 ; André Hallays, *Au pays de Ronsard,* dans les *Débats* du 10 octobre 1902, art. reproduit par les *Annales Fléch.* de mars 1903 ; Hallopeau, *op. cit.*, chap. I, § 3, le Vallon de la Cendrine ; P. Laumonier, *Notes d'hist. litt.* dans les *Annales Fléch.* de septembre 1906 ; P. Clément, *Monographie de Ternay* (tirage à part, 1907, pp. 8 et suiv.) ; P. Dufay, *Ronsard et le prieure de Croixval,* dans la *Rev. de la Renaiss.* de janvier 1909.

Sur les poésies consacrées à la forêt de Gastine et à la fontaine Bellerie (laquelle était à Couture, et non à Croixval), v. ma thèse sur *Ronsard p. lyr.,* pp. 432 et suiv. — Sur la fontaine même de la Bellerie, v. ci-après, p. 227, aux mots « *fonteine Bellerie* ».

P. 30, l. 26. — *estre un remede*. Nous avons là un résumé très précieux d'une lettre de Ronsard à Galland, que celui-ci a certainement communiquée à Binet. Le texte de *A*, avec sa citation latine, se rapproche plus de la lettre du poète que celui de *B* et de *C*. Cette lettre est l'une de celles dont l'original était « tombé entre les mains » de G. Colletet. Or celui-ci l'a résumée de son côté en y conservant la citation latine, qu'il n'a pu prendre que dans l'autographe de

Ronsard, puisque des trois rédactions de Binet il n'a consulté que la troisième, d'où la citation est absente (*Vie de Ronsard*, éd. citée, pp. 51-54).

P. 30, l. 30. — *de sa volonté*. On est d'abord tenté de croire avec Mlle Evers (p. 130) que Binet fait ici allusion au premier acte testamentaire de Ronsard, par lequel il résignait en faveur de Galland ses prieurés de St-Gilles de Montoire, de Ste-Magdelaine de Croixval et de St-Guingalois de Château-du-Loir, acte qui fut dressé par-devant notaire à Croixval le 20 septembre 1585, et que l'abbé Charles a publié *in extenso* dans son étude sur *Saint Guingalois et son prieuré à Chateau-du-Loir* (Revue hist. et archéol. du Maine, tome V, 1879, 1er semestre, p. 380).

Mais on aurait tort, car 1° la date de cette résignation, 20 septembre, ne correspond pas à celle qu'indique Binet, « quelques jours apres le 22 octobre » ; 2° cette résignation a été faite par le notaire de Saint-Pater (St-Paterne), en présence de Louis de Bueil, chevalier, seigneur de Racan, de Jacques de Boyer, écuyer, seigneur de St-Sulpice de Roquemeur, et de Jean de Loré, seigneur des Prés (le curé de Ternay n'est pas nommé parmi les témoins) ; 3° le 20 septembre, Ronsard a dicté sa volonté à un notaire, tandis qu'à la fin d'octobre il s'est contenté de l'exprimer oralement au curé de Ternay, et, d'après Binet, « il renvoya le notaire, luy disant qu'il n'y avoit encore rien de pressé... » ; bien plus, si l'on s'en tient à la rédaction de *C*, Ronsard n'a exprimé d'aucune façon sa dernière volonté dans l'entrevue d'octobre.

L'abbé Froger a bien fait cette distinction, quand, après avoir parlé du testament du 20 septembre, puis de la lettre à Galland du 22 octobre, il ajoute : « On put croire un moment que Galland n'arriverait pas à temps. Peu de jours après avoir écrit cette lettre, le poète, se trouvant plus mal, fit appeler le curé de Ternay, se confessa et reçut la sainte communion. Un mieux léger s'étant produit, il renvoya le notaire qu'il avoit d'abord réclamé. » (*Ronsard eccl.*, pp. 50 à 52.)

Ternay est la paroisse sur le territoire de laquelle se trouvait le prieuré de Croixval. Cf. Hallopeau, *op. cit.*, chap. I, § 3, le Vallon de la Cendrine ; P. Clément, *Monographie de Ternay*.

Plusieurs pièces des Arch. dép. du Loir-et-Cher mentionnent le curé de Ternay que Ronsard fit appeler à son prieuré de Croixval le 25 ou le 26 octobre 1585. C'est un nommé Pierre Martin. En outre, son acte de décès se trouve dans un registre paroissial de Ternay, qui est actuellement parmi les registres paroissiaux de Villedieu, commune voisine, sous le titre *Ternacensis, n° 3*. Cet acte, qui se lit à la date de 1591, entre un acte du 22 août et un autre du 14 octobre de la même année, est ainsi conçu : « Icy deceda messire Pierre Martin, apres avoir deservi en dignité et qualité la parrouesse de Terné sept années, et ce après le deces de deffunct le poyte Ronsard, duquel par sa faveur il en avoit esté pourvu ». — Je dois ce renseignement à l'obligeance de M. P. Clément, instituteur d'Artins, qui a ainsi complété et rectifié ce qu'il en avait dit dans sa

Monographie des Hayes, p. 42, et dans sa *Monographie de Ternay*, pp. 14 et 41.

P. 31, l. 10. — *fondre en ce pays*. Ainsi ce n'est pas à Paris, comme le dit Du Perron, mais simplement à Montoire, que Ronsard s'est retiré par crainte des huguenots, et cela seulement dans les derniers jours d'octobre 1585 (v. ci-dessus, p. 176, aux mots « *gouttes ordinaires* ».

Sur la prise du château d'Angers par les protestants (fin de septembre), l'expédition du prince de Condé, venu de la Saintonge en Anjou pour soutenir ses coreligionnaires dans le courant d'octobre, et la dispersion de ses troupes par celles du duc de Joyeuse le 25 octobre les jours suivants dans la vallée du Loir et la direction de Vendôme cf. De Thou, *Hist.*, liv. LXXXII, trad. de 1734, tome IX, pp. 385 396.

Sur le prieuré de Saint-Gilles de Montoire, dépendant de l'abbaye de St-Calais, voir Rochambeau, *op. cit.*, p. 93 ; André Hallays, *Journal des Débats* du 3 octobre 1902, article reproduit avec illustrations dans les *Annales Fléchoises* de janv. 1903 ; Hallopeau, *La Chapelle du prieuré de St-Gilles, Annales Fléch.* de septembre 1907.

P. 31, l. 11. — *le lendemain*. Ronsard a donc séjourné à Montoire pour la dernière fois du 28 octobre au 2 novembre 1585.

P. 31, l. 25. — *je dors*. Pièce publiée dans la plaquette posthume qui a pour titre *Derniers vers de P. de Ronsard* (février 1586 ; v. ci-dessous, p. 180, au mot « *autrement* »), mais non recueillie dans les éditions posthumes des *Œuvres*, sauf dans celles de Blanchemain (VII, 315) et de Marty-Lav. (VI, 304). Binet et Galland jugèrent sans doute qu'il suffisait qu'elle fût reproduite *in extenso* dans la *Vie de Ronsard*, laquelle était imprimée au tome X de l'édition de 1587, immédiatement après les *Epitaphes* et les *Derniers vers*.

P. 31, l. 28. — *plus chrestiennement qu'il n'est*. Il s'agit d'une épigramme de l'empereur Hadrien, qu'il fit à Baia quelques jours avant de mourir :

> Animula vagula, blandula,
> Hospes comesque corporis,
> Quae nunc abibis in loca
> Pallidula, rigida, nudula,
> Nec, ut soles, dabis jocos…

V. l'*Anthologie grecque*, traduite sur l'édition de Fr. Jacobs (Paris, Hachette, 1863, tome II, p. 354).

P. 32, l. 6. — *soit à la terre*. Bl. VII, 315 ; M.-L. VI, 303. Même remarque que ci-dessus, p. 180, aux mots « *je dors* ».

P. 32, l. 15. — *Or qu'il ait satisfait* = Bien qu'il ait satisfait. Ces mots ont pour corrélatifs : « toutefois plusieurs sçavans… »

P. 32, l. 19. — *cela te suffise*. Bl. IV, 228 ; M.-L. IV, 16. Ce vers tronqué est extrait d'une pièce qui portait en effet dans l'édition de 1584, consultée par Binet, le titre *Discours I en forme d'Elegie*, et s'adresse à Genèvre, laquelle fut une des maîtresses de Ronsard vers 1561. Elle avait paru pour la première fois en 1563 dans le troisième livre du *Recueil des Nouvelles Poësies,* sous ce titre : *Discours amoureux de Genevre.*

P. 32, l. 23. — *autrement.* Ces lignes sont empruntées presque textuellement à l'épître datée du 24 février 1586, que Binet avait écrite en tête des *Derniers vers de P. de Ronsard* (édition *princeps,* Paris, G. Buon, qui ne contient ni le *Discours de la Vie,* ni le *Tombeau de Ronsard,* Bibl. Mazarine, n° 10.849) : « Si la diligence des ouvriers l'eust permis, le papier tant honoré du beau nom de Ronsard eust tesmoigné son dueil, et accompaigné voz regretz de la noire teinture des vers *des plus choisis personages de nostre France, que j'ay prié de ce devoir,* et des principaux points du cours de sa vie que nous avons dressé, *non pour illustrer sa mémoire davantage, ains pour n'obscurcir la nostre, si nous faisions autrement.* » (Cf. Marty-Lav., *Notice sur Ronsard,* p. CIII.)

P. 33, l. 3. — *assemble.* Le texte *dessus ses fleurs* paraît d'abord fautif : on est tenté de lire dessous ses fleurs. Cependant nous croyons devoir conserver la leçon de toutes les éditions, considérant que Binet a exprimé la même idée de la même façon dans un sonnet du *Tombeau de Ronsard :*

> Homere gist d'Ios *sur* les celestes fleurs,
> Virgile dans ton sein, Partenope sereine,
> Et Ronsard *sur* la soye aux jardins de Touraine.
> (Bl. VIII, 254.)

P. 33, l. 8. — *que l'on en tire*. La source de ce passage est le troisième sonnet des *Derniers vers*, dont voici les tercets :

Heureux, cent fois heureux, animaux qui dormez
Demy an en vos trous, sous la terre enfermez,
Sans manger du pavot, qui tous les sens assomme.
J'en ay mangé, j'ay beu de son just oublieux,
En salade, cuit, cru, et toutesfois le somme
Ne vient par sa froideur s'asseoir dessus mes yeux.

(Bl. VII, 313 ; M.-L. VI, 301.)

Du Perron dit de son côté : « ... Voyant qu'il ne reposoit nullement, et qu'il avoit tousjours les yeux ouverts et l'âme eveillée et sensible aux pointes et aux aiguillons de sa douleur, il fut contrainct pour charmer et conjurer la cruauté de son mal, d'avoir recours à un somme artificiel, et de se mettre à boire du just de pavot, lequel au lieu de luy apporter quelque ayde et quelque soulagement, luy engourdit tellement les fonctions naturelles, et luy refroidit si fort le sang et les esprits, qu'il tomba tout à faict en une atrophie et en un default de nourriture, de sorte que toutes ses extremitez ne recevoient plus aucun aliment ny aucune substance... » (*Or. fun.*, édition *princeps*, p. 79.)

Ronsard, de tempérament neuro-arthritique, semble avoir eu des insomnies de très bonne heure, par suite de surmenage intellectuel et physique, témoin le *Vœu au Somme* (1550), le sonnet *Quand le soleil* (1552) l'ode *Laisse-moy sommeiller Amour* (1554). Il usa également de bonne heure de pavot pour combattre l'insomnie, témoin l'ode *Cinq jours sont jà passez* (1555), et l'élégie à Jamin, *Couvre mon chef de pavot* (1569).

P. 33, l. 11. — *foiblesse du corps*. Ce sont les cinq premières pièces des *Derniers vers*, savoir les stances *J'ay varié ma vie...*, et les sonnets I à IV (Bl. VII, 311 et suiv. ; M.-L. VI, 299 et suiv.). De son côté, Du Perron a écrit un long développement sur la force d'âme de Ronsard en ces heures douloureuses et sur les poésies qu'il dicta durant son dernier séjour à Croixval (*Or. fun.*, pp. 80 et suiv. de l'éd. *princeps*) ; mais en ses trois ou quatre pages il est moins précis et moins exact que Binet en ses deux ou trois phrases : il ne dit pas que Galland était là pour recueillir les poésies dictées par Ronsard, ni quel fut leur nombre.

Dans sa première rédaction, celle qui fut lue le 24 févr. 1586 à la cérémonie funèbre du collège de Boncourt, Du Perron a fait venir Galland à Croixval dans le courant de novembre, tandis que Binet fait rejoindre le poète par Galland à Montoire dès le 30 octobre (et cela dans ses trois textes) ; puis il a raconté, comme ayant eu lieu à Croixval, une émouvante entrevue qu'auraient eue alors le poète et son ami. Mais dans sa deuxième rédaction, celle de 1597, Du Perron a passé sous silence le voyage de Galland à Croixval et a reporté dix pages plus loin cette émouvante entrevue, comme ayant eu lieu à St-Cosme, la veille même de la mort du poète.

Il est vraisemblable que le récit de Binet (les troix textes) et celui de Du Perron (la deuxième rédaction) se

455

complètent : que, d'une part, Galland a bien rejoint Ronsard à Montoire le 30 octobre et passé une partie de novembre avec lui à Croixval ; que, d'autre part, il revint le voir à St-Cosme à la fin de décembre, la veille de sa mort, assez à temps pour recevoir au milieu des larmes son dernier adieu. Mais le vraisemblable n'est pas toujours le vrai. (V. ci-après p. 191, au mot « regrettée »).

P. 33, l. 16. — *S. Cosme*. Sur ce prieuré, situé au bord de la Loire, tout près du château de Plessis-lez-Tours, voir Blanchemain, éd. des *Œuvres* de Ronsard, VII, 341 et suiv. ; abbé Chevalier, *Rapport sur la recherche des restes de Ronsard au prieuré de Saint-Cosme*, dans le Bulletin de la Société archéol. du Vendômois, t. IX, 1870, p. 170 ; Louis Chollet, article du *Mois littéraire et pittoresque* de novembre 1902 ; André Hallays, *Journal des Débats* du 10 octobre 1902, art. reproduit avec illustrations dans les *Annales Fléch.* d'avril 1903.

P. 33, l. 21. — *âgé de* LXXV *ans*. Cet aumônier, du nom de Jacques Desguez, faisait valoir le bénéfice de St-Cosme en l'absence de Ronsard. Il était son « procureur spécial » (Arch. dép. d'Indre-et-Loire, G. 497 ; Froger, *Ronsard eccl.*, p. 33). Outre l'aumônier, il y avait à St-Cosme un sous-prieur, un sacristain, un hostellier et deux religieux profès, dont nous connaissons les noms par un acte du 25 novembre 1575 (Arch. d'Indre-et-Loire, G. 507 ; Froger, *op. cit.*, p. 45), et par un autre du 21 novembre 1581, que j'ai publié dans les *Annales Fléch.* de février 1904, p. 74.

Le nom de Desguez figure encore parmi les témoins de la résignation faite par Ronsard de trois de ses bénéfices le 22 décembre 1585 (Froger, *op. cit.*, pp. 69 et 70).

P. 33, l. 41. — *foiblesses grandes*. Ce dernier voyage de Croixval à Saint-Cosme, sur lequel Binet ne donne aucun détail en *A B* et se contente de ces trois lignes en *C*, a été longuement raconté par Du Perron en février 1586 : « ... il se fit vestir et habiller tout perclus et estropié comme il estoit : et se fit porter dans son coche, comme un tronc et comme une statue, sans se mouvoir, sans se remuer, et sans avoir plus aucun acte de vie que le sentiment de sa douleur. Or estoit le temps si mauvais qu'il n'y avoit aucun ordre de se mettre par les champs quand c'eust esté l'homme du monde qui se seroit le mieux porté : tellement qu'il luy fallut differer son voyage jusques à une autre fois, et attendre que le mauvais temps fust passé. Ce fut là la catastrophe de la Tragedie : car il ne voulut jamais permettre qu'on le despouillast, pour l'apprehension qu'il avoit du mal qu'il luy faudroit souffrir quand ce viendroit à remettre ses habillements : de sorte qu'il fallut qu'il demeurast par l'espace de trois jours et de trois nuits ainsi vestu et habillé. Au quatriesme ne pouvant plus avoir la patience d'attendre d'avantage, il commanda que l'on luy attelast son coche des deux heures devant le jour : et s'estant mis aux champs par le vent et par la pluye, fit tant de ceste premiere traitte, qu'il alla coucher à une lieue de là : de maniere que ayant faict cinq ou six telles journées pour venir à bout de quatre ou cinq lieues de chemin qui luy restoient, il arriva finalement à Saint-Cosme un jour de dimanche sur les cinq heures du soir. » (*Or. fun.*, éd. *princeps*, pp. 91 à 93).

Ce fragment méritait d'autant plus d'être cité qu'il n'est pas connu, Du Perron l'ayant réduit à six lignes dès la rédaction suivante de son Oraison (1597).

P. 34, l. 18. — *crimes et meschancetez*. Ce discours, très sommairement indiqué par Binet, avait été présenté avec bien plus de développement par Du Perron, qui le place au jour même de la mort du poète, le vendredi 27 décembre, tandis que d'après Binet il aurait été tenu le 26. — Marty-Laveaux a eu raison de reproduire la version de Du Perron, qui, malgré ses allures oratoires, peut servir à compléter celle de Binet, car elle doit avoir « pour fond principal les paroles que Ronsard a prononcées ». (*Notice sur Ronsard*, p. xcvi.) D'ailleurs le texte que cite M.-L. n'est pas celui de l'édition *princeps*, non plus que celui que Bl. a reproduit dans son *Ronsard* (VIII, 209-210), mais les différences ne valent pas la peine qu'on les signale ici.

P. 35, l. 4. — *et d'Esprit*. Ce sont les sonnets v et vi des *Derniers vers* : « Quoy, mon ame... », et : « Il faut laisser maisons... » (Bl. VII, 314 ; M.-L., VI, 302).

Du Perron avait écrit de son côté : « Le jeudy environ sur les deux heures apres midy, comme sa chaleur naturelle commençoit à s'esteindre totalement, et à n'estre plus suffisante pour entretenir le sentiment de sa douleur, il commença à tomber en un assoupissement, auquel apres avoir demeuré environ une heure de temps, il se resveilla, et commanda que l'on prist la plume pour escripre ce qu'il nommeroit : et alors il recita deux sonnets, l'un addressant à son ame, là où il l'excitoit courageusement à se preparer à ce bien-heureux departement, lequel il sentoit approcher de jour en jour (suit le délayage du sonnet)... Le second estoit comme une espece d'Adieu qu'il disoit à toutes les choses caduques et perissables, lesquelles il estoit prest de laisser et d'abandonner, et comme une admonition qu'il se faisoit à luy mesme (suit le délayage du sonnet)... : et sur ce qu'il en vouloit encore nommer d'autres, il commanda qu'on luy releust ceux qu'il venoit de prononcer pour veoir comme il les avoit escripts, mais trouvant qu'il y avoit autant de faultes que de mots, pour ce que ceulx qui les recueilloient soubs luy estoient personnes entierement ignorantes, cela le rebutta et le descouragea. » (*Or. fun.*, édit. *princeps*, pp. 93-96 ; la dernière phrase a été supprimée en 1597.)

P. 35, l. 5. — _de Tours_. Du Perron avait écrit de son côté : « Le lendemain sur le midy, les plus notables hommes de la ville de Tours, qui l'avoient souvent visité depuis qu'il estoit arrivé à Sainct Cosme, ayant entendu qu'il n'y avoit plus gueres d'esperance qu'il peust passer ce jour-là, s'avancerent de le venir veoir de meilleure heure que les jours precedents. » (*Or. fun.*, édit. *princeps*, p. 96)

P. 35, l. 7. — _resolution_. — Pour tout ce passage, cf. l'épître-préface que Binet a placée en tête des *Derniers vers de P. de Ronsard* (plaquette publiée dès le 24 févr. 1586), depuis : « Seulement il (le temps) nous a permis... », jusqu'à la fin (M.-L., *Notice sur Ronsard*, p. CIII). Binet a

459

repris à cette préface quelques expressions, sans parler de la distinction très nette entre les dernières poésies dictées à Croixval et les dernières poésies dictées à St-Cosme.

P. 35. l. 8. — *quatre vints et cinq*. — Il est exact que le 27 décembre 1585 était un vendredi. Mais on peut se demander ce que Binet a entendu par « sur les deux heures de nuit le vendredi 27 décembre. » A-t-il voulu dire que Ronsard mourut dans la nuit du 26 au 27 à 2 heures du matin, suivant notre façon actuelle de noter les jours (de minuit à minuit), ou bien, suivant la façon de compter des Romains (d'un lever de soleil à l'autre), dans la nuit du 27 au 28, deux heures après la tombée de la nuit, c'est-à-dire le 27 vers 6 heures du soir ?

À première vue, après une lecture rapide de *A B*, on est porté à croire que Ronsard mourut dans la nuit du 26 au 27 à 2 heures du matin : il aurait écrit ses deux derniers sonnets et reçu la visite « des plus honnestes familles de Tours » le jeudi 26, « le lendemain » du jour où il eut son solennel entretien avec l'aumônier et les autres religieux de Saint-Cosme.

La rédaction de *C* ne contredit pas ces dates, puisqu'elle fixe l'entretien de Ronsard avec l'aumônier, sa confession et sa communion, au jour de « la Nativité de notre Seigneur », c'est-à-dire au 25 décembre. Mais, en revanche, Binet y est moins précis, parce qu'il a intercalé entre le récit de la journée du 25 et celui de la journée du 26 un acte antérieur, le testament (qu'il date, avec raison d'ailleurs, du dimanche 22 décembre, et a été obligé ainsi de supprimer les mots « le lendemain », parlant tout de suite après des deux derniers sonnets de Ronsard. — Première raison de douter.

En second lieu. Du Perron n'est pas d'accord avec Binet. D'après Du Perron, Ronsard arriva à Saint-Cosme le dimanche 22 décembre « sur les cinq heures du soir », et il dicta ses deux derniers sonnets le jeudi 26 ; et jusque-là les deux biographes sont d'accord, car on peut parfaitement admettre que Ronsard, arrivé le dimanche 22 sur les cinq heures, ait dicté son testament dans la soirée du même jour, comme le dit le texte *C* de Binet.

Mais voici où commence la différence, qui est très sensible. D'après Du Perron (texte primitif et suivants), Ronsard vécut encore tout le lendemain du jour où il a dicté ses deux derniers sonnets, et c'est le vendredi 27 « sur le midy » qu'il reçut « les plus notables hommes de la ville de Tours » ; c'est de midi à trois heures qu'il eut son solennel entretien avec « tous ses religieux » ; c'est enfin « sur les trois heures » qu'il demanda les derniers sacrements, et que, « apres les avoir saintement et devotement reçus, et avoir dit les dernieres paroles, il commença à se tourner de l'autre costé comme s'il eust voulu reposer ». — Dans sa seconde rédaction (onze ans plus tard). Du Perron a fait plus : il a placé également en ce jour l'arrivée de Galland et son entrevue émouvante avec Ronsard, entrevue qu'il avait d'abord placée à Croixval dans le courant de novembre. Voici ce qu'on lit en 1597 : « Le Vendredy, environ sur le midy, arriva le sieur Gallandius, qui avoit tousjours esté son intime et particulier amy... (Suit le récit de l'entrevue, où Ronsard cherche à consoler son ami, et qui se termine « avec des larmes de part et d'autre » par une suprême séparation)... Au mesme temps survindrent plusieurs notables hommes de la ville de Tours, qui l'avoient souvent visité depuis qu'il estoit arrivé à St-Cosme... Un peu apres donc qu'ils furent entrez le Prieur de St-Cosme (lapsus pour l'Aumônier ou le Sous-Prieur) qui les avoit conduits, prit la parole et luy dit... » (Suit l'entretien édifiant de Ronsard avec l'aumônier, puis à tous ses religieux.)

Quant à préciser le moment de la mort de Ronsard, Du Perron s'en est bien gardé dans l'une ou l'autre de ses rédactions. Il a préféré embellir son récit d'un dernier acte du poète, d'un geste d'artiste qui ne voulait pas « qu'il luy eschapast aucune parole indigne de l'esprit et de la bouche du grand Ronsard », et ajouter ces lignes plus oratoires que précises : « Et cela fait, inclina derechef sa teste sur le chevet de son lit pour reposer comme il avoit fait au precedent[15]. Helas ! à la mienne volonté que je peusse mettre icy fin à mes paroles, et que je ne fusse point obligé de poursuivre cette narration, et la continuer plus avant ! Car qui est-ce qui donnera de l'eau à mon chef, comme dit le prophete, et qui est-ce qui donnera des fontaines de larmes à mes yeux ? Qui est-ce qui, etc.. » Cf. le *Ronsard* de Bl., VIII, 207-212. — Deuxième raison de douter.

Restent deux témoignages, qui ne permettent pas seulement le doute, mais l'imposent, car ils ont une égale valeur et se contredisent. J. Velliard, qui s'était renseigné

462

auprès de son « principal », J. Galland, le témoin des derniers moments de Ronsard, fait mourir notre poète le 27 décembre : « Sexto Cal. Jan. hinc illuc assumptus beatorum numerum auxit » (*Laud. fun. II, in fine.*). De Thou, qui n'avance rien à la légère et avait pu interroger non seulement Galland, mais encore Du Perron et Binet lui-même, avec lesquels il était en relations, fait mourir Ronsard le 28 : « Animam reddidit V Kalendas Januarias ». (*Hist.*, liv. LXXXII, fin, éd. de 1733.)

En résumé, d'après Du Perron, Ronsard a vécu tout le jour du vendredi 27 décembre au moins ; d'après Velliard il est mort entre les 7 heures 1/2 du matin du 27 décembre et les 7 heures 1/2 du matin du 28. Il est donc vraisemblable que Binet a voulu dire de son côté que Ronsard mourut dans la nuit du 27 au 28. Mais alors que devient le témoignage de De Thou ? Il n'y a qu'un moyen de le faire coïncider avec les trois autres ; c'est d'admettre — ce qui n'est pas impossible — que De Thou, bien qu'il écrivît en latin, comptait les journées comme nous les comptons actuellement, de minuit à minuit, tandis que Binet, bien qu'il écrivît en français, les comptait à la romaine, c'est-à-dire à partir de 7 heures 1/2 du matin dans les derniers jours de décembre.

Dans ce cas, il n'y aurait aucune contradiction réelle entre les quatre témoignages. Mais encore faudrait-il admettre que Binet a entendu par l'expression « sur les deux heures de nuit du 27 » les 2 heures du matin du 28, — ce qui semble une façon bien peu romaine de noter les heures de la nuit, car pour les Romains la 2e heure de la nuit à la fin de décembre devait correspondre à peu près à 6 heures du soir, bien que leur nuit fût divisée en veilles et non en heures.

On voit combien la question reste obscure. L'âge que Binet donne en *C* à Ronsard au moment de sa mort, à savoir, 61 ans, 3 mois et *16 jours* (ce qui reporte sa naissance à la date traditionnelle du 11 septembre 1524), ne nous permet pas de la résoudre mieux, car il faudrait encore connaître l'heure de sa naissance.

P. 35, l. 9. — *dudit S. Cosme*. Il fut enterré dans le chœur à gauche du grand autel. On ne lui éleva d'abord aucun tombeau (v. ci-dessous, p. 186, au mot ὅλος, la remarque d'E. Pasquier). Ce fut seulement en 1609 que Joachim de la Chétardie, prieur de St-Cosme depuis 1605, mit à cette place une plaque tumulaire en marbre, ornée du buste du poète et d'une inscription qui a été reproduite par Colletet (*Vie de Ronsard*, p. 117), par Blanchemain (éd. de Ronsard, VIII, 53), par Marty-Laveaux (*Notice sur Ronsard*, p. civ).

V. encore Rochambeau, *op. cit.*, p. 111 : abbé Chevalier, *op. cit.* ; Hallays, *Ann. Fléch.* d'avril 1903, qui reproduit ce monument d'après le *Recueil de Gaignieres*, p. 186 ; et surtout l'étude très exacte et documentée de P. Dufay sur *Le Portrait, le Buste et l'Epitaphe de Ronsard au Musée de Blois*, pp. 14 et suiv. Le marbre funéraire de St-Cosme, avec son inscription très lisible encore, figure au Musée de Blois, sous le n° 765.

P. 35, l. 11. — *enrichi.* Cf. l'ode *A sa Lire* :

> Je pillai Thebe et saccageai la Pouille
> T'enrichissant de leur belle depouille...,

et l'épître dédic. du *Commentaire des Amours* par Muret : « .... lequel pour avoir premier *enrichy* nostre langue des Grecques et Latines *despouilles,* quel autre grand loyer en a-il encores rapporté ? »

Même métaphore dans G. Critton : « Sed patriae nimia charitas efficit ut Gallicam Musam lubentius arriperet, quam externis illis et transmarinis Graecorum ac Latinorum *spoliis* satis habuit *locupletari,* verba ipsa populis, a quibus ea profecta sunt censuit relinquenda. » (*Laud. fun.,* p. 6.)

P. 35, l. 15. — ὅλος. Ces deux distiques, dans lesquels Binet joue avec complaisance sur les mots *Cosmos* (monde) et *Cosme,* sont du plus mauvais goût. Ce fut souvent celui du XVIe siècle. Le calembour grec, latin et français était volontiers cultivé par les gens lettrés, notamment par les magistrats et les avocats.

Cf. Est. Pasquier : « Ronsard mourut le 27 décembre 1585, en son prioré de Saint-Cosme, près de Tours, où il fut enterré à costé senestre de l'autel (si vous entrez dedans l'église), sans qu'il y ait aucune marque du tombeau, fors une vingtaine de carreaux neufs de brique, au milieu de plusieurs autres vieux : qui fut cause qu'un jour Saint Marc,

1589, oyant vespres en ce lieu, poussé de son influence ou bien d'un juste depit de voir ce grand personnage en une sepulture si pauvre, je lui fis sur-le-champ cet autre epitaphe, qui ne peut être approprié qu'à lui :

> Si Latiis mundus, Graiis qui κόσμος habetur
>   Atque tuus toto floret in orbe labor,
> Dignius hoc nulliim poteras sperare sepulcrum,
>   In Cosmi sancta qui requiescis humo.

Et à l'instant mesme le traduisis en cette façon :

> Si Cosme en grec denote l'univers,
> Et que ton nom embelli par tes vers
> Passe bien loin les bornes du royaume,
> Tu ne pouvois choisir manoir plus beau,
> Pour te servir, mon Ronsard, de tombeau,
> Que ce saint lieu, ainçois que ce saint Cosme ».

(*Rech. de la Fr.,* VII, chap. x, éd. d'Amsterdam 1723, tome I, col. 730 ; cf. tome II, col. 932. À noter que ce chap. a été rédigé vers 1607, avant l'érection du marbre funéraire dû à Joachim de la Chétardie.)

P. 35, l. 27. — *jusqu'à la mort*. Ce sizain n'est qu'une variante, ou plutôt une réminiscence, des deux premières strophes d'une odelette *A P. Paschal,* publiée en tête du

Bocage de 1554, supprimée par Ronsard dès sa première édition collective en 1560, et par conséquent inconnue de Binet. La source primitive est un fragment de Callimaque, publié par Turnèbe en 1553, et traduit antérieurement par Muret dans ses *Juvenilia* (v. ma thèse sur *Ronsard p. lyr.*, pp. 124 à 126, surtout la note 1 de la p. 126).

P. 35, l. 31. — *ses serviteurs*. Binet, d'après la parenthèse de cette phrase, devait avoir sous les yeux le testament de Ronsard, ou une copie communiquée par Galland. Cette pièce semble aujourd'hui perdue. Mais, le même jour, il fit rédiger par Me Chevrolyer, notaire à Tours, un acte complémentaire qui nous est parvenu : « Oubliant, dit L. Froger, l'abandon qu'il avait fait de ses prieurés en faveur de Jean Galland (le 20 septembre précédent ; v. ci-dessus, p. 178, aux mots « *de sa* volonté », *ou cédant à des influences que nous ignorons, faute de connaître* assez les personnages qui l'entouraient », Ronsard abandonna les mêmes bénéfices à d'autres, celui de Saint-Guingalois à Gatien Moreau, prêtre du diocèse du Mans, celui de Croixval à René Guétier, prêtre du diocèse du Mans, celui de Saint-Gilles à Pierre Mouzay, prêtre du diocèse de Tours. La copie de cette résignation, qui se trouve aux Archives de la Sarthe (XVIIIe registre des Insinuations, f° 108 r°), a été publiée par l'abbé Froger dans son *Ronsard ecclésiastique*, p. 68.

Après le décès de Ronsard, ces trois personnages se hâtèrent de prendre possession des susdits bénéfices. Galland ne put les devancer ; il réussit cependant, en avril

1586, à écarter ses concurrents et resta paisible possesseur des trois prieurés que son ami avait d'abord résignés en sa faveur (cf. un article de l'abbé Froger, *De trois bénéfices vacants à la mort de Ronsard*, Ann. Fléch. de mai 1907, p. 169).

P. 36, l. 1. — *Sirlet*. Guillaume Sirlet, né en 1514 à Guardavalle (Calabre), mourut à Rome le 8 octobre 1585. Professeur de rhétorique à Rome, puis précepteur du futur pape Marcel II, il devint en 1555 secrétaire du Concile de Trente, cardinal, évêque de San Marco, enfin conservateur de la Bibliothèque du Vatican. Grand érudit, qui a laissé des *Adnotationes in psalmos*, quelques *Vies des Saints*, traduites en latin du grec de Siméon Métaphraste, et une traduction latine du *Ménologe* des Grecs. A en somme peu produit.

P. 36, l. 2. — *Foix*. Paul de Foix, né en 1528, mourut à Rome en mai 1584. C'est Marc-Antoine Muret qui prononça son Oraison funèbre le 20 mai, jour des obsèques, en l'église Saint-Louis-des-Français. Il fut conseiller au Parlement de Paris dès 1546, ambassadeur en Écosse et Angleterre (1561-65) ; puis conseiller d'Etat, ambassadeur à Venise (1570) et derechef en Angleterre, archevêque de Toulouse (1576), enfin ambassadeur à Rome jusqu'à sa mort. Dans une *Elegie* de 1565, Ronsard lui avait prédit qu'il serait garde des sceaux à la mort de L'Hospital (Bl., III, 363) ; en quoi il fut mauvais prophète. — Les *Lettres de Messire Paul de Foix* ont été publiées en 1628, avec la traduction du panégyrique latin que Muret lui avait consacré.

P. 36, l. 2. — *Pybrac*. Il mourut le 27 mai 1584. V. ci-dessus, p. 147, aux mots « *premiers rangs* ».

P. 36, l. 2. — *Sigon*. Charles Sigon (Carlo Sigonio, en latin Sigonius), né à Modène en 1524, mourut en 1584. Professeur de grec à Modène, puis de littérature à Venise, puis d'éloquence à Padoue, où il fonda le *Gymnasium patavinum*, il alla se fixer en 1563 à Bologne, où il jouit comme archéologue d'une immense réputation. A surtout étudié la politique des Anciens et rendu de grands services à la science dans le domaine de l'histoire et du droit. Les œuvres nombreuses de cet érudit, dont la critique était très sûre et le style latin d'une suprême pureté, ont été réunies et publiées à Milan en 6 vol. in-folio, de 1732 à 1737, avec sa biographie par Muratori.

P. 36, l. 3. — *Muret*. Mort à Rome le 4 juin 1585. V. ci-dessus, p. 104, aux mots « *en l'Eloquence Latine* ». Claude Binet fut en relations de correspondance suivie avec lui, sans doute à partir de la publication de son anthologie latine, *Petronii Arbitri Epigrammata* (Poitiers, 1579), qui contient un hommage poétique au célèbre humaniste. Trois lettres de Muret publiées par P. de Nolhac nous renseignent sur leur intimité, l'une adressée à Féd. Morel en septembre 1583, l'autre au même en novembre 1583, et la troisième à Jacques Gillot en juillet 1584 (*Mélanges Graux*, pp. 398, 399-400, 402). — Dans cette dernière lettre, où Muret parle de ses misères physiques et prévoit sa fin prochaine, je relève cette phrase qui a peut-être inspiré ici Binet (car les lettres de Muret circulaient chez les amis) : « Quicquid erit feram aequo animo. *Lumina sis oculis etiam* tres illi magni viri Foxius, Pibracus, Ferrerius reliquerunt, quorum quilibet multis rebus, quam ego sum, melior et reipublicae utilior fuit. »

P. 36. l. 3. — *Victor*. Pierre Victor (Petro Vettori, en latin Victorius), né à Florence en 1499, mourut dans la même ville le 19 décembre 1585. Gonfalonier de la république florentine, puis professeur de littérature ancienne après la chute de Florence. Ses cours très brillants sur les auteurs grecs et latins attiraient des élèves de toute l'Europe. Sénateur de Florence en 1553. Homme exceptionnel tant au point de vue politique qu'au point de vue scientifique. A créé la critique des textes par la comparaison des manuscrits. A publié des éditions de Cicéron (Lettres), des Agronomes latins, d'Aristote, d'Eschyle, de Térence, et 35 livres de *Variae lectiones*, recueil d'études et de corrections sur les auteurs anciens.

P. 36, l. 5. — *en tenebres*. On connaît les lignes de Montaigne sur deux de ces hommes : « Ainsi en parloit le bon monsieur de Pibrac, que nous venons de perdre... Cette perte, et celle qu'en mesme temps nous avons faicte de Monsieur de Foix, sont pertes importantes à nostre couronne. Je ne scay s'il reste à la France de quoy substituer une autre coupple, pareille à ces deux Gascons, en sincerité et en suffisance, pour le conseil de nos Roys. C'estoyent ames diversement belles... Mais qui les avoit logées en cet aage, si desconvenables et si disproportionnées à nostre corruption, et à nos tempestes ? » (*Essais*, III, ch. 9.)

On trouvera un jugement analogue sur ces deux hommes dans De Thou, qui note lui aussi la disparition simultanée d'une douzaine de personnages éminents dans la politique ou les lettres, entre autres Foix et Pibrac en 1584, Sirlet, Muret, Vettori, Sigonio et Ronsard en 1585. (*Hist.*, fin des livres LXXX et LXXXII, trad. de 1734, tome IX, pp. 256 et 409.)

P. 36, l. 14. — *à ce Cygne*. La Biblioth. Nationale possède cette plaquette falsifiée, sous la cote Ln^{27}, 17838. Voici son titre complet :

Epitaphes, | Mort et dernieres | parolles de Pierre de | Ronsard, gentil-homme Vandomois, Poëte du Roy.

Ensemble les excellens vers Chrestiens, qu'il a faits, six heures avant que mourir.

Plus le dernier à Dieu, qu'il a donné à ses amis : et la belle remonstrance qu'il leur fit en mourant.

A Paris, pour Laurens du Coudret, à la ruë des Coipeaux. 1584. Avec privilege du Roy.

Cette plaquette se compose de 8 ff. y compris le titre et le privilège royal, qui est du 1er août 1584. — Le titre est répété au r^o du deuxième f^o. Puis vient cette préface :

« Les veilles, les travaus et les ennuys qui ont accompagné la jeunesse de Monsieur de Ronsard, les gouttes et les assidues maladies qui l'ont saisi en sa vieillesse, luy ont de beaucoup advancé ses jours. Joint qu'il a tenu et suyvi tousjours la vie de garçon, comme aymant mieux complaire à son naturel, qu'au régime de sa santé. Je ne vous donne point ce mot de discours pour y chanter ses loüanges. Ces loüanges sont si éventées et si recommandées à tous les bons esprits qu'il n'est point besoing de les recommander d'avantage. Ce n'est seulement qu'un advertissement de sa mort, afin que d'un plus ample et plus grand discours, quelque docte plume, non une, mais cent, fasse voler la tristesse et le regret de sa mort par la France, de la France par l'Europe, de l'Europe par l'Afrique, par l'Asie, et de l'Asie par le monde de nouveau créé : tant que les Mers rouges, bleues, grises, Fleuves, Rivieres, Fontaines, n'ayent autre nom au bruit de leurs ondes, que le nom du grand Ronsard : tant que les Montz cornus, bossus, plats, pointus, tertres, mottes, grottes, cavernes, antres n'ayent autre écho que le nom de ce grand de Ronsard : que les bois, forests, boccages, saullaies, arbres et buissons, n'ayent autre cliquetis que du nom de Ronsard, comme son merite le demande.

« Crois-val, une de ses maisons où il se plaisoit le plus, il s'estoit retiré là pour vaquer tant à la vie rustique qu'à l'entretenement de ses fantasies. Comme il s'adonnoit à divers exercices, une fievre le print apres avoir mangé d'un cocombre. Cette fievre fut tierce, de tierce elle devint quotidienne et de cotidienne (*sic*) elle devint continue : tellement qu'estant affoibli par la fievre et saisi de douleur par tous les membres, il commença à redouter la mort. Et s'asseura de mourir, car il se trouva fort saisi du costé, si bien qu'il ne pouvoit avoir son alleine qu'à grand peine. Il n'avoit rien si sain que l'esprit, comme il monstra le lendemain qui estoit ung Dimanche : environ les huict heures dudict Dimanche, apres qu'il eust pris un boillon, il dicta et fit escrire les vers qui s'ensuyvent. Le suget desquels, comme je croy, il avoit premedité, avant qu'il fut malade. »

Suit une ode de sept huitains, intitulée « Vers chrestiens, faits par Monsieur Ronsard sis heures auparavant sa mort » ; puis, en prose, les dernières paroles du poète à ses amis ; puis deux épitaphes en forme de sonnets ; quatre vers sur la *Franciade* ; enfin le privilège du Roy.

J'ai réédité la plaquette entière dans les *Annales Fléch.*, n° de mai-juin 1908.

P. 36, l. 25. — *Ferrier*. Arnauld ou Arnoul Ferrier, jurisconsulte, magistrat, diplomate, homme d'Etat, né à Toulouse en 1508, mort en 1585. Professeur de Droit à Bourges, puis à Toulouse ; conseiller au Parlement de Paris ; ambassadeur au Concile de Trente, puis à Venise ; enfin chancelier de Henri de Navarre. Cf. Sc. de S. Marthe, *Elogia* ; E. Frémy, *Un ambassadeur libéral sous Charles IX et Henri III*, Paris, 1880, in-8.

P. 36, l. 33. — *cest Empire*. C'est le n° cxv des *Quatrains du Sgr de Pybrac*. Il a paru dès 1575 dans la *Continuation des Quatrains* (Paris, Fed. Morel). Cf. la réédition de 1874, par J. Claretie, pp. 98 et 158. — Mais ce n'est pas le recueil de Pibrac qui suggéra à Binet l'idée de citer ce quatrain en

B. L'idée lui en vint à la lecture d'un sonnet qui avait été inséré dans l'édition *princeps* du *Tombeau de Ronsard*. Il suffit pour s'en convaincre de lire ce sonnet et de remarquer qu'il contient l'addition de *B* relative à Arnauld Ferrier ; on n'hésitera plus à le prendre pour une source de Binet, quand on saura qu'il n'existe que dans l'édition *princeps* du *Tombeau* et que Binet le fit disparaître de la réédition après en avoir fait passer la substance dans la *Vie de Ronsard*. Voici ce sonnet, extrait de la p. 123 du *Tombeau* :

Pybrac a bien dit vray que lors que Dieu retire
D'entre nous coup à coup les hommes vertueux,
C'est un signe certain d'orage impetueux
Qui doit faire trembler tost apres un Empire.

Il n'estoit presque mort, par maniere de dire,
Que, DE FOIX le suivant au tombeau luctueux
Avecques DU FERRIER, un temps tempestueux
N'ayt broüillé cet Estat de feu, de sang et d'ire.

Tout depuis nous n'avons, helas ! oüy parler
Sinon de remu'ments bastans pour esbranler
La France vers sa fin, si Dieu ne la contemple :

Mais j'en suis hors d'espoir, puis que semblablement
Ce grand Ronsard est mort, Ronsard qui fut le Temple
Des Vertus, et qui fut des François l'ornement.

I. Lenglez, Secretaire de feu Monseigneur.

P. 37, l. 13. — _regrettée_. Galland était-il au prieuré de St-Cosme au moment de la mort de Ronsard, ou n'y arriva-t-il que pour assister à l'enterrement ? À cet égard le témoignage de Binet est extrêmement vague et ne nous renseigne nullement.

Du Perron raconte que Galland arriva à St-Cosme la veille de la mort du poète, assez à temps pour avoir avec lui un suprême entretien, qu'il expose tout au long (v. ci-dessus, pp. 181 et 184, aux mots « _foiblesse du corps_ » et « _quatre vints et cinq_ » ; et le Ronsard de Bl., VIII, 207-208). Mais on aurait le droit de suspecter son témoignage ; car cet entretien, qui d'après sa première rédaction avait eu lieu à Croixval en novembre, n'a pris place à St-Cosme à la fin de décembre que dans sa seconde rédaction, onze ans après la mort du poète, et peut-être sur la demande de Galland (Du Perron s'est contenté de le transposer). — G. Critton n'y a pas fait la moindre allusion. Seul J. Velliard a laissé à ce sujet un document, qui, lu à la cérémonie funèbre du collège de Boncourt le 24 février 1586, deux mois à peine après la mort de Ronsard, et fondé très probablement sur un récit de Galland, inspire une certaine confiance et nous porte à croire que celui-ci vit bien Ronsard la veille de sa mort. D'abord Velliard commence ainsi son épître-préface à Galland : « Particula muneris ejus adest, Gymnasiarcha sagacissime, quod ad calend. Februari jamjam Turonibus reversus nobis detulisti. » Ceci pourrait simplement prouver que Galland est allé à Tours ; mais voici qui est plus précis : « Cum superioribus diebus cum

(Ronsardum) visisti ad divum Cosmum, quò se tanquam ad Æsculapium valetudinis gratia receperat, illis ipsis summis angoribus quibus implicatus omnes ab aspectu, a consortio, a sermone semoverat : vir senio confectus, lecto defixus, gravissimè doloribus totius corporis oppressus, involavit tibi in collum, exiluit gaudio et triumphavit laetitia, te amplexatus est, lateribus quam potuit firmissimis testatus est tui unius causa vitam sibi non esse acerbam, quam tum ita miserè trahebat ut eam mox egerit, te ut antiquum hospitem humanissimè accepit, ut intimum splendidè tractavit, ut filium unicum haeredem ex asse fecit. » (*Laud. fun.* I, fº 19 rº et vº.)

P. 37, l. 23. — *Lundi 24ᵉ de février 1586*. Cette date de la cérémonie funèbre en l'honneur de Ronsard est confirmée par Du Perron dans son *Oraison fun.* : « Là où nous pouvons encore remarquer en passant que la prise du Roy François devant Pavie (24 février 1525). qui est l'accident duquel il a voulu illustrer l'année de sa nativité, se rencontre justement en un mesme jour que cestuy-cy, auquel nous celebrons la memoire de sa mort, qui est la feste S. Matthias » (texte *princeps*, pp. 24 et 25).

Elle est encore confirmée par la fin de la dédicace des *Derniers vers de P. de Ronsard*. Cf. Marty-Laveaux, *Notice sur Ronsard*, pp. c à ciii, en ayant soin de lire le début : « Près de deux mois après... », au lieu de : « Près de trois mois après... », et de corriger le lapsus de Du Perron, qui est cause de cette erreur. Ce n'est pas le 18 *mars* que « le dessein de ces funerailles fut pris » dans un « festin » offert par Desportes à quelques admirateurs de Ronsard ; c'est le 18 *février,* mardi gras de l'année 1586. Ce lapsus, commis par Du Perron dans la dédicace de son *Oraison fun.,* n'apparaît qu'à partir de la 5ᵉ édition (1611), ainsi que toute la phrase qui le contient, depuis : « Et vous souviendrez... »

Dans cette phrase insérée après la mort de Desportes, Du Perron déclare que « le dessein de ces funerailles fut pris » chez Desportes. Si cela veut dire, comme l'a cru Marty-Laveaux, qu'on y décida de faire la cérémonie funèbre en l'honneur de Ronsard, c'est une erreur de Du Perron, car Galland en a revendiqué l'initiative soit par la plume de Binet, soit par la sienne ; en outre J. Velliard (dédicace de sa *Laudatio funebris*) et J. de Thou (*Hist.,* LXXXII, fin) ont dit expressément que ce fut Galland qui projeta et organisa cette cérémonie. Marty-Laveaux, en attribuant cet honneur à Desportes, a été trompé par le texte très postérieur de Du Perron, ou l'a mal interprété. Je croirais plutôt que Du Perron a voulu dire qu'on arrêta chez Desportes, d'accord avec Galland, au dîner du 18 février, le *plan* de la cérémonie. En fait d'initiative, Desportes eut seulement celle de « faire entreprendre » ce soir-là à Du Perron l'*Oraison funèbre de Ronsard,* qui fut par conséquent composée en moins d'une semaine ; voilà ce qui ressort nettement de la dédicace primitive de ce discours.

P. 37, l. 25. — *Musique du Roy*. Le *Requiem* en cinq parties chanté aux funérailles de Ronsard a été récemment remis en lumière par M. Julien Tiersot, à la fin de sa brochure sur *Ronsard et la musique de son temps,* pp. 72 et suivantes : « Le poète, dit-il, ne fut pas seulement célébré par la parole ; il le fut aussi par la musique : un *Requiem* fut composé tout spécialement pour la circonstance. Cette œuvre eut pour auteur un jeune compositeur qui, pour ses débuts, avait été l'âme musicale de cette Académie de Baïf dont la fondation était encore due à l'influence des idées de Ronsard et de la Pléiade sur l'union de la musique et de la poésie « Or tant de poètes qui florissoient alors ne sembloient produire leurs gentillesses que pour les faire vivre sous les airs de Mauduit. » Ainsi s'exprime le P. Mersenne, dans l'*Eloge de Jacques Mauduit, excellent musicien,* qu'il imprima à la fin du premier volume de son *Harmonie universelle.* « La première pièce qui fit paroistre la profonde science de ses accords, ajoute Mersenne, fut la messe de *Requiem* qu'il mit en musique et fit chanter au service de son amy Ronsard, en la célèbre assemblée de la chapelle du Collège deBoncourt, où le grand du Perron se fit admirer par l'Oraison funèbre de ce prodigieux génie de la poésie. » Le livre de Mersenne est de 1636 : déjà Malherbe était venu, et c'est dans l'année même que Corneille donna *le Cid.* Et pourtant on vient de voir comment un homme d'esprit supérieur savait encore parler de Ronsard. Ainsi par la musique le poète touche à deux siècles. À l'heure de ses débuts il avait eu pour premier collaborateur le vieux Janequin, le musicien de François Ier, le chantre de Marignan ; puis tous les maîtres de son temps avaient tenu à honneur de lui apporter l'hommage de leurs harmonies et d'en orner ses vers. Un plus jeune écrivit les accords funèbres qui retentirent autour de sa dépouille ; et voilà que plus de 50 ans après sa mort nous trouvons encore un éloge catégorique sous la plume du plus savant musicien qu'ait connu le nouveau siècle, Mersenne, l'ami de Descartes. La suite du chapitre de l'*Harmonie universelle* reproduit le répons de Mauduit. » (Il s'agit du répons de l'absoute, que Tiersot transcrit aussi.)

Sur la Musique du Roi et sur Mauduit, v. encore Fétis, *Dictionn. des Musiciens,* et E. Frémy, *Acad. des dern. Valois,* pp. 116 et 389, n. 2.

P. 38, l. 1. — *à sa memoire*. Outre l'*Oraison fun.* de Du Perron, dont nous parlons plus loin, deux professeurs du collège de Boncourt, Jacques Velliard, chartrain, et Georges Critton, écossais (d'après Colletet, *Vie de Ronsard,* éd. cit., p. 119), composèrent pour la circonstance des *Eloges* funèbres en latin. Ces éloges furent lus par leurs meilleurs élèves, comme en témoignent les diverses éditions :

1° La *Laudatio funebris* I de Velliard, par F. Canelle, de Paris ;

2° La *Laudatio fun.* II de Velliard, par F. Cheminart, de Nantes ;

3° Le *Carmen heroïcum* de Velliard, par J. Meunier, de Dijon ;

4° La *Laudatio fun.* de Critton, par Pierre Perreau, de Moulins ;

5° L'*Epicedium* de Critton, par Charles Bindé, d'Orléans.

Les deux opuscules où parurent ces *Eloges* contenaient en outre des distiques et des « épigrammes » latins de Jacques et Louis Velliard, de J. Galland, de Georges Critton et de Guill. Chauveau. Le *Tombeau de Ronsard* ne put être publié que quelques semaines après cette cérémonie, mais la plupart des pièces qui le composaient durent être écrites pour le 24 février, jour des obsèques solennelles (v. ci-dessus, Introd. § II).

P. 38, l. 3. — *d'appartenir*. Expression vague qui fait sans doute allusion aux relations qui s'étaient établies entre Ronsard et le duc Anne de Joyeuse, amiral de France, au moment du mariage de celui-ci avec Marguerite de Lorraine-Vaudemont, belle-sœur de Henri III (24 septembre 1581) ; v. ci-dessus, p. 173, au mot « *volontiers* », et P. Lacroix, *Ballets et Mascarades de la Cour*, Introd. On trouvera les pièces (épithalame et mascarades) que Ronsard a écrites pour ce mariage au tome IV de l'édition Blanchemain, pp. 170 à 176 et p. 211. En outre, le livre des *Elegies* est dédié à ce même personnage en 1584.

Quant à son frère cadet, François de Joyeuse, qui fut nommé archevêque de Narbonne à 20 ans en 1582, et cardinal l'année suivante, on ne voit pas comment Ronsard pouvait alors lui « appartenir ». Peut-être Binet fait-il allusion à ce fait que la volumineuse anthologie de la *Muse chrestienne*, publiée en 1582 (à Paris, chez Germain Malot) et dédiée précisément à François de Joyeuse, contient un grand nombre de pages extraites de l'œuvre de Ronsard. Pour ce personnage, au service duquel fut Regnier à partir de 1587, v. la thèse de J. Vianey sur *Mathurin Regnier*, pp. 4 et suiv.

P. 38, l. 12 — *de tous costez*. Ce discours fut publié quelques jours ou quelques semaines après la cérémonie, sous ce titre : *Oraison funebre sur la mort de Monsieur de Ronsard, par J. D. du Perron. Lecteur de la Chambre du Roy*, à Paris, par Federic Morel, imprimeur ordinaire du Roy. M.D.LXXXVI. Avec privilege dudict Seigneur.

La Bibl. Nat. possède deux exemplaires de cette édition *princeps* : l'une (cote Ln^{27} 17839) sans dédicace, l'autre (cote Ln^{27} 17839 A) avec dédicace « A Monsieur Desportes, Abbé d'Oreillac (*sic*), de Tyron et de Josaphat ». Du Perron n'était pas encore entré dans les ordres ; il n'avait que 27 ans (d'après le titre d'une édition postérieure, celle de 1611). Il nous apprend dans sa dédicace que c'est Desportes qui l'avait encouragé à « entreprendre » cette Oraison et à la publier, Desportes, auquel il semblait, dit-il, que Ronsard avait « resigné la gloire de sa profession », le laissant « comme son unique successeur ».

On lit encore dans cette dédicace primitive ces lignes intéressantes, qui complètent le récit de Binet : « Je vous l'envoie donc imprimée de mot à mot, tout ainsi qu'elle a esté prononcée, excepté une des parties de la narration, que je fu contraint de laisser à cause des interruptions que la multitude des auditeurs m'apportoit, et du peu de loisir qui me restoit pour achever de la prononcer ». Malheureusement cette dédicace n'est pas datée, et aucun

481

des deux exemplaires de la Bibl. Nat. ne contient de privilège (malgré la promesse du titre), ni d'achevé d'imprimer.

En revanche, on trouve à la fin ce « sonnet de R. Cailler Poitevin » :

A Monsieur du Perron

Verse, grand du Perron, sur ceste sepulture,
Verse le doux nectar de tes divins propos,
Arrosant de Ronsard les cendres et les os :
L'odeur s'en espandra sur la race future.

Le los du grand Ronsard, miracle de Nature,
Aux siecles à venir annoncera ton los :
Soubs mesmes monuments vous vous verrez enclos,
Et jouyrez tous deux d'une mesme adventure.

A pas egaux iront son renom et le tien :
Toy tu seras Mercure, et luy le Cynthien,
Faits ensemble immortels par ta bouche faconde.

D'une gloire semblable on vous honorera :
D'estre loué de toy Ronsard se vantera.
Et toy tu te verras loué de tout le monde.

L'*Oraison fun. de Ronsard* par Du Perron fut rééditée avec des remaniements nombreux et importants dans les éditions collectives de Ronsard, à partir de 1597, à la suite de la *Vie de Ronsard* par Binet. La Bibl. Nat. possède en outre deux éditions séparées, l'une de 1611 (cote Ln[27] 17839 B), l'autre sans lieu ni date (cote Ln[27] 17839 C).

Sur Du Perron, v. l'abbé P. Féret, *Le Cardinal Du Perron, orateur, controversiste, écrivain* (Paris, Didier, 1877, in-8), notamment le livre II, chap. ɪ, § 3, qui a trait à son oraison funèbre de Ronsard.

Sur les honneurs que J. Galland rendit à la mémoire de Ronsard, voici un détail intéressant que nous devons à l'historien De Thou, lequel est un témoin tout à fait digne de foi ; je ne l'ai trouvé nulle part ailleurs que dans son ouvrage, et chez Colletet, qui l'a copié. Après avoir rappelé les relations intimes de Galland et de Ronsard, la cérémonie funèbre du collège de Boncourt et le discours de Du Perron, De Thou ajoute : « Galland fit même élever à Ronsard une statue de marbre dans sa chapelle ; et longtemps après il célébrait encore son anniversaire par un service solennel, et par des disputes littéraires, dont les tenans étaient les meilleurs étudians de son Collège. » (*Hist.*, livre LXXXII, trad. de 1734, tome IX. p. 413).

P. 38, l. 13. — *par moy faite*. Cette « Eclogue », publiée dans l'éd. *princeps* du *Discours de la vie de Ronsard*, par Cl. Binet, a reparu dans toutes les éd. posthumes des Œuvres de Ronsard, en tête de son *Tombeau*. On la trouvera dans l'éd. Blanchemain, t. VIII, p. 223.

P. 38, l. 16. — *sepulture*. On remarquera l'antithèse de mauvais goût contenue dans cette phrase qui clôt la biographie proprement dite. — Pour l'idée contenue dans la fin de la phrase, cf. Du Perron : « Aussi certainement pouvons nous dire maintenant que la poésie Françoise a faict son tour et sa revolution dans le cercle et dans le periode de sa vie. Il l'a veuë en son orient, il l'a veuë en son occident, il l'a veuë naistre, il l'a veuë mourir avec luy : elle a eu un mesme berceau, elle a eu une mesme sepulture. » (*Or. fun.*, éd. *princeps*, pp. 82 et 83.)

P. 38, l. 20. — *au paravant*. Assertion contestable en ce qui concerne sa querelle avec les poètes de cour, de 1549 à 1553, notamment avec M. de Saint-Gelais, et peut-être aussi sa querelle avec l'architecte Ph. Delorme, dont la fortune rapide semble lui avoir fait envie. En revanche, ces lignes de Binet paraissent fondées en ce qui concerne sa brouille passagère avec A. de Baïf en 1555 (v. ci-dessus, p. 129, aux mots « *qui* estoit Baïf »), *avec P. de Paschal, historiographe du roi, qui abusa de* sa confiance (v. ma thèse sur *Ronsard p. lyr.*, p. 127), sa rupture avec Ch. de Pisseleu, abbé de Bourgueil, qui fut son rival heureux auprès de Marie du Pin (*ibid.*, p. 153), sa querelle avec les huguenots en 1562 et les années suivantes (notamment avec Th. de Bèze, Grevin et Fl. Chrestien), enfin son animosité contre André Thevet, qui railla les héros de la *Franciade* dans sa *Cosmographie universelle* (1575) et ne compta pas notre poète dans la galerie de ses *Hommes illustres* (1584).

Binet me semble d'ailleurs s'être inspiré ici d'un passage de l'épître-préface de la *Responce aux injures*, où Ronsard dit qu'il a répondu en ce poème « comme par contrainte » aux livres qu'on avait composés contre lui, et ajoute : « J'atteste Dieu et les hommes que jamais je n'eu desir ny volonté d'offenser personne, de quelque qualité qu'elle soit ». (Bl., VII, p. 85.)

P. 38, l. 23. — *Choiseul*. Cf. Bl., VI, 201 ; M.-L., V, 184. Cette pièce, très importante à tous égards, parut pour la première fois en tête de la traduction des *Odes d'Anacréon*, par R. Belleau (Paris, A. Wechel, 1556), sous ce titre *Elegie de P. de Ronsard à Chretophle de Choiseul abbé de Mureaux* ; puis Ronsard l'inséra la même année à la fin du 2e livre des *Hymnes* (cf. ma thèse sur *Ronsard p. lyr.*, pp. 162 et 170).

Dans toutes les éditions collectives de Ronsard, contemporaines ou posthumes, on la trouve imprimée parmi les *Poëmes*, et dans toutes, sans aucune exception, elle reste dédiée *A Chr. de Choiseul*. Mais il n'en va pas de même si l'on consulte les éditions de R. Belleau. Celui-ci, après avoir dédié son *Anacréon* à Chr. de Choiseul en 1556, trouva bon de le dédier à partir de 1572 *Au seigneur Jules Gassot, Secretaire du Roy*, et de changer en même temps l'adresse de l'élégie liminaire de Ronsard à Choiseul, qui devint l'*Elegie à Jules Gassot*, non seulement dans les rééditions de l'*Anacréon*, mais encore dans les éditions collectives des œuvres de R. Belleau (Paris, Mamert Patisson, 1578, 1585, et éd. dérivées, de Lyon, 1592, de Rouen, 1604).

On voit quel cas il faut faire de cette assertion trompeuse de G. Colletet : « Ainsi l'élégie que Ronsard adressoit à Jules Gassot, sur le subject des œuvres de Remy Belleau, passa depuis soubs le nom de Christophle de Choiseul, pour des raisons qui me sont incognues. » (*Vie de Ronsard*, p. 81.) Colletet aura sans doute consulté l'édition collective de

Belleau de 1578, où la susdite élégie est dédiée à Gassot, puis une édition collective de Ronsard postérieure à cette date[16], sans remonter jusqu'à l'édition *princeps*, sans même consulter les éditions collectives de Ronsard antérieures à celle de Belleau ; de là son erreur. — Sainte-Beuve, qui pourtant connaissait le Ronsard in-folio de 1609, a renvoyé ses lecteurs à « l'élégie ou épître de Ronsard à Jules Gassot au sujet de Remi Belleau » : indication également trompeuse, car on chercherait vainement dans les œuvres de notre poète cette élégie ainsi intitulée. Le fait d'avoir ignoré la date de sa publication a quelque peu faussé le jugement que porte Sainte-Beuve sur le goût littéraire de Ronsard. (*Tableau de la p. fr.*, éd. Charpentier, pp. 98, note 1, 99 et 392. Cf. ma thèse sur *Ronsard p. lyr.*, p. 284, note 2.)

Pour les 28 premiers vers, auxquels Binet fait allusion, Ronsard semble s'être inspiré d'une lettre que lui adressa en 1555 Estienne Pasquier (la 8ᵉ du livre I dans les *Œuvres complètes* de Pasquier, Amsterdam, 1723).

P. 38, l. 25. — *Charles de Valois*. Il s'agit du fils naturel de Charles IX et de Marie Touchet, qui, d'après le P. Anselme, naquit en avril 1573 et mourut en 1650. Destiné dès sa jeunesse à l'ordre religieux de Malte, nommé abbé de la Chaise-Dieu en 1586, il succéda comme Grand Prieur de France à Henri d'Angoulême, bâtard de Henri II, le 2 août 1587. « Des lors, dit P. de l'Estoile, le roi le retira et fist demeurer à la Cour, pres sa personne, lui faisant grandes demonstrations de bonne affection et bienveillance. » Mais en 1589 il quitta l'ordre de Malte pour se marier, et c'est alors que Henri III lui donna les comtés de Clermont et d'Auvergne. Après cette donation il prit le titre de comte d'Auvergne, sous lequel on le désigna couramment durant le règne de Henri IV. Il fut créé *duc d'Angoulême* en 1617. Cf. Anselme, *Hist. généal. de la maison de Fr.*, tome I, p. 202 ; P. de l'Estoile, *Mémoires*, éd. Brunet, II, 338 ; III, 59, et *passim* ; Brantôme, *Mémoires*, éd. Lalanne, V. 275.

Si l'on songe que, lors des obsèques de Ronsard, ce bâtard de Charles IX n'avait pas encore 13 ans et n'occupait aucun rang à la Cour, qu'il était au contraire un puissant personnage lors de la troisième rédaction de Binet, *où son nom apparaît pour la première fois*, ne peut-on pas trouver cette addition de *C* suspecte et y voir une flatterie plutôt qu'une vérité ? Oui, d'autant plus que Binet était alors lieutenant général de la Sénéchaussée de Riom.

P. 38, l. 27. — *Senat de Paris*. Autrement dit le Parlement de Paris, qui est toujours désigné dans les écrits latins du temps par les mots *Senatus parisiensis*.

P. 38, l. 34. — *Cardinal de Bourbon*. Charles de Bourbon, cardinal archevêque de Rouen, était un des frères cadets d'Antoine de Bourbon-Vendôme. Par le traité de Joinville du 31 décembre 1584, entre Henri de Guise et le roi d'Espagne, la succession des Valois lui était assurée. À la mort de Henri III, le duc de Mayenne le fit proclamer roi à Paris sous le nom de Charles X, pendant que son neveu Henri de Navarre était proclamé au camp de Saint-Cloud, sous le nom de Henri IV. Il mourut peu après, le 9 mai

1590, n'ayant été « qu'un roi de théâtre et en peinture, car il n'exerça un seul moment la royauté » (P. de l'Estoile, *Mémoires*, éd. Brunet, V, 247, et *Table*, p. 48, au nom de Bourbon (Charles de), *cardinalis Borbonius*...)

P. 38, l. 44. — *honeste labeur*. Extrait de l'*Epistre au lecteur* qui avait servi de préface aux *Odes* de 1550 : « Si les hommes tant des siecles passés que du nostre, ont merité quelque louange pour avoir piqué diligentement après les traces de ceus qui courant par la carriere de leurs inventions, ont de bien loin franchi la borne : combien davantage doit on vanter le coureur, qui galopant librement par les campaignes Attiques, et Romaines, *osa tracer un sentier inconnu pour aller à l'immortalité* ? Non que je... Mais quand tu m'appelleras *le premier auteur Lirique François*, et celui *qui a guidé les autres au chemin de si honneste labeur*, lors tu me rendras ce que tu me dois... » (Bl., II, 9 ; texte rectifié par M.-L., II, 474.)

P. 39, l. 6. — *son Occident*. Cf. le *Caprice* au seigneur Simon Nicolas, poème composé après la mort de François d'Anjou (juin 1584), puisque Ronsard y parle de Henri de Navarre comme de l'héritier du trône. Il se trouvait parmi les manuscrits que le poète laissa aux mains de Galland et de Binet, mais ne fut publié qu'en 1609. Je ne crois pas d'ailleurs que Binet s'en soit inspiré ici, les vers suivants, cités par Mlle Evers, faisant allusion plutôt à la situation politique et sociale de la France qu'à l'état de la langue française :

A peine, helas ! à peine a-t'on chassé
La barbarie, où les gens du passé
Se delectoient (o perverse influance),
Qu'elle revient importuner la France...

(Bl., VI, 327.)

P. 39, l. 15. — *le faire crever*. Cf. ces passages de la troisième préface de la *Franciade* : « Tu enrichiras ton poëme par varietez prises de la nature, sans extravaguer comme un frenetique. Car, *pour vouloir trop eviter, et du tout te bannir du parler vulgaire, si tu veux voler sans consideration par le travers des nües et faire des grotesques, Chimeres et monstres*, et non une naïfve et naturelle poésie, tu seras imitateur d'Ixion, qui engendra des phantosmes au lieu de legitimes et naturels enfans. » — « La plus grande partie de ceux qui escrivent de nostre temps se traisnent enervez à fleur de terre... Les autres sont *trop empoulez et presque crevez d'enflures* comme hydropiques, lesquels pensent n'avoir rien fait d'excellent, s'il n'est extravagant, creux et bouffy, plein de songes monstrueux et de paroles piaffées... Les autres plus rusez tiennent le milieu des deux, ny rampans trop bas, ny s'eslevans trop haut au travers des nües, mais qui d'artifice et d'un esprit naturel, elabouré par longues estudes… descrivent leurs conceptions d'un style nombreux, *plein d'une venerable majesté, comme a faict Virgile en sa divine Æneide.* » (Bl., III, 18 et 23.)

Il est possible que Binet se soit inspiré de ces passages qui datent de l'année 1584 au plus tôt ; il se peut aussi qu'il ait rapporté des paroles vraiment prononcées en sa présence par Ronsard. Quoi qu'il en soit, on ne peut mettre en doute l'opinion du chef de la Pléiade sur ses maladroits imitateurs et sur la nécessité du juste milieu dans le style poétique. On verra dans les notes suivantes qu'elle est confirmée par d'autres témoignages importants, et par deux pièces de vers, où Ronsard s'est exprimé, comme ici, en véritable père de l'école classique. Malherbe et Boileau ne penseront pas autrement que lui.

P. 39, l. 21. — _reputation_. Cf. Iliade, VI, vers 407 : Δαιμόνιε, φθίσει σε τὸ σὸν μένος.

P. 39, l. 27. — _mon Binet_. On remarquera dans tout ce passage l'insistance de Binet à montrer qu'il était le confident intime de Ronsard. Binet n'est pas seulement heureux de citer de l'inédit ; il est visiblement très satisfait de se mettre en scène. Rien ne nous permet de suspecter l'authenticité de ces vers : Ronsard a très bien pu en effet les dicter à Binet soit en 1584, soit en 1585, alors qu'il était perclus de rhumatismes. Mais nous ne pouvons nous défendre d'une certaine défiance au sujet de leur adresse, en songeant que deux autres pièces sont adressées à Binet dans la 1re édition posthume (qu'il fut chargé d'élaborer avec Galland), alors que du vivant de Ronsard elles étaient dédiées à d'autres : le poème du _Rossignol_, qui, de 1569 à 1584 inclusivement, était dédié à Jean Girard, et le sonnet _Veux tu sçavoir_, qui, de 1555 à 1584 inclusivement, était dédié à Guy de Brués. Nous pouvons d'autant moins nous en défendre que le commentaire de cette dernière pièce a subi dans la 1re édition posthume une variante qui donne à réfléchir. On lit en note sous la signature de Belleau dans toutes les éd. collectives parues du vivant de Ronsard : « Il adresse ce sonnet à Brués, homme fort docte et des mieux versez en la cognoissance du Droict et de la Philosophie, comme il a fait paroistre par certains Dialogues qui se lisent aujourd'huy… » ; dans la 1re éd. posthume, toujours sous la signature de Belleau : « Il adresse ce sonnet à Claude Binet, homme fort docte et des mieux versez en la cognoissance du Droict et de la Poësie, et l'un de nos meilleurs amis… » Belleau étant mort en 1577, et ce sonnet étant encore dédié à Brués en 1584, est-il téméraire de penser que Binet a substitué lui-même son nom à celui de Brués et transformé à son avantage le texte primitif du commentaire ? Il se peut d'ailleurs que Ronsard l'ait autorisé à faire ces changements, ou les ait faits de sa propre main sur l'exemplaire de 1584 qu'il corrigea en vue d'une nouvelle impression.

P. 39, l. 28. — *filles de Cocyte*. Ce sont les Furies. Imitation de Virgile, qui appelle l'une d'elles, Alecto, *Cocytia virgo* (*En.*, VII, vers 479).

P. 39, l. 36. — *est blessée*. Extrait de l'*Abbregé de l'Art poët. fr.* (1565) : « Quand je te dy que tu inventes choses belles et grandes, je n'entends toutesfois ces *inventions fantastisques et mélancoliques, qui ne se rapportent non plus l'une à l'autre que les songes entrecoupez d'un frenetique,* ou de quelque patient extremement tourmenté de la fievre, *à l'imagination duquel, pour estre blessée,* se

491

representent mille formes monstrueuses sans ordre ny liayson... » (texte de 1567, d'après l'éd. M.-L., VI, 452 ; cf. Bl., VII, 322). Voir encore la première préf. de la *Franciade* (1572) : « ... non toutefois pour feindre une Poësie fantastique comme celle de l'Arioste, de laquelle les membres sont aucunement beaux, mais le corps est tellement contrefaict et monstrueux qu'il ressemble mieux aux resveries d'un malade de fievre continue qu'aux inventions d'un homme bien sain. » (M.-L., III, 514 ; cf. Bl., III, 8.)

Dans ces deux passages, Ronsard s'est inspiré d'Horace, *Épître aux Pisons,* vers 1 à 9.

P. 40, l. 16. — *gouverne*. Parmi les poètes dont Ronsard, dans ses dernières années, déplorait les excès de fantaisie et de style, on cite Guillaume Salluste du Bartas, dont la *Sepmaine* avait paru en 1579, les *Œuvres* revues et augmentées en 1580 et 1582, la *Seconde Sepmaine* en 1584, — et Jean Edouard du Monin, qui publia en 1582 ses *Nouvelles Œuvres* « contenant Discours, Hymnes, Odes, Amours, Contramours, Eglogues, Elegies, Anagrammes et Epigrammes ». Il devait toutefois mettre entre eux une assez grande difference, que Binet a marquée dans ces lignes : « Disant au reste que quelques-uns... »

On raconte qu'à l'apparition de la *Sepmaine* Ronsard ne put s'empêcher d'exprimer généreusement son estime pour l'auteur de cette épopée biblique, ce qui n'est pas invraisemblable. Les protestants firent courir aussitôt le bruit qu'il cédait la souveraineté de la poésie à leur poète et s'était avoué vaincu. Mais Ronsard, qui d'ailleurs après son premier mouvement n'avait pas tardé à faire ses réserves au moins sur le style de l'œuvre, donna un démenti formel à ses adversaires dans le sonnet adressé à Dorat, qui commence ainsi : *Ils ont menti, d'Aurat,* et qui dans l'édition de 1617, où il parut pour la première fois, est suivi du sizain *Je n'ayme point ces vers,* lequel semble bien viser directement l'œuvre de Du Bartas (*Recueil des Sonnets... et autres pièces retranchées,* p. 78 ; on trouvera les deux pièces dans l'édition Bl., V, 348 et 349 ; je cite le sizain ci-après, p. 204). — Cf. les *Remarques critiques sur le Dictionnaire* de Bayle, in-f° de 1752, p. 698, et Sainte-Beuve, article de 1842 sur *Du Bartas,* inséré dans le *Tableau de la poés. fr. au XVIᵉs.,* éd. Charpentier, pp. 391 et 392.

Quant à Edouard du Monin, ses poésies sont très loin d'avoir eu le succès de la *Sepmaine* de Du Bartas, et dès leur apparition il passa pour un auteur profondément obscur et alambiqué. Voir Laudun d'Aigaliers, *Art poët.,* 1598, liv. IV, chap. v. Colletet écrit dans la biographie qu'il lui a consacrée : « C'était de Du Monin que Ronsard voulloit parler lorsque, considérant les esprits de son siècle, il dit : Il y en a qui ont l'esprit plus turbulent que rassis... » (cité par Rochambeau dans sa *Famille de Ronsart,* éd. elzévir., p. 236). Pour être aussi affirmatif, Colletet ne s'est pas fondé seulement sur une tradition orale. Il aurait pu alléguer plusieurs passages de l'*Académie de l'Art poët.* de P. de Deimier (1610), celui-ci entre autres, où il est également question de Du Bartas : « Du Monin faisoit gloire d'escrire ainsi en langage de la my-nuict : et si bien qu'il ne luy sembloit pas d'avoir bien faict, si ses vers n'estoyent tous couvers et flottans, parmy un tenebreux et continuel nuage de metaphores, d'antitheses, de metonimies, de periphrases, et de nouveauté de mots et dictions estranges, dont à tout propos il embarrassoit ses conceptions. Et là dessus, il disoit qu'il escrivoit tout expres ainsi afin de n'estre entendu que des doctes. Mais on a veu enfin que ses œuvres ont esté mesprisées des hommes les plus sçavans, veu la broüillerie et rudesse qui estoient en elles, et d'autre part en mesme temps du tout desdaignées et abandonnées du vulgaire, pour l'obscurité et pour le mauvais langage dont elles estoient couvertes et enflées... Quelques-uns se trompans en la chimere du grand sçavoir qu'ils s'imaginent en l'obscurité d'un Poëme, estiment que les passages plus obscurs de Du Bartas sont les plus beaux, et tout au contraire ce sont ceux qui le sont le moins, et où les vers sont les plus desagreables pour les periphrases et metaphores impropres dont ils sont chargez, et qui en les enlaidissans les rendent envelopez d'une obscurité par trop estrange. *Aussi Ronsard appercevant que cest autheur metaphorisoit el s'obscurcissoit par trop en quelques endroicts, et que Du Monin en usoit par tout de la sorte, disoit parfois à ses amis que Du Monin et Du Bartas luy avoyent gasté la Poësie.* » (Chap. x, pp. 259 et 272 ; cf. chap. v, pp. 118-19 ; xiv, p. 390.)

P. 40, l. 19. — *des Dieux*. Cf. l'*Elegie à Chr. de Choiseul* :

> Chetifs ! qui ne sçavoient que nostre poësie
> Est un don qui ne tombe en toute fantaisie,
> Un don venant de Dieu, que par force on ne peut
> Acquerir, si le ciel de grace ne le veut ;

et encore le *Discours à J. Grevin*, début. (Bl., VI, 202 et 311.)

P. 40, l. 21. — *à ce ministere*. Voir par ex. les odes *Errant par les champs de la Grace* (discours de Jupiter aux Muses, str. XII à XVI) ; *Celuy qui ne nous honore* (Bl., II, 68 et 117). En ce qui concerne Ronsard lui-même, les textes abondent où il se vante d'être né poète ; voir l'éd. Bl., II, 134-35, 247, 395, 414, 426, 446 ; III, 316 ; V, 157, 188 à 190 ; VI, 44, 191 ; VII, 270, notamment l'ode *Descen du ciel Calliope*, l'hymne de l'*Automne* et le poème *A Pierre l'Escot*.

Sur la haute idée qu'il se faisait du poète vraiment digne de ce nom, cf. ma thèse sur *Ronsard p. lyr.*, pp. 55, 335, 340.

P. 40, l. 26. — *de mal faire*. Cette envie d'écrire des satires et cette crainte d'en publier apparaissent bien dans deux pages des *Estrennes au Roy Henry III* (1er janvier 1575), notamment eu ces vers :

Il faut que mon humeur se purge sur quelqu'un :
Mais je ne puis sans vous : sans vostre faveur, Sire,
Je n'ose envenimer ma langue à la satyre.
Si est-ce que la rage et l'ulcere chancreux
Me tient de composer : le mal est dangereux
Qui desplaist à chacun : mais si je vous puis plaire,
Il me plaist, vous plaisant, d'escrire et de desplaire.

(Bl., III, 285.)

Mais Henri III, loin de l'avoir autorisé à faire la satire des vices de son temps, semble lui avoir interdit certaines allusions blessantes, car le poète supprima de ces *Estrennes*, en 1578, huit vers qui s'appliquaient trop bien aux mignons du roi et au roi lui-même (Bl., VII, 306).

P. 40, l. 26. — *à l'Horatienne*. C'est-à-dire des satires où l'indignation et la souriante ironie sont *mêlées*, à la façon de celles d'Horace.

C'est ainsi que Boileau dira plus tard ;

Horace à cette aigreur *mêla* son enjouement,

en se souvenant, ainsi que Binet, du début de la satire, du livre I, où Horace définit la satire telle qu'il la comprenait :

496

Et sermone opus est modo tristi, saepe jocoso…

L'opinion de la Pléiade fut plus favorable à la satire générale et adoucie d'Horace qu'à la satire personnelle et violente de Juvénal. Du Bellay a proposé le premier comme modèle à cause de son urbanité et de sa modération (*Deffence*, II, ch. IV). Ronsard de son côté adonné cette définition de la satire telle qu'il l'entendait, dans les *Estrennes au Roy Henry III* (Bl., III, 286) :

> Il n'y a ny rheubarbe, agaric, ny racine *
> Qui puisse mieux purger la malade poitrine
> De quelque patient fiévreux ou furieux
> Que fait une satyre un cerveau vicieux,
> *Pourveu qu'on la destrempe à la mode*
> *d'Horace,*
> Et non de Juvenal, qui trop aigrement passe.
> Il faut la preparer si douce et si à point,
> Qu'à l'heure qu'on l'avalle on ne la sente point,
> Et que le mocqueur soit à mocquer si adestre.
> Que le mocqué s'en rie, et ne pense pas l'estre.

P. 40, l. 38. — *Prose en vers*. Inspiré de deux passages de l'*Abbregé de l'A. P.*, où Ronsard recommande à Delbene de « se donner garde sur tout d'estre plus versificateur que poëte ». « Car la fable et la fiction, dit-il, est le sujet des bons poëtes, qui ont esté depuis toute memoire recommandez de la posterité : et les vers sont seulement le but de l'ignorant versificateur, *lequel pense avoir fait un grand chef d'œuvre quand il a composé beaucoup de*

497

carmes rimez, qui sentent tellement la prose que je suis esmerveillé comme nos François daignent imprimer telles drogueries, à la confusion des autheurs, et de nostre nation » ; et un peu plus loin : « Tu les feras donc les plus parfaits que tu pourras, et ne te contenteras point (comme la plus grand'part de ceux de nostre temps), *qui pensent,* comme j'ay dit, *avoir accomply je ne sçay quoy de grand, quand ils ont rymé de la prose en vers.* Tu as desja l'esprit assez bon pour descouvrir tels versificateurs par leurs miserables escrits... » (Bl., VII, 325 et 330.) — Ronsard fut « l'ennemy mortel des versificateurs » et méprisa « leur prose rimée » jusqu'à la fin de sa vie. Voir le *Caprice à Simon Nicolas,* écrit après juin 1584 (Bl., VI, 326), et surtout ce passage de la 3e préface de la *Franciade,* publiée seulement après sa mort : « Tous ceux qui escrivent en carmes, tant doctes puissent-ils estre, ne sont pas poëtes. Il y a autant de difference entre un poëte et un versificateur qu'entre un bidet et un genereux coursier de Naples... Ces versificateurs se contentent de faire des vers sans ornement, sans grace et sans art, et *leur semble avoir beaucoup fait pour la republique quand ils ont composé de la prose rimée.* » (Bl., III, 19 et 20 ; cf. le bas de la p. 29.)

Voir encore une curieuse page du *Discours à Jacques Grevin* (Bl., VI. 313).

P. 40, l. 45. — <u>son contraire</u>. Ceci me semble encore inspiré de la 3e préface de la *Franciade* : Il faut, dit Ronsard en parlant des vers alexandrins, qu'ils soient « bastis de la main d'un bon artisan, qui les face *autant qu'il lui sera possible hausser comme les peintures relevées, et quasi separer du langage commun,* les ornant et enrichissant de figures, shemes, tropes, metaphores, phrases et periphrases eslongnées presque du tout, ou pour le moins *separées de la prose triviale et vulgaire (car le style prosaïque est ennemy capital de l'eloquence poëtique),* et les illustrant de comparaisons bien adaptées, de descriptions florides... » Plus loin : « C'est le fait d'un historiographe d'esplucher toutes ces considerations, et non aux poëtes qui ne cherchent que le possible... et d'une petite cassine font un magnifique palais, qu'ils enrichissent, dorent et embellissent par le dehors de marbre, jaspe et porphire, de guillochis, ovalles, frontispices et piedestals, frises et chapiteaux, et par dedans de tableaux, *tapisseries eslevées et bossées d'or et d'argent,* et le dedans des tableaux cizelez et burinez, raboteux et difficiles à tenir ès mains, à cause de la rude engraveure des personnages qui semblent vivre dedans... » (Bl., III, 16 et 24.)

P. 41, l. 1. — *fié à moy.* Voir ci-après, p. 238, au mot « *inviolable* ».

P. 41, l. 3. — *correction.* Binet a déjà dit plus haut (p. 26), en s'appuyant sur un passage des *Estrennes au Roy Henry III,* que Charles IX avait permis à Ronsard d'écrire des Satires, même contre sa personne, et que R. avait usé de cette autorisation en écrivant la *Dryade violée,* la *Truelle crossée,* une autre pièce commençant par *Il me deplaist de voir* et une quatrième commençant par *Roy le meilleur des Roys.* Nous avons vu ce qu'il faut penser des deux premières de ces Satires, dont l'existence est douteuse ; que la quatrième, publiée par Blanchemain, n'est pas une Satire proprement dite à la façon d'Horace, mais une ode satirique. La troisième seule pourrait avoir été au nombre des Satires « à l'Horatienne » que Ronsard montra à Binet, car celui-ci en parle bien comme d'une pièce qu'il a vue de ses propres yeux.

« Il me dit que l'on n'en verroit jamais que ce qu'on en avoit veu ». À quelles pièces *publiées* ce passage fait-il allusion ? Probablement à celles qu'il composa en 1562 et 1563 contre les protestants (les deux *Discours sur les Miseres de ce temps*, la *Remonstrance*, la *Responce aux injures*) ; peut-être aussi à « l'elegie » de 1569, intitulée plus tard « invective », écrite contre un blanc-bec de Cour qui avoit raillé ses vers et sa personne : *Pour ce, Mignon, que tu es jeune et beau.* (Bl., IV, 350.) Mais ce ne sont pas de vraies satires ; ce sont des *discours* politiques ou des *apologies* personnelles, qui d'ailleurs se recommandent par une verve indignée et furieuse à la façon de Juvénal, bien plus que par une douce ironie à la façon d'Horace. Peut-être faut il expliquer autrement l'allusion de Ronsard et de Binet.

Ronsard avait toutes les qualités requises pour écrire un recueil de Satires morales, littéraires et politiques (d'ailleurs plus d'éloquence que d'esprit proprement dit, comme Juvénal, d'Aubigné, V. Hugo). Il ne l'a pourtant point fait, et cet honneur revient à deux de ses disciples, Vauquelin et Regnier. Mais son œuvre est pleine de pages satiriques en vers alexandrins ou décasyllabiques à rimes plates, contre les abus et les ridicules de son époque et de tous les temps. Ces pages, détachées de leur ensemble, pourraient former une anthologie dont les morceaux paraîtraient provenir d'un recueil de Satires. Voir, entre autres, les *Isles Fortunées* (début), l'*Elegie à son livre* (page contre les femmes) ; l'*Elégie à Chr de Choiseul* (début, contre les méchants poètes) l'épître à Odet de Coligny, *L'homme ne peut sçavoir* (contre les flatteurs de Cour) ; l'*Elegie à L'Huillier* (page contre les intrigants sans valeur) ; la *Complainte contre Fortune* ; l'*Elégie à Rob. de la Haye* ; le *Proces* ; la *Complainte à la Royne mere* ; la *Promesse* ; les *Nuës ou Nouvelles* ; les *Estrennes à Henry III* ; le *Discours à H. de Cheverny*, pièces écrites et publiées à des dates diverses, de 1553 à 1584 (Bl., I, 143 ; III, 284-86, 354-56, 375 et suiv., 401, 421 et suiv. ; IV, 291 ; VI, 156, 170, 193, 201, 246, 257).

Rappelons, enfin, que deux pièces satiriques, écrites, l'une vers 1572 (*A Moreau, trésorier de l'Espargne*), l'autre à la fin de 1584 (*Caprice à Simon Nicolas*), ne parurent que plusieurs années après la mort de Ronsard, la première dans l'éd. coll. de 1604, la seconde dans celle de 1609 (Bl., VI, 265 et 326). Une troisième satire, écrite en 1580 (*Sur une médaille d'Antinoüs*), n'a été publiée qu'au XIXe siècle (Bl., VIII, 109 ; M.-L., VI, 411).

P. 41, l. 23. — *ceste derniere main*, c'est à dire cette dernière édition, celle de 1587, élaborée par Ronsard en 1584 et 1585.

P. 41, l. 24. — *de l'honneur*. Binet a démarqué ici sans le dire cette courte préface que Ronsard écrivit pour la seconde édition de sa *Franciade* (début de 1573) et supprima en 1578 :

« J'ay, Lecteur, à la façon d'Apelle, exposé mon ouvrage au public, afin d'entendre le jugement et l'arrest d'un chacun, qu'aussi volontairement je reçoy, que je le pense estre candidement prononcé. Et ne suis point si opiniastre, que je ne vueille au premier admonnestement d'un homme docte, non passionné, et bien versé en la poësie, recevoir toute amiable correction : car ce n'est pas vice de s'amender, mais c'est extreme malice de persister en son peché. Pour ce, par le conseil de mes plus doctes amis j'ay changé, mué, abregé, alongé beaucoup de lieux en ma Franciade pour la rendre plus parfaicte et luy donner sa derniere main. Et voudrois de toute affection que nos François daignassent faire le semblable, nous ne verrions tant d'ouvrages avortez, lesquels, pour n'oser endurer la lime et parfaicte polissure, n'aportent que des-honneur à l'ouvrier, et à nostre France une mauvaise reputation. » (Dernier vol. de l'éd. coll. de 1573. — Bibl. Nat.. Rés., pYe 355, f° Aij.)

Cette préface remplaçait à elle seule celle de la première édition de la *Franciade*, où se lisait déjà cette déclaration : « Or, Lecteur, ... je te dy qu'il ne se treuve point de livre parfaict, et moins le mien, auquel je pourray selon la longueur de ma vie, le jugement et la syncere opinion de mes amis, adjouter ou diminuer, comme celuy qui ne jure en l'amour de soymesmes, ny en l'opiniastreté de ses inventions. »

Ronsard fut toujours très attentif aux conseils et aux remarques de l'élite de ses lecteurs. Son empressement à recueillir les jugements des amis, à noter même les critiques des adversaires, en vue d'une nouvelle édition, et, en général, sa docilité à l'égard du public lettré, étonnent de la part d'un chef d'école arrivé presque d'emblée à une gloire sans rivale. Ce livre ne t'est laché, disait-il au lecteur de ses *Odes* en 1550, « que pour aller découvrir ton jugement, affin de t'envoier aprés un meilleur combatant. » (Cf. Bl., II, 13.) Et quinze ans plus tard, alors qu'en son pays et à l'étranger il passait pour le plus grand poète français, voici le conseil qu'il donnait à Alphonse Delbene dans son *Abbregé de l'Art poëtique* : « Tu converseras doucement et honnestement avec les Poëtes de ton temps : tu honnoreras les plus vieux comme tes peres, tes pareils comme tes freres, les moindres comme tes enfans, et leur communiqueras tes escrits : car tu ne dois rien mettre en lumiere, qui n'ayt premierement esté veu et reveu de tes amis, que tu estimeras les plus expers en ce mestier ». (Cf. Bl., VII, 319.)

P. 41, l. 25. — *extreme vice*. Reminiscence de ces vers d'Horace :

$$. \quad . \quad . \quad . \quad \text{mediocribus esse poetis}$$
Non homines, non di, non concessere columnae...

Sic animis natum inventumque poema juvandis,
Si paulum summo decessit, vergit ad imum...

(*Epit. aux Pisons*, 370 et suiv.)

ou plutôt plagiat de ces lignes de Ronsard parues dans la première édition posthume : « Tu n'ignores pas, lecteur, qu'un poëte ne doit jamais estre mediocre en son mestier, ny sçavoir sa leçon à demy, mais tout bon, tout excellent et tout parfaict. *La mediocrité est un extreme vice en la poësie* : il vaudroit mieux ne s'en mesler jamais et apprendre un austre mestier. » (3ᵉ préf. de la *Franciade*, Bl., III, 32.)

P. 41, l. 28. — *à son suject*. Il n'y a de virgule après *suject* dans aucune édition. Le passage étant obscur j'ai respecté la ponctuation ; mais je pense qu'il faut comprendre comme s'il y avait une virgule, et faire rapporter *qui* à *style moien*.

Cf. Horace, *Epitre aux Pisons*, vers 24 et suiv. ; Ronsard, dans l'élégie *A Chr. de Choiseul* (1556) :

Mais ce n'est pas le tout que d'ouvrir le bec grand,
Il faut garder le ton dont la grace despend
Ny trop haut, ny trop bas, suivant nostre nature
Qui ne trompe jamais aucune creature... (Bl., VI, 201.)

et dans ce sizain que lui inspira la *Sepmaine* de Du Bartas, vers la fin de sa vie :

> Je n'ayme point ces vers qui rampent sur la terre,
> Ny ces vers empoullez, dont le rude tonnerre
> S'envole outre les airs : les uns font mal au cœur
> Des liseurs desgoutez, les autres leur font peur :
> Ny trop haut ny trop bas, c'est le souverain style,
> Tel fut celui d'Homere et celuy de Virgile. (Bl., V, 349.)

Sur cette théorie du juste milieu en poésie, voir ce qu'il a encore écrit dans la troisième préface de la *Franciade* (ci-dessus, p. 197, aux mots « *le faire crever* »).

P. 41, l. 29. — *aux hommes*. Cf. Ronsard, les douze premiers vers du *Discours à J. Grevin*, qui développent les vers d'Horace ci-dessus cités, et y ajoutent cette idée :

> Car la Muse icy bas ne fut jamais parfaite
> Ny ne sera, Grevin : la haute Deité
> Ne veut pas tant d'honneur à nostre humanité
> Imparfaite et grossiere : et pour ce elle n'est digne
> De la perfection d'une fureur divine. (Bl. VI, 311.)

P. 41, l. 41. — *faire mieux*. Ce quatrain terminait la première préface de la *Franciade* (septembre 1572) « pour fermer la bouche à ceux qui de nature sont envieux du bien et de l'honneur d'autruy » (Bl. III. 13 ; M.-L. III. 518). Donc, Ronsard ne l'a pas écrit, comme Binet l'affirme, en réponse à certaines critiques exprimées après l'apparition de sa *Franciade*. C'était bien plutôt une réponse anticipée à des jugements qu'il prévoyait, une sorte de précaution oratoire contre la critique malveillante, considérée en général, précaution analogue à maintes pièces *Au detracteur* ou *A l'envieux* qu'on lit en tête ou à la fin d'autres œuvres du XVIᵉ siècle (v. ma thèse sur *Ronsard p. lyr.*, p. 332, note 2), Notons d'ailleurs que le vrai texte de Ronsard diffère très sensiblement de celui de Binet :

> Un *list* ce livre pour apprendre,
> L'autre le *list* comme envieux...

Par cette forme qui, après mûre réflexion, me semble bien être un imparfait du subjonctif, Ronsard entendait ce qui pouvait se produire, et non ce qui s'était produit. C'est un « potentiel » qui équivaut à : Il peut se faire qu'on me lise... Ronsard a écrit « un list » au lieu de « qu'on lise » à cause des exigences de la versification.

L'erreur de Binet s'explique dans une certaine mesure. En effet, la préface en prose qui accompagnait le quatrain et en donnait la vraie signification disparut dès la 2ᵉ édition de la *Franciade*, et le quatrain resta isolé de son contexte en tête du poème jusqu'en 1584 inclus ; après quoi, il disparut lui-même des éditions posthumes ; si bien que Binet, la reprenant dans les papiers de Ronsard pour en orner sa 3e rédaction, sans remonter à son origine, perdit de vue son véritable sens. Mais la forme *list* (pour *leist*, de *legisset*), qu'on trouve dans toutes les éd. de la *Franciade* parues du vivant de Ronsard, aurait dû le mettre en garde contre une interprétation de fantaisie.

Sur les opinions diverses qui accueillirent les quatre livres de la *Franciade*, voir G. Colletet, *Vie de Ronsard*, pp. 74 à 78, et Marty-Laveaux, édition de Ronsard, III, 538.

P. 41, l. 48. — *le courage*. Ce quatrain parut à la fin de la *Franciade* dans l'éd. de 1578, la première qui vit le jour après la mort de Charles IX, et il conserva cette place dans les éd. suivantes (Bl. III, 252 ; M.-L. III. 176).

La suite des idées semble ici défectueuse. Binet dit que Ronsard n'a pas achevé la *Franciade* « faulte de noz Roys qui n'ont continué ceste faveur nourriciere des grands esprits », et, à l'appui de son dire, il cite un quatrain où il n'est question que de la faveur de Charles IX. Or après la mort de Charles IX, Ronsard ne connut que le règne de Henri III ; le pluriel « noz Roys » semble donc étrange. Je soupçonne Binet de s'être fondé sur un autre texte, dont il ignorait la date et qu'il aura par suite mal interprété : je veux parler de ce passage de la *Complainte à la Royne mere* publiée en 1563 :

> J'avois l'esprit gaillard et le cœur genereux
> Pour faire un si grand œuvre en toute hardiesse,

Mais *au besoin les Roys m'ont failly de promesse* :
Ils ont tranché mon cours au milieu de mes vers :
Au milieu des rochers, des forests, des desers
Ils eut fait arrester, par faute d'equipage,
Francus, qui leur donnoit Ilion en partage.

(Bl. III, 377.)

Or ces vers font allusion à Henri II, à François II, à Catherine de Médicis, régente jusqu'en 1563, et au premier projet de la *Franciade,* qui était en alexandrins ; ils ne font pas du tout allusion au deuxième projet, qui, encouragé par Charles IX, aboutit aux quatre livres en décasyllabes publiés en 1572. Marty-Lav. a commis une erreur analogue en renvoyant à ces vers de 1563 pour expliquer l'interruption du poème de la *Franciade* tel qu'il nous est parvenu (III, 538).

Sur ces deux projets d'épopée et leurs dates respectives, v. ci-dessus, pp. 143 et 158, aux mots « *durant son regne* » et « *que j'ay veus* ».

P 41, l. 49. — *piece entiere*. Cf. Dorat, dans le *Tombeau de Ronsard* (Bl. VIII, 237) :

Franciadem si non perfecit, tam bene cœpit
Aeneidi ut certet, certet et Iliadi.

P. 42, l. 3. — *infiniment*. À ce sujet nous avons le témoignage de Ronsard lui-même, qui a écrit dès la fin de 1563 que les poètes huguenots ses adversaires (il s'agit de Fl. Chrestien et de J. Grevin) avaient le cœur rongé d'envie

« de le voir estimé des peuples estrangers, et de ceux de sa nation ». (*Epistre au lecteur,* publiée en tête des *Nouvelles Poësies,* vers le 1er novembre 1563 ; cf. Bl., VII, 149.)

En ce qui concerne particulièrement l'estime des Italiens, les témoignages sont nombreux. Outre ceux de J.-C. Scaliger, de P. Victor, de Bargœus et de Speroni que Binet invoque, rappelons entre autres deux odes de Barth. del Bene, auxquelles Ronsard a répondu (Bl., II, 380 ; IV, 356 à 360), un dialogue où le Tasse a comparé Ronsard au poète Annibal Caro (Marty-Lav., *Notice sur Ronsard,* p. LXXVII), l'anecdote rapportée par Brantôme d'un grand seigneur vénitien prisant Ronsard deux fois plus que Pétrarque (Gandar, *thèse fr.,* p. 123 ; Blanchemain, *Œuvres de Ronsard,* VIII, 38), et quatre sonnets de Grigioni, Zampini, Malespina et Ruggieri qui figurent dans son *Tombeau* (Bl. VIII, 282-84)

P. 42, l. 4. — *J.-C Scaliger.* Philosophe, humaniste et médecin italien, né en 1484, probablement à Padoue, mort en octobre 1558 à Agen, où il avait été amené en 1525 par l'évêque Antonio della Rovere. Le plus connu de ses ouvrages est une *Poétique* divisée en sept livres, qui eut un grand retentissement (cf. Lintilhac, thèse latine de Paris, 1888). — Son fils, Joseph Scaliger, fut un des critiques de textes les plus érudits de son temps ; c'est lui qui publia la première *Anthologie latine* en 1573, six ans avant celle de Claude Binet ; il enseigna à Genève, puis à Leyde. Lui aussi a dédié une de ses œuvres à Ronsard, la traduction grecque du *Moretum* en 1563 (cf. Egger, *Hellénisme en France,* I,

222, note), l'année même où, de son côté, Lambin dédiait à Ronsard le 2ᵉ livre de son édition de Lucrèce.

P. 42, l. 29. — *ingruit*. Ces vers forment la dédicace entière des *Anacreontica* de Jules-César Scaliger, publiés pour la première fois dans son recueil de *Poemata* à Genève en 1574, par les soins de son fils. Je les ai lus dans une édition postérieure des *Poemata* (Genève, 1591, première partie, p. 472). Ils sont bien dédiés *Ad Petrum Ronsardum*, Strophes asclépiades (2 glyconiques et 2 petits asclépiades entrelacés).

P. 42, l. 31. — *pour lors*. Il faut comprendre : « Je ne celerai point pourtant que par la complainte sur la mort d'un ami de Francus, et par les obsèques de cet ami, il m'a dit avoir entendu un Prince qui estoit fort necessaire pour l'Etat pres de Charles IX qui regnoit alors. » — Cf. l'argument du 3ᵉ livre de la *Franciade*, vers le milieu : « Francus celebre les funerailles d'un capitaine son cher amy », et cette note écrite par A. Jamin pour l'éd. primitive : « Je me doute que l'autheur entend icy dessous quelque grand capitaine de nostre temps ». (Bl. III, 140 et 164 à 168.)

Ce grand capitaine est sans doute François de Guise, mort en févr. 1563, à moins que ce ne soit Anne de Montmorency, mort en nov. 1567 ; si l'on s'en rapporte à Binet, c'est de François de Guise qu'il s'agit, car le titre de Prince ne convient qu'à lui.

P. 42, l. 32. — *nostre temps*. Les épopées antiques furent interprétées allégoriquement durant tout le Moyen Age.

Pétrarque lui-même voyait des allégories partout dans l'*Enéide*. Cette façon d'interprétation remonte à St Basile et à Fulgence Planciade. Au xvie siècle, sous l'influence persistante de la scolastique, on en usait encore, témoin Lemaire de Belges en ses *Illustrations de Gaule* (I, ch. xxxi et xxxv ; cf. Stecher, *Œuvres de Lemaire*, Notice.) Au xviie siècle, Chapelain déclarait encore, dans la préface de sa *Pucelle*, que Charles VII y représentait la volonté humaine, et Jeanne d'Arc la grâce divine. — Cf. ci-dessus, p. 122, aux mots « *deslors amoureux* ».

P. 42, l. 48. — *Barga*. Pour P. Victor, v. ci-dessus, p. 188. — Pierre Barga, c'est Pietro degli Angeli, ou Angelio, originaire de Barga en Toscane, d'où son surnom latin Bargeus ou Bargœus. Poète néo-latin, né en 1517, mort en 1596 ; professeur à Reggio, puis à l'Université de Pise, où le connut sans doute Cl. Binet. Ses principales œuvres sont le *Cynegeticon* (6 chants) et la *Syriade* (12 chants). Ses poésies complètes ont paru à Florence en 1568.

Binet a adressé une pièce de vers latins à Pierre Victor, et une autre à Angelio de Barga ; elles ont été publiées en octobre 1579 à Poitiers, à la fin de l'opuscule de Binet intitulé *C. Petronii Arbitri Epigrammata* pp. 32 et 33. Voir ci-dessus. Introduction, § II.

P. 43, l. 3. — *Danzich*. Cf. Du Perron : « C'est ce grand Ronsard qui a le premier... estendu la gloire de nos paroles et les limites de nostre langue. C'est luy qui a faict que les autres provinces ont cessé de l'estimer barbare comme auparavant, et se sont rendues curieuses de l'apprendre et de l'enseigner, et qu'aujourd'huy l'on en tient eschole jusques aux parties de l'Europe les plus esloignées, jusques en la Moravie, jusques en la Poloigne, et jusques à Dansik, là ou les œuvres de Ronsard se lisent publiquement. » (*Or. fun.*, éd. *princeps*, pp. 48 et 49.)

J'ai eu déjà plusieurs fois l'occasion de constater les ressemblances qui existent entre l'opuscule de Binet et celui de Du Perron, bien qu'ils diffèrent très sensiblement sur certains points. Mlle Evers écrit à ce propos : « Peut-être se sont-ils inspirés d'un même ouvrage imprimé ; peut-être aussi ont-ils seulement répété ce qui se disait couramment autour d'eux. » La deuxième hypothèse me semble la meilleure pour ce passage. Ils ont pu recueillir la même affirmation au cours d'une conversation avec Galland, Desportes ou Dorat, à laquelle ils assistaient l'un et l'autre. Desportes, qui était allé à Cracovie, à la suite de Henri d'Anjou, roi de Pologne, leur avait vraisemblablement parlé de la vogue de Ronsard en ce pays, peut-être au « festin » qu'il avait offert aux admirateurs du poëte le 18 février 1586 (v. ci-dessus, pp. 191 et 192). Au surplus, je crois que Binet a profité de l'*Or. fun.* de Du Perron, qu'il entendit prononcer, et dont il eut entre les mains soit le manuscrit, soit le texte imprimé (v. ci-dessus, p. 193, aux mots « *de tous costez* »). — Velliard dit de son côté que Ronsard n'était pas seulement lu avidement, appris par cœur comme un auteur classique, loué par les érudits, accepté par la foule comme un oracle, tout cela en France, mais encore que ses œuvres étaient traduites en langue étrangère, religieusement conservées dans les coffrets des rois, répandues jusqu'aux confins du monde civilisé « ... è gallico in peregrinum sermonem transferri, in arculis et scriniis regum sanctissimè asservari, spargi ac disseminari in barbaras et externas gentes. » (*Laud. fun.* II, ff. 15 v° et 16 r°.)

Quant au fait même que les œuvres de Ronsard étaient lues en 1586 dans les pays étrangers du Nord et de l'Est aux « escolles françoises », il n'est pas douteux. — Elles devinrent « classiques » de bonne heure en Angleterre, en Écosse, dans les Pays-Bas et en Allemagne, où sa gloire alla grandissant à mesure qu'elle déclinait en France, ne fût-ce que par l'intermédiaire des élèves étrangers de Dorat (M.-L., *Notice sur Dorat*, XXXIX et XL). Binet entend par les « escolles françoises » non pas seulement celles où enseignaient des Français, mais les cours de français qui étaient faits dans les universités étrangères par des étrangers[17]. En Angleterre, par ex., l'enseignement de la langue française était très répandu dans la deuxième moitié du XVIe siècle, et l'un des Anglais qui l'enseignaient alors, John Eliot, préconise dans la préface d'un ouvrage didactique paru à Londres en 1593 la lecture de Marot, Ronsard, Belleau, Desportes, Du Bartas, et autres esprits « inimitables en poésie ». Voir à ce sujet Louis Charlanne, *Influence française en Angleterre an XVII^esiècle* (thèse de Paris, 1906), première partie, chap. III, § 3, surtout les pp. 183 à 191.

Au reste, la meilleure preuve que les œuvres de Ronsard étaient lues et proposées comme des modèles dans les

« escolles » de ces pays, c'est la très grande influence littéraire qu'elles y ont exercée. En Angleterre, où deux amis de Ronsard furent ambassadeurs de 1561 à 1575 (Paul de Foix et Castelnau de Mauvissière), son influence se fit sentir dès les premières années du règne d'Elisabeth, à laquelle il dédia en 1565 son recueil d'*Elegies, Mascarades et Bergerie* (cf. ma thèse sur *Ronsard p. lyr.*, pp. 214 à 220). Non seulement il est probable que ce recueil développa le goût des « mascarades » à la cour d'Elisabeth, mais il est certain que les autres œuvres de Ronsard, surtout ses sonnets d'amour et ses odes, furent fréquemment imitées par les poètes anglais de cette époque, entre autres Watson, Sidney, Southern et Lodge. Cf. Saintsbury, *Elizabethan Literature* (Londres, 1893), pp. 108 et 112 ; Sidney Lee, *Elizabethan Sonnets* (Cambridge, 1904, dans la nouvelle édition de l'*English Garner*), Introduction ; Gregory Smith, édition des *Elizabethan critical Essays* (Oxford, 1904), Introduction ; A. Horatio Upham, *The French influence in English Literature from the accession of Elizabeth to the Restoration* (New-York, 1908), chap. II et III.

Binet ne parle pas de l'Écosse ; mais là Ronsard fut lu et admiré autant qu'en Angleterre. Nous avons vu que ses œuvres contiennent de nombreux hommages à Marie Stuart (ci-dessus, pp. 177 et 178). Cette reine, qui avait vécu treize ans en France (de 1548 à 1561), dut contribuer pour une large part, avec son entourage français (dont fut quelque temps Brantôme), à faire connaître en Écosse son poète favori. G. Buchanan, le poète humaniste qui avait enseigné à Paris jusqu'en 1560, dut aussi louer Ronsard dans les milieux lettrés de l'Écosse. Le savant écossais Alex. Bodius, dans ses *Lettres Héroïdes*, imprimées à Anvers en 1592, a écrit, parlant des poètes illustres de tous les siècles : *Fuit quoque qui linguam coluit gallicam, Petrus Ronsardus. De hoc quid dicam ? Addo novum sidus, solumque refero horum in numerum, quos miror miser.* Cf. G. Colletet, *Vie de Ronsard*, p. 102.

Au delà du Rhin, Ronsard fut également très goûté et imité. D'après G. Colletet, les poètes allemands Melissus et Posthius « ont rempli leurs ouvrages des louanges de Ronsard » (*op. cit.*, p. 102). Le premier, qui était conservateur de la bibliothèque d'Heidelberg et qu'on appelait pour ses poésies latines le Pindare de l'Allemagne, a écrit une longue ode, dédiée à Florent Chrestien, pour le *Tombeau* de Ronsard (éd. Blanchemain, VIII, 268). On étudiait les œuvres de Ronsard avec passion à l'université d'Heidelberg vers la fin du XVIe siècle, et c'est de là que partit le mouvement de la Renaissance poétique en Allemagne. Parmi les poètes humanistes qui subirent le plus profondément l'influence de Ronsard, citons Rudolf Weckherlin et Martin Opitz. Ce dernier surtout non seulement s'est inspiré de la technique ronsardienne dans son traité de la *Deutschen Poeterei* (1624), mais encore a imité Ronsard de très près en maintes pièces. Voir l'Introduction des œuvres choisies d'Opitz, par Jules Tittmann (Leipzig, 1869), et la belle édition des œuvres de Weckherlin, publiée par Hermann Fischer (Tubingen,

1894), tome I, pp. 108 à 186, et II, p. 508. Parmi les études consacrées à ce sujet, cf. Richard Beckherrn, *Martin Opitz, P. Ronsard et D. Heinsius* (Königsberg, 1888).

Dans les Flandres et la Hollande, l'influence de Ronsard ne fut pas moindre. Elle commença même plus tôt qu'en Allemagne, peut-être par l'intermédiaire du célèbre imprimeur d'Anvers, Christophe Plantin, qui, d'après son biographe, aurait édité dès 1556 les *Amours* et le deuxième *Bocage* de Ronsard[18] ; sans doute aussi, grâce à des poètes humanistes, tels que Charles Utenhove de Gand, Jean Dousa le père, premier curateur de l'Université de Leyde, qui avaient vécu dans la familiarité de Dorat et de ses élèves, ou encore Joseph Scaliger, un autre admirateur de Ronsard, qui enseigna à Leyde. — Sur *Jean Van Hout, initiateur de la Hollande aux principes de la Pléiade*, voir un article de J. Prinsen dans la *Rev. de la Renaissance* de juin 1907.

Quant à la pénétration de l'œuvre de Ronsard en Pologne et « jusques à Danzich », elle fut singulièrement facilitée par les relations politiques qui s'établirent entre la France et la Pologne de 1572 à 1574. Rappelons que c'est Jean de Monluc, un ami de Ronsard, qui, après avoir déployé des trésors d'éloquence à la diète de Varsovie, finit par obtenir la succession au trône des Jagellons pour Henri de Valois, duc d'Anjou ; que Ronsard collabora au gala des Tuileries, d'août 1573, organisé en l'honneur des ambassadeurs polonais, éblouis de tant de faste ; que, parmi les Français qui accompagnèrent Henri de Valois en Pologne, se trouvaient de nombreux admirateurs et amis de Ronsard, entre autres Pibrac, Desportes, Du Gast, et que l'un d'eux, Guy du Faur de Pibrac, auquel Ronsard adressa à Cracovie l'ode des *Estoilles*, était chancelier du nouveau roi de Pologne et émerveilla par son éloquence les lettrés de ce royaume lointain. (V. ma thèse sur *Ronsard p. lyr.*, pp. 242 à 244, 250 et 251, et Appendice, pièce justif. III.)

P. 43, l. 8. — *Tyard*. Ronsard a nommé Tyard pour la première fois dans le sonnet des *Amours* de 1552 : *Pour celebrer des astres devestus* (Bl., I, 50). En 1553, dans la 2e éd. des Amours il lui adressa le sonnet, très élogieux, *De tes Erreurs l'erreur industrieuse* (Ibid., 424). La même année il le comptait parmi les compagnons des *Isles Fortunées* (VI, 173), et il en faisait encore l'éloge dans l'*Elegie à J. de la Peruse* (Id., 44). Enfin en 1555, en tête de la *Continuation des Amours*, il lui adressa le sonnet *Tyard chacun disoit à mon commencement* (I, 147), que Binet rappelle plus haut.

De son côté, Tyard n'a pas loué Ronsard avant son second recueil de vers, la *Continuation des Erreurs amoureuses* (Lyon, 1551). C'est dans le sonnet *Je n'atten point*, où il l'appelle un « autre Terpandre », et dans le *Chant en faveur de quelques excellens poetes de ce temps*, où il consacre une strophe à lui et à Du Bellay. Le troisième recueil des *Erreurs amoureuses*, paru en 1554, contient deux sonnets où Tyard porte aux nues Ronsard, Du Bellay et Baïf (éd. Marty-Lav., pp. 105 et 112).

J'en conclus que Ronsard et Tyard ne se sont pas connus au collège de Coqueret ; que c'est Tyard qui a fait les premières avances en 1551 (ou même en 1550, car la dédicace de son second recueil est de 1550) ; que Ronsard répondit à son éloge dans le sonnet des *Amours* de 1552 ; qu'à partir de 1553 Tyard fut admis dans la Brigade. En 1554, E. Pasquier adjoint Tyard à Ronsard et à Du Bellay, comme étant des trois poètes de son temps et de son pays qui ont le mieux écrit sur le sujet de l'amour (*Monophile.* liv. II ; *Lettres*, I, III).

Le Mâconnais Pontus de Tyard fut, avec son cousin le Charollais Guillaume des Autels, le vrai trait d'union entre l'école lyonnaise de Maurice Scève et l'école parisienne de Ronsard.

P. 43, l. 10. — *peintre de nature*. Sur R. Belleau, v. ci-dessus, p. 106. — Je n'ai vu nulle part dans les *Œuvres* de Ronsard que Belleau était appelé par lui le « peintre de nature » ; mais voici ce qu'on lit dans la dédicace des *Amours* d'Ant. de Baïf, qui date de 1572 :

> Belleau gentil, qui *d'esquise peinture*
> *Soigneusement imites la nature,*
> Tu consacras de tes vers la plus part
> De Cytherée au petit fils mignard.
> (Œuvres de Baïf, éd. Marty-Lav., I, 9.)

P. 43, l. 11. — *nourry avec soy*. C'est-à-dire qu'il l'avait élevé auprès de lui, dans sa propre maison. Le texte de *C* porte : « Amadis Jamyn, qu'il a voit nourry page, et fait instruire ». À quelle date exacte, et par suite de quelles circonstances Jamin entra-t-il au service de Ronsard ? On ne saurait le dire actuellement. Trois odes du 2e*Bocage* (nov. 1554) et une autre des *Meslanges* (ibid.) sont adressées par Ronsard à un serviteur nommé Corydon. Ce Corydon a réellement existé ; si son nom est imaginaire, sa personnalité ne l'est point et ne peut être mise en doute. V. à ce sujet la pièce *A Corydon serviteur de Ronsard* dans les *Gayetez* d'O. de Magny (1554), et le premier des *Dialogues* de Guy de Brués (1556). Était-ce Amadis Jamin ? Peut-être. Il avait à cette date environ quinze ans. En tout cas, en 1563 l'auteur du *Temple de Ronsard* distingue Corydon d'Amadis parmi les domestiques de Ronsard ; d'après ce pamphlet, comme du reste d'après les odes du 2e*Bocage*, il semble que Corydon ait été un « valet cuisinier » plutôt qu'un « page ». Ronsard lui-même distingue nettement son *page* et son *cuisinier*, mais sans leur donner de nom, dans l'odelette *J'oste Grevin de mes escrits*, qui est du début de 1567 (Bl., II, 436).

Je ne connais que deux documents au XVIe siècle qui signalent Jamin comme « page » de Ronsard : 1° Ce passage du *Temple de Ronsard*, qui est de septembre 1563 et a pour auteur le poète protestant Grevin :

> Tu mettras en avant l'asseuré tesmoignage
> Du laquais ton mignon, et d'Amadis ton page...
>
> (Bl., VII, 93) ;

2° le texte *C* de la *Vie de Ronsard* que nous commentons.

Grevin devait savoir à quoi s'en tenir sur ce point, ayant vécu dans la familiarité de Ronsard trois ans au moins, de 1558 à 1561 ; mais les termes d'un pamphlet sont toujours sujets à caution. Quant à Binet, ou il s'est fondé uniquement sur le texte de Grevin, ou il s'est renseigné auprès de Jamin lui-même, qui vivait encore en 1591. Peut-être aussi a-t-il spontanément conclu que Jamin avait été le « page » de Ronsard, en relisant l'élégie *Couvre mon chef de pavots* et le poème de la *Salade*, adressés à Jamin en août 1569 (du moins c'est la date de leur publication) dans les *Sixiesme et Septiesme livres des Poëmes*. Mais dans aucune des éditions qu'il pouvait consulter ces pièces ne portaient l'en-tête « A Amadis Jamyn son page », qu'on trouve dans l'éd. Blanchemain (IV, 394 ; VI, 87). Jamais Ronsard n'a ainsi qualifié Jamin, pas même dans la première pièce qu'il lui dédia, le *Chant des Serenes*, publiée dans l'édition collective d'avril 1567 (Bl., I, 224)[19]. C'est seulement à partir de l'édition posthume de 1617 qu'on trouve cette mention en tête de certaines pièces « A Amadis Jamyn son page ». C'est une addition de l'éditeur N. Buon, ou du commentateur Cl. Garnier, faite d'après le texte *C* de Binet ; et c'est sur cette addition, ainsi que sur le texte *C* de Binet, que Colletet s'est fondé pour affirmer dans sa *Vie d'Amadis Jamin* qu'il avait été « page » de Ronsard.

On sait d'autre part que Jamin fut le « secrétaire » de Ronsard, de 1565 à 1573 environ. *Discretus vir, magister, clericus lingonensis diocesis*, Jamin céda à Ronsard le prieuré de Croixval en mars 1566 (Froger, *Rons. eccl.*, pp.

35 et 63). Il figure dans un acte d'avril 1568 comme « secretaire du prieur de St-Cosme » (*Ibid.*, pp. 35 et 39). L'examen de ses œuvres, surtout de celles qui sont disséminées dans les publications faites par Ronsard de 1569 à 1572, nous a prouvé qu'il resta près de lui ces années-là comme « secretaire », jusqu'au jour où Ronsard obtint pour lui de Charles IX la charge de « Secretaire et Lecteur ordinaire de la chambre du Roy » (dans le courant de 1573 ou au début de 1574).

Cf. mes articles de la *Rev. d'Hist. litt.* de janvier 1906, et des *Annales Fléchoises* de septembre 1906, sur Ronsard et Jamin et sur les pièces qu'ils composèrent l'un pour l'autre ou s'adressèrent mutuellement ; ma thèse sur *Ronsard p. lyr.*, Index.

P. 43, l. 12. — *Poëte tragique*. Pour l'opinion de Ronsard sur Robert Garnier, voir le sonnet *Je suis ravi quand ce brave sonneur,* qui parut en tête de la tragédie de *Porcic* (1568) ; le sonnet *Il me souvient, Garnier,* qui parut en tête de l'*Hippolyte* (1573) ; le sonnet *Le vieil cothurne d'Euripide,* qui parut en tête de la *Cornélie* (1574) ; le sonnet *Quel son masle et hardy,* qui parut en tête de la *Troade* (1579). On trouve ces quatre sonnets réunis dans l'éd. Blanchemain, V, pp. 353 à 355. — De son côté, Rob. Garnier a écrit à la louange de Ronsard le sonnet *Tu gravois dans le ciel,* et une longue pièce élégiaque d'un beau rythme pour son « tombeau » (Bl., I, 140 ; VIII, 243). Cf. II. Chardon, *Robert Garnier,* pp. 116 et 211, et le compte rendu que j'ai donné de cet ouvrage dans la *Revue critique* du 5 février 1906.

P. 43, l. 13. — *Scevole de Saincte Marthe*. Pour l'opinion de Ronsard sur ce poète français et néo-latin, voir le *Discours d'un amoureux desesperé*, écrit et publié en 1569, en retour des *Premieres Poësies* de Sainte-Marthe, « gentilhomme lodunois » (Paris, Fed. Morel, 1569) ; la lettre de Ronsard à Ant. de Baïf sur la *Paedotrophia* (ci-dessus, p. 44, l. 29 et suiv.) ; la fin d'une lettre de Cl. Binet à Sainte-Marthe, publiée par Marty-Laveaux, *Notice sur Ronsard*, CI. — Sur cet illustre Poitevin, voir Dreux du Radier, *Bibl. hist. et crit. du Poitou* (Paris, 1754), tome V, pp. 147 à 223 ; Léon Feugère, *Caractères et portraits littéraires du XVIe s.* (Paris, Didier, 1859 et 1875), tome I ; P. de Longuemare, *Une famille d'auteurs aux XVIe, XVIIe et XVIIIe s. : les Sainte-Marthe* (Paris, Picard, 1902), et le compte rendu de cet ouvrage par H. Chamard (*Rev. d'Hist. litt.* de 1903, p. 344). Ses poésies latines ont été étudiées par l'abbé Aug. Hamon dans une thèse de Paris, 1901, *De Scaevolae Sammarthani vita et latine scriptis operibus*.

P. 43, l. 14. — *en ses œuvres*. Cette dernière proposition, comme l'indique bien la rédaction de *C*, ne retombe que sur les mots « quelques autres ». Elle ne peut s'appliquer en effet à « J. D. Perron », compris dans l'énumération précédente, car les œuvres de Ronsard n'en contiennent pas la moindre mention. Quant à Florent Chrestien, il n'y parut d'abord qu'en très mauvaise posture (Bl. VII, 141 à 149). De Thou affirme que dans la suite Ronsard, trouvant qu'il avait été finement censuré par lui, « regarda comme un grand honneur l'amitié et les louanges de ce bel esprit ». (*Hist. univ.*, XIII, p. 36). De fait, Ronsard supprima en 1578 l'épître en prose de 1563 « ou succinctement il respondoit à ses calomniateurs » et prenait à partie Florent Chrestien ; de son côté Chrestien adressa en 1582 dans le « tombeau » de Christophe de Thou une idylle grecque à P. de Ronsard, qui commence ainsi : « Bon vieillard, tête chère aux Muses, ô Ronsard ; agite une branche de laurier, car tu es l'Apollon des Français ; réveille-toi et fais résonner ta lyre ; fais-lui rendre en ta langue maternelle une plainte qui rivalise avec celle des Grecs et des Latins,... car il y a neuf jours que de Thou est mort... » (*Chr. Thuani Tumulus*, p. 26.) Enfin Fl. Chrestien est mentionné avec éloge dans la préface posthume de la *Franciade* (Bl. III, 35). Voir encore dans le *Tombeau de Ronsard* une ode latine de Paul Melissus *Ad Florentem Christianum* (Bl. VIII, 268).

P. 43, l. 15. — *Speron Sperone*. C'est Speroni (prénom Sperone), célèbre humaniste de Padoue, né en 1500, mort en 1588, champion de la langue italienne contre le latin, comme Bembo ; a laissé, entre autres œuvres, la tragédie de la *Canace* et des *Dialogues* sur des sujets moraux et littéraires. — Cf. l'édition de ses *Opere* publiée à Venise en 1740, Introduction ; les *Mémoires* du P. Nicéron, tome XXXIX, p. 42 ; Ginguené, *Hist. litt. de l'Italie,* 2ᵉ édition, tome VI, p. 82 ; P. Villey, *Les Sources italiennes de la Deffence* (Paris, Champion, 1908, et *Rev. de la Renaissance* de janv. 1909, p. 11).

La forme francisée de son nom dont se sert Binet est courante au XVIe siècle ; v. par ex. Cl. Gruget, trad. des *Dialogues*, et E. Pasquier, *Rech. de la Fr.*, VII, chap. IV, début.

P. 43, l. 20. — *estre leu*. Le *Dialogue des langues* est l'un des dix *Dialogues* qui parurent en 1542 et furent traduits en français par Claude Gruget en 1551. « Le septiesme est des langues », dit Gruget dans son avis au lecteur, « où se peut recueillir de grand fruit, comme l'a bien sceu faire l'un de noz excellentz François en parlant de l'honneur de nostre langue[20]. Aussi à la verité Speron confesse la langue Italienne proceder de nous, ou du moins la meilleure chose qu'ilz ayent. » Ce ne sont donc pas les œuvres de Ronsard, pas même les premières publiées (1549-1550), qui « ont esmeu » Speroni « de tant estimer nostre langue », et Binet a commis là une grosse erreur.

Quant au poème de Speroni « à la louange de Ronsard », que Binet trouva en 1586 parmi les papiers de notre poète, c'est une réponse à un flatteur hommage de Ronsard lui-même. On sait, en effet, par une lettre très intéressante de Filippo Pigafetta à Speroni, datée de Paris, 10 juillet 1582, que celui-ci reçut un volume de vers de Ronsard, qui désirait en avoir son sentiment. Pigafetta raconte dans cette lettre que, conversant avec Ronsard des poètes italiens et entre autres de Speroni, il lui arriva de dire qu'il était l'ami de Speroni depuis plus de vingt-quatre ans ; « donc, répartit Ronsard, comme il est aussi mon ami depuis déjà trente ans, il vous plaira de lui envoyer un de mes volumes, en le priant de le lire, et de m'en écrire tout à loisir et brièvement son opinion » ; et Pigafetta, après avoir dit qu'il a confié ce volume à l'ambassadeur du duc de Ferrare pour qu'il arrive plus sûrement à destination, ajoute ces mots : « Votre Seigneurie voudra bien répondre à l'auteur en une lettre aimable, je suis sûr qu'elle fera œuvre courtoise, et je lui en saurai bon gré » (Œuvres de Speroni, éd. de Venise, 1740, tome V, p. 371). — La réponse de Speroni est une épitre de 314 vers, qui commence ainsi :

> Leggo spesso tra me tacito e solo,
> Dotto Ronsard, le vosire ode honorate...

Elle n'a pas dû parvenir à Ronsard avant le 12 avril 1584, car Speroni, qui était né le 12 avril 1500, y déclare au dixième vers qu'il a 84 ans accomplis. On la trouvera *in extenso* au tome IV de ses *Opere* dans la susdite édition de 1740, pp. 350 à 365 (Bibl. Nat., Z. 5762 à 5766), et à la fin du *Tombeau* de Ronsard dans les éditions de ses *Œuvres* de 1609, 1617, 1623, avec quelques variantes. Antoine Teissier la signale en 1715 à la fin de l'article consacré à Ronsard dans ses additions aux *Eloges tirez de l'Hist. de M. de Thou* (tome III, p. 359).

P. 43, l. 21. — *tout le monde*. La rédaction de *B C*, avec ses additions, est moins claire ici que celle de *A*. Ce « jugement » est-il celui de Scaliger, ou celui de Victor et de Barga, ou celui de Speroni ? Nous pensons qu'il faut interpréter ainsi : Cette opinion, à savoir que Ronsard a rendu la langue française l'égale des langues grecque et latine, a été suivie de toute l'Europe, non seulement des peuples du Midi, mais aussi de ceux du Nord et de l'Est.

P. 43, l. 26. — *Quintilian*. Cette addition de *C* n'a été faite qu'après la mort de Dorat (1er novembre 1588), qui avait détesté mortellement Pierre La Ramée ou Ramus (v. le *Dorat* de Marty-Laveaux, Notice, pp. xxv et suiv).

Nous avons cherché vainement une *Rhétorique* de Ramus ornée de citations de Ronsard. Ramus a fait paraître en 1549 des *Rhetoricae distinctiones* (résumé de Cicéron et de Quintilien), où, cela va sans dire, il n'est pas question de Ronsard. C'est seulement dans la préface de sa *Dialectique*, publiée en 1555, qu'on trouve trois citations de Ronsard, ou plutôt des traductions en vers de Virgile et d'Horace, après chacune desquelles il y a en parenthèses le nom de Ronsard.

Ramus a écrit, d'autre part, des *Praelectiones in Audomari Talaei Rhetoricam*. La *Rhetorica* d'Omer Talon avait eu trois principales éditions du vivant de l'auteur, en 1544, 1554 et 1562 (Parisiis, apud A. Wechelum, in-8°.) Après la mort de Talon (1562), Ramus, qui avait été pour lui le plus intime des amis, commenta cet ouvrage au Collège Royal, et le fit réimprimer avec ses propres remarques sous ce titre : *Audomari Talaei Rhetorica P. Rami praelectionibus illustrata. Editio postrema* (Parisiis, apud A. Wechelum. 1567). Or, non seulement les adversaires de Ramus l'accusèrent de s'être attribué l'ouvrage de son ami, malgré ce titre et un avis de Ramus au lecteur qui ne laissaient pas place à une telle accusation, mais encore l'opinion devint courante chez ses admirateurs que cette *Rhetorica* était bien l'œuvre de Ramus, et cette opinion s'accrédita facilement, de ce fait qu'il avait publié d'autres ouvrages de sa façon sous le nom d'Omer Talon. À cet égard, rien n'est plus significatif que ce titre des œuvres complètes d'Omer Talon, publiées à Bâle en 1575 : *Audomari Talaei, quem Petri Rami Theseum dicere jure possis, opera.*

On peut expliquer ainsi que Binet ait attribué une *Rhétorique* à Ramus. Mais il n'y a pas trace de citations de Ronsard dans la *Rhetorica* proprement dite d'Omer Talon ; et, si elles existent, ce ne peut être que dans les *Praelectiones* dont Ramus l'avait « illustrée ». Or je n'ai pu me procurer ni l'édition parisienne de 1567, ni la réimpression de Bâle de 1573, signalée par Waddington dans sa thèse sur *Ramus* (1856). J'ai seulement pu consulter un opuscule intitulé *Audomari Talaei Rhetorica, e P. Rami regii professoris praelectionibus observata* (Lutetiae, apud A. Wechelum, 1572)[21], et un volume intitulé *Petri Rami Veromandui, regii professoris, Dialecticae libri duo, cum Audomari Talaei Rhetorica, e Petri Rami regii professoris praelectionibus observata* (Francofurti, apud Z. Palthenium, M. DC)[22]. Et je n'y ai pas trouvé la moindre citation de Ronsard.

Une dernière remarque. Peut-être Binet a-t-il fait simplement une confusion entre la *Rhetorica* de Talon, attribuée à Ramus, et la *Rhetorique françoise* d'Antoine

Foclin, publiée en 1555, dont la dédicace « à Madame Marie Royne d'Escosse » contient les lignes suivantes : « ... J'ay traduit les preceptes de Rhetorique, fidelement amassez des livres des anciens Rheteurs Grecz et Latins, et rengez en singulier ordre de disposition par Omer Talon, homme non moins excellent en cét art, que parfait en toutes autres disciplines. A l'aveu et conseil du quel j'ay accomodé les preceptes de cét art à nôtre langue, laissant toutesfois ce à quoy le naturel usage d'icelle sembloit repugner : adjoutant aussi ce qu'elle avoit de propre et particulier en soy, outre les Grecz et les Latins : et déclarant chacun precepte par exemples et tesmoignages des plus aprouvez autheurs de nôtre langue, ce que fort methodiquement et ingenieusement je voyois avoir esté fait par le méme autheur en la Latine[23]. »

La confusion de Binet s'expliquerait d'autant mieux que cette *Rhetorique françoise* parut également chez A. Wechel, que Foclin (ou Fouquelin) était « de Chauny en Vermandois », par conséquent le compatriote de Talon et de Ramus, enfin que, parmi « les plus aprouvez autheurs de notre langue » auxquels Foclin a emprunté ses exemples, Ronsard figure au premier rang.

P. 43, l. 31. — *medecin*. Ce sonnet de la deuxième partie des *Amours* était en effet dédié à Grevin dans l'édition de 1560, et fut dédié à Patoillet (ou Patouillet) dans les éditions suivantes (cf. Bl. I, 208). On pourrait croire d'après l'exemple choisi par Binet qu'il a connu la première édition collective de Ronsard ; je ne le crois pas, pour ma part, car s'il en était ainsi, Binet aurait certainement profité pour sa biographie des précieux renseignements que contient cette édition. Il a simplement connu l'*Olympe* de Grevin, recueil de vers qui parut en 1560 avec le susdit sonnet de Ronsard comme liminaire, et il a remarqué la substitution du nom, en rapprochant le texte primitif de ce sonnet du texte des éditions de Ronsard de 1584 et de 1587, qu'il possédait.

C'est un fait bien curieux que cette substitution de noms propres dans les dédicaces des œuvres de Ronsard. Eut-elle toujours lieu « par bonne raison », comme dans le cas de Grevin cité par Binet ? Nous ne le chercherons pas ici. Remarquons seulement qu'elle fut bien plus fréquente que notre panégyriste ne semble le croire, et que son témoignage est quelque peu suspect, puisque, dans la première édition posthume, son propre nom s'est trouvé substitué deux fois à d'autres, et celui de son collaborateur Galland une fois.

Sans parler des noms d'amis littéraires que Ronsard changea dans l'intérieur de certaines pièces, telles que le poème des *Isles fortunées* de 1553, l'ode *Nous ne tenons en nostre main* de 1554, l'*Hymne de Henri II* de 1555 ; sans compter les nombreux sonnets d'amour qui ont changé d'adresse (quinze d'un coup ont passé en 1578 du second livre des *Amours* consacré à Marie dans le premier livre des *Amours* consacré à Cassandre), — voici quelques exemples de changements de dédicace, dont les uns s'expliquent, se justifient même, dont les autres me semblent témoigner plutôt d'une certaine « inconstance d'amitié », surtout ceux qui ont eu lieu après la mort des intéressés :

L'ode de 1550 *Si l'oiseau qu'on voit* a été successivement dédiée à Jean, puis à Abel de la Harteloire, enfin à Dorat.

L'ode de 1550 *O terre fortunée* est dédiée à Julien Peccate jusqu'à l'édition de 1578 inclus, à Des Autels dans les éd. suivantes.

L'ode de 1550 *Que nul papier dorenavant* est dédiée d'abord à Ch. de Pisseleu, à partir de 1555 au seigneur de Lanques.

L'ode de 1550 *Tu me fais mourir* et le sonnet de 1555 *E que me sert*, la *Traduction de quelques epigr. grecz* de 1554, l'élégie de 1554 *Je veux mon cher Paschal*, l'hymne de la *Mort* de 1555, dédiés d'abord à Paschal, le sont à partir de 1560 à Pasquier, à Muret, à Belleau, à Des Masures.

L'ode de 1554 *Du malheur de recevoir* est dédiée à Revergat jusqu'à l'éd. de 1578 inclus, à Robertet dans les éd. suivantes.

La chanson de 1560 *Qui veut sçavoir Amour* est dédiée à O. de Magny dans les deux premières éditions collectives, mais à partir de 1571 à Nicolas, secrétaire du Roi.

L'élégie de 1560 *Mon Lhuillier tous les arts* et le sonnet de 1563 *Quand Apollon auroit faict* restent dédiés à L'Huillier de Maisonfleur jusqu'à l'édition de 1571 inclus ; à partir de 1573, l'élégie est dédiée à Troussily, le sonnet à Lansac le jeune.

La *Paraphrase du Te Deum*, dédiée en 1565 au seigneur Boulan, l'est à partir de 1567 à Monsieur de Valence (Jean de Monluc).

Le sonnet de 1565 *Quand tu naquis* est d'abord dédié à Vaumény, à partir de 1578 à Edinton, un autre joueur de luth.

Dans la première édition posthume, J.-A. de Thou remplace De Bray (dédicace de l'*Orphée*) ; Binet remplace Girard (dédicace du *Rossignol*) et Brués (dédic, du sonnet de 1555 *Veux tu sçavoir*) ; Galland remplace Troussily, déjà nommé ; Belon remplace Thevet, auquel Ronsard avait dédié en 1560 l'ode *Hardy celui qui le premier* et le sonnet *Si du nom d'Ulyssés*.

Pour la disparition du nom de Grevin, v. la note suivante. Pour celle du nom de Paschal, ma thèse sur *Ronsard p. lyr.*, pp. 125 et suiv. Pour l'apparition du nom de Binet, ci-dessus, p. 198. — Sur cette question, voir encore Colletet, *Vie de Ronsard*, pp. 80 et suiv., en ayant soin de corriger ce qu'il dit de Gassot et de Choiseul, comme nous l'avons fait ci-dessus, pp. 195-196 ; Blanchemain, tome V de son *Ronsard*, p. 239, note ; Marty-Laveaux, *Notice sur Ronsard*, p. LXXXIX.

P 43, l. 36. — *de ses escrits*. Nous avons à ce sujet le témoignage de Ronsard lui-même, dans une courte pièce qu'il écrivit à l'époque où fut imprimée la 2e édition collective de ses œuvres (mars 1567). En voici le début :

J'oste Grevin de mes escris
Parce qu'il fut si mal appris,
Afin de plaire au Calvinisme
(Je vouloy dire à l'Atheisme)
D'injurier par ses brocards
Mon nom cogneu de toutes parts,
Et dont il faisoit tant d'estime
Par son discours et par sa rime...

                                    (Bl., II, 436 ; M.-
L., VI, 91.)

Blanchemain l'a datée à tort de 1572 (pour la discussion, cf. ma thèse sur *Ronsard p. lyr.,* pp. 240 et 241).

C'est à partir de 1567 que le nom de Grevin disparut des œuvres de Ronsard. Non seulement celui de Patouillet le remplaça dans le sonnet de 1560 *A Phebus, mon Grevin, tu es du tout semblable,* mais l'ode *Vous faisant de mon escriture,* dédiée primitivement à Ch. de Pisseleu, puis en 1560 à Grevin, devint l'ode *A Grujet.* et le poème des *Isles fortunées* mentionna Turrin au lieu de Grevin parmi les membres de la Brigade. Quant au *Discours à Grevin,* que Ronsard avait écrit en 1561 pour le *Theatre* de son ami, il fut sacrifié.

Grevin a certainement collaboré au *Temple de Ronsard.* Le témoignage de Binet, qui était son compatriote et s'entretint vraisemblablement de lui avec Ronsard, ne permet guère d'en douter. Il n'y a plus de doute si l'on songe que la pièce dont on vient de lire le début se plaint en même temps de Florent Chrestien, l'auteur de la *Seconde Response*, qui avait paru avec le *Temple de Ronsard*, et si on lit attentivement l'*Epistre au lecteur*[24] où R. a pris à partie (en octobre 1563) à la fois Fl. Chrestien et J. Grevin « ce jeune drogueur, de qui la vie ne sera pas mauvaise descrite » (allusion au titre complet du *Temple de Ronsard*, publié dans les premiers jours de septembre 1563).

P. 43, l. 40. — *des Autels*. Les premiers témoignages de l'estime de Ronsard pour Peletier, Sceve, Heroët et Saint-Gelais se trouvent dans la préface des *Odes* de 1550 (Bl., II, 10 et 11) ; pour Salel dans l'épitaphe qu'il lui consacra en 1553 (VII, 268) ; pour G. des Autels dans le sonnet de 1552 *Pour celebrer des astres devestus* (I, 50). Ses œuvres en contiennent d'autres, surtout à l'adresse de Peletier, de Saint-Gelais et de Des Autels. Cf. ma thèse sur *Ronsard p. lyr.*, Index. — Du Bellay les comptait aussi parmi les ennemis du « monstre Ignorance » ; voir la fin de sa première préf. de l'*Olive* et sa *Musagnœomachie*, et la thèse de H. Chamard sur *J. du Bellay*, Index.

P. 43, l. 45. — *Estienne Pasquier*. L'omission de ce nom dans la première rédaction est très remarquable. Peut-être fut-elle volontaire, car les rapports entre Pasquier et Binet semblent avoir été très froids en 1585 et 1586 (v. ci-dessus, Introduction, §III, *B*).

La liaison de Ronsard et de Pasquier remonte à 1554, et c'est vrai semblablement Pasquier, avocat au Parlement de Paris et grand ami de Sibilet, qui fit les avances. Au livre II de son *Monophile*, il présenta Ronsard, avec du Bellay et

Tyard, comme le plus grand poète du temps pour chanter les passions de l'amour (édit. des *Œuvres* de 1723, tome II, col. 771). Ronsard dédia à Pasquier un sonnet de la *Continuation des Amours* (1555), devenu plus tard madrigal, qui commence par *E n'esse mon Pasquier* (Bl., I, 157) ; Pasquier en dédia deux à Ronsard dans ses *Rimes et proses* (privil. d'octobre 1555). La même année ils échangèrent de curieuses lettres. Puis en 1560, Ronsard dédia à Pasquier deux pièces primitivement adressées à Paschal, le sonnet de 1555 *E que me sert*, et l'ode de 1554 *Tu me fais mourir* (Bl., I, 401 ; II, 289). Signalons encore comme preuves de leur intimité et de l'admiration de Pasquier pour Ronsard une pièce de vers latins, qui date de 1575 (v. le *Ronsard* de Blanchemain, I, xxv), et le livre VII (primitivement VI) des *Recherches de la France*, chap. vi à ix. Cf. ma thèse sur *Ronsard p. lyr.*, Index, au nom de Pasquier.

P. 44, l. 4. — *estre tel*. Cf. ce passage de l'*Hymne de la Surdité* de Du Bellay :

> Tout ce que j'ay de bon, tout ce qu'en moy je prise,
> C'est d'estre, comme toy, sans fraude et sans feintise,
> D'estre bon compagnon, d'estre à la bonne foy,
> Et d'estre, mon Ronsard, demy-sourd comme toy ;

et encore ces lignes d'une *Epistre au lecteur* publiée par Ronsard en 1563 : « Peu de personnes ont commandement sur moi : je fais volontiers quelque chose pour les Princes et grands Seigneurs, pourveu qu'en leur faisant humble service je ne force mon naturel *et que je les cognoisse gaillards et bien naiz, faisant reluire sur leur front je ne sçay quelle attrayante et non vulgaire vertu.* » (Bl., VII, 138.)

P. 44, l. 15. — *la Pleiade*. Ces deux dernières lignes ont été empruntées presque textuellement à une épître en prose que Ronsard avait insérée en tête de son *Recueil des Nouvelles Poësies* publié en octobre 1563[25], et qu'il avait supprimée de l'édition collective de ses *Œuvres* en 1578. Dans cette *Epistre au lecteur*, Ronsard « respondoit succinctement à ses calomniateurs », c'est-à-dire à Florent Chrestien, « le chrestien reformé », auteur de la *Seconde Response*, et à Jacques Grevin, « le jeune drogueur » auteur du *Temple de Ronsard*. Il y reprenait, entre autres choses, un sonnet que Fl. Chrestien avait « mis au devant de sa Responce », et après avoir cité le second quatrain :

> Bien qu'esloigné de ton sentier nouveau,
> Suivant la loy que tu as massacrée,
> Je n'ay suivy la Pleïade, enyvrée
> Du doux poison de ton brave cerveau,

il commentait ainsi l'expression *Pleïade enyvrée* : « Je n'avois jamais ouy dire, sinon à toy, que les estoilles s'enyvrassent, qui les veux accuser de ton propre péché...

La colère que tu descharges sur ces pauvres astres ne vient pas de là. Il me souvient d'avoir autrefois accomparé sept poëtes de mon temps à la splendeur des sept estoilles de la Pleïade, comme autrefois on avoit fait *des sept excellens poëtes Grecs qui florissoient presque d'un mesme temps*. Et pource que tu es extremement marry dequoy tu n'estois du nombre, tu as voulu injurier telle gentille troupe avecques moy » (édit. Bl., VII, 147).

Ce passage, plagié par Binet, offre cet intérêt particulier qu'il nous fixe sur la vraie valeur historique du terme de *Pléiade* appliqué à l'école de Ronsard. Ce ne fut primitivement qu'une métaphore, et non pas une appellation réelle, courante, ayant un caractère officiel ou simplement public. Bien mieux, cette métaphore ne remonte pas au delà de 1556, Ronsard est le seul à l'avoir employée parmi les poètes dits « de la Pléiade », et il ne l'a employée qu'une seule fois. C'est dans l'*Elegie à Chr. de Choiseul*, publiée en tête de l'*Anacréon* de R. Belleau au mois d'août 1556[26]. Après y avoir rappelé que « cinq ou six poëtes seulement » s'étaient distingués au début du règne de Henri II, et qu'ils furent suivis d'une « tourbe incognue de serfs imitateurs », Ronsard compare la France poétique à une terre qui a d'abord produit une brillante moisson, puis s'est reposée, se laissant envahir de mauvaises herbes, et il ajoute ces vers :

> Maintenant à son tour fertile elle commence
> A s'enfler tout le sein d'une belle semence,
> Et ne veut plus souffrir que son gueret oiseux

De chardons se herisse et de buissons ronceux,
Te concevant, Belleau, qui *vins en la brigade*
Des bons pour accomplir la septiesme Pleïade.

Tel est le passage de 1556 auquel Ronsard a fait allusion dans son *Epistre au lecteur* de 1563. On voit qu'il s'était contenté d'assimiler métaphoriquement sept poètes français à la Pléiade alexandrine contemporaine des premiers Ptolémées 2.

Comme l'a fort bien remarqué Mlle Evers (*op. cit.,* p. 134), l'expression de 1563 « Il me souvient » et l'explication que Ronsard a donnée alors du sens du mot Pléiade suffiraient à prouver que cette appellation n'était pas généralement connue, et que par conséquent elle ne servait pas encore à désigner l'école de Ronsard. Ce sont les poètes huguenots qui, raillant cette métaphore de Ronsard comme un témoignage de son orgueil, la répandirent à partir de 1563 ; si bien qu'on finit par la lui appliquer sans moquerie, à lui et aux poètes catholiques de sa « volée » qui « s'estoient fait apparoistre comme grandes estoilles »[27]. Dès 1566, H. Estienne emploie ce terme de *Pléiade* avec l'acception qu'il a gardée jusqu'à nos jours, comme nom distinctif de l'école érudite dont Ronsard était le chef, et il l'emploie sans explication comme un terme que ses lecteurs devaient facilement comprendre : « ... aux poetes de la Pléïade qui sont pour le jour d'huy » ; « s'il m'est permis de pleïadizer, c'est-à-dire contrepeter le language de messieurs les poetes de la pleïade » (*Apologie pour Herodote*). On peut penser qu'à cette époque, sous la plume de H. Estienne, qui était un ami de Th. de Bèze, ces passages n'allaient pas sans une pointe de malice. Mais quelques années plus tard, en 1578, c'est sans la moindre ironie qu'il parle de « certaines odes d'aucuns des poetes qui sont de la Pleïade » (*Dialogues du nouveau langage*)[28]. À la même date paraissent les *Sonets exoteriques* de G.-M. Imbert, un ancien condisciple de Ronsard et de Baïf au collège de Coqueret, qui leur exprimait une admiration sans réserve et dont le témoignage, par conséquent, ne peut pas être suspecté ; or voici le sonnet qu'il adressait à Dorat :

> Le disciple parfois en grandeur de savoir
> Et en toute vertu va surmontant le maistre :
> Ce cas est advenu maintefois, et peut estre
> Que le maistre candide a plaisir de le voir.
>
> D'Aurat, ce m'est plaisir que de ramentevoir
> Que Dieu m'ait fait ce bien que de me faire naistre
> En ton temps, et m'ait fait de ta doctrine paistre.
> Que j'ay fait par l'oreille à l'esprit recevoir.
>
> Mais ce n'est moi qui rend ce propos veritable,
> Ne meritant, d'Aurat, d'estre à toi comparable,
> Ni d'estre mis au rang des disciples premiers.
>
> *Car je sçay que ne suis de la docte brigade.*
> *Et qu'encor moins je suis de ceux de la Pleïade.*

Qui dit que je ne sois le moindre des derniers[29] ?

Ainsi donc la dénomination de « la Pléiade » a bien existé du temps de Ronsard pour désigner les sept meilleurs poëtes de son école (lui compris). Mais il est inexact de dire, comme l'a fait Binet, et comme on l'a répété depuis plus de trois siècles, que c'est Ronsard lui-même qui est l'auteur de cette dénomination, et qu'elle date du règne de Henri II. Elle date en réalité du règne de Charles IX, et c'est aux huguenots que nous la devons[30].

Je vais plus loin : je pense que cette dénomination ne fut même pas très courante sous les règnes de Charles IX et de Henri III, et que c'est Binet qui l'a vraiment vulgarisée par sa troisième rédaction de la *Vie de Ronsard* tout à fait à la fin du XVIe siècle. On ne la trouve, en effet, ni dans les *Epithetes françoises* de Maurice de la Porte (1571), où pourtant il est souvent question de Ronsard et de son groupe littéraire ; ni dans la préface de l'édition collective des *Œuvres* de Tyard (1573), où celui-ci énumère les six ou sept meilleurs poètes de l'école ronsardienne, en ajoutant que « quelques autres suivirent doctement mesme trace » ; ni dans la préface de l'éd. coll. des *Œuvres* de Jodelle par Ch. de la Mothe (1574), où pourtant l'occasion s'offrait également belle ; ni dans les *Œuvres poëtiques* d'Am. Jamin (1575, 1577, 1579, 1584) ; ni dans le *Tombeau de Ronsard*, ni dans les éloges funèbres composés en son honneur par Du Perron, Velliard, Critton, pas plus que dans les deux premières rédactions de la *Vie de Ronsard* par Binet ; ni chez Brantôme, ni chez d'Aubigné, ni chez de Thou, ni chez Estienne Pasquier.

Quant au terme de *Brigade*, à la fois plus belliqueux et plus modeste que celui de *Pléiade*, on le trouve au contraire couramment employé dans la seconde moitié du XVIe siècle, et dès 1549, pour désigner Ronsard et le groupe nombreux de ses émules. Mlle Evers, argumentant à ce sujet contre M. Chamard, conclut que le terme *brigade* est toujours employé comme nom commun, et non pas comme nom distinctif appliqué spécialement à Ronsard, à ses condisciples de Coqueret et à ses amis littéraires (*op. cit.,* pp. 132 à 134). Je ne puis partager entièrement son opinion. Évidemment dans la plupart des exemples qu'elle cite le mot *brigade* est un simple synonyme de *troupe* : « amoureuses brigades de satyres » (Ronsard, Bl., II, 160), « le premier d'une telle brigade », « la celeste Uraine entre ceste brigade » (Dorat, M.-L., 23 et 52), « Belleau qui vins en la brigade des bons » (Ronsard, Bl., VI, 202), « ceste brigade de muguets ignorans » (Binet). Mais, d'abord, les deux autres exemples invoqués par elle :

> Io, j'entens la brigade,
>   J'oy l'aubade
> De nos compaings enjouez...
>
> . . . .
>
> Sus, conduisez d'une aubade

La brigade,
O vous, chantres honorez...

extraits des *Bacchanales* de Ronsard (1549), me semblent de nature à prouver le contraire de ce qu'elle avance, car le mot *brigade* y est employé absolument, pour désigner spécialement Ronsard et « la joyeuse trouppe de ses compaignons ». Ensuite il n'est pas exact de dire que l'interprétation du mot *brigade* comme un nom propre ou distinctif « est fondée uniquement sur ces passages ». Belleau, dans une ode qu'il écrivit en 1560 pour le 1ᵉʳ livre des *Recherches* d'E. Pasquier, déplore les tristes destinées de la « brigade », qui vient de perdre Du Bellay (éd. Marty-Lav., I, 118). En février 1553, Ronsard dans ses *Dithyrambes* désigne par ce terme la troupe des poètes qui fête à Arcueil les succès dramatiques de Jodelle (Bl., VI, 382), et il le reprend

ainsi dix ans plus tard, dans sa *Responce aux injures* :

> Jodelle ayant gaigné par une voix hardie
> L'honneur que l'homme-Grec donne à la tragédie,
>
> .   .   .   .
>
> .   .   .   .
>
> La Brigade, qui lors au ciel levoit la teste
> (Quand le temps permettoit une licence honneste)
>
> .   .   .   .

. . . .

Luy fit present d'un bouc, des tragiques le prix.

(Bl.,

VII, 111.)

De son côté, E. Pasquier emploie toujours le mot *brigade* pour désigner l'école des poètes ronsardiens, au nombre desquels il se range (v. par ex. *Rech. de la Fr.*, VII, chap. VI). Sans affirmer que ces exemples sont péremptoires, on peut penser qu'ils sont assez probants pour justifier dans une large mesure l'opinion opposée à celle de Mlle Evers.

En tout cas, il reste acquis que l'école poétique dite « de la Brigade » se composa d'abord d'une quinzaine de disciples de Dorat rangés en 1549 sous la bannière de Ronsard et entraînés par le manifeste de Du Bellay[31], qu'elle s'augmenta les années suivantes d'un bon nombre de poètes, dont quelques-uns très remarquables, tels que Des Autels, Tyard, Magny, Jodelle, La Péruse, Belleau, Tahureau, et qu'en peu de temps la petite troupe primitive devint légion. C'est pour réagir contre cette invasion d'imitateurs, dont les médiocres risquaient de compromettre la gloire de son école, que Ronsard distingua une élite dans la Brigade dès 1553. C'est dans l'élégie *A J. de la Péruse* qu'il fit connaître cette élite, assez discrètement d'ailleurs, savoir : Du Bellay, Tyard, Baïf, Des Autels, Jodelle et La Péruse[32]. Ce dernier étant mort dans le courant de 1554, Belleau vint à sa place « en la brigade des bons », pour parfaire le nombre des sept étoiles qui dans l'esprit de Ronsard formaient un groupe comparable à celui de la Pléiade alexandrine (v. ci-dessus, p. 220).

Et l'on voit que la composition de la Pléiade française diffère sensiblement de celle qui est traditionnelle. Dorat n'en faisait pas partie, pour cette raison bien simple qu'il écrivait presque toujours en grec et en latin ; on le mettait en dehors et au-dessus ; on lui réservait le titre, d'ailleurs mérité, de « pere des poëtes »[33]. Mais ce qui est surtout curieux, c'est que Ronsard, voulant y faire entrer Jacques Peletier après la publication de l'*Art poëtique* (juin 1555), lui sacrifia Des Autels, qu'il estimait pourtant d'une façon toute particulière. Nous avons la preuve de cette substitution dans huit vers de l'*Hymne de Henri II,* qui parurent dans la deuxième moitié de 1555 et furent conservés dans l'édition collective de 1560 :

> Non je ne suis tout seul, non, tout seul je ne suis,
> Non je ne le suis pas qui par mes œuvres puis
> Donner aux grands Seigneurs une gloire eternelle :
> Autres le peuvent faire, un Bellay, un Jodelle,
> Un Baïf, Pelletier, un Belleau et Tiard,
> Qui des neuf Sœurs en don ont reçu le bel art
> De faire par les vers les grands Seigneurs revivre,
> Mieux que leurs bastiments, ou leurs fontes de cuivre[34].

Telle fut la vraie composition de la Pléiade française, avec ses variations, de 1553 à 1560. Du Bellay mort, il est possible que Dorat « poeta et interpres regius » ait passé pour la septième étoile aux yeux des huguenots, quand ils disaient « messieurs de la Pléiade » en parlant de leurs adversaires poètes. Mais, dans tous les cas, Binet, qui eut d'ailleurs grandement raison de compter Du Bellay parmi les « sept », eut tort de sacrifier Des Autels ou Peletier, pour pouvoir faire figurer Dorat dans ce nombre. Malheureusement son témoignage a prévalu. Sa liste, composée quelque peu arbitrairement, se retrouve, dans un ordre différent mais avec les mêmes noms, sous la plume de Ménage : Ronsard, Du Bellay, P. de Tyard, Jodelle, Belleau, Baïf et Dorat (*Observations sur les Poësies de Malherbe*, 1666, p. 396). Elle a fait autorité jusqu'à nos jours, et l'on sait que la Collection de la *Pléiade françoise,* publiée par Marty-Laveaux, comprend les pauvres vers français de Dorat, qui était avant tout un poète grec et latin.

Je ne cite que pour mémoire cette autre liste tout à fait fantaisiste d'un ancien commentateur de Ronsard : « L'excellente Pléiade des esprits de son temps, d'Aurat, du Bellay, Belleau, Baïf, Jodelle, Sc. de Saincte-Marthe, Muret, et nostre Poëte par dessus tous ». Telle est l'interprétation que Nicolas Richelet a donnée de l'expression « la Musine troupe », employée par Ronsard dans l'ode fameuse où il convie ses amis à fêter la publication des *Anacreontea* par H. Estienne (éd. de 1604, tome II, ode xv du cinquième livre des *Odes*) :

> Fay moy venir d'Aurat ici
> Fais y venir Jodelle aussi

Et toute la Musine troupe.

Richelet ne connaissait ni la date de la composition de cette ode, ni les transformations subies par ce texte. Voici en effet la leçon primitive (*Meslanges* de 1554) :

> Fai moi venir d'Aurat ici,
> Paschal, et mon Pangeas aussi,
> Charbonnier et toute la troupe....

et la variante de la première édition collective des *Œuvres* (1560) :

> Fai moi venir d'Aurat ici,
> Grevin, Belleau, Baïf aussi,
> Et toute la Musine troupe.

En 1567, Grevin fut remplacé par Gruget, et c'est seulement en 1578

que Ronsard établit le texte qui parvint à la connaissance de Richelet. Il ressort de ce simple tableau comparatif que « la Musine troupe » désigne la Brigade et non pas la Pléiade.

Quant à la liste elle-même de la Pléiade dressée par Richelet, elle est trois ou quatre fois erronée : d'abord elle comprend une étoile de trop ; ensuite elle admet Dorat et exclut Tyard ; enfin on y voit figurer Muret, qui, chassé de France à la fin de 1553, semble avoir perdu quelque temps la sympathie de Ronsard et d'ailleurs n'avait aucun titre à l'honneur que lui a fait Richelet, et Sc. de Sainte-Marthe, qui ne fut guère connu de Ronsard avant 1569, année de la publication de ses *Premieres Poësies* (v. ci-dessus, p. 213), et dont le chef-d'œuvre, la *Paedotrophia,* publié au complet seulement en 1584, est un poème latin.

Par malheur, cette liste de Richelet a influencé certains critiques du XIXe siècle, notamment Sainte-Beuve, qui a écrit ces lignes regrettables : « Par une sorte d'apothéose, Ronsard imagina une Pléiade poétique, à l'imitation des poètes grecs qui vivaient sous les Ptolémées ; il y plaça auprès de lui Dorat son maître, Amadis Jamyn son élève, Joachim du Bellay et Remy Belleau ses anciens condisciples, enfin Etienne Jodelle et Pontus de Thiard, ou par variante Sc. de Sainte-Marthe et Muret. La vénération du siècle s'empressa de consacrer cette constellation nouvelle. » (*Tableau de la p. fr. an XVI[e]s.,* éd. courante de Charpentier, p. 64.) On peut ne voir qu'une faute d'impression dans l'absence du nom de Baïf, que Sainte-Beuve partout ailleurs a mis au rang des « sept » ; mais, outre les erreurs déjà signalées, on en trouve là une autre qu'il est difficile d'expliquer : c'est la présence d'Amadis Jamyn, dont les *Œuvres poëtiques,* d'ailleurs très estimables et trop dédaignées de nos jours, parurent pour la première fois en 1575.

P. 44, l. 28. — *envoyée*. La *Paedotrophia* de Sc. de Sainte-Marthe est un poème didactique de quinze cents vers latins, divisé en trois livres, qui traitent, le 1er du régime que doit suivre la femme enceinte et de l'accouchement, le 2e des soins à donner au nouveau-né, le 3e des remèdes contre les maladies de l'enfance. Il est agrémenté d'épisodes à la façon des *Géorgiques*. Publié au complet en 1584 (Paris, Mamert Patisson ; dédicace à Henri III), il eut un très vif succès. On alla jusqu'à dire en Italie comme en France que Virgile en eût été jaloux. Dix éditions se succédèrent du vivant de l'auteur, et dix autres après sa mort. Ce poème devint classique : il fut commenté et traduit dès la fin du XVIe siècle dans plusieurs universités de l'Europe. — Pour la bibliographie, v. ci-dessus, p. 213, aux mots « *Scevole de Sainte-Marthe* ».

P. 44, l. 33. — *le divin Fracastor*. Bembe, c'est le cardinal vénitien Pietro Bembo, chef de l'école cicéronienne et des néo-pétrarquistes, mort en 1547. Entre autres œuvres latines et italiennes, en prose et en vers, il a laissé un livre de *Carmina,* publié en 1548 à Venise, et réédité en 1549 et 1552 à Florence (Torrentino) avec les poésies latines de Navagero, Castiglione, Cotta et Flaminio, sous le titre *Carmina quinque illustrium poetarum*. C'était un des auteurs de chevet de Ronsard. D'après G. Colletet, Ronsard avait « marqué et annoté de sa main propre » un exemplaire des « diverses rymes italiennes » du cardinal Bembo (*Vie de Ronsard*, publiée par Blanchemain, p. 58). La forme Bembe est courante au XVIe s. (v. par ex. Du

Bellay, *Deffence*, éd. Chamard, pp. 162 et 329 ; E. Pasquier, *Recherche de la Fr.*, VII, chap. IV, début).

Naugere, c'est Naugerius, nom latin du poète et ambassadeur vénitien Andrea Navagero, qui a laissé un livre de poésies latines publié sous le titre de Lusus un an après sa mort, en 1530 (Venise, J. Tacuino). Les poètes de la Brigade l'ont beaucoup imité, surtout Du Bellay, Ronsard et Baïf. Voir l'*Epitaphe d'André Nauger*, au 3ᵉ livre des *Passetems* de Baïf (éd. Marty-Lav., tome IV, p. 331) ; la thèse de H. Chamard sur *J. du Bellay* et ma thèse sur *Ronsard p. lyr.*, Index.

Fracastor, c'est le médecin-poète de Vérone, mort en 1553. Entre autres œuvres latines, il a composé un poème en trois livres, intitulé *Syphilis, sive De morbo gallico* et dédié au cardinal Bembo. Ce poème eut un succès prodigieux en Italie et à l'étranger. Ronsard compte Fracastor parmi les bons poètes latins : « De nostre temps, dit-il dans la préface posthume de la *Franciade*, Fracastor s'est montré tres excellent en sa *Syphilis*, bien que ses vers soient un peu rudes ». (Bl., III, 22.)

P. 44, l. 39. — _un tel homme_. Blanchemain a publié cette lettre en 1867, d'après une « copie » communiquée par un « amateur » (éd. de Ronsard, VIII, p. 174). — A. de Rochambeau en 1868 a joint au texte de Blanchemain rectifié un fac-similé de l'original (*Famille de Ronsart*, p. 8). — Enfin Marty-Laveaux a donné de ce fac-similé une transcription meilleure mais encore fautive (éd. de Ronsard,

VI, p. 485). — Nous la reproduisons avec de nouvelles corrections[35] :

« Bons dieux ! quel livre m'avez-vous donné de la part de mons^r de Ste Marthe. Ce n'est pas un livre, ce sont les Muses mesmes, j'en jure tout nostre mysterieux Helicon, et s'il m'estoit permis d'y assoir mon jugement je le veulx preferer à tous ceulx de mon siecle, voire quand Bembe et Naugere et le divin Fracastor en devroient estre courroussez, car, ajoignant la splendeur du vers nombreux et sonoreux à la belle et pure diction, la fable à l'histoire, et la philosophie à la medecine, je di *deus deus ille Menalca* et le siecle heureux qui nous a produit un tel home. C'est assez dit, je m'en vais dormir. Je vous donne le bon soir. Ronsart. »

Sc. de Sainte-Marthe, auquel Baïf avait communiqué cette lettre dès 1584, la traduisit en latin et la fit imprimer comme une glorieuse préface, en tête de toutes les éditions postérieures de la *Paedotrophia* (y compris celles des *Poëmata*, 1587, 1596, 1606. etc). Voici cette traduction telle qu'on la trouve dès la seconde édition, publiée en 1585 (Poitiers, J. Blanchet) :

Ex epistola P. Ronsardi ad J. Ant. Baïfium. Dii boni, quem mihi librum misisti a nostro Sammarthano conscriptum ! Non liber est, sunt ipsae Musae : totum nostrum Helicona testem appello. Quin et si de eo judicium mihi concessum sit, velim equidem illum omnibus hujus seculi poëtis anteponere : vel si Bembus, Naugerius, divinusque Fracastorius aegre laturi sint. Dum enim perpendo quàm aptè suavitatem carminis purae tersaeque dictioni, fabulam historiae, philosophiam arti medicae conjunxerit, libet exclamare — deus, deus ille Menalca, seculumque istud felix dicere, quod nobis talem, tantumque virum protulerit.

Ainsi Binet n'a pas été le premier à publier le jugement de Ronsard sur la *Paedotrophia*. Bien mieux, il semble que, après avoir reproduit en 1587 certaine tournure elliptique et obscure de l'original communiqué par Baïf, il ait eu recours en 1597 au latin élégant de Sainte-Marthe pour éclairer et arrondir la dernière partie de sa citation.

P. 45, l. 1. — *fonteine Bellerie*. Ce n'est pas un nom de fantaisie. D'après un acte notarié du 11 mai 1765, Robert Lorin, prêtre, « baille à ferme une piece de terre tant en nature de pré ou noüe fauchable que chenevril enclos de hayes vives en dependantes situées *au lieu de la Bellerie,* paroisse de Couture, pres ledit lieu des Pastils (autrement nommé le Vauméan), pres le chemin qui conduit de Couture aux Essarts. » Dans un autre acte du 24 mai 1777, il est question de la Maugarierie *proche de la Bellerie* (Archives dép. du Loir-et-Cher). — Le cadastre de la commune de Couture mentionne aussi la terre de la Bellerie. Mais les habitants de cette commune disent par corruption *la ferme de la Belle Iris*, croyant à une vague tradition locale d'après laquelle Ronsard aurait fréquenté ce lieu avec l'une de ses maîtresses (peut-être faut-il voir l'origine de cette tradition dans l'ode *Je veux, Muses aux beaux yeux,* où le poète dépeint Cassandre dormant nue au bord de la fontaine Bellerie).

Quant à la « fontaine » même, elle jaillissait d'un antre creusé dans le tuf, que l'on aperçoit encore au fond de la cour de la dite ferme, située à trois ou quatre cents mètres à l'est du manoir de la Possonnière. Elle existe toujours, mais elle est captée et a perdu tout son charme. On voit seulement à l'entrée de la ferme un déversoir de la source, entouré de peupliers, d'où elle fuyait vers le Loir, à la limite orientale des Fiefs Communs. Avant un éboulement de tuf survenu en 1870, elle formait encore au seuil même de son antre une nappe d'eau courante qui servait de lavoir aux gens du Vauméan, et de rendez-vous l'été pour les *veillons* (veillées ; cf. réveillon). — On ne doit pas la confondre avec une autre source, dite du Haut-Vauméan, située au delà de ce hameau, à droite de la route de Couture aux Essarts, captée aussi, mais à ciel ouvert, et bordée d'acacias, au demeurant presque tarie.

On voit ce qu'il faut penser de l'assertion de l'abbé Simon, d'après lequel la fontaine Bellerie aurait été dédiée à Belleau par Ronsard et aurait pris son nom de lui (*Hist. de Vendôme*, III, 533) ; c'est une opinion d'autant plus fausse qu'en 1550 Ronsard ne connaissait pas encore Belleau et que cependant il fit alors paraître deux odes *A la fontaine Bellerie* ; je ne l'aurais même pas relevée, si elle n'avait pas reparu dans la Vie de Ronsard que Blanchemain a placée en tête du tome VIII de son édition, p. 50, note 1, et dans l'étude historique de P. de Nolhac sur *Hélène de Surgères* (tirage à part, p. 29).

P. 45, l. 5. — *en nous*. Cf. l'odelette *A la forest de Gastine* ; pour l'idée, le *Dialogue des Orateurs* de Tacite, chap. xii.

P. 45, l. 9. — *naturellement*. Sur Meudon, voir ce que Ronsard a écrit dans sa 3e églogue, intitulée *Chant pastoral sur les noces de Mgr Charles duc de Lorraine* (Bl., IV, pp. 55 et suiv.). Il en faisait venir le nom de « l'antique Méduse » (Bl., V, 96). — Quant à Hercueil, dont il faisait venir le nom d'Hercule, c'est Arcueil ; voir ce qu'il en a dit ainsi que de sa « fontaine » dans les *Bacchanales* (Bl., VI, pp. 372 et suiv.), et dans le texte primitif de l'ode *J'ay l'esprit tout ennuyé* (v. ma thèse sur *Ronsard p. lyr.*, p. 572).

P. 45, l. 12. — *à Tours*. Allusion à cinq sonnets que Ronsard a publiés en 1578 et que Binet lisait dans l'éd. collect. de 1584 avec les titres suivants :

1. A Mons[gr] le duc de Touraine, François de France, fils et frere de Roy, entrant en la maison de l'Autheur.

2. Audit seigneur duc, entrant en son jardin.

3. Audit seigneur duc, entrant dedans son bois.

4. Audit seigneur duc, luy presentant du fruict.

5. Audit seigneur duc, faisant son entrée à Tours.

François d'Alençon, frère du roi Henri III, avait été investi, à la paix de Beaulieu dite de Monsieur (mai 1576), des duchés d'Anjou, de Touraine et de Berry. Sur son entrée solennelle à Tours, qui eut lieu le 28 août 1576, et sur la part que Ronsard y a prise, v. Marty-Lav., Notice sur Ronsard, pp. LXXXV et CXXII ; L. Dorez, *Comptes rendus de l'Acad. des Inscriptions*, séance du 8 janvier 1904, p. 18. Les sonnets que Ronsard écrivit pour la circonstance, et lors des visites du prince au prieuré de St-Cosme, sont dans l'éd. Bl., I, 422-23 ; V, 320-23 ; et dans l'éd. M.-L., II, 4 à 7. Mais M.-L. a eu tort d'écrire que « la maison de l'Autheur » mentionnée en tête du premier de ces sonnets est « le manoir de la Poissonnière » (II, p. 465, note 3).

P. 45, l. 15. — *ce qui venoit de luy*. Allusion au sonnet de Ronsard *Au roy Charles IX luy presentant des pompons de son jardin* : « Bien que Bacchus... », que Binet lisait avec ce titre dans l'éd. collective de 1584 (cf. éd. M.-L., II, 23). Ce sonnet faisait primitivement partie d'un groupe de cinq sonnets que Ronsard écrivit en novembre 1565 au prieuré de St-Cosme, lorsqu'il y reçut la visite de Catherine de Médicis et de ses fils Charles IX et Henri d'Anjou (le château du Plessis, où résidait la Cour, était tout proche du dit prieuré). Ils ont paru pour la première fois en 1567, groupés dans l'ordre et avec les titres suivants :

1. Au Roy : Bien que Bacchus soit le prince des vins

2. A la Royne : De mon present moy-mesme je m'estonne

3. Au Roy : Le grand Hercule avant qu'aller aux cieux

4. A la Royne : Vous qui avez forçant la destinée

5. A Monsieur : Prince bien né la seconde esperance... ;

Bl. les a réédités en les séparant (V, 306, 310, 314-15) et a fait suivre le 3e (qui devient chez lui le 1er) de cette suscription fantaisiste : « theur le recevant en sa maison de la Poissonniere ». 1° Cette suscription n'existe dans aucune des éd. contempor. de Ronsard, et quand ce sonnet, supprimé en 1578, reparut en 1617 (*Recueil des pieces retr.*, p. 91), il n'eut derechef que ce simple titre : *Au Roy*. 2° On lit très nettement au 6e vers dans les trois éd. collect. de 1567, 1571 et 1573 :

Loire en ses flots vos Majestez admire

au lieu de la leçon de Bl. : « *Loir* en ses flots... » 3° Le quatrième de ces sonnets nous apprend que la Reine mère et ses fils sont venus visiter Ronsard dans une maison qu'ils lui ont donnée « en faveur des Muses ». Il s'agit donc, non pas de la Possonnière, qui d'ailleurs n'était pas « sa maison », mais bien du prieuré de St-Cosme-en-l'Isle près de Tours, dont le poète avait pris possession précisément en 1565, au mois de mars.

Marty-Lav. a publié le sonnet *Le grand Hercule*..., au tome VI de son éd., p. 257, sans la suscription de Bl., mais avec la même erreur du 6e vers : « *Loir* en ses flots... ». J.-J. Jusserand, tout en reconnaissant que Ronsard ne fut jamais propriétaire de la Possonnière, s'est laissé tromper par Bl. et

M.-L., car il a raconté que le poète eut une fois la permission d'y recevoir Charles IX, et a cité comme preuve le sonnet *Le grand Hercule*. (*Nineteenth Century*, *April 1897*, p. 603.)

Quant au goût très vif de Ronsard pour le jardinage, il apparaît en plusieurs autres endroits de ses œuvres, qui ont pu servir de sources à Binet : v. par ex. le poème de la *Lyre* et celui du *Chat* publiés en 1569 (Bl., VI, pp. 54 et 69), et cf. deux pièces d'Am. Jamin, une ode pindarique intitulée : *Pour un laurier planté par M. de Ronsard en un lieu nommé Croix-val* (v. mon article des *Annales Fléch.* de sept. 1906), et un sonnet liminaire du *Sixiesme livre des Poëmes* de Ronsard (1569) :

> Fait nouveau mesnager, mon Ronsard, ton plaisir
> N'estoit que rebastir et regler ton mesnage.
> Planter, semer, enter, aimer le jardinage
> Et la vie rustique avant toutes choisir...

Ces deux pièces avaient été recueillies dans les trois éd. collectives des *Œuvres Poët.* de Jamin (1575, 1577, 1579), au 5ᵉ livre, où Binet a pu les lire.

P. 45, l. 20. — *s'il ne parloit à eux*. Pour ces deux dernières phrases, voirie sonnet : *Je veux lire en trois jours l'Iliade d'Homere* (Bl., I, 413) ; l'ode du livre II : *J'ay l'esprit tout ennuyé* (II, 162) ; le poème *A. P. L'Escot* et le discours *A Jacques Grevin* (VI, 189 et 312) ; la *Responce aux injures*, vers 513 et suiv. (VII, 112-13).

P. 45, l. 42. — *Mauduit*. Cette incidente ne se trouve que dans l'in-folio de 1609 ; elle n'est même pas dans l'édition in-12 de la même année. — Sur le musicien Mauduit, voir ci-dessus, pp. 192 et 193.

P. 45, l. 46. — *sans vie*. La principale source de cette addition est certainement ce passage de l'*Abbr. de l'A. P.* : « ... tu feras tes vers masculins et fœminins tant qu'il te sera possible, pour estre plus propres à la Musique et accord des instrumens, en faveur desquels il semble que la Poësie soit née : car la Poësie sans les instrumens, ou sans la grace d'une seule ou plusieurs voix, n'est nullement aggreable, non plus que les instrumens sans ostre animez de la melodie d'une plaisante voix ». (Bl.. VII, 320.) Mais Binet s'est également souvenu d'un avis en prose sur les vers saphiques, édité en 1587, où Ronsard dit que les instrumens « sont la vie et l'ame de la Poësie » (II, 376), et peut-être aussi de l'*Hymne de France* où il exalte « la Poësie et la Musique sœurs », en même temps que les œuvres de nos peintres et de nos sculpteurs (V, 287-88). Voir encore l'ode de ses débuts *A son Luc*, où il se déclare un admirateur passionné de la musique et de la peinture (II, 395-90) ; les odes *Bien que le repli de Sarte*, et *Tableau que l'eternelle gloire* (II, 339 et 410) ; un passage de l'*Hymne du Card. de Lorraine* sur les concerts donnés par Ferabosco, et un sonnet à la louange du luthiste Vaumeny (V, 96 et 341) ; l'épitaphe d'Albert Ripe, autre luthiste, célèbre à la cour de

François Ier, et surtout la préface des *Meslanges* musicaux (VII, 247 et 337-40). Cf. Ch. Comte et P. Laumonier, art. sur *Ronsard et les Musiciens du XVI^{e}s.* dans la *Rev. d'Hist. litt.* de juin 1900 ; J. Tiersot, *op. cit.*

P. 46, l. 2. — <u>*en jugeront*</u>. V. ma thèse sur *Ronsard p. lyr.*, première partie, chap. v, § 3 : *Ronsard aristarque de ses œuvres.* — Binet me semble s'être souvenu ici d'un passage de Quintilien, *Inst. Orat.*, liv. X, § 4 : « Et ipsa emendatio finem habeat. Sunt enim qui ad omnia scripta tanquam vitiosa redeant... Sit ergo aliquando quod placeat aut certe quod sufficiat, ut opus poliat lima, non exterat. »

P. 46, l. 9. — <u>*le sien*</u>. C'est également l'opinion de l'historien J.-A. de Thou qui estime Ronsard « post Augusti aetatem poeta praestantissimus » (*Hist.*, XXXVII, éd. de 1733, tome II, p. 435).

P. 46, l. 25. — <u>*unique*</u>. Même opinion dans G. Critton, v. ci-dessus, p. 107, deuxième alinéa ; Du Perron, *Or. fun.* (voir le *Ronsard* de Bl., VIII, 191) ; Pasquier, *Recherches de la Fr.*, VII, ch. vi : « Davantage, Petrarque n'écrivit qu'en un sujet, et cetui en une infinité : il a en nostre langue representé uns Homere, Pindare, Theocrite, Virgile, Catulle, Horace, Petrarque, et par mesme moyen diversifié son style en autant de manieres qu'il lui a plu, ores d'un ton haut, ores moyen, ores bas... »

P. 47, l. 5. — <u>*recherchées*</u>. La plupart de ces expressions et celles que Binet ajoute en *B* se trouvent dans la préface posthume de la *Franciade* : « ... les illustrant de *comparaisons* bien adaptées, de descriptions *florides,* c'est-à-dire *enrichies de passemens,* broderies, tapisseries et *entrelassemens* de fleurs poëtiques » ; « ... *l'enrichissant d'epithetes significatifs* et non oisifs, c'est-à-dire qui servent à la substance des vers » ; « les autres... d'artifice et d'un esprit naturel, *elabouré* par longues estudes... descrivent *leurs conceptions* d'un *style nombreux,* plein d'une *venerable majesté* comme a faict Virgile en sa divine Æneide » ; « il ne se faut esmerveiller si j'estime Virgile plus excellent et *plus rond, plus serré* et parfait que tous les autres » (Bl., III, 16, 18, 22, 23).

P. 47, l. 10. — <u>*curieux*</u>. Voir ci-dessus, pp. 110 et 111, aux mots *« Rose de Pindare ».*

P. 47, l. 18. — <u>*nombreux et sonoreux*</u>. Source : la lettre de Ronsard à Baïf (v. ci dessus, <u>p. 44, l. 29</u>) ; la preuve, c'est qu'en 1597 la variante de la lettre, *nombreux et savoureux,* apparaît également dans ce passage.

P. 47, l. 24. — <u>*le miel tout sien*</u>. Sources : 1° Argument du 1er livre de la *Franciade* par Am. Jamin : « Il ressemble à l'abeille, laquelle tire son profit de toutes les fleurs pour en faire son miel. » (Bl., III, 41.) 2° Fin du poème d'*Hylas* : « Mon Passerat, je ressemble à l'abeille... (Bl., VI, 144.) 3° Fin d'une épître au Cardinal de Lorraine : « Tout ainsi que l'abeille... » (*Ibid.,* 291.) 4° *Essais de Montaigne,* I, ch. xxv : « Les abeilles pillotent deçà delà les fleurs : mais elles en font apres le miel, qui est tout leur ». — Cette comparaison, très employée au xvie siècle, remonte à Pindare par Sénèque, Horace, Lucrèce et Platon. Lemaire de

Belges avait terminé le premier livre de ses *Illustrations de Gaule* par ces vers de Lucrèce :

Floribus ut apes in saltibus omnia libant,
Omnia nos itidem decerpsimus aurea dicta.

P. 47, l. 27. — *perfections*. Source : *Epitre au Lecteur* de 1550, déjà citée : « Je suis de cette opinion que nulle Poësie se doit louer pour acomplie si elle ne ressemble la nature, laquelle ne fut estimée belle des anciens, que pour estre inconstante, et variable en ses perfections. » (Bl.. II, 12 ; texte rectifié par M.-L., II, 476.)

P. 47, l. 38. — *sa Poësie*. Une comparaison tout à fait analogue se trouve au début du *Discours à Louys Des Masures*, qui servait d'épilogue au tome III (fin des *Poëmes*) de la première éd. collective (1560). Voir Bl., VII, 49, et ma thèse sur *Ronsard p. lyr.*, p. 198.

P. 48, l. 19. — *devins*. Binet veut dire : « ... quoique les poètes aient été appelés vates et devins par les Anciens ». Le mot latin *vates* avait été francisé par Ronsard dans l'*Hymne de Bacchus* (Bl., V, 234-35).

Ce passage tendrait à faire croire que Binet a préparé sa 3e édition dès avant la date de la mort de Henri III (1er août 1589). Mais on ne s'explique pas qu'en 1597 il ait laissé ces lignes, démenties par les faits. À cette date, on ne pouvait plus dire que la prédiction de Ronsard n'était encore manifeste qu'au Ciel ». Pour une inadvertance du même genre, v. ci-dessus, p. 174, au mot « *regnant* ».

Nous devons ici noter une erreur d'Est. Pasquier écrivant en 1598 que Ronsard avait prophétisé le règne de Henri IV dès la naissance de ce roi, erreur qui montre une fois de plus combien alors on était peu curieux de la chronologie, mais préoccupé de faire des phrases. Voici ce qu'on lit au livre XVI des *Lettres* de Pasquier, lettre VII, col. 478 : « Comme dans les grands Poëtes le Ciel influe quelquefois un esprit de prophetie : aussi notre grand Ronsard des vostre naissance, y ayant lors six testes qui avoient le devant de vous à la Couronne, prophetisa et vostre future Royauté, et ceste reformation generale de vostre part, dans un sonnet qu'il vous adressoit, sous le nom de Duc de Beaumont que portiez lors, dont y a quatre vers de telle teneur :

> Quand l'aage d'homme aura ton cœur attaint,
> S'il reste encor quelque train de malice (trac, dit Ronsard)
> Le monde adonc, ployé sous ta police,
> Le pourra voir totalement estaint. »

Or ce sonnet, publié en octobre 1552 dans la première éd. des *Amours*,

fut écrit pour la naissance du fils aîné d'Antoine de Bourbon, Henri duc de Beaumont-au-Maine, né le 21 septembre 1550 et mort le 20 août 1552 ; Ant. de Bourbon eut un second fils, Louis-Charles, conte de Marles, né le 19 févr. 1552 et mort la même année ; un troisième fils lui naquit le 13 décembre 1533, Henri, et ce fut celui-là qui devint Henri IV.

L'erreur de Pasquier, reproduite par Blanchemain (V, 318), s'explique par une fausse interprétation de ce titre équivoque qu'on lit dans les éd. de Ronsard à partir de 1584 : « Sur la naissance du duc de Beaumont, fils aîné du duc de Vendôme et Roy de Navarre ». — Les premiers vers, et les seuls, à vrai dire, que Ronsard ait adressés à Henri de Bourbon datent de son mariage avec Marg. de Valois (août 1572), et il se serait bien gardé alors de faire la moindre allusion à la possibilité de son avènement au trône de France (Bl., V, 319). C'est seulement dans un poème élégiaque, le *Caprice à Simon Nicolas,* écrit à la fin de 1584, alors que le dernier fils de Henri II, François d'Anjou, venait de mourir (juin 1584), et que son avant-dernier fils, Henri III avait la réputation de ne pouvoir être père, c'est seulement dans ce poëme (resté inédit jusqu'en 1609) que Ronsard appela de tous ses vœux le règne du prétendant huguenot Henri de Bourbon, qui était devenu le plus proche héritier de Henri III (Bl., VI, 330).

On voit à quoi se réduit la prophétie de Ronsard relative au futur Henri IV. Le *Caprice* et le fragment de la *Loy divine* cité par Binet prouvent simplement qu'après avoir soutenu le parti des Catholiques pendant tout le règne de Charles IX, notre poète s'était rallié dans les dernières années de sa vie au parti des Politiques. Sur ce point ont vu juste Gandar, *thèse fr.,* pp. 129-32, et Perdrizet, *Ronsard et la Réforme*, pp. 131 à 139.

P. 48, l. 27. — *à ton honneur*. Comme on le voit, « l'eschantillon » du poème ne commençait qu'après ces huit vers en 1587. Binet ne les avait pas publiés alors par respect pour Henri III, qui régnait encore. Mais quand Henri de Navarre fut devenu roi de France (février 1594), Binet n'eut plus le même scrupule, et il publia le fragment complet à la fin d'un ouvrage intitulé *Les Destinées de la France* (Paris, J. Mettayer, 1594, in-4°). Cf. tome VIII de l'éd. Bl., p. 89, et Brunet, *Manuel du Libraire*, 5ᵉ édition, tome IV, p. 1386. Ces huit vers paraissaient donc pour la deuxième fois en 1597.

P. 48, l. 53. — *il s'approche*. Tout ce fragment a été réimprimé avec d'autres à la fin des (*Œuvres de Ronsard*, dans les éditions de 1617 et de 1623, où les éditeurs du XIXᵉ siècle l'ont pris. (Bl., VII, 280 ; M.-L., VI, 271.) Il y était suivi d'une note anonyme (probablement de Claude Garnier), que ces éditeurs ont reproduite sans en faire remarquer l'incohérence. La voici telle que je la lis dans l'éd. de 1617 (tome supplémentaire des « pieces retranchées », p. 385) : « Ces vers qui semblent un oracle par Monsieur C. Binet Beauvaisin apres la mort de Ronsard, ce qu'il n'avoit osé faire imprimer du vivant de Henri 3, ont été donnez à un autre Beauvaisin qui les a conservés à la posterité. »

Il est évident qu'un mot est tombé à l'impression après *oracle* : Bl. rétablit le mot *publiez* ; M.-L. le mot *donnez*. Mais cette correction, que d'ailleurs ils n'ont pas signalée, laisse la phrase obscure et l'assertion inexacte. Si l'on a voulu désigner tout le fragment — et cela paraît certain — on s'est trompé, puisque Binet l'a fait imprimer en 1587, du vivant de Henri III, sauf les huit premiers vers, qu'il a publiés seulement sous le règne de Henri IV ; d'autre part, puisque Binet les a publiés, c'est lui qui les a « conservés à la posterité », et non pas un autre Beauvaisin, auquel il les aurait « donnez ».

P. 49, l. 3. — *en nos temples*. C'est-à-dire qu'il pouvait consacrer sa Muse aux sujets religieux, et réussir aussi bien que S. du Bartas, auteur de la *Sepmaine*, dont la gloire balançait celle de Ronsard, du moins aux yeux des huguenots. — Binet, parlant d'« autres semblables pieces », fait allusion à l'*Hymne triomphal sur le trespas de Marguerite de Navarre*, à l'*Hymne de l'Hercule chrestien*, à l'*Hymne de la Mort*, à la *Paraphrase du Te Deum*, à la *Priere à Dieu pour la victoire*, à l'*Hymne de St Roch* (Bl., II, 373 ; V, 168, 239, 255, 262 ; VII, 149).

P. 49, l. 4. — *desseigné trois livres*. C'est-à-dire : Il avait aussi fait le plan, tracé les grandes lignes de trois livres.

P. 49, l. 5. — *vers la fin des Poëmes*. Ce début de poème didactique fut publié pour la première fois dans l'éd. collective de 1584 : on l'y trouve l'avant-dernière pièce des *Poëmes* ; dans l'éd. de 1587, c'est la dernière pièce des *Poëmes*. Il est transporté en 1597 dans la *Vie de Ronsard* de Binet, où il reste dans les éditions postérieures[36] ; mais à partir de 1609, il est en même temps réimprimé à la fin des *Œuvres* parmi les pièces « retranchées » et les « fragments ». En 1584, 1587, 1609 et éd. suivantes, il ne porte pas de titre, ni de dédicace au Roi, mais est précédé de cet avis : « Il appert par ce fragment que l'auteur vouloit entreprendre un plus grand ouvrage. » (Bl., VII, 279 ; M.-L., V, 236.)

P. 49, l. 15. — *te veit*. C'est la vraie leçon, celle qui parut du vivant de Ronsard (en 1584 ; et qui fut reproduite en 1623. On lit *le veit* en 1597 et 1604, *le veut* en 1609 et 1630, *te veut* en 1617.

P. 49, l. 18 — *prince Henry*. S'agit-il de Henri III, comme le pense Blanchemain ? Si oui, l'hémistiche « des armes la merveille » ne correspond guère à la vérité, à moins d'y voir une allusion aux victoires retentissantes de Jarnac et de Moncontour, remportées en 1569 sur les huguenots, alors que le futur Henri III n'était que le duc Henri d'Anjou, lieutenant général du royaume à 17 ans (cf. l'*Hymne* : « Tel qu'un petit aigle sort » (Bl., V, 144), l'*Hydre desfait* (Id., VII, 155), les premières pièces du *Bocage Royal* (Id., III, 277-78, et 304).

P. 49, l. 22. — *Tu-lion*. Pour cette forme, cf. dans les œuvres de Ronsard le *Tu-geant* (Bl., I, 127 ; II, 76). Ces vers sont reproduits dans l'éd. Bl., VII, 306, et dans l'éd. M.-L., VI, 295.

P 49, l. 25. — *Iocaste*. Il faut lire ici Iocaste, et non Jocaste, qui rendrait le vers faux.

P. 49, l. 27. — *peut*. Forme régulière pour *put*. Cf ci-dessus, p. 39, l. 26.

P. 49, l. 34. — *Soleil*. Blanchemain annote ainsi ces vers : « Sans doute la suite eût expliqué ces *dix bœufs du soleil*. J'ai reproduit les mots sans les comprendre. » Sans parler du vers 8 du premier livre de l'*Odyssée* où sont mentionnés les « bœufs du Soleil », Ronsard a imité directement ce passage de l'idylle XXV de Théocrite, *Hercule tueur de lion* : « Puis venaient trois cents taureaux... puis enfin douze consacrés au Soleil... le plus irritable, le plus vigoureux et le plus fier d'entre eux était le grand Phaéton... Or, ayant aperçu la peau du lion terrible, il se rua sur l'habile archer Héraklès pour le frapper au flanc du choc de son front solide. »

P. 49, l. 44. — *nostre langue*. Sur les premiers vers latins de Ronsard, cf. H. Chamard, *Rev. d'Hist. litt.*, 1899, p. 34 ; P. Laumonier, *Rev. de la Renaissance*, 1902, pp. 97-98. — Pour le début et la fin de cet alinéa, Binet s'appuie sur deux passages des œuvres de Ronsard :

> Si autrefois sous l'ombre de Gatine
> Avons joué quelque chanson Latine
> D'Amarille enamouré...
>> (Ode *A son Luc*, Bl., II. 394 ;
> M.-L., VI, 57.)

> Je fu premierement curieux du Latin :
> Mais cognoissant, helas ! que mon cruel destin
> Ne m'avoit dextrement pour le Latin fait naistre
> Je me fey tout François, aimant certe mieux estre
> En ma langue ou second, ou le tiers, ou premier
> Que d'estre sans honneur à Rome le dernier.

(Poëme *A P. L'Escot*, Bl., VI, 191 ;
M.-L., V, 177.)

Quant aux vers latins que mentionne Binet, on peut lire ceux que Ronsard adresse à Charles d'Angennes, évêque du Mans, au tome VII de l'éd. Bl., p. 6, une épigramme contre les calvinistes et l'épitaphe de Charles IX, au même tome, pp. 134-35, 176. Mais on chercherait vainement les vers au Card. de Lorraine dans les éd du xixe s. ; c'est un distique qui a paru en 1565 à la fin de la plaquette intitulée le *Proces*, et qu'on retrouve à la fin de la même œuvre dans les éd. collectives de 1567, 1571, 1573 (*Poëmes*, I, n° 4). Ce poème, qui commence par : « J'ay proces, Monseigneur, contre votre grandeur... », a été reproduit par Bl. III, 349 et par M.-L. III, 268, mais sans le distique latin. Toutefois M.-L. a signalé ce distique dans le dernier vol. de la *Pléiade françoise*, Appendice, II, 414 :

Ad Carolum Lotharingum.
Carole, Ronsardum sine vincere, victus ab illo
Post tua victurus facta superstes eris.

Ajoutons les treize hendécasyllabes *Ad Tulleum*, publiés par Bl., VIII, 135. Cela fait au total 67 médiocres vers, écrits après 1560. Qu'on juge par là de ceux que Ronsard composa vingt et trente ans plus tôt ! Il a écrit aussi aux environs de 1516 un Eloge latin de Pierre Paschal, qui ne nous est pas parvenu (Est. Pasquier, *Lettres*, I, lettre xvi, citée par M.-L. dans sa *Notice sur Ronsard*) ; mais rien ne prouve que cet Eloge satirique fût en vers.

P. 49, l. 45. — *oraison continüe* = prose (cf. le latin *soluta oratio*).

P. 49, l. 49. — *des vertus actives*. Ce discours a été conservé, mais avec ce titre : *Des vertus intellectuelles et morales*. On possède un autre discours de Ronsard, sur l'Envie, également prononcé à l'Académie du Palais, que Binet semble ne pas avoir connu. Gandar a analysé le premier et publié intégralement le second, dans sa thèse française (pp. 199 à 209). Ils ont été reproduits *in extenso* dans les éditions de Ronsard, de Blanchemain (VIII, 155 et suiv.) et de Marty-Laveaux (VI, 466 et suiv.), enfin dans l'*Académie des derniers Valois* d'Edouard Frémy, pp. 225 et 349 (cf. pp. 205 et suiv.).

P. 49, l. 50. — *action*. Il faut entendre ce mot dans le sens technique d'action oratoire (attitude, gestes, véhémence).

P. 50, l. 2. — *moins et mieux faire*. J. Peletier avait pris pour devise *Moins et meilleur,* dès 1544 (traduction de l'*A. P.* d'Horace), ce qui est vraiment remarquable pour une époque où la prolixité et la négligence étaient précisément les plus graves défauts des écrivains, et où la facilité, une facilité souvent déplorable, était encore considérée comme la qualité maîtresse du poète par les Rhétoriqueurs et les Marotiques survivants. Ces trois mots, en effet, inspirés d'ailleurs par Horace (*Satires*, I, ɪᴠ, 11 et suiv. ; x, 10 ; *Art poét.,* vers 335), posaient comme un principe fondamental de la littérature moderne le souci de la concision forte, le travail de la lime, la recherche de l'expression la plus exacte et la plus belle de la pensée, la substitution de la qualité à la quantité, la notion de l'art en un mot, que Du Bellay et Ronsard ont placée si haut parmi leurs préoccupations esthétiques. C'est vraiment par « le travail et les lenteurs de la lime » que l'école de 1550 se distingue surtout des écoles précédentes, qui négligeaient le côté artistique ou s'en faisaient une idée fausse. *Moins et mieux*, ces trois mots contenaient en germe la Rhétorique et la Poétique de l'avenir, celles de nos écrivains classiques tout au moins. Malherbe et Boileau, Pascal et la Bruyère n'en auront pas d'autres, et Buffon dira comme Ronsard que les ouvrages « bien écrits » sont « les seuls qui passent à la postérité ».

Ronsard, à vrai dire, a été plus exubérant qu'eux tous, plus admirateur des qualités naturelles que des qualités acquises, enfin partisan convaincu, avant nos Romantiques, de la liberté et même de la fantaisie dans l'art ; son œuvre contient des longueurs ; il a trop aimé la description pour elle-même et abusé des comparaisons. Mais à mesure qu'il a pris de l'âge, il a plus apprécié les qualités de concision et de force dans la brièveté, et c'est l'une des principales raisons des coupures de plus en plus nombreuses qu'il a faites dans ses œuvres, de sa première édition collective (1560) à la dernière (la première posthume, publiée à la fin de 1586). Il a surtout singulièrement aimé, cultivé et respecté la langue française.

P. 50, l. 11. — *en luy*. Pour tout ce passage, voir mon Introduction, § II. On trouve une déclaration analogue dans l'églogue de Binet intitulée *Perrot,* qui fut « représentée » au collège de Boncourt le jour des obsèques de Ronsard. C'est Binet lui-même qui parle sous le nom du « pescheur » Claudin :

> . .   .   .   .   .   Ah ! il faut que je laisse
> Les mestiers qu'il m'apprit, deduit de ma jeunesse,
> La pesche industrieuse. .   .   .   .
> Car c'est luy qui premier m'apprit à fredonner
> De la conque aux replis, fascheux à entonner,
> Qu'un jour il me donna me disant : « Je te donne
> Ce present, mon Claudin : jamais autre personne
> Ne l'emboucha que moy. Les peuples escaillez
> Quelque jour à tes chants se rendront oreillez. »
>
> (Bl., VIII, 230.)

Ronsard avait ainsi accueilli et encouragé des poètes tels que J. Grevin vers 1558 ; Fl. Chrestien dans l'été de 1563 (cf. Bl.. VII. 141) : A. d'Aubigné en 1570 (cf. ses *Lettres,* éd. Réaume, tome I, p. 457, et la préf. des *Tragiques,* tome IV, p. 6) ; J.-A. de Thou vers la même époque (cf. ci-dessus, Introd., § II) ; Pierre le Loyer avant 1575 (cf. dans l'*Erotopegnie* et dans les *Œuvres et Meslanges poët.* un sonnet et une ode *A Ronsard*) ; Du Perron (*Or. fun.* de Ronsard, éd. *princeps,* p. 8, où il dit que Ronsard lui a servi dans la poésie de « pere » et de « précepteur ») ; Bertaut (Elegie du *Tombeau de Ronsard,* Bl., VIII, 264).

« Ronsard dans la vie privée, dit Sainte-Beuve, était le plus doux et le plus modeste des hommes.... Etranger à toute idée d'envie, il protégeait les jeunes poètes et combla d'encouragements Desportes et Bertaut. L'un des préceptes de son *Art poétique* est celui-ci : « Tu converseras doucement et honnestement avec les poëtes de ton temps, tu honoreras les plus vieux comme tes peres, tes pareils comme tes freres, les moindres comme tes enfans, et leur communiqueras tes escris. » (*Tableau de la p. au XVIᵉs.*, éd. courante Charpentier, p. 77, note 2.)

P. 50, l. 18. — *et le docte du Perron*. Sur cette Académie, voir le livre très documenté d'E. Frémy, notamment le chapitre III sur Guy du Faur de Pibrac, « réformateur de l'Académie » ; le cap. IV, sur Henri III, « protecteur de l'Académie » ; le chap. V, sur les « Académiciens et Académiciennes ». On trouvera le passage de Binet cité à la page 143 et rapproché des témoignages de d'Aubigné, Est. Pasquier, Ch. Sorel et G. Colletet.

P. 50, l. 20. — *selon son intention*. Ce discours en prose a paru en tête de la *Franciade* dans l'éd. de 1587 pour la première fois (Bl., III, 15 ; M.-L., III, 520). C'est comme une troisième préface de la *Franciade*, dont la première (1572) a été reproduite par Bl. et par M.-L., et la seconde (Paris, 1573, et Turin, 1574) n'a revu le jour qu'au mois de mars 1904 (*Annales Fléchoises*, art. de L. Froger ; cf. *Rev. d'Hist. litt.* de 1904, p. 456, note 2).

À première vue, il semble y avoir contradiction entre cette déclaration très nette de *B* et les deux passages où Binet affirme avec non moins de netteté qu'il a exécuté fidèlement et strictement les dernières volontés de Ronsard touchant la revision de ses *Œuvres*. Mais, à y regarder de près, la contradiction n'existe pas. Binet semble dire au contraire ici que, par exception, il a remanié le texte de sa propre initiative parce que c'était nécessaire, et d'ailleurs en se conformant autant que possible à « l'intention » du poète. Ce qui n'empêche pas que les déclarations de Binet exécuteur testamentaire restent sujettes à caution parce que la première édition posthume présente des remaniements de texte très suspects, et des modifications de classement si peu judicieuses que nous nous refusons à croire qu'elles ont été faites « selon l'intention » du poète.

Mlle Evers a eu raison d'écrire à propos de la préface posthume de la *Franciade* qu'on ne saurait déterminer la nature et l'étendue de la revision qui en fut faite, étant donné surtout que cette préface est écrite dans la prose claire de Ronsard et ne présente pas trace du style confus et plat de Binet. « Il se peut, ajoute-t-elle, que le biographe ait exagéré sa part dans l'élaboration de l'édition posthume, mais la déclaration très franche, qu'il a revisé le « discours sur le poëme héroïque », suffit à montrer que les éditeurs de 1587 n'ont pas reproduit purement et simplement les notes de Ronsard, mais ont usé de leur propre jugement en les arrangeant. » (*Op. cit.*, Introd., pp. 22 et 23.)

P. 50, l. 21. — *Bocage*. C'est la pièce des *Parques* : « Les Parques, qui leur chef de chesne couronnerent... », dediée à Henri III, et publiée pour la première fois dans l'éd. coll. de 1587, n° 6 du *Bocage Royal* (Bl., III, 303 ; M.-L., VI, 308).

P. 50, l. 22. — *Tyron*. C'est l'élégie *A Philippe Desportes* : « Nous devons à la Mort et nous et nos ouvrages... », publiée pour la première fois dans l'éd. collect. de 1587, n° 2 des *Elégies* (Bl., IV, 217 ; M.-L., VI, 311).

P. 50, l. 24. — *qui suivent*. L'*Hymne de Mercure* parut en effet pour la première fois dans l'éd. collective de 1587, vers la fin du 2ᵉ livre des *Hynnes* ; il était dédié *A Claude Binet Beauvoisin, Poëte françois*. Des trois pièces qui le suivaient, la première, la *Paraphrase sur le Te Deum*, avait été publiée dès 1565 ; les deux autres, l'*Hynne des Peres de famille* et l'*Hynne de Saint Roch*, étaient inédites (Bl., V, 249-63 ; M.-L., VI, 316-25).

P. 50, l. 25. — *sorte de Poëme*. Ceci n'est pas tout à fait exact. Ronsard n'a pas laissé dans ses papiers inédits de préface en vers pour les *Amours*, ni pour les *Gayetez*, ni pour les *Odes*, ni pour les *Eclogues*, ni pour les *Discours*. Celles qu'il a laissées, et qui furent publiées pour la première fois dans l'éd. de 1587, sont les suivantes :

Pour la *Franciade* : « Homere, de science et de nom illustré... » (Bl., III, 37) ; pour le *Bocage Royal* : « Comme un seigneur pratique et soigneux du mesnage... » (*Ibid.*, 264) ; pour les *Mascarades* : « Mascarade et Cartel ont prins leur nourriture... » (*Id.*, IV, 120) ; pour les *Elegies* : « Les vers de l'Elegie au premier furent faits... », et : « Soit courte l'Elegie en trente vers comprise... » (*Ibid.*, 210) ; pour les *Hynnes* : « Les Hynnes sont des Grecs invention premiere... » (*Id.*, V, 11) ; pour les *Poëmes* : « Poëme et poësie ont grande difference... » (*Id.,* VI, 7) ; pour les *Epitaphes* : « Le derrenier honneur qu'on doit à l'homme mort... » (*Id.,* VII, 168). Pour les *Odes,* il laissait un *Avis au lecteur* en prose qui parut également en 1587 et que Bl. a reproduit (II, 7).

P. 50, l. 26. — *de ses Œuvres*. Ces autres pièces de Ronsard éditées pour la première fois en 1587 étaient : aux *Amours,* deux sonnets pour Hélène : « Vous ruisseaux, vous rochers… », et : « Est-ce tant que la mort » (Bl., I, 364-65) ; aux *Sonnets à diverses personnes* : « Vous estes desja vieille… », et : « Que je serois marry… » (*Id.,* V, 365) ; aux *Gayetez,* le sonnet : « Madeleine, ostez moi ce nom de l'Aubespine… » (*Ibid.,* 338) ; aux *Mascarades,* la dédicace à Henri de Lorraine, et les deux pièces : « Pegase fit du pied… » et : « Qui est ce livre… » (*Id.,* IV, 121 ; VI, 414 et 415) ; aux *Elegies,* la pièce : « Del Bene, second Cygne… » (*Id.,* IV, 356) ; aux *Epitaphes,* celle du Président de St-André (*Id.,* VII, 231). — En outre, les deux *Odes saphiques* étaient précédées d'un avis en prose (Bl., II. 370), et le dialogue des *Muses deslogées* était allongé d'une apostrophe finale de huit vers à Henri III (*Id.,* III, 310).

Quant à la pièce de 100 vers qui était insérée en 1587 vers la fin des *Poëmes* avec ce titre : *A une grande dame,* et ce début :« Lorsque j'oy dire à ceux qui vous cognoissent… », il faut se garder de la prendre pour une œuvre encore inédite. Ce n'était en effet qu'un fragment détaché d'une longue épître adressée en 1565 à la reine d'Angleterre Elisabeth : « Mon cœur esmeu de merveille se serre… », et publiée alors en tête des *Elegies, Mascarades et Bergerie*. Ce fragment comprenait les vers 13 à 113 de la dite épître. Blanchemain s'est donc trompé en affirmant (III, 326. note 1) que ces vers ne figurent pas dans les éditions posthumes : supprimés en 1584, ils ont été réédités en 1587 sous ce titre déroutant : *A une grande dame*, au 2ᵉ livre des *Poëmes*, tandis que l'épître dont ils faisaient primitivement partie figurait au *Bocage Royal*.

P. 50, l. 29. — *inviolable*. C'est la seconde fois que Binet nous déclare avoir été l'exécuteur testamentaire de Ronsard en ce qui concerne la réimpression de ses œuvres (v. ci-dessus, pp. 40, ligne 29, et 41, ligne 1. Cf. l'extrait du privilège royal qui est en tête de l'édition collective de 1587 : « Par grace et privilege du Roy il est permis à M. Jean Galandius, Principal du College de Boncourt, de choisir et elire tel libraire que bon lui semblera pour imprimer ou faire imprimer Les Œuvres de P. de Ronsard gentilhomme Vandomois, *reveues, corrigées et augmentées par l'Autheur peu avant son trespas et mises en leur ordre suyvant ses memoires et copies*, le tout redigé en dix Tomes… » (daté du 14 mars 1586).

D'après ces lignes et la déclaration de Binet, c'est cette première édition posthume qui devait être l'édition *ne varietur*. Toutefois les deux éditions parisiennes qui l'ont suivie (1597 et 1604) présentent des remaniements de quelque importance, qui montrent que l'édition de 1587 n'était pas définitive et « inviolable »[37]. C'est Binet et Galland qui ont été chargés de l'élaborer et de la publier : le premier semble avoir eu la mission de veiller à la revision du texte d'après les indications de Ronsard, le second celle d'en assurer la publication. Binet écrivit pour cette édition un long poème dédicatoire *Au Roy de France et de Pologne*, Galland une courte dédicace en prose *Au Roy*. Voir ci-dessus, Introduction, § II, notes.

P. 50, l. 34. — *bien escrire*. A et A' sont identiques, sauf en ce passage. Voici la différence : *A* Il incitoit fort ceux qui l'alloient voir, et principalement les jeunes hommes qu'il jugeoit pouvoir *quelque jour* promettre quelque fruict et à *biẽ* escrire | *A'* Il incitoit fort ceux qui l'alloient voir, et principalement les jeunes hommes qu'il jugeoit pouvoir un jour promettre quelque fruict à *bien* escrire.

Il est assez curieux que ces deux seules corrections aient été faites, alors que dans le même alinéa, dans la même phrase, il y avait à faire des corrections bien plus urgentes, par ex. *une virgule après* fruict ; non chiche de me deceler *au lieu* de non chiche, de me deceler ; si peu que *au lieu de* s'y peu que.

Ces deux corrections isolées, introduites dans le texte *A* alors qu'on en avait déjà tiré un certain nombre d'exemplaires, ne peuvent pas être dues à Binet, car il aurait certainement corrigé du même coup les fautes grossières qui environnent la ligne rectifiée.

P. 50, l. 47. — *nos loix*. Allusion aux occupations professionnelles de Cl. Binet, qui était Avocat au Parlement de Paris, depuis 1575 environ. En 1583, le Procureur général Jacques de la Guesle l'avait attaché à son parquet comme Substitut. En 1587 îl fut nommé Lieutenant général de la Sénéchaussée de Riom, fonction qu'il exerça jusqu'à sa mort, arrivée soit à la fin de 1599, soit dans la première moitié de 1600. Voir ci-dessus, Introduction, § II.

P. 51, l. 2. — *reposer*. Cette apostrophe à Ronsard et ce souhait sont imités des deux derniers chapitres de la *Vie d'Agricola* de Tacite : « ... *Tu vero* felix, Agricola, non vitae tantum claritate, sed etiam opportunitate mortis... *Si quis piorum manibus locus*, si, ut sapientibus placet, non cum corpore exstinguuntur *magnae animae, placide quiescas...* » Cela est d'autant plus probable que Binet a également utilisé pour l'exorde de *C* les trois premiers chapitres de la *Vie d'Agricola* (V. ci-dessus, pp. 56 et 57).

---

1. ↑ M. Martellière, dans son article cité plus haut sur les *Origines des Ronssart*, a fait une vigoureuse critique de ce passage de Binet. Voici ses conclusions, peut-être aventureuses, mais du moins intéressantes : 1° la famille des Ronsart tire son nom *d'un nom de lieu*. 2° Ce lieu s'appelait *Ronssart*, parce qu'il était rempli de *ronciers*, qui sont des touffes de *ronsses*. 3° C'était donc, si c'était un fief, un fief bien maigre... 4° Ce nom n'existe pas dans les régions danubiennes ; il est impossible, s'il n'est qu'une traduction, de le retrouver, parce qu'il est un mot trop

commun... 5° Au contraire ce nom a existé sans ????inter- ruption du XIe au XVIIIe siècle, aux portes de Vendôme, entre le bourg de Saint-Bienheuré et le bourg de la Chapelle-d'Areines... (*Annales Fléchoises* de mai-juin 1909, pp. 199 à 205).

2. ↑ Il dit par exemple qu'il venait de « muer les dents » en 1540, quand il entra chez Tusan ; qu'il avait 15 ans l'année de la mort de son père, en 1547 ; 20 ans et 9 mois quand il achevait son volume des *Amours de Meline*, publié en décembre 1552 ; 22 ans quand il connut Francine à Poitiers, en 1554 ; 40 ans en février de l'année du massacre de la Saint-Barthélémy (éd. Marty-Laveaux, I, 26 et 96 ; II, 202, 203, 460).

3. ↑ Voir l'éd. M.-L., II. 403, et IV, 448. Dans la première de ces références il faut lire au vers 10 *deuzieme an* au lieu de *douziéme an*.

4. ↑ Les deux familles étaient en relations, à preuve la présence du père de Ronsard aux obsèques de Langey du Bellay au Mans.

5. ↑ Sur cette variante Blanchemain (VII, 351) et Mlle Evers (p. 161) se sont trompés. Hartwig au contraire a raison (*Ronsard-Studien*, I, 49-50).

6. ↑ Le nom de Carnavalet ne figure que dans la 2e édition de la *Laudatio funebris*, publiée comme la première en 1586 (Bibl. Nat., Ln^27 17840).

7. ↑ Ainsi s'appelait alors l'Académie des Jeux Floraux.

8. ↑ M. l'abbé P Charbonnier m'a communiqué à la Nationale, avec une bonne grâce dont je le remercie, un document qui corrobore cette opinion. On lit en marge du titre d'une réédition de 1564 cette inscription manuscrite : « Florent Chrestien Seigneur de la Baronnie qui appartient encore aujourdhuy à Mr Chrestien son filz comme il m'a conté. » (Bibl. Nat. Rés. Ye 1913.)

9. ↑ Bl., III, 317 ; le poème d'où j'extrais ces vers parut dans l'éd. collective de 1567.

10. ↑ Je renvoie ici à l'éd. M.-L., parce qu'elle reproduit celle de 1584 que Binet a consultée. Mais le texte princeps est assez différent, ainsi que celui de Blanchemain, lequel d'ailleurs a mal daté toutes ces pièces (cf. Bl., VI, 69, 70, 79, 106, 112, 117-18, 120, 123).

11. ↑ Il s'agit de la préparation de l'édition in-folio de ses *Œuvres*, qui fut achevée d'imprimer le 4 janvier 1584.

12. ↑ C'est à-dire à Paris.

13. ↑ C'est-à-dire de l'année 1585

14. ↑ C'est-à-dire à Paris.

15. ↑ Var. de 1597 et éd. suivantes : « un peu auparavant ».

16. ↑ Il déclare dans sa *Vie de Ronsard* qu'il s'est servi de l'édition de 1623 pour juger ses œuvres (p. 57).

17. ↑ G. Colletet écrit de son côté : « ... il a esté admiré de toutes les nations du monde, dont la pluspart le lisent publiquement dans *leurs* escholes françoises.... » (*Op. cit.*, p. 100.)

18. ↑ Roosès, *Christophe Plantin* (Anvers, 1890), p. 35. (Bibl. Nat. Ln[27], 355 38 A.)

19. ↑ L'odelette de 1554, *Ha si l'or pouvait allonger* (Bl., II, 288), ne fut dédiée à Jamin qu'en 1578.

20. ↑ Allusion à J. du Bellay, qui s'en est inspiré dans la *Deffence*.

21. ↑ Bibl. Nat., Inv. X. 17839.

22. ↑ Bibl. Nat., Inv. X. 17983. Ce volume et le précédent sont signalés, entre autres œuvres d'O. Talon, dans le *Répertoire des ouvrages pédagogiques du XVIe siècle*, Bibl. Nat., 8° R. 6879, fascicule 3.

23. ↑ Bibl. Nat., Rés. X. 2534. La réimpression de 1557 porte comme nom d'auteur Antoine Fouquelin.

24. ↑ Cf. Bl., VII, 136 et suiv. Cette *Epistre* servait de préface aux *Nouvelles Poësies*, parues dans le courant d'octobre de 1563. (V. ma thèse sur *Ronsard p. lyr.*, pp. 209-210.)

25. ↑ Pour cette date, voir ma thèse sur *Ronsard p. lyr.*, pp. 209 et 210. — Blanchemain (VII, 136) et ceux qui l'ont suivi ont daté ce recueil de 1564 d'après la seconde édition.

26. ↑ La dédicace de l'*Anacréon* de Belleau à Chr. de Choiseul est datée du 15 août. Sur l'élégie liminaire de Ronsard, voir ci-dessus, p. 195, au mot « Choiseul ».

27. ↑ Expressions de Ronsard lui-même tirées de l'*Epistre au Lecteur* citée plus haut (Bl., VII. 145).

28. ↑ Ces passages de H. Estienne ont été cités par L. Clément dans sa thèse sur *Henri Estienne et son œuvre française*, pp. 154, 160, 169, et par Mlle Evers, *loc. cit.*

29. ↑ Réimpression de Tamizey de Larroque, 1872, p. 21.

30. ↑ Je crois utile de signaler ici trois textes curieux du temps de Henri II, où le terme de *Pléiade* ne figure pas, bien que sa place y fût tout indiquée, semble-t-il, s'il avait désigné dès lors l'école ronsardienne : 1° Au livre II de son *Monophile*, qui date de 1554, E. Pasquier, parlant des trois meilleurs poètes français de son temps qui aient écrit sur le sujet de l'amour (Ronsard, Du Bellay, Tyart), et des autres, qui, malgré leur infériorité, « meritent grande louange et immortalité de nom », se contente de dire « toute ceste compagnie » (*Œuvres* de Pasquier, édition d'Amsterdam, 1723, t. II, col. 771). — 2 ° La même année, Loys le Caron réunissait dans une pièce de sa *Poësie*, intitulée le *Ciel des Graces*, comme membres de la « troupe chantante », Ronsard, Saint-Gelais,

Jodelle, Sceve, Bellay, Dorat, Muret, Peruse, le Masconnois (Tyard), Baïf, Panjas, Alcinois (Denisot), Tahureau, Des Autelz, Magny et De Mesme. — 3° En 1556, parut à Lyon chez Thibauld Payan un volume contenant une réédition de l'*Art poët.* de Th. Sibilet, une réédition du *Quintil Horatian* et un *Autre Art poëtique reduit en bonne methode* (anonyme), le tout couronné par un sonnet, également anonyme, où se trouvent énumérés les « excellens poëtes François » d'alors, savoir : Ronsard, Jodelle, du Bellay, Tyard, Le Caron, Sibilet et Denisot. Aucune trace du terme de *Pléiade* dans ce volume, pas même une allusion, non plus que dans l'*Art poëtique* de J. Peletier, paru en juin 1555.

31. ↑ Cf. Chamard, thèse sur *J. du Bellay*, pp. 47 à 49 ; Laumonier, thèse sur *Ronsard p. lyr.*, pp. 49 à 51.

32. ↑ Cf. Bl., VI, 43 à 45. À la même époque d'ailleurs Ronsard publiait le poème des *Iles fortunées*, où il faisait entrer dans sa « chere bande » plus de quinze poètes, outre les sept de l'élégie *A J. de la Peruse*, peut-être pour atténuer l'effet de ses exclusions. (V. mon *Ronsard p. lyr.*, p. 110.)

33. ↑ Cf. A. de Baïf, éd. Marty-Laveaux, II, 440.

34. ↑ On chercherait vainement ces vers dans les éditions de Blanchemain et de Marty-Laveaux : supprimés par Ronsard, ils n'ont reparu qu'en 1905 dans la *Rev. d'Hist. litt.*, n° d'avril-juin, p. 256. Ils étaient insérés avant celui-ci :

> Mais quoi. Prince, on dira que je suis demandeur...

> (Bl., V. 79 ; M.-L., IV, 199.)

35. ↑ *Je lis* dieux au *lieu de* Dieux ; Muses *au lieu de* muses ; nostre mysterieux *au lieu de* mon mysterieux ; devroient *au lieu de* devroit ; ajoignant *au lieu de* joignant ; deus deus *au lieu de* Deus, Deus ; Ronsart *au lieu de* Ronsard.

36. ↑ Ainsi Binet obtint de Galland en 1597 qu'une pièce fût distraite des *Œuvres de Ronsard* pour passer dans sa biographie, comme en 1586 il avait obtenu la même faveur pour deux pièces des *Derniers vers*, et en 1587 pour un sonnet du *Tombeau* de Ronsard (v. ci-dessus, pp, 180 et 190).

37. ↑ Par ex. en 1597 les *Sonnets à diverses personnes* et les *Gayetez* passent de la fin du tome I à la fin du tome VIII ; ce tome VIII est diminué d'un fragment qui passe dans la *Vie de Ronsard*, et augmenté du poème des *Nues* ; enfin un sonnet qui se trouvait auparavant parmi les épigr. tirées du grec prend place à la fin des *Sonnets à diverses personnes*. En 1604, les remaniements sont plus nombreux : on y constate notamment de nouveaux déplacements et des additions.

BIBLIOGRAPHIE

ANGOT (A.). *Ronsard et l'abbaye de la Roë.* Note parue dans les *Annales Fléchoises* de mai 1906 et corroborant une affirmation de l'abbé Froger présentée dans la même revue en mars 1906.

ANSELME (le P.). *Hist. généal. de la maison de France,* vol. in-f°, 3ᵉ édition, Paris, Fr. Didot, 1726.

Archives dép.de Loir-et-Cher (commune de Couture) et *d'Indre-et-Loire* (prieuré de Saint-Cosme).

AUBAIS (marquis d') et MÉNARD. *Pièces fugitives pour servir à l'Hist. de Fr.* Paris, Chaubert, 1759, 3 vol. in-4°. Au tome I, pp. 101 et suiv., Itinéraire des rois de France (François Iᵉʳ à Henri III).

AUBIGNÉ (Agrippa d'). Édition des *Œuvres complètes,* par Réaume, de Caussade et Legouez. Paris, Lemerre, 1873-1892, 6 vol. in-8° : *Lettres,* tome I, p. 457 ; le *Printems,* tome III, p. 17 ; préf. des *Tragiques,* tome IV, p. 6.

BAILLET. *Jugemens des Savans sur les principaux ouvrages des auteurs* (1685). Éd. revue, corrigée et augmentée par La Monnoye ; Paris, 1722, tome IV, pp. 456 et suiv. (Les notes sont de La Monnoye.)

BAYLE (Pierre). *Dictionnaire historique et critique.* 4ᵉ édition, revue, corrigée et augmentée... par M. Des Maizeaux. Amsterdam et Leyde, 1730, 4 vol. in-folio. L'article sur *Ronsard* est au tome IV.

BECQ DE FOUQUIÈRES. *Poésies choisies de P. de Ronsard.* Paris, Charpentier, s. d., in-12 (l'Avert. est de nov. 1873). En tête, extraits de la *Vie de Ronsard* de Cl. Binet (texte de 1597, d'après l'édition des *Œuvres* de 1609, in-fᵒ).

BÉREAU (Jacques). *Œuvres poétiques,* avec préface et notes par Hovyn de Tranchère et R. Guyet. Paris, Cabinet du Bibliophile, 1884, in-12. (Réimpr. de l'éd. de 1565.).

BERTY (Ad.) *Philibert de l'Orme.* Gazette des Beaux-Arts, tome IV, nᵒ d'octobre 1859.

BINET (Claude). Voir ci-dessus, Introd., §§ II et IV, notamment pp. XI à XXVI.

BIZOS (Gaston). *Ronsard.* Paris, Lecène et Oudin, 1891, in-8ᵒ.

BLANCHARD (Fr). *Les Presidens au mortier du Parlement de Paris.* Paris, Besongne, 1647, in-fᵒ.

BLANCHEMAIN (Prosper). *Œuvres inédites de P. de Ronsard,* précédées d'une Notice sur la vie et l'œuvre du poète par G. Colletet. Paris, Aubry, 1855, pᵗin-8ᵒ.

BLANCHEMAIN (Prosper). Édition des *Œuvres complètes de Ronsard.* Paris. Plon, 1857-67 (Bibl. elzév.), 8 vol. in-16. Le tome VIII contient notamment une Vie de Ronsard, la bibliogr. de ses œuvres, son oraison fun. par Du Perron, et son « tombeau ».

— Édition des *Œuvres de Mellin de Sainct-Gelays*. Paris, Plon, 1873 (Bibl. elzév.), 3 vol. in-16, avec Notice biogr. et Notes.

Bonnefon (Paul). *Ronsard ecclésiastique* Rev. d'Hist. litt. d'avril 1895, p. 244.

Bouchet (Jean). *Les Triumphes de la noble et amoureuse dame...* Paris, Bossozel, 1536, in-f°. Épitre limin. en vers.

— *Épitres morales et familières*. Poitiers, Jacques Bouchet, 1545, in-f° (*Ep. fam.* 96, 97 et 126).

— Les *Généalogies, Effigies et Épitaphes des Roys de France...* Poitiers, Jacques Bouchet, 1545, in-f°, p. 85.

Brantôme. *Œuvres complètes.* Édition Lud. Lalanne, 1864-1882, douze vol. in-8°. Voir la table, au nom de *Ronsard.*

Bruès (Guy de). *Dialogues contre les nouveaux Académiciens.* Paris, G. Cavellat, 1557, in-4°. — Bibl. Nat., Rés. Z, 836.

Brunetière (Ferdinand). *Un épisode de la vie de Ronsard.* Rev. des Deux Mondes du 15 mai 1900. Article reproduit dans la 7e série des *Études critiques*, Paris, Hachette, 1903

— *L'Œuvre de P. de Ronsard.* Rev. des Deux Mondes du 15 octobre 1904. Article reproduit dans l'*Hist. de la Litt. fr.*

classique, tome I, 2e partie, pp. 323 et suiv., Paris, Delagrave, s. d.

BUTTET (Marc-Claude de). *Œuvres poétiques*, précédées d'une Notice et accompagnées de Notes par le Bibliophile Jacob. Paris, Cabinet du Bibliophile, 1880, 2 vol. in-12. (Réimpr. d'après les éd. du XVIe s.)

Catalogue des Actes de François Ier (Collection des Ordonnances des Rois de France). Paris, Impr. Nat., 1887-1908, 10 tomes in-4°.

CHABOUILLET (A.). *Notice sur une médaille inédite de Ronsard par Jacques Primavera.* Orléans, G. Jacob, 1875, in-8°. Extrait du tome XV des Mémoires de la Société archéol. et histor. de l'Orléanais.

Lire à la p. 17 de cet extrait Macrin (Salmon Macrin), au lieu de Marin, et ne tenir aucun compte de la note sur Marin.

CHAMARD (Henri). *L'Invention de l' « ode » et le differend de Ronsard et de Du Bellay.* Rev. d'Hist. litt. de la France, de janvier 1899.

— *Joachim du Bellay.* Thèse. Lille, L. Bigot. 1900, in 8°.

— *La Deffence et Illustration de la langue françoyse.* Édition critique. Paris, Fontemoing, 1904, in-8°.

— *Œuvres poétiques* de Joachim du Bellay. Édition critique, tome I (publ. de la Soc des Textes français modernes). Paris, Cornély, 1908. p^{t}in-8°.

CHARDON (Henri). La *Vie de Tahureau*. Paris, A. Picard, 1885, in-8°. (Extrait de la Rev. hist. et archéol. du Maine.)

— *Robert Garnier, sa vie, ses poésies inédites.* Paris, H. Champion, 1905, in-8°.

Cf. mon compte rendu de ce dernier ouvrage dans la *Revue Critique* du 5 février 1906.

CHARLES (abbé Robert). *Saint Guingalois, ses reliques, son culte et son prieuré à Château-du-Loir.* Rev. hist. et archéol. du Maine (tome IV, 1878, 2e semestre, p. 262 ; tome V, 1879, 1er semestre, pp. 75 et 330).

CHEVALIER (abbé Casimir). *Rapport sur la recherche des restes de Ronsard au prieuré de Saint-Cosme.* Bull. de la Soc. arch. du Vendômois, tome IX, 1870.

CIMBER ET DANJOU. *Archives curieuses de l'Hist. de France,* 1re série, tome VIII (Vie de Charles IX par Arnaud Sorbin, et Compte des dépenses de Charles IX) : tome X (Vie de Ronsard, par Cl. Binet).

CLARETIE (Jules). *Les Quatrains de Pibrac, suivis de ses autres poésies,* avec une Notice. Paris, A. Lemerre, 1874, in-12. (Réimpr. d'après les éditions du XVIe s.)

CLÉMENT (Louis). *Henry Estienne et son œuvre française.* Thèse, Paris. A. Picard. 1898, in-8°.

— *De Adriani Turnebi regii professoris praefationibus et poematis* Ibid., 1899, in-8°

CLÉMENT (P.). *Monographie de la paroisse des Hayes-en-Vendômois.*Bulletin de la Société archéolog. du Vendômois de juillet 1905. Tirage à part, Vendôme, Vilette, 1905.

— *Monographie de Ternay*. Bull, des Sc. écon. et soc. du Comité des trav. hist. et scient., année 1906. Tirage à part, Paris, Impr. Nat., 1907.

Colletet (Guillaume). *Pierre de Ronsard*, dans les *Œuvres inédites de Ronsard*, publiées par Blanchemain. Paris, Aubry. 1855, p^tin-8°.

Correspondance de Catherine de Médicis. Voir Ferrière (Hector de la).

Critton (Georges). *Georg. Crittonii laudatio funebris, habita in exequiis Petri Ronsardi apud Becodianos, cui praeponuntur ejusdem Ronsardi carmina partim a moriente, partim a languente dictata. Ad virum vere primarium. Ioannem Gallandium Gymnasiarcham Becodianum*. Lutetiae, apud Abrahamum d'Auvel, 1586. In-4° de 30 pp. et 4 ff. prélimin (Bibl. Nat., Ln^{27} 17841.)

Darmesteter et Hatzfeld. *Le Seizième siècle en France*. Paris, Delagrave, in-12. Édition de 1887.

Deimier (Pierre). *L'Académie de l'Art poëtique*. Paris, Jean de Bordeaulx, 1610, p^tin-8°. Bibl. Nat., Rés. Ye, 1218.

Dejob (Charles). *Marc-Antoine Muret*. Thèse Paris, Thorin, 1881, in-8°.

Delage (Franck). *Un humaniste Limousin au xvie siècle : Marc-Antoine de Muret*. Limoges, Ducourtieux, 1905, plaquette in-8°. Étude bio-bibl.

DES AUTELZ (Guillaume). Les *Façons lyriques* à la suite de l'*Amoureux repos*. Lyon, Jean Temporal, M.D.LIII, in-8°. (Bibl. Nat, Rés. Ye, 1405.)

DESCHAMPS (Gaston). *La poésie de la Renaissance*. Rev des Cours et Conf. de janvier à juin 1902.

DESPORTES. *Œuvres*. Édition A. Michiels. Paris. Delahaye, 1858, in 12.

DOREZ (Léon). Comptes rendus de l'Acad. des Inscriptions et Belles Lettres, du 8 janvier 1904, p 18.

DREUX DU RADIER. *Biblioth. hist et crit. du Poitou* ; Paris, Ganeau, 1754, 5 vol in-12.

DU BELLAY (Joachim). Voir aux noms de CHAMARD et MARTY-LAVEAUX. Outre les œuvres françaises, j'ai consulté les *Poemata* et les *Xenia*. (Paris, Fed. Morel, 1558 et 1569, 2 vol. in-4°.)

DU BOULAY (lat. Bulaeus). *Hist. Univ. Parisiensis…* Paris, Fr. Noël, 1665-73, 6 vol. in-f° (tome VI).

DU CHESNE (André). *Hist. généal. de la maison des Chasteigners*. Paris, Cramoisy, 1634, in-f° (pp. 291, 431 et 432).

DUFAY (Pierre). *Le Portrait, le buste et l'épitaphe de Ronsard an Musée de Blois*. Étude iconogr., Paris, H. Champion, 1907, plaq. in-8°.

— *Ronsard et le prieuré de Croixval*. Rev. de la Renaiss. de janvier 1909.

Du Perron (J. Davy). *Oraison funèbre sur la mort de Monsieur de Ronsard.* Paris, Fed. Morel, M.D.LXXXVI, in-8°. (Voir ci-dessus, pp. 193 et 194.)

— *Perroniana*, article *Gournay.* 2ᵉ édition, Cologne, 1694, p. 178.

Dupré (A.). Cf. *Cat. gén. des Mss. des Bibl. publ. de Fr.*, Tome XL *Suppl.*, tome I, pp 558 et suiv. *Blois, Papiers Dupré*, nᵒˢ 185 à 187.

Dupré-Lasale (Émile). *Michel de l'Hospital avant son élévation au poste de chancelier de France.* — 1ʳᵉ partie (1505-1558). Paris, Thorin, 1875 ; 2ᵉ partie (1555-1560). Paris, Fontemoing, 1899, 2 vol., in-8°.

Egger (Émile). *L'Hellénisme en France.* Paris, Didier, 1869, 2 vol. in-8°.

Evers (Miss Hélène M.). *Critical Edition of the Discours de la vie de Pierre de Ronsard par Claude Binet. A dissertation presented to the Faculty of Bryn Mawr College for the degree of doctor of Philosophy.* Philadelphia, the John C. Winston Co., 1905 in-8°.

Faguet (Émile). *Seizième siècle.* Article sur *Ronsard.* Paris, Lecène et Oudin, 1894, in-12.

Ferrière (Hector de la). *Lettres de Catherine de Médicis*, publiées avec une Introduction dans la collection des Documents inédits sur l'Hist. de France (continué par Baguenault de Puchesse). Paris, Imp. nat., 1890-95, 9 vol. in-4°.

FOCLIN (Antoine). *Rhétorique française.* Paris, A. Wechel, 1555, p^{t}in-8°. Bibl. Nat., Rés. X. 2534.

FRÉMY (Édouard). *L'Académie des derniers Valois.* Paris Leroux, 1887, gr. in-8°.

FROGER (abbé Louis). *Ronsard ecclésiastique.* Rev. hist. et arch. du Maine, tome X, 1881.

— *Nouvelles recherches sur la famille de Ronsard.* Ibid, tome XV, 1884, 1er semestre, deux articles.

— *Les Premières poésies de Ronsard.* Mamers, Fleury et Dangin, 1892, in-8°.

— *Les Obsèques de Guillaume du Bellay.* Article paru dans la *Province du Maine,* tome IX, juillet 1901.

— Série d'articles publiés dans les *Annales Fléchoises,* de mars 1904 à décembre 1907 notamment : *Un seigneur de la Possonnière en 1293* (septembre 1904) ; *Notes sur la famille de Ronsard* (mars 1906) ; *De trois bénéfices vacants à la mort de Ronsard* (mai 1907).

— *Le Portail de l'ancienne église paroiss. de Bessé-sur-Braye.* Article paru dans la *Province du Maine,* tome XV, janv. 1907.

GABILLOT. *Les Portraits de Ronsard,* Gazette des Beaux-Arts, de juin 1907.

Gallia Christiana, tomes XI (diocèse de Rouen) ; XIV (diocèse du Mans).

GANDAR (Eugène). *Ronsard considéré comme imitateur d'Homère et de Pindare.* Thèse, Metz, impr. Blanc, 1854, in-8°.

GODEFROY (Théodore) *Ceremonial français*, Paris, S. Cramoisy, 1649, 2 vol. in-f° : tome I, pp. 539 et 553.

GOUJET (abbé). *Bibliothèque française*, tomes XI, XII et XIII.

GRAUX (Charles). Voir NOLHAC.

GREVIN (Jacques). *L'Olimpe… Ensemble les autres œuvres Poétiques…* Paris, R. Estienne. 1560, in-8°.

— *Le Theatre… Ensemble la seconde partie de l'Olimpe et de la Gelodacrye.* Paris, V. Sertenas, 1501, in-8°.

GUY (Henry). *Les Quatrains de Pibrac.* Toulouse. E. Privat, 1904, plaq. in-8°. (Extrait des *Annales du Midi*, tomes XV et XVI)

HALLAYS (André). *En flânant : au pays de Ronsard.* Journal des Débats du 3 et du 10 octobre 1902. Articles reproduits dans le vol. intitulé *En flânant*, 1903, in-16, et dans les *Annales Fléchoises*, n^os de janvier, février, mars et avril 1903 (avec illustr. de A. Leroy).

HALLOPEAU (L.-A.). *Le Bas-Vendômois. Excursions sur les rives du Loir et de la Braye, au pays du poète Ronsard.* La Chartre-sur-Loir, Moire, 1906, in-8°.

— Série d'articles archéologiques et historiques, publiés dans les *Annales Fléchoises*, de décembre 1904 à octobre 1907, sur le manoir de la Possonniére, les armoiries des Ronsard, le prieuré de St-Gilles, le monument funéraire du prieuré de St-Cosme.

HARTWIG (Hermann). *Ronsard-Studien*. 1re partie, Greifswald, 1901 (étude sur le texte des *Amours* de Ronsard) ; 2e partie, Bielefeld, 1902 (étude critique sur les *Prem. poés. de Ronsard*, de L. Froger).

IMBERT (Gérard-Marie). *Sonets exoteriques*. Bordeaux, Millanges. 1578, p^tin-8° (Bibl. Mazarine, n° 21683). Réimpression de 1872 par Tamisey de Larroque. Paris, Claudin ; Bordeaux, Gounouilhou.

Intermédiaire des Chercheurs. Table générale pour 1864-1891, p. 601 ; n° du 10 mai 1895, p. 493 ; table de l'année 1896, p 784 ; art. *Ronsard, Cassandre, Mlle de Pré*.

JAL. *Dictionnaire critique d'histoire et de géographie*. Paris, Pion, 1868, au mot *Ronsard*.

JAMOT (Federic). *Fed. Jamotii, Medici Bethuniensis, varia poemata Graeca et Latina*. Anvers, Plantin, 1593. — Bibl. Nat., Yc. 1463.

JAMIN ou JAMYN (Amadis). *Œuvres poëtiques* Paris, R. Estienne et M. Patisson, 1575. 1 vol. in-12 en cinq parties. Bibl.Nat., Rés. Ye 484.
J'ai aussi consulté les deux éd. suivantes (1577, 1579). Bibl. Nat., Rés. Ye 1875 et 1876.

JANSSEN (Jean). *L'Allemagne et la Réforme*, trad. française, Paris, Pion et Nourrit, 1887-99, 5 vol. in-8° (tome III, 1892, traduction E. Paris, p. 473).

JOLY (Abbé). *Remarques critiques sur le Dictionnaire de Bayle*. Paris, Ganeau et Guérin. 1748-1752, deux parties en

1 vol. in-folio, articles *Daurat* et *Ronsard*.

Jouan (Abel). *Recueil et Discours du voyage du Roy Charles IX…* Paris, Bonfons, 1566, p^t in 8°. A été réédité dans les *Pièces fugitives pour servir à l'Hist. de Fr.*, par d'Aubais et Ménard, 1759, tome I.

Journal de Louise de Savoie, dans la collection des Mémoires relat. à l'Hist. de Fr. par Petitot, tome XVI.
Cf. un article critique de H. Hauser dans la *Rev. histor.* de 1904, 4e trimestre, p. 297.

Jugé (abbé Clément). *Nicolas Denisot du Mans.* Thèse de Caen. Paris. Lemerre, 1907, in-8°.

Jusserand (J.-J.) *Ronsard and his Vendomois.* Dans le *Nineteenth Century*, avril 1897.

Lachèvre (Frédéric). *Bibliographie des recueils collectifs de poésies publiés de 1597 à 1700* Paris, H. Leclerc, 1901-1905, 4 vol. in-4° (tome I).

Lacroix (Paul). *Ballets et mascarades de Cour de 1581 à 1652.* Genève et Turin, J. Gay, 1868, 6 vol. in-16, Introduction.

La Choix du Maine et Du Verdier. *Bibliothèques françoises* (1584). Édition Rigoley de Juvigny Paris. Gaillant, 1772, 6 vol. in-4°.

La Haye (Maclou de). *Œuvres Poétiques.* Paris, Est. Groulleau, 1553. (Bibl. Arsenal, B. L. 6478, Rés.)
Cf. un article d'E. Turquéty dans le *Bulletin du Bibliophile* de 1860, pp. 1365 et suiv.

LAHONDÈS (Jules de). *Ronsard aux Jeux Floraux*. Bulletin de la Société archéol. du Midi, 1908, nouv. série, n° 38, p. 183.

LANUSSE (Maxime) *De l'influence du dialecte gascon sur la langue française de la fin du XVᵉ siècle à la seconde moitié du XVIIᵉ* Thèse. Grenoble. 1863, in-8°.

— *Chefs-d'œuvre poétiques de Marot, Ronsard, Du Bellay, d'Aubigné, Regnier*. Paris, Belin. 1896, in-12.

LA POPELINIÈRE (Lancelot Voisin de). *Histoire de France...* Paris, Jean Poupy, 1581, in-f°.

LA PORTE (Maurice de). *Les Epithetes françoises*. Paris, G. Buon, 1571, pᵗin-8°. Bibl. Nat., Rés X. 1964.

LAUDUN D'AIGAILIERS (Pierre de). *L'Art poëtique françois*. Paris, A. du Breuil, 1598, in-16. (Bibl. Nat. Rés. Ye 4283.)

LAUMONIER (Paul). *Ronsard et les Musiciens du XVIᵉ siècle*. Rev. d'Hist. litt. de la France, de juillet 1900 (en collaboration avec Ch. Comte).

— *La Jeunesse de P. de Ronsard*. Rev. de la Renaissance, nᵒˢ de février et avril 1901, de janvier, février, mars et juin 1902.

— *La Cassandre de Ronsard*. Ibid., N° d'octobre 1902.

— *Chronologie et Variantes des poésies de P. de Ronsard*. Rev. d'Hist. litt. de la France, nᵒˢ de janvier 1902, de janvier 1903, d'avril 1903, de juillet 1904, d'avril 1905.

— *Cinq poésies non rééditées de Ronsard*. Rev. d'Hist. litt. de la Fr. de juillet 1902, pp. 441 et suiv.

— *Notes historiques et critiques sur les Discours de Ronsard*. Rev. universitaire de février 1903.

— *La Genèse du nom de Ronsard et la véritable orthog. de la Possonnière*. Annales Fléchoises de mai 1903.

— *L'Epitaphe de Rabelais par Ronsard*. Rev. des Études Rabelaisiennes, 1903, pp. 205 et suiv.

— *Tableau chronologique des Œuvres de Ronsard*. Annales Fléchoises de juillet, août, novembre 1903 et avril 1904 — *De la prêtrise de Ronsard à propos d'un acte inédit de 1581*. Annales Fléchoises, N° de février 1904.

— *Les Œuvres Poët. de J. Peletier* (1547) Rééd. par L. Séché, Rev. de la Renaiss., 1904 ; *Notice biographique* et *Commentaire*.

— *Trois pièces attribuées à Ronsard, restituées à Amadis Jamin*. Rev. d'Hist. litt. de la Fr. de janv. 1906, pp. 112 et suiv.

— *Notes d'histoire littéraire à propos d'une ode pind. d'A. Jamin en l'honneur de Ronsard*. Ann. Fléch. de septembre 1906.

Laumonier (Paul). *Un faux en librairie à propos de la mort de Ronsard*. Ibid., n° de mai-août 1908.

— *Contribution à l'étude historique de Ronsard* (I. Note sur deux sonnets de 1552 ; II. Une pièce perdue de

Ronsard ; III. Une brouille entre Ronsard et Ant. de Baïf) — Ibid. n° de juillet 1909.

— *Ronsard poète lyrique. Étude historique et littéraire.* Thèse de Paris. Hachette, 1909, in-8°, LI-806 pp.

LE CARON (Loys), dit Charondas. *La Poësie*, Paris, V. Sertenas, 1554, p^t in 8°.

— *Les Dialogues* : (notamment le dialogue IV, intitulé *Ronsard ou De la Poësie*). Paris, J. Longis, 1556, in-8° (Bibl. Nat., R. 18271.)

LEFRANC (Abel). *La Pléiade au Collège de France*, en tête de l'Annuaire du Coll. de Fr.. 3e année, 1903, et dans *l'Amateur d'autographes* du 15 juillet 1903 (Paris, Charavay).

L'ESTOILE (Pierre de). *Mémoires-Journaux.* Édition Brunet Champollion. Paris, 1875-1884. 11 vol. in-8°. Voir la table, au nom de *Ronsard*.

LE LABOUREUR. *Additions aux Mémoires de Castelnau.* Bruxelles, Jean Léonard, 1731, 3 vol. in-folio.

LE LOYER (Pierre). *Erotopegnie ou Passetemps d'Amour*. Paris, Abel L'Angelier, 1576, in-8°.

— *Œuvres et Meslanges poëtiques*. Paris, Jean Poupy, 1579, in-12.

LE MASLE (Jean). *Nouvelles recreations poëtiques* Paris, Jean Poupy, 1580.

LOISEL (Antoine), *Memoires des pays, villes... et personnes de renom de Beauvais et Beauvoisis*. Paris, 1617, in-4°.

LONGNON (Henri). *La Cassandre de P. de Ronsard*. Rev. des questions hist. de janvier 1902.

— *Essai sur P. de Ronsard. Ses ancêtres, sa jeunesse* (Positions de la thèse soutenue en janvier 1904, à la sortie de l'École des Chartes.)

MAGNY (Olivier de), *Les Amours* (1553) ; les *Gayetez* (1554) ; les *Soupirs* (1557), réédités par Blanchemain. Turin, J Gay, 1869-70, 3 vol in-4° ; les *Odes* (1559), rééditées par E. Courbet, Paris, Lemerre, 1876, 2 vol. in-12.

MARTELLIÈRE (Jean). *Nouveaux renseignements sur Ronsart et Cassandre Salviati*. Bulletin de la Soc. archéol. du Vendômois (XLIII, 1904, pp. 51 à 57).

— *Cassandre Salviati et la Cassandre de Ronsart*. Ibid., XLV, 1906, pp. 165 à 183.

— *Du roi qui fit couper la forêt de Gastines et la date de cette coupe*. Annales Fléchoises, de mai 1907.

— *Les amis Vendômois de Ronsart* : I. Maclou de la Haye ; II. Florent Chrestien. Ibid., n[os] de juillet 1907 et de septembre-décembre 1908.

— *Les origines des Ronssart*. Ibid., n° de mai-juin 1909. Ces articles doivent être lus avec précaution.

MARTY-LAVEAUX (Charles). *La Pléiade française*. Édition des œuvres poétiques de Du Bellay, Ronsard, A. de Baïf, R.

Belleau, Jodelle, Pontus de Tyard et Dorat, avec Notices biographiques. Paris, Lemerre, 1866-1898, 20 vol in-8°, y compris deux vol. d Appendice.

MÉNAGE (Gilles). *Observations sur les Poésies de Malherbe*. Paris, Billaine, 1666, in-8°.

MENIER (M.). *La Surdité de Ronsard*. Archives d'Otologie, n° de février 1906.

MORERI. *Grand Dictionnaire historique*. Édition de Paris, Drouet, 1759 ; tome IX, article *Ronsard*.

MURET (Marc-Antoine). *Juvenilia* Paris, Vᵉ Maurice de la Porte, 1552, in-8°.

NOLHAC (Pierre de). *Le dernier amour de P. de Ronsard, Hélène de Surgères*. Nouvelle Revue, du 15 septembre 1882. Tirage à part, Paris, Charavay. 1882.

— *Lettres inédites de Muret*, publiées dans les *Mélanges Graux*. Paris, Thorin, 1884, in-8°.

— *Documents nouveaux sur la Pléiade : Ronsard, Du Bellay*. Rev. d'Hist. litt. de la Fr. de juillet 1899

NOUEL (Eugène). *Note critique sur le jour de naissance de Ronsard*, avec une note additionnelle sur la *Durée exacte de la vie de Ronsard*. Bull. de la Soc. arch. du Vendômois, tome XXV, janvier 1886, pp. 58 à 65.

PASQUIER (Estienne). *Œuvres complètes*. Amsterdam, 1723, 2 vol. in-folio.

PASSERAT (Jean). *Recueil des Œuvres poëtiques*, augmenté de plus de la moitié, outre les précéd.

impressions. Paris, Claude Morel, 1606, in-8°. (Bibl. Nat., Rés. Ye 4545.)

PEYRE (Roger). *Une princesse de la Renaissance* Marguerite de France, duchesse de Berry, duchesse de Savoie. Paris, Em. Paul et Guillemin, 1902, in-8°.

PELETIER (Jacques). *Œuvres Poétiques*, Paris, Vascosan, 1547, p^tin-8° (Bibl. Nat. Rés. Ye 1853.) — Rééditées par L. Séché, avec Notice biographique et Commentaire par P. Laumonier (*Rev. de la Renaissance*, 1904).

— *Art. Poëtique.* Lyon, J. de Tournes et G. Gazeau, 1555, in-8°. (Bibl. Nat., Rés. Ye 1214.)

PERDRIZET (Pierre). *Ronsard et la Réforme* Thèse de l'Univ. de Genève. Paris, Fischbacher, 1902, in-8°.

PIBRAC (Guy du Faur de). Voir CLARETIE et GUY.

PICOT (Émile). *Les Français italianisants au XVIe siècle.* Paris, H. Champion, 1907, 2 vol. in-8°.

PINVERT (Lucien). *Jacques Grevin (1538-1570) : sa vie, ses écrits, ses amis.* Thèse de Nancy. Paris, Fontemoing, 1898, in-8°.

— *Lazare de Baïf.* Paris, Fontemoing, 1900, in-8°. C'est l'éd. française, revue et corrigée, de la thèse latine *De Lazari Baifii vita ac latinis operibus et de ejus amicis*, publiée à la même librairie en 1898.

PORT (Célestin). *Dictionnaire historique, géographique et biographique de Maine-et-Loire.* Paris et Angers, 1878, 3 vol. in-8°.

Potez (Henri) *La jeunesse de Denys Lambin.* Rev. d'Hist. litt., de juillet 1902.

— *Deux années de la Renaissance,* Id., juillet et octobre 1906.

Richelet (Nicolas). *Commentaire des Sonnets pour Helene* dans l'édition des *Œuvres de Ronsard* de 1597.

— Commentaire des *Odes* dans l'édition des *Œuvres de Ronsard* de 1604.

Rochambeau (Achille de). *La Famille de Ronsart.* Recherches généalogiques, historiques et littéraires sur Ronsard et sa famille. Paris, Franck, 1868, in-16 (Bibl. elzév.). — Ouvrage publié également en in-8°.

Ronsard. *Œuvres.* Voir aux noms de Blanchemain et Marty-Laveaux.
J'ai consulté les œuvres de Ronsard surtout dans les éd. originales et les éd. collectives anciennes, dont on trouvera la liste et la cote dans la Bibliographie de mon ouvrage sur *Ronsard poète lyrique.* Voir encore pour les *Discours* de Ronsard et quelques-uns des pamphlets huguenots qui s'y rattachent, ci-dessus, pp. 151 à 154.

Sainte-Beuve *Tableau hist. et crit. de la poésie fr. au XVIe siècle* (1828). Réédition très augmentée de 1843, Paris, Charpentier, in-12 de 508 pp.
J'ai renvoyé le lecteur à l'édition courante de la Biblioth. Charpentier, qui est postérieure et n'a que 499 pp.

SAINTE-MARTHE (Scévole de). *Poemata*. Paris, M. Patisson, 1587, p. 103.

— *Gallorum doctrina illustrium Elogia*. Les trois éditions de Poitiers, 1598, 1602, 1606, et la traduction de G. Colletet (1644).
Cf. ci dessus, pp. 213, 225 et 226.

SÉCHÉ (Léon). *Vie de Joachim [du Bellay]*, première partie Rev. de la Renaissance de février et de mars 1901

— Voir au nom de PELETIER.

SIBILET (Thomas). *Art Poëtique François* (1548). Réédition de 1556 (Lyon, Thibaud Payan), suivie d'une réédition du *Quintil Horatian*, et d'un *Autre Art Poëtique réduit en bonne methode* (anonyme). — Bibl. Nat., Rés. Ye 1212.

SIMON (abbé). *Histoire de Vendôme et de ses environs*. Vendôme, Loiseau, 1835, 3 vol. in-8°.
La notice sur Ronsard se trouve au 3e vol. L'auteur y a suivi Binet et Du Perron, et reproduit presque toutes leurs erreurs. Il a en outre délayé le jugement de Boileau.

SPERONI (Sperone). *Opere*, édition de Venise, Dom. Occhi, 1740, 5 vol. in-4° ; tomes IV et V. — Bibl. Nat., Z. 5765 et 5766.

STOETZER (O. G.). *Étude sur Ronsard et son école*. Buetzow, Fr. Werner, 1874, plaquette in-4°.

TEISSIER (Antoine). *Les éloges des hommes savons, tirez de l'Histoire de M. de Thou, avec des additions...* 4^e

édition, Leyde, 1715, 4 vol. in-12, tome III.

THOU (J.-A. de). *Historiarum sui temporis libri CXXXVIII*. Londini, S. Buckley, 1733, livres XIII, XXXVII, LXXXII et LXXXIII

— *Mémoires*. Collection Petitot, 1er série, tome XXXVII.

— *Chr. Thuani Tumulus*. Lutetiae, apud M. Patissonium, 1583. in-4°.

TIERSOT (Julien). *Ronsard et la musique de son temps*. Paris, Fischbacher, 1902, in-8°. Tirage à part des vol. trimestriels de la Soc. internat. de Musique. Année IV, cahier 1.

UBICINI. Introduction aux *Chants populaires de la Roumanie, recueillis par Alexandri*. Paris, Dentu. 1855.

UTENHOVE (Charles). *Epitaphium in mortem Herrici Gallorum regis...*, suivi des *Xenia seu aliquot ad illustrium quorundam Galliae nomina Allusiones*. Paris, R. Estienne. 1560, in-4°.

VAN BEVER (Adolphe). Rééd. du *Livret de Folastries*. Paris, Mercure de France, 1907, in-12.
Cf. Jacques Madeleine et P. Laumonier, *Revue Critique* du 14 nov. 1907.

VANEL (J.-B.). *Ronsard prieur de Mornant*. Bulletin historique du diocèse de Lyon, janvier-février 1905.

VAUQUELIN DE LA FRESNAYE. *Art poëtique*, éd. G. Pelissier. Paris, Garnier, 1885. in-12, p. 140.

VELLIARD (Jacques). *Petri Ronsardi Poetae Gallici laudatio funebris. Ad vita et moribus spectatissimum virum Ioannem Gallandium, Becodia nae domus dominum. Jacobus Velliardus Carnutensis ad hanc pom pam has paravit orationes cum heroïco carmine.* Parisiis, apud Gabrielem Buon, 1546 (*sic*, pour 1586), in-4°. — (Bibl. Nat., Ln^{27} 17840. A). — Plaquette de 21 ff., divisée en deux parties : *Laudatio funebris I ; Laudatio funebris II.* (Voir ci-dessus, p. 193)

Une 2e édition parut la même année, revue et augmentée. Même titre, avec cette addition : *Huic postremae editioni adjecta sunt aliquot virorum illustr. in eumdem elogia.* Parisiis, ex typographia Dionysii a Prato… (Bibl. Nat., Ln^{27} 17840).

VILLEY (Pierre). *Les Sources italiennes de la « Deffense et illustration de la langue française » de J. du Bellay.* Paris, H. Champion, 1908. in-8°.

WADDINGTON *Ramus (Pierre de la Ramée). Sa vie, ses écrits et ses opinions.* Thèse. Paris, Meyruis, 1855, in-8°.

INDEX ALPHABÉTIQUE DES NOMS

A

ARISTOPHANE, XXXIII, 13, 102, 103.

ACQUAVIVA OU AQUAVIVA (Anne d'Atri d'), 161.

AUBERT (Guillaume), 114, 171, 172.

AUBERTIN, 146.

AUBESPINE (Madeleine de l'), 238

AUBIGNÉ (Agrippa d'), 203, 222, 236.

AUGÉ (Mathieu), 149.

AUSONE, 27, 172.

AUTELZ OU AUTELS (Guillaume des), 43, 106, 128, 139, 141, 151, 211, 217, 218, 221, 223, 224.

B

BACQUEVILLE (Mlle de), 167.

BAIF (Jean-Antoine de), XII, XIV, XV, XXI, XXVI, XXIX, XXXI, XXXII, XXXIII, XXXIV, XXXIX, XL, XLI, 9, 11, 12, 13, 15, 16, 19, 43, 44, 49, 77. 78, 85, 86, 90 à 99, 105, 106, 112, 113. 115, 118, 123. 129, 130, 141, 148, 149, 155, 158, 165, 169, 173, 192, 195, 211, 213, 221, 223 à 227, 231.

BAIF (Lazare de), XXXII, 6, 11, 66, 74, 77, 79, 85, 90, 91, 92, 93, 97, 116.

BÂILLON, trésorier de l'Épargne, 167.

BALLU (Camille), XXIII.

BARTAS (G Salluste du), 199, 200, 204, 209, 233.

BAYLE (Pierre), VIII, 54, 64, 66, 67, 68, 70, 78, 92, 172, 199.

BEAUMONT (Catherine de), grand'mère maternelle de Joachim du Bellay, 119.

BEAUMONT (Joachine de), grand'mère maternelle de Ronsard, 64, 119.

BECQ DE FOUQUIÈRES, VII, 67, 115.

BECKHERRN (Richard), 210.

BELET (René), XXIII.

BELLAY (Guill. du), seigneur de Langey, capitaine, 7, 56, 72, 79, 80, 118.

BELLAY (Jean du), cardinal, frère du précédent, 132

BELLAY (Martin du), capitaine, frère des précédents, 72, 76.

BELLAY (René du), évêque, frère des précédents, 80, 87.

BELLAY (Joachim du), le poète, VIII, IX, XV, XXIV, XXVI, XXVII, XXXI à XXXIII, XLI, 7, 14 à 16, 43, 60, 79, 80, 81, 86, 90, 100, 101, 105, 106, 108 à 114, 117 à 120, 123, 140, 141, 143, 149, 156, 171, 201, 211, 214, 218, 219, 221 à 226, 235.

BELLEAU (Rémi), IX, XIV, XVI, XXVI, XXVII, XXVIII, XXX, XLI, 3, 13, 19, 43, 44, 59 et 60, 69, 79, 81, 106, 127, 128, 130, 131, 155, 160, 169, 195, 196, 198, 209, 211, 217, 220, 222, 225, 227.

BELLEFOREST (François de), XII, XV.

BELLERIE (fontaine), 30, 45, 178, 227.

BELLOZANE (abbaye de), 27, 167.

BOULAN (le Sgr), 217.

BOULAY (du), 92.

BOURBON (Antoine de), XXVII, 197, 232.

BOURBON (Charles de), cardinal, 38, 197.

BOURBON (Henri de), Voir Henri IV.

BOURGUEIL, ville oui habitait Marie du Pin, 44, 127, 130.

BOURRILLY (V.-L.), 79, 80.

BOYER (Jacques de), 179.

BRAISNE, XI.

BRANTÔME, 81, 86, 137, 151, 158, 160, 161, 165, 196, 206, 209, 222.

BRAY (de), 217.

BRINON (Jean), 105.

BRISSON (Barnabé), XVI, XVII.

BRUÈS (Guy de), 130, 198, 211, 217.

BRUNEAU DE TARTIFUME, 65.

BRUNET (Charles), XXXV.

BRUNETIÉRE (Ferdinand), 67.

BUCHANAN (Georges), 209.

BUEIL (Louis de), 179.

BUFFON, 235.

BUON (Gabriel), XXIII

BUON (Nicolas), XLIII, 103, 104, 212.

Buttet (M.-Cl. de), 143.

C

CHARDON (Henri), xv, 212.

CHARLANNE (Louis), 209.

CHARLES (abbé), 178.

CHARLES, duc d'Orléans, 3ᵉ fils de François Iᵉʳ, 5, 6, 62, 76.

CHARLES IX, roi de France, xii, xiii, xxvii à xxxi, 25 à 28, 41, 49, 67, 86, 89, 150, 151, 156 à 161, 165 à 172, 174, 196, 202, 205 à 207, 212, 221, 228, 232, 234.

CHARLES DE VALOIS, fils naturel de Charles IX, 38, 196.

CHARLES-QUINT, 77.

CHASSAGNY (Claude de), 168.

CHATEAUNEUF (Renée de), 161.

CHAUDRIER (Jeanne de), mère de Ronsard, 3, 60, 64.

CHAUVEAU (Guillaume), 193.

CHAUVEAU (Julien), xx.

CHEMINART (F.), élève du coll. Boncourt, 193.

CHESNE (André du), xx, 163.

CHÉTARDIE (Joachim de la), 186, 187.

CHEVALIER (abbé Casimir), 182, 186.

CHEVERNY (Huraut de), 203.

CHEVROLYER, notaire de Ronsard, 187.

CHOISEUL (Chretophle de), xxviii, 57, 195, 196, 200, 203, 204, 217, 220.

CHOLLET (Louis), 182.

D

FERRIER (Arnauld), 36, 190.

FÉTIS (François), 193.

FEUGÈRE (Léon), 95, 213.

FISCHER (Hermann), 210.

FOCLIN OU FOUQUELIN (Antoine), 216.

FOIX (Paul de), 36, 188, 189, 209.

FONTAINE (Charles), 132.

FONTANON (Gabriel), 170.

FONTBERNIER (Jacques de), 64.

FORCATEL OU FORCADEL, 54.

FORTIN, XX.

FOULET (Lucien), X.

FOURNIER (Robert), 92.

FONSÈQUE (René de), 163.

FRACASTOR, 44. 225, 226.

FRANÇOIS IER, roi de France, XXXI, 3, 4, 5, 22, 61, 62, 63, 66, 69, 72, 73, 74, 82, 84, 88, 93, 97, 102, 122, 146, 191, 192, 230.

FRANÇOIS, Dauphin, fils ainé du précédent, 3, 5, 61, 62, 74.

FRANÇOIS II, roi de France, 108, 145, 150, 151, 206.

FRANÇOIS DE FRANCE, duc d'Anjou, Voir ANJOU.

FRANÇOIS D'AMBOISE, XV.

FRANCUS, héros de la *Franciade*, XXXVII, 41, 207.

FRÉMY (Edouard), 93, 95, 97, 161, 163, 175, 190, 193, 235, 236

FROGER (abbé Louis), 55, 56, 59, 60, 61, 63, 64, 69, 70, 76, 80, 125, 132, 142, 168, 178, 179, 182, 187, 236.

FULGENCE PLANCIADE, 207.

FUMÉE (Adam), 19, 129.

G

GABILLOT (C), 84.

GALLAND (Jean), XIV, XIX à XXVIII, XXXIV, XXXVI, 29 à 33, 37, 98, 159, 166, 175, 177 à 182, 184, 185, 187, 191 à 194, 197, 198, 208, 216, 217, 233, 238, 239.

GALLAND (Philippe), XLIII, 175.

GANDAR (Eugène), 206, 232, 235.

GARNIER (Claude), XLIII, 93, 98, 103, 159, 212, 232.

GARNIER (Robert), XV, 43, 44, 212, 213

GASSOT (Jules) 195, 196, 217

GAST (Réranger du) ou LE GAST, 210.

GASTINE (forêt de), 27, 30, 45, 169, 170, 118, 234.

GENÈVRE, maîtresse de Ronsard, XXX, 32, 131, 180.

GÉNIN (François), 63.

GIDEL (Charles), 146.

GILLOT (Jacques), XIX, 188.

H

HALLAYS (André), 178, 179, 182, 186.

HALLOPEAU (L.-A.), 56, 58, 59, 60, 64 68, 70, 119, 178, 179, 180.

HAMON (abbé A.), 126, 213.

HARLAY (Achille de), XVII.

HARTELOIRE (Abel et Jean de la), 217.

HARTWIG (Hermann), 139.

HATZFELD (Adolphe), 123.

HÉLÈNE. Voir SURGÈRES (Hélène de).

HENRI II, duc d'Orléans, puis dauphin, et roi de France, XXVII, XXX, XXXIII, 3, 8, 22, 23, 61, 74, 78, 82, 83, 84, 88, 105, 108, 119, 132, 134, 138, 143, 145, 150, 168, 171, 196, 206, 220, 221, 232.

HENRI III, duc d'Angoulême, puis d'Orléans, puis d'Anjou, puis roi de Pologne, et roi de France, XII, XXIV, XXV, XXVII, XXVIII, XXX, 28, 49, 85, 89, 90, 143, 147, 161, 166, 170, 173, 174, 190, 196, 197, 200, 202, 206, 208, 210, 225, 228, 231 à 233, 236 à 238.

HENRI IV, duc de Bourbon-Vendôme, puis roi de Navarre et roi de France, XXV, 48, 170, 190, 196, 197, 231 à 233.

HENRI D'ANGOULÊME, bâtard de Henri II, 196.

HENRI DE LORRAINE, 238.

HEROËT (Antoine), 43, 105, 218.

HOGU (Louis), 63.

HOMÈRE, XXXIII, XL, 7, 9, 13, 14, 21, 22, 25, 39, 81, 82, 109, 230.

HORACE, 14, 16, 41, 75, 82, 84, 87, 107, 108, 167, 199, 201, 202, 204, 205, 215, 230, 231, 235.

HOTMAN, XVII.

HOUT (Jean Van), 210

HUGO (Victor), 55, 68, 203.

I

IMBERT (Gérard-Marie), 90, 221.

ISAMBERT, 170.

J

JACQUES V STUART, roi d'Écosse, 5, 73, 74, 76, 78.

JAL, 174.

JAMIN ou JAMYN (Amadis), XIII, XIV, XV, XVI, XXVII, XXVIII, XXXIV, XXXV, XXXIX, XL, 43, 44, 59, 146, 157, 159, 161, 163, 165, 169, 181, 207, 211, 212, 222, 225, 229, 231.

JAMOT (Frédéric), 111.

JANEQUIN, musicien, 192.

JANSSEN, 77.

JEUX FLORAUX, 148, 149, 150.

JODELLE, XV, XVI, XLI, 24, 43, 95, 100, 103, 105, 106, 137, 154, 156, 165, 221, 222, 223, 225.

JOLY (abbé), VIII, 66, 92, 94, 104, 110.

N

O

Olivier de la Poconnière, 56.

Opitz (Martin), 209, 210.

Orphée, xl, 2, 54, 56.

Ovide, 88, 131.

P

Pangeas ou Panjas, 221, 224.

Pascal (Blaise), 235

Paschal (Pierre de), ou simplement Pierre Paschal, ix, 59, 60, 61, 72, 76, 80, 100, 106, 148, 187, 195, 217, 219, 234.

Pasquier (Estienne), xvi, xvii, xix, xx, XXVI, xxxiv, xxxv, xxxix, xl, 43, 44, 95, 100, 123, 124, 144, 150, 155, 186, 196, 211, 214, 217, 218, 219, 221, 222, 223, 226, 230, 231-232, 235, 236.

Passac (de), 58.

Passerat (Jean), 43, 44, 59, 163, 168, 231.

Passeron (J. S.), 172.

Patouillet, xxxvii, 43, 218.

Patry (H.), 132.

Paul (le Sgr), xxxiii, 9, 84, 85.

Peccate(Guy), 70, 71.

Peccate (Julien), 71, 217.

PECQUET, 170

PEIGNÉ (Jehan), Sgr de Pré ou Pray, 116.

PELETIER (Jacques), XXIX, 14, 43, 57, 87, 100, 101, 105, 106, 109, 113, 114, 118, 126, 218, 221, 223, 235.

PERDRIZET (Pierre), 150, 153, 156, 232.

PERREAU (Pierre), élève du coll. Boncourt, 193.

PÉTRARQUE, 15, 26, 87, 101, 122, 166, 206, 207, 230.

PÉTRONE, XVII.

PEYRE (Roger), 132.

PHILIBERT-EMMANUEL, duc de Savoie, 131.

PHILIPPE VI DE VALOIS, 2, 53, 55.

PIAGET (Arthur), 123.

PIBRAC (Guy du Faur, s^r de), XII, XVII, XVIII, XXIX, 23, 36, 133, 147, 188, 189, 190, 210, 236.

PICOT (Émile), 86, 105.

PIE IV, pape, 152.

PIE V, pape, 24, 152.

PIGAFETTA (Filippo), 214.

PINDARE, XXXIII, 13, 14, 16, 18, 47, 57, 82, 94, 108, 111, 126, 131, 230.

PINVERT (Lucien), 74, 77, 79, 91, 92, 93, 97.

PIOLIN (dom), 70.

PISSELEU (Charles de), 119, 130, 132, 195, 217, 218.

Royer (Jean), 166.

S

Sagon (François), 140.

Saint-Cosme (prieuré de), 30, 33, 35, 44, 45, 157, 159, 168, 175, 182 à 187, 191, 228, 229.

Saint-Gelais (Melin ou Mellin de), xxxiii, 17, 21, 43, 124, 125, 132, 135 à 142, 150, 195, 218, 221.

Saint-Gilles (prieuré de), 31, 168, 175, 177 à 180, 187.

Saint-Guingalois (prieuré de), 168, 187.

Sainte-Beuve, viii, 54, 74, 91, 105, 109, 116, 121, 123, 167, 196, 199, 225, 236.

Sainte-Marthe (Scévole de), ix, xvi, xvii, xix, xxi, xxix, xxxix, 43, 44, 90, 112, 117, 142, 143, 169, 190, 213, 224 à 227.

Saintsbury, 209.

Salel (Hugues), 43, 124, 146, 218.

Salviati (Cassandre), maîtresse de Ronsard, ix, xv, xxvii, xxxvii, xxxviii, xxxix, 15, 16, 66, 92, 98, 101, 115 à 117, 121 à 124, 128, 131, 138, 143, 216, 227.

Sannazar, 87, 101.

Sanzay (René de), 54.

Scaliger (Jules-César), xxviii, 42, 206, 207, 214.

Scaliger (Joseph), fils du précédent, xvi, xvii, 207, 210.

LA VIE DE P. DE RONSARD

ADDITIONS ET CORRECTIONS

(Prière d'insérer à la page 261)

Page XVI, note 2, ligne 2, *corrigez ainsi* : Cette pièce ne figurait pas dans le *Tombeau* de R. Belleau.

P. 95, dernière ligne, *supprimez* et Bonamy.

P. 121, ligne 41, *lisez* de mai-juin 1901, p. 239, *au lieu de* mars 1901

P. 138, lignes 6 à 10, *corrigez ainsi* : J'adopte cette seconde interprétation parce que l'expression « chanter *une* Palinodie » me semble désigner particulièrement une pièce de vers qui contenait une palinodie. Si Binet avait voulu parler de rétractations orales, il aurait employé l'expression toute faite et générale « chanter *la* palinodie », synonyme de se rétracter, ainsi que l'a fait L'Hospital dans sa lettre à Morel : « Mihi videntur palinodiam canere ».

P. 213. ligne 38, *lisez* Paulus Melissus

P. 215. lignes 10 à 13, *corrigez ainsi* : C'est seulement dans sa *Dialectique* (éd. princeps de 1555 et rééd. de 1576).

que l'on trouve des citations de Ronsard, ou plutôt des traductions en vers de Virgile, Horace. Ovide et autres poètes latins, devant ou après chacune desquelles il y a le nom de Ronsard.

p. 215, ligne 36, *lisez* dans son ouvrage sur *Ramus* 1855, p. 464.

P. 216, ligne 18. après Ramus, *ajoutez*, qu'il professait la Rhétorique au collège de Presles dirigé par Ramus

P. 248, ligne 32, *ajoutez* : Le premier vol. a paru en 1906.

P. 250, dernière ligne, *supprimez* Thèse, *et lisez* Meyrueis.

P. 252, *supprimez* la ligne relative à BONAMY *Texte en italique.*

Page 43, ligne 48, *mettez une virgule entre* Perron *et* Bertaud

Pp. 70-71. À propos du premier précepteur de Ronsard à la Possonnière, *ajoutez* cette référence : Louis Froger, *Guy Peccate*, note parue dans les *Annales Fléchoises* de septembre-octobre 1909, trop tard pour que j'aie pu la signaler en son lieu. Je pense d'ailleurs que le Peccate mentionné par Ronsard dans les *Bacchanales* n'est pas celui-là, mais Julien Peccate, dont parle M. Froger en terminant.

P. 75, l. 38, lisez *Au Seigneur de Carnavalet*

P. 82, l. 3, *lisez* juillet 1900

P. 87, dernière ligne, *lisez* de Marulle

P. 100, avant-dern. ligne, *lisez* 1899 au lieu de 1839

P. 102, l. 20, *lisez* Papire Masson

Pp. 115-116, à la liste des études consacrées à Cassandre, la première Muse de Ronsard, *ajoutez* : Raymond Clauzel, *Cassandre* (Revue Bleue du 23 janvier 1909, p. 112) ; Louis de Tombelaine, *Le poète Ronsard et sa Muse Cassandre Salviati* (Revue d'Europe de mai 1909, pp. 48 à 57) ; Pierre Dufay, *Autour de Cassandre : les Salviati, à propos du testament de Jacques Salviati* (Annales Fléchoises de septembre-octobre 1909, pp. 332 à 347).

P. 124, l. 5, *lisez* y mist la main *au lieu de* y mit la fin

P. 128, dern. ligne, *lisez* (V. ci-après, p. 167, aux mots « *devenir Poëtes* »).

P. 182, aux références concernant le prieuré de St-Cosme, *ajoutez* : A. Vincent, note d'une page sur *Ronsard à Saint-Cosme* (Bull, de la Soc. arch. de Touraine, 1898-99, p. 103).

P. 206, l. 5, lisez *Recherches de la Fr.*

Pp. 211-212, aux références concernant A. Jamin, *ajoutez* : Louis Froger, *Amadis Jamyn au Vendômois* (Annales Fléchoises de septembre-octobre 1909, pp. 364 à 369). Cette note nous apprend que Jamin obtint le bénéfice de la cure d'Artins, près de Couture et de Croixval, le 29 juillet 1572 ; mais, en la lisant, il ne faut pas oublier que le poème de la *Salade* dédié par Ronsard à Jamin remonte à 1569, et que c'est en 1574 (et non en 1584) que parut la trad. de quelques livres de l'*Iliade* (et non de l'*Odyssée*) par

Jamin avec l'ode de Ronsard *Homère il suffisoit assez,* à laquelle M. Froger fait allusion en terminant.

P. 230, l. 18, *lisez* juillet 1900

P. 231, l. 22, *lisez* au début de *l'Élégie à L. Des Masures*

Qu'on me permette enfin de signaler ici quelques nouvelles fautes d'impression aperçues dans mon ouvrage sur *Ronsard poète lyrique* ;

P. 265, note 5, *lisez* Jean Bonnefons

P. 775, l. 10, *lisez* juillet 1900

P. 777, l. 1, lisez *Recueil et Discours* ; l. 2, *lisez* 1566 *au lieu de* 1556 ; dernière ligne, *lisez* de janvier 1902.

P. 779, l. 17, *lisez* Vascosan

P. 784, *lisez* Bonnefons (Jean).